上海市文物保护研究中心

水下考古译丛

水下文化遗产与国际法

Underwater Cultural Heritage and International Law

[英] 莎拉·德罗姆古尔 著

谢银玲 贾春旭 丁天 范思佳 黄金龙 译

马明飞 赵荦 校

上海交通大学出版社
SHANGHAI JIAO TONG UNIVERSITY PRESS

内容提要

联合国教科文组织 2001 年通过的《保护水下文化遗产公约》于 2009 年在国际上生效,旨在应对深水技术进步对水下文化遗产造成的威胁。然而,这项新条约与《联合国海洋法公约》之间的关系引起了极大的争议。

本书通过对人类干预水下文化遗产的国际法律框架的研究,探讨了该框架的发展和现状,并对其未来的发展趋势进行了思考。本书关注的主题是给教科文组织谈判者带来最大挑战的问题:沉船和货物的所有权问题;主权豁免和沉船;海难救助法的适用;商业开发伦理;最重要的是,领海以外活动的管辖权问题。

图书在版编目(CIP)数据

水下文化遗产与国际法/(英)莎拉·德罗姆古尔著;
谢银玲等译. —上海:上海交通大学出版社,2021.8
　ISBN 978 - 7 - 313 - 23720 - 0

　Ⅰ.①水⋯　Ⅱ.①莎⋯②谢⋯　Ⅲ.①水下-文化遗
产-保护-国际法-研究　Ⅳ.①D993.5

中国版本图书馆 CIP 数据核字(2020)第 166749 号

水下文化遗产与国际法
SHUIXIA WENHUA YICHAN YU GUOJIFA

著　者:	[英]莎拉·德罗姆古尔	译　者:	谢银玲　贾春旭　丁　天　范思佳　黄金龙
出版发行:	上海交通大学出版社	地　址:	上海市番禺路 951 号
邮政编码:	200030	电　话:	021 - 64071208
印　制:	苏州市越洋印刷有限公司	经　销:	全国新华书店
开　本:	710mm×1000mm　1/16	印　张:	28.5
字　数:	385 千字		
版　次:	2021 年 8 月第 1 版	印　次:	2021 年 8 月第 1 次印刷
书　号:	ISBN 978 - 7 - 313 - 23720 - 0		
定　价:	208.00 元		

总　序

国际水下考古的历史可以追溯至 1535 年意大利内米湖罗马沉船调查，弗朗·西斯科·德·马其用简陋的设备潜入水中并发现了沉船，确认了部分铺砖甲板和锚。随着潜水设备的发展，特别是 1943 年自携式水下呼吸装置（self-contained underwater breathing apparatus，SCUBA）的发明，考古学家能够较长时间地潜入水下进行调查和发掘。1960 年，美国考古学家乔治·巴斯在土耳其格里多亚角海域拜占庭时期沉船遗址的考古工作中，开创性地在水下实践了考古学方法，成为水下考古发展史上的又一个里程碑。此后，法、英、美等西方国家的考古学家又在多个海域开展水下考古工作，不断发展和完善水下考古的技术与方法。

伴随着水下考古实践的开展，各类水下文化遗产被发现和认识，其中数量最多是沉船遗址，如著名的历史沉船瑞典瓦萨号、英国玛丽罗斯号、韩国新安沉船、印尼黑石号沉船等。与此同时，水下考古实践的对象也不断在时间和空间上进一步拓展。如美国在阿留申群岛、珍珠港海域对两次世界大战期间战舰和飞行器的水下考古调查；英、法两国海军也与水下考古学家合作，对第二次世界大战期间海外沉没战舰进行了水下考古和发掘。不仅如此，美国还对内河和水库中的水下文物进行了抢救性水下考古，于 20 世纪 40 至 70 年代对其境内主要河流和 28 个州的 213 个库区进行了调查，记录了约 2 350 处考古遗址，发掘了 30 余处遗址。

水下考古不仅是考古调查与发掘，船舶的移动性还延伸出了以水下文物所有权为代表的法律性问题。譬如1985年，沉没于北大西洋近4000米深海底的泰坦尼克号沉船的打捞权被独家授予普利尔展览旗下的皇家邮轮泰坦尼克号公司子公司，超过5000件包括瓷器、银质餐具和船体构件的实物资料被打捞出水，引发了船只飞行器等水下文化遗产所有权等法律问题。

水下考古还伴随着对出水文物的保护和展示的思考。各类文物在长期的水下埋藏过程中，不断与海水产生化学、物理和生物的交互作用；在发掘出水以后，又面临着严峻的脱盐、脱水和防腐等需要解决的问题。出水文物保护是水下考古工作中不可或缺的重要组成部分。无论是水下沉船还是人工制品，在完成保护修复以后，最常见的展示方式是在博物馆中将沉船遗骸、机械装置或船载文物呈现给公众。但是，水下文化遗产的展示方式也必须是多样性的：以第二次世界大战期间沉没于珍珠港的亚利桑那号沉船为代表，美国在沉船遗址原址上建立了纪念馆，以此来缅怀在战争中丧生的军民；还有一些国家和地区采用水下考古径和沉船潜水等方式向公众展示水下文化遗产。

我国的水下考古事业始于1987年，30余年来取得了非凡的成绩。广东南海Ⅰ号沉船、辽宁绥中三道岗元代沉船、广东南澳Ⅰ号沉船、海南西沙华光礁Ⅰ号沉船、宁波象山小白礁Ⅰ号沉船、辽宁丹东致远舰、重庆白鹤梁水下题刻遗址等水下文化遗产的发现、研究和展示，丰富了我国海江的历史文化内涵，扩展了古代文明的尺度。近年来随着"一带一路"倡议和"海洋强国"战略的深入实施，国家对水下文化遗产保护、水下考古事业的支持力度逐年加大，水下文化遗产保护事业已经成为文博事业发展的新增长点和亮点。

近些年，上海积极开展水下考古调查、水下考古科技创新和摸清水下文化遗产家底工作，在长江口海域已经确认了长江口一号和二号两艘具有重要历史价值的沉船，为海上丝绸之路和长江黄金水道研究提供了全新的实物证据；智能化水下考古科技创新取得新进展，成功申请了发明专利，并获得了上海市技术发明奖；根据历史海图和文献资料，梳理出上海长江口和杭州湾水域近200处水下遗迹点,建立水下文化遗产地理信息系统。在上海一跃成为我国水下文化遗产较为丰富的省市之一的同时,也对我们水下考古实践和研究都提出了更高的要求。

深海、沿海、内水和水库内淹没水下遗迹的调查和研究,近现代沉没的船只和飞行器,水下考古遗迹遗物的保护和展示,都是值得讨论和研究的话题,国外有着丰富的案例和著述。"水下考古译丛"便是对国外水下考古工作和研究的"局部呈现"。我们已经实施了囊括国际水下文化遗产法律法规、国际水下考古和海洋考古概况、水下文化遗产保护和管理、出水文物保护、古代造船技术等领域多部著作的翻译出版计划。希望借此迈出"请进来、走出去"的步伐,把国外同行的研究和工作展现出来,一是实现国内外同行的交流,为下一步我国水下考古全面走向世界略尽绵薄之力,二是希望国内水下考古从发现研究中加入阐释展示和利用的因素,从传统的历史考古研究,扩充至社会、文化和经济的共同发展,提升学科的价值。

丛书编委会

2018 年 12 月

序

　　我对水下文化遗产法律保护的兴趣可以追溯到 20 世纪 80 年代中期。当时，我的本科毕业论文就是研究英国国内相关法律在这个问题上的不足。20 世纪 90 年代初，我持续该项研究，我的博士论文有一章就探讨了国际法中关于该主题的情况。那一章涉及 1982 年《联合国海洋法公约》(UN Convention on the Law of the Sea)所载的"具有考古和历史性质的物品"的初步法律框架(该条约在 1993 年我取得博士学位之后一年开始生效)。

　　自那时起，我对沉船和水下文化遗产的兴趣与日俱增，且法律视角也发生巨大的变化，尤其是在国际层面上。《联合国海洋法公约》已经是一部成熟的条约(如我所描述的公约三十周年庆)，普遍被接受将指日可待。联合国教科文组织发起的水下文化遗产条约也已准备就绪，该条约阐述了 1982 年建立的有关问题的框架。特定主题的条约是有争议的，尤其是它与 1982 年《联合国海洋法公约》有着千丝万缕的复杂关系。尽管如此，2009 年 1 月 2 日它开始在国际上生效，未来几年似将成为一个有相当影响力的法律文件。在公约草拟时，联合国教科文组织各缔约国还在研究公约的复杂规则框架究竟要如何实施。其他国家则在反思，既然公约已经生效，各国应当积极考虑对公约的立场，或至少保持一种"监督"的态度。因此，现在似乎是审视这个问题的极佳时机。本书致力于反思当前国际法律框架的形成、现况和今后的可能发展。本书的讨论以主题方式进行，主要聚焦于那些试图在此领域中建立一个令人满意的全球性法律框架的人所面临的最具挑战性的议题。虽然这本书并非仅仅关乎教科文组织的条约，但该条约确实提供了参考的框架。这本书的目的之一是鼓励那些对公约有疑虑的人能考虑得更深些；另一个目的则是促进对整个学科更大的兴趣与理解。从其趣味性看，我们惊讶地发觉，这个研究领域的专著相对较少。其中最引人注目的是 1995 年安纳斯塔夏·斯特拉蒂（Anastasia Strati）发表的开创性著作——《水下文化遗产的保护：一个新兴的当代海洋法目标》，该书对当时国际法的发展进行了出色的分析。另一本有价值的著作是 2002 年帕特里克·奥基夫（Patrick O'Keefe）出版的《沉船遗产：联合国教科文组织保护水下文化遗产公约的评析》（*Shipwrecked Heritage：A Commentary on the UNESCO Convention on Under-water Cultural Heritage*），该书对公约进行了逐条简明扼要的释意，并且对公约的磋商历史提供了罕见的真知灼见。本书旨在让读者通过阅读对这些图书进行补充。除了大量引用这些作品，本书还借鉴了过去大约四十年间关于该主题的其他文献的丰富内容。（为了尽量多提供些国家实践案例，本书还广泛地引用了我担任编辑时出版的两卷《国家观点》，见参考书目。在某些地方，作者或其他人提供了更新材料。）我一直热衷于出版一本既有实用价值又有学术价值的书，因此，我努力使本书尽量地向那些很可能没有什么法律背景的考古学家、遗产管理者和其他读者靠近。所以，我在绪论中介绍了一些基本情况，诸如有关国际法的性质及来源、条约解释、《联合国海洋法公约》的背景和国际公认的海洋区域性质。我尽可能地避免使用专业的法律术语；如果使用了，我也会试着做些解释。写一本关于这个主题专著的挑战之一是它跨越了许多不同的法律领域，从一般国际公法到国内私法。我的背景是研究海商法的，尤其是私法。这意味着，我的注意力往往集中在与航海直接相关的主题方面；同时也意味着，我在处理一般国际公法方面的问题时可能有些捉襟见肘。衷心希望这本书的其他方面能弥补这一缺憾。

这本书尽可能代表截至 2012 年 7 月的情况。

莎拉·德罗姆古尔

致 谢

撰写本书的过程中,我得到了很多支持和帮助,我要感谢下面所有的人给我的帮助,当中许多人是我多年来所从事领域的朋友和同事。此外,我还要坦承,这本书中的大部分内容都来自我从他们身上学到的东西,包括他们的著作。在整个项目中,马克·邓克里(Mark Dunkley)、安东尼·弗斯(Antony Firth)、吉米·顾尔德(Jim Goold)、乌力可·娇兰(Ulrike Guérin)、赛斯·玛莱福德(Thijs Maarleveld)、艾恩·奥克斯利(Ian Oxley)、欧乐·法梅尔(Ole Varmer)和史提夫·瓦宁(Steve Waring)都非常慷慨地分享他们的专业知识和经验,他们的帮助是无价的。我感激奥基夫和林德尔·布洛特(Lyndel Prott),不仅因为他们对这个项目的支持,更是因为他们自己的工作对我的巨大启发(本书可以明显看出他们的影响)。大卫·弗里斯通(David Freestone)、吉米·纳夫齐格(Jim Nafziger)、罗杰·托马斯(Roger Thomas)和吉利安·哈金森(Gillian Hutchinson)以各种方式为我提供了宝贵的帮助,我在英国诺丁汉的同事奥林匹亚·贝口(Olympia Bekou)、豪尔·班内特(Howard Bennett)、詹姆斯·福塞特(James Fawcett)、大卫·弗瑞社(David Fraser)和尼格尔·怀特(Nigel White)也是如此。上面提到的几个人腾出了时间草拟章节和摘录,我从他们以及一位匿名评论者那里得到的反馈都是非常有帮助的。以下人士也提供了有价值的帮助,特别是通过慷慨地回应对各种问题的咨询的请求和发表了高见,他们是:马利阿诺·阿斯纳尔-戈麦斯(Mariano Aznar-Gómez)、皮尔斯·戴维斯(Piers Davies)、葛兰姆·非尔克洛(Graham Fairclough)、尼古拉·费瑞(Nicola Ferri)、布兰登·佛力(Brendan Foley)、克莱格·福莱斯特(Craig Forrest)、杰洛米·格林(Jeremy Green)、约翰·格里布尔(John Gribble)、欧乐·格龙(Ole Gron)、森泷·小林(Moritaki Hayashi)、史提夫·亨特(Steve Hunt)、肖恩·科万(Seán Kirwan)、艾恩·克莱伯思(Jan Klabbers)、艾瑞卡·兰诺乐(Erika Laanela)、露西诶·蓝布雷西特(Lucie Lambrecht)、乔治·蓝布莱克(George Lambrick)、格瓦内勒·乐古润(Gwénaëlle Le Gurun)、佩姬·乐施卡-丹顿(Peggy Leshikar-Denton)、佛德瑞克·吕思(Friedrich Lüth)、马提恩·曼德斯(Martijn Manders)、迈娅·马蒂卡(Maija Matikka)、加里·莫伯(Garry Momber)、费翁巴尔·莫尔(Fionbarr Moore)、保罗·迈伯勒(Paul Myburgh)、内萨·奥康纳(Nessa O'Connor)、克里斯·帕特(Chris Pater)、图利奥·斯科瓦奇(Tullio Scovazzi)、格雷格·斯坦姆(Greg Stemm)、安德鲁·泰德(Andrew Tate)、克里斯·安德伍德(Chris Underwood)、麦克·威廉姆斯(Mike Williams)和巴伯·悠克(Bob Yorke)等人(如果我无意中忽略了任何人,我真诚地道歉)。这本书如果没有莱弗休姆信托基金(Leverhulme Trust)的支持,肯定是无法问世的。为期12个月的利弗休姆研究奖学金(Leverhulme Research Fellowship)给了我足够的时间来真正掌握项目。我也非常感激诺丁汉法学院,特别是院长史蒂芬·贝利(Stephen Bailey),他支持我的利弗休姆研究奖学金申请,并允许我多两段时间研究,以便我能完成手稿。感谢剑桥大学出版社的费诺拉·奥苏利文(Finola O'Sullivan)对该项目的鼓励和兴趣,以及对手稿相当长时间的耐心等待。我还要感谢剑桥大学出版社的工作人员,感谢他们专业态度和帮助,感谢保罗·史密斯(Paul Smith)对稿件的精心编辑。

我最大的感激之情要献给我的丈夫迈克尔(Michael)。写这本书的工作要求很高,如果没有他在各方面的支持,我将无法完成这项任务。他对第一版手稿的反馈意见是无价的。

案例列表

澳大利亚(Australia)

罗宾逊诉西澳大利亚博物馆案(1977 年),《澳大利亚法律期刊汇编》第 51 卷,始于第 806 页

Robinson v. The Western Australian Museum(1977) 51 A. L. J. R. 806

爱尔兰(Ireland)

比密斯诉艺术、遗产、爱尔兰语地区部长和岛屿案,《爱尔兰高等法院案例汇编》,始于第 207 页(2005 年);《爱尔兰案例汇编》第 3 卷,始于第 255 页(2007 年)

Bemis v. Minister for Arts, Heritage, Gaeltacht and the Islands［2005］I. E. H. C. 207;［2007］3 I. R. 255

金和查普曼诉所有者和所有对"拉维亚号""朱丽安娜号",以及"圣玛利亚号"主张权益者案,1986 年第 11076 号、第 11077 号、第 11078 号(打印本)(爱尔兰高等法院,1994 年)

King and Chapman v. The Owners and all Persons Claiming an Interest in "La Lavia", "Juliana" and"Santa Maria de la Vision", 1986 No. 11076,11077, 11078 P(Transcript)(Ir. H. Ct. 1994)

关于帆船"拉维亚号""朱丽安娜号",以及"圣玛利亚号":艾伦·金和亨利·查普曼诉所有者和所有对"拉维亚号""朱丽安娜号",以及"圣玛利亚号"主张权益

者案(1996 年),《爱尔兰法律汇编月刊》第 1 卷,始于第 194 页(爱尔兰最高法院)

In re the Sailing Vessels "La Lavia", "Juliana" and "Santa Maria de la Vision": Alan King and Harry Chapman v. Owners and All Persons Claiming an Interest in the Said Sailing Vessels [1996] 1 I. L. R. M. 194(Ir. SC)

韦伯诉爱尔兰案(1988 年),《爱尔兰案例汇编》,始于第 353 页

Webb v. Ireland [1988] I. R. 353

英国(United Kingdom)

埃尔威斯诉布里格燃气有限公司案(1886 年),《商事分庭》(高等法院)第 33 卷,始于第 562 页

Elwes v. Brigg Gas Co. (1886) 33 Ch. D. 562

卢西塔尼亚号案(1986 年),《女王分庭》(高等法院)始于第 384 页

The Lusitania [1986] Q. B. 384

特班沙号汽船案(1924 年),《太平洋汇编》始于第 78 页

The Tubantia [1924] P. 78

美国(United States)

奥尔雷德诉比格尔案(1949 年),《西南汇编》第 2 辑第 219 卷,始于第 665 页

Allred v. Biegel(1949) 219 S. W. 2d. 665

布莱克沃尔案(1869 年),《美国判例汇编》第 77 卷,始于第 1 页

The Blackwall(1869) 77 U. S(10 Wall) 1

钱斯诉纳什维尔的发现和打捞文物案,《联邦判例补遗汇编》第 606 卷,始于第 801 页(乔治亚州地区法院,1985 年)

Chance v. Certain Artifacts Found and Salvaged from the Nashville, 606 F. Supp. 801(D. Geo. 1985)

科布钱币公司诉不明身份的失事和遗弃船舶案,《联邦判例补遗汇编》第 525 卷,始于第 186 页(佛罗里达州南区法院,1981 年);《联邦判例补遗汇编》第 549 卷,始于第 540 页(佛罗里达州南区法院,1982 年)

Cobb Coin Co., Inc. v. Unidentified, Wrecked and Abandoned Sailing Vessel, 525 F. Supp. 186(S. D. Fla. 1981); 549 F. Supp. 540(S. D. Fla. 1982)

哥伦布-美国发现集团诉不明身份的失事及遗弃船舶案,中美洲号案(1989)《美国海事判例汇编》始于第 1955 页,在第 1958 页(弗吉尼亚州东区法院,1989 年 6 月 30 日)

Columbus-America Discovery Group v. Unidentified, Wrecked and Abandoned Sailing Vessel, S. S. Central America〔1989〕A. M. C. 1955, 1958 (E. D. Va. June30, 1989)

哥伦布-美国发现集团诉不明身份的失事和遗弃船舶案,《联邦判例补遗汇编》第 742 卷,始于第 1327 页(弗吉尼亚州东区法院,1990 年 8 月 14 日);撤销判决,哥伦布-美国发现集团诉大西洋保险公司案,《联邦判例汇编》第 2 辑第 974 卷,始于第 450 页[第四巡回法院(弗吉尼亚州),1992 年 8 月 26 日];驳回调卷令,《美国判例汇编》第 507 卷,始于第 1000 页;发回重审,哥伦布-美国发现集团诉不明身份的失事和遗弃船舶案,1993 年《万律数据库》第 580900 号(弗吉尼亚州东区法院,1993 年 11 月 18 日);撤销决定,哥伦布-美国发现集团撤诉大西洋保险公司案,《联邦判例汇编》第 3 辑第 56 卷,始于第 556 页[第四巡回法院(弗吉尼亚州),1995 年 6 月 14 日];驳回调卷令,《美国判例汇编》第 516 卷,始于第 938 页

Columbus-America Discovery Group, Inc. v. Unidentified, Wrecked and Abandoned Sailing Vessel, 742 F. Supp. 1327(E. D. Va. Aug 14, 1990); rev'd, 974 F. 2d 450[4th Cir. (Va.) Aug 26, 1992]; cert. denied, 507 U. S. 1000; on remand, 1993 WL 580900(E. D. Va. Nov 18, 1993); decision rescinded, 56 F. 3d 556[4th Cir. (Va.) Jun 14, 1995]; cert. denied, 516 U. S. 938

哈特勒斯公司诉美国海军哈特勒斯号案,1984 年《美国海事判例汇编》始于第 1094 页(得克萨斯州南区法院,1981 年);维持原判,《联邦判例汇编》第 2 辑第 698 卷,始于第 1215 页(第五巡回法院,1982 年)

Hatteras, Inc. v. The USS Hatteras, 1984 A. M. C. 1094(S. D. Tex. 1981); aff'd, 698 F. 2d 1215(5th Cir. 1982)

国际飞行器打捞有限公司诉身份不明的沉船和遗弃飞行器案,《联邦判例汇编》第 3 辑第 218 卷,始于第 1255 页[第十一巡回法院(佛罗里达州),2000 年 7 月 17 日],驳回调卷令,《最高法院判例汇编》第 121 卷,始于第 1079 页(2001 年);重审后上诉,《联邦判例汇编》第 3 辑第 373 卷,始于第 1147 页[第十一巡回法院(佛罗里达州),2004 年 6 月 18 日]

International Aircraft Recovery, L. L. C. v. Unidentified, Wrecked and Abandoned Aircraft, 218 F. 3d 1255[11th Cir. (Fla.) Jul 17, 2000]; cert. denied, 121 S. Ct. 1079(2001); appeal after remand, 373 F. 3d 1147[11th Cir. (Fla.) Jun18,2004]

克莱因诉不明身份的失事和遗弃船舶案,《联邦判例补遗汇编》第 568 卷,始于第 1562 页(佛罗里达州南区法院,1983 年);克莱因诉不明身份的失事和遗弃船舶案,《联邦判例汇编》第 2 辑第 758 卷,第 1511 页[第十一巡回法院(佛罗里达州),1985 年 4 月 29 日]

Klein v. Unidentified, Wrecked and Abandoned Sailing Vessel, 568 F. Supp. 1562(S. D. Fla. 1983); aff'd, 758 F. 2d 1511[11th Cir. (Fla.) Apr. 29, 1985]

MDM 打捞公司诉不明身份的失事和遗弃船舶案,《联邦判例补遗汇编》第 631 卷,始于第 308 页(佛罗里达州南区法院,1986 年)

MDM Salvage, Inc. v. the Unidentified, Wrecked and Abandoned Sailing Vessel, 631 F. Supp. 308(S. D. Fla. 1986)

奥德赛海洋勘探公司诉身份不明的失事船舶案,《联邦判例补遗汇编》第 2 辑第 675 卷,始于第 1126 页(佛罗里达州地方法院,2009 年 12 月 22 日);维持原判,《联邦判例汇编》第 3 辑第 657 卷,始于第 1159 页[第十一巡回法院(佛罗里达州),2011 年 9 月 21 日确定判决];驳回调卷令,《最高法院判例汇编》第 132 卷,始于第 2379 页(美国,2010 年 5 月 4 日)(梅赛德斯号)

Odyssey Marine Exploration, Inc. v. Unidentified, Shipwrecked Vessel, 675 F. Supp. 2d 1126(M. D. Fla. Dec. 22, 2009); aff'd, 657 F. 3d 1159[11th Cir. (Fla.) Sept. 21, 2011]; cert. denied, 132 S. Ct. 2379(U. S. May 14, 2010) (Mercedes)

奥德赛海洋勘探公司诉身份不明的失事和遗弃船舶案,《联邦判例补遗汇编》第 2 辑第 727 卷,始于第 1341 页,在第 1346—1348 页(佛罗里达州中区法院,2010 年 7 月 30 日)(Le Marquis Tournay)

Odyssey Marine Exploration, Inc. v. Unidentified, Wrecked and Abandoned Sailing Vessel, 727 F. Supp. 2d 1341(M. D. Fla. July 30, 2010)(Le Marquis Tournay)

泰坦尼克号公司诉哈弗案,《联邦判例汇编》第 3 辑第 171 卷,始于第 943 页[第四巡回法院(弗吉尼亚州),1999 年]

RMS Titanic, Inc. v. Haver, 171 F. 3d 943[4th Cir. (Va.), 1999]

泰坦尼克号公司诉失事和遗弃的船舶案,《联邦判例补遗汇编》第 924 卷,始于第 714 页(弗吉尼亚州东区法院,1996 年 5 月 10 日);泰坦尼克号公司诉失事和遗弃的船舶案,《联邦判例补遗汇编》第 2 辑第 9 卷,始于第 624 页(弗吉尼亚州东区法院,1998 年 6 月 23 日);泰坦尼克号公司诉失事和遗弃的船舶案,《联邦判例汇编》第 3 辑第 286 卷,始于第 194 页[第四巡回法院(弗吉尼亚州),2002 年 4 月 12 日];泰坦尼克号公司诉失事和遗弃的船舶案,《联邦判例汇编》第 3 辑第 435 卷,始于第 521 页[第四巡回法院(弗吉尼亚州),2006 年 1 月 31 日];泰坦尼克号公司诉失事和遗弃的船舶案,《联邦判例补遗汇编》第 2 辑第 742 卷,始于第 784 页(弗吉尼亚州东区法院,2010 年 8 月 12 日);泰坦尼克号公司诉失事和遗弃的船舶案,《联邦判例补遗汇编》第 2 辑第 804 卷,始于第 508 页(弗吉尼亚州东区法院,2011 年 8 月 15 日)(仅参考关键部分)

RMS Titanic, Inc. v. Wrecked and Abandoned Vessel, 924 F. Supp. 714 (E. D. Va. May 10, 1996); 9 F. Supp. 2d 624(E. D. Va. June 23, 1998); 286 F. 3d 194[4th Cir. (Va.) Apr 12, 2002]; 435 F. 3d 521[4th Cir. (Va.) Jan 31, 2006]; 742 F. Supp. 2d 784(E. D. Va. Aug 12, 2010); 804 F. Supp. 2d 508 (E. D. Va. Aug 15, 2011)(key references only)

海上搜寻公司诉身份不明的沉船或船舶案,《联邦判例补遗汇编》第 2 辑第 47 卷,始于第 678 页(弗吉尼亚州东区法院,1999 年),部分维持原判、部分撤销,《联邦判例汇编》第 3 辑第 221 卷,始于第 634 页(第四巡回法院,2000 年),驳回调卷令,《美国判例汇编》第 531 卷,始于第 1144 页(2001 年)

Sea Hunt, Inc. v. Unidentified, Shipwrecked Vessel or Vessels, 47 F. Supp. 2d 678(E. D. Va. 1999); aff'd in part, rev'd in part, 221 F. 3d 634(4th Cir. 2000); cert. denied, 531 U. S. 1144(2001)

宝藏救助公司诉身份不明的失事和遗弃船舶案,《联邦判例补遗汇编》第 408 卷,始于第 907 页(佛罗里达州地区法院,1976 年),维持原判,《联邦判例汇编》第 2 辑第 569 卷,始于第 330 页(第五巡回法院,1978 年)(宝藏救助者Ⅰ)

Treasure Salvors, Inc. v. Unidentified, Wrecked and Abandoned Sailing Vessel, 408 F. Supp. 907(D. Fla. 1976); aff'd, 569 F. 2d 330(5th Cir. 1978) (Treasure Salvors Ⅰ)

美国诉斯坦梅茨案,《联邦判例补遗汇编》第 763 卷,始于第 1293 页(新泽西州地区法院,1991 年),维持原判,《联邦判例汇编》第 2 辑第 973 卷,始于第 212 页(第三巡回法院,1992 年),驳回调卷令,《最高法院判例汇编》第 113 卷,始于第

1578 页(1993 年)

US v. Steinmetz, 763 F. Supp. 1293(D. N. J. 1991); aff'd, 973 F. 2d 212 (3rd Cir. 1992), cert. denied, 113 S. Ct. 1578(1993)

育空打捞有限公司诉某被确定放弃财产案, 1998 年《万律数据库》第 965985 号(阿拉斯加州地区法院, 1998 年 8 月 28 日);维持原判,《联邦判例汇编》第 3 辑 第 205 卷,始于第 1189 页[第九巡回法院(阿拉斯加州), 2000 年 3 月 7 日];驳回 调卷令,《美国判例汇编》第 531 卷,始于第 820 页

Yukon Recovery v. Certain Abandoned Property, 1998 WL 965985 (D. Alaska Aug. 28, 1998); aff'd, 205 F. 3d 1189[9th Cir. (Alaska) March 7, 2000]; cert. denied, 531 U. S. 820

欧洲人权法院(European Court of Human Rights)

科伊伍萨里以及其他人诉芬兰案(12 月),第 20690/06 号, 2010 年 2 月 23 日

Koivusaari and others v. Finland(dec.), No. 20690/06, 23 February 2010

国际法院(International Court of Justice)

北海大陆架案(1969 年)《国际法院报告》第 3 页

North Sea Continental Shelf Cases [1969] ICJ Reports 3

渔业管辖权案(1974 年)《国际法院报告》第 3 及第 175 页

Fisheries Jurisdiction Cases [1974] ICJ Reports 3 and 175

国际海洋法法庭(International Tribunal for the Law of the Sea)

路易莎号商船案,《国际海洋法法庭案例》第 18 号

M/V Louisa, ITLOS Case No. 18

各国法律

澳大利亚(Australia)

1967 年《石油(下沉陆地)法案》

Petroleum(Submerged Lands) Act 1967

1976 年《历史沉船法案》

Historic Shipwrecks Act 1976

1986 年《可移动文化遗产保护法案》

Protection of Movable Cultural Heritage Act 1986

开曼群岛(Cayman Islands)

1966 年《遗弃沉船法》

Abandoned Wreck Law 1966

丹麦(Denmark)

2001 年《博物馆法案》

Museum Act of 2001

2005 年《毗连区法》

Law on the Contiguous Zone

多米尼加共和国(Dominican Republic)

《第 66/07 号法案》

Act No. 66/07

法国(France)

《第 89—874 号法律》

Law No. 89—874

爱尔兰(Ireland)

1968 年《大陆架法案》

Continental Shelf Act 1968

1987 年《国家遗址法案》(修正案)

National Monuments(Amendment) Act 1987

1994 年《国家遗址法案》(修正案)

National Monuments(Amendment) Act 1994

意大利(Italy)

《第 42/2004 号立法决定》

Legislative Decree 42/2004

荷兰(Netherlands)

2007 年《考古遗产管理法案》

Act on Archaeological Heritage Management 2007

挪威(Norway)

1978 年《文化遗产法案》

Cultural Heritage Act of 1978

南非(South Africa)

1994 年《海洋区域第 15 号法案》

Maritime Zones Act No. 15 of 1994

1999 年《国家遗产资源法案》

National Heritage Resources Act 1999

西班牙(Spain)

1985 年 6 月 25 日《第 16/1985 号法律》

Law 16/1985 of 25 June 1985

英国(United Kingdom)

1973 年《沉船保护法案》

Protection of Wrecks Act 1973

1986 年《军事遗骸保护法案》

Protection of Military Remains Act 1986

1995 年《商船法案》

Merchant Shipping Act 1995

2003 年《违法处理文化物品法案》

Dealing in Cultural Objects(Offences) Act 2003

2009 年《海洋和海岸使用法案》

Marine and Coastal Access Act 2009

美国（United States）

1966 年《国家历史保存法案》

National Historic Preservation Act of 1966

1972 年《国家海洋禁猎法案》

National Marine Sanctuaries Act of 1972

1976 年《外国主权豁免法案》

Foreign Sovereign Immunities Act of 1976

1986 年《英国皇家邮轮海事纪念法案》

RMS Maritime Memorial Act of 1986

1987 年《遗弃沉船法案》

Abandoned Shipwreck Act of 1987

2004 年《军事沉船法案》

Sunken Military Craft Act of 2004

2012 年《英国皇家邮轮泰坦尼克号海事纪念保存法案》

RMS Titanic Maritime Memorial Preservation Act of 2012

条约及其他国际文件

1910 年《关于统一海上协助与打捞若干法律规定的布鲁塞尔公约》

1910 Brussels Convention for the Unification of Certain Rules of Law respecting Assistance and Salvage at Sea

1948 年《世界人权宣言》

1948 Universal Declaration of Human Rights

1952 年《欧洲人权公约》，第一议定书

1952 European Convention on Human Rights，First Protocol

1952 年《大不列颠与北爱尔兰联合王国政府和意大利政府关于打捞皇家海军斯巴达号的换文》，罗马，1952 年 11 月 6 日

1952 Exchange of Notes constituting an agreement between the Government of the United Kingdom of Great Britain and Northern Ireland and the Government of Italy regarding the salvage of HMS Spartan，Rome，6 November 1952

1954 年《关于武装冲突时保护文化财产的海牙公约》

1954 Hague Convention for the Protection of Cultural Property in the Event of Armed Conflict

1956 年《联合国教科文组织关于适用于考古发掘的国际原则的建议》

1956 UNESCO Recommendation on International Principles Applicable to

Archaeological Excavations

1958 年《日内瓦领海和毗连区公约》

1958 Geneva Convention on the Territorial Sea and Contiguous Zone

1958 年《日内瓦公海公约》

1958 Geneva Convention on the High Seas

1958 年《日内瓦大陆架公约》

1958 Geneva Convention on the Continental Shelf

1958 年《日内瓦公海渔业和生物资源养护公约》

1958 Geneva Convention on Fishing and Conservation of the Living Resources of the High Seas

1969 年《保护考古遗产的欧洲公约》

1969 European Convention for the Protection of the Archaeological Heritage

1969 年《维也纳条约法公约》

1969 Vienna Convention on Law of Treaties

1970 年《联合国教科文组织关于禁止和防止文化财产非法进出口和非法转让其所有权方法的公约》（《关于文化财产非法交易的公约》）

1970 UNESCO Convention on the Means of Prohibiting and Preventing the Illicit Import，Export and Transfer of Ownership of Cultural Property（Convention on Illicit Trade in Cultural Property）

1972 年《荷兰与澳大利亚关于荷兰古代沉船的协议》（见案例表澳大利亚 1976 年《历史沉船法案》）

1972 Agreement between Australia and the Netherlands Concerning Old Dutch Shipwrecks（see Schedule 1 to the Australian Commonwealth Historic Shipwrecks Act 1976）

1972 年《联合国教科文组织保护世界文化和自然遗产公约》(《世界遗产公约》)

1972 UNESCO Convention concerning the Protection of the World Cultural and Natural Heritage(World Heritage Convention)

1979 年《关于各国在月球和其他天体上活动的协议》(《月球条约》)

1979 Agreement Governing the Activities of States on the Moon and other Celestial Bodies(the Moon Treaty)

1982 年《联合国海洋法公约》

1982 UN Convention on the Law of the Sea

1983 年《关于国家对国家财产、档案和债务继承的维也纳公约》

1983 Vienna Convention on Succession of States in Respect of State Property, Archives and Debts

1989 年《美利坚合众国政府和法兰西共和国政府关于阿拉巴马号残骸的协议》(巴黎,1989 年 10 月 3 日)

1989 Agreement between the Government of the United States of America and the Government of the French Republic Concerning the Wreck of the CSS Alabama(Paris,3 October 1989)

1989 年《大不列颠与北爱尔兰联合王国政府和南非共和国政府之间关于打捞英国皇家巡洋舰伯肯黑德号残骸议定条款的规则的换文》(比勒陀利亚,1989 年 9 月 22 日)

1989 Exchange of Notes between the Government of the United Kingdom of Great Britain and Northern Ireland and the Government of the Republic of South Africa concerning the regulation of the terms of settlement of the salvaging of the wreck of HMS Birkenhead,Pretoria,22 September 1989

1989 年《国际海事组织救助公约》(《国际救助公约》)

1989 IMO Salvage Convention

1990 年《国际古迹遗址理事会保护和管理考古遗产宪章》

1990 ICOMOS Charter for the Protection and Management of Archaeological Heritage

1992 年《保护考古遗产的欧洲公约》(修订版)(《瓦莱塔公约》)

1992 European Convention for the Protection of the Archaeological Heritage(Revised)(Valletta Convention)

1992 年《关于向第三国出口文化物品的欧洲理事会第 3911/92 号指令》

1992 European Council Regulation No. 3911/92 on the export of cultural goods to third countries

1993 年《关于返还非法转移文化物品的欧洲理事会 93/7/EEC 号指令》

1993 European Council Directive 93/7/EEC on the return of unlawfully removed cultural objects

1994 年《碳氢化合物许可的欧共体第 94/22 号指令》

1994 European Communities Hydrocarbon Licensing Directive 94/22

1994 年《关于实施 1982 年 12 月 10 日〈联合国海洋法公约〉第十一部分的协议》(1994 年《实施协议》)

1994 Agreement relating to the Implementation of Part XI of the United Nations Convention on the Law of the Sea of 10 December 1982（1994 Implementation Agreement）

1995 年《爱沙尼亚共和国、芬兰共和国和瑞典王国之间关于爱沙尼亚号商船的协议》(附 1996 年后其他国家加入的议定书)(《爱沙尼亚号协议》)

1995 Agreement between the Republic of Estonia，the Republic of Finland and the Kingdom of Sweden Regarding the M/S Estonia(with additional Protocol of 1996 allowing for accession of other parties)

1995 年《关于实施 1982 年 12 月 10 日〈联合国海洋法公约〉关于保护和管理跨界和迁徙鱼类种群协议》(1995 年《跨界鱼类种群协议》)

1995 Agreement for the Implementation of the Provisions of the United Nations Convention on the Law of the Sea of 10 December 1982 relating to the Conservation and Management of Straddling and Migratory Fish Stocks（1995 Straddling Fish Stocks Agreement）

1995 年《关于地中海特别保护的区域和生物多样性的巴塞罗那议定书》

1995 Barcelona Protocol concerning Specially Protected Areas and Biological Diversity in the Mediterranean

1995 年《国际统一私法协会关于被盗或者非法出口文物的公约》

1995 UNIDROIT Convention on Stolen or Illegally Exported Cultural Objects

1996 年《国际古迹遗址理事会保护与管理水下文化遗产宪章》

1996 ICOMOS Charter on the Protection and Management of Underwater Cultural Heritage

1997 年《大不列颠政府与加拿大政府关于皇家海军幽冥号以及恐怖号沉船谅解备忘录》(1997 年 8 月 5 日,1997 年 8 月 8 日)

1997 Memorandum of Understanding between the Governments of Great Britain and Canada pertaining to the shipwrecks HMS Erebus and HMS Terror (5,8 August 1997)

2000 年《皇家邮轮沉船泰坦尼克号协议》(《泰坦尼克号协议》)

2000 Agreement Concerning the Shipwrecked Vessel RMS Titanic

2000 年《欧洲景观公约》

2000 European Landscape Convention

2001 年联合国教科文组织《保护水下文化遗产公约》(《水遗公约》)

2001 UNESCO Convention on the Protection of the Underwater Cultural Heritage

2003 年《美利坚合众国政府与法兰西共和国政府关于拉贝尔号沉船的协议》（华盛顿，2003 年 3 月 31 日）

2003 Agreement between the Government of the United States of America and the Government of the French Republic regarding the Wreck of La Belle (Washington, 31 March 2003)

2003 年《联合国教科文组织保护非物质文化遗产公约》

2003 UNESCO Convention for the Safeguarding of the Intangible Cultural Heritage

2004 年《联合国国家及其财产管辖豁免公约》

2004 UN Convention on the Jurisdictional Immunities of States and their Property

2005 年《关于文化遗产社会价值的欧洲框架公约》

2005 European Framework Convention on the Value of Cultural Heritage for Society

2007 年《关于沉船清除的内罗毕国际公约》

2007 Nairobi International Convention on the Removal of Wrecks

缩略语

ASA   1987 年《遗弃沉船法案》(美国)

Abandoned Shipwreck Act of 1987(USA)

CADG   哥伦布-美国发现集团

Columbus-America Discovery Group

CAHAQ   水下文化遗产特设专家委员会(欧洲理事会)

Ad Hoc Committee of Experts on the Underwater Cultural Heritage

(Council of Europe)

CHM   人类的共同继承财产

Common Heritage of Mankind

CMI   国际海事委员会

Comité Maritime International (International Maritime Committee)

DOALOS   海洋事务与海洋法总署(联合国)

Division for Ocean Affairs and the Law of the Sea(United Nations)

ECHR   欧洲人权法院

European Court of Human Rights

EEZ   专属经济区

Exclusive Economic Zone

G-77   七十七国集团

Group of 77

GPS 全球定位系统

Global-Positioning System

ICJ （联合国）国际审判法院

International Court of Justice

ICOMOS 国际古迹遗址理事会

International Council on Monuments and Sites

ICUCH （国际古迹遗址理事会）国际水下文化遗产委员会

International Committee on Underwater Cultural Heritage（of

ICOMOS）

IFREMER 法国海洋开发研究所

L'Institut Français de Recherche pour l'Exploitation dela Mer

（French Research Institute for the Exploitation of the Sea）

ILA 国际法协会

International Law Association

ILC 国际法委员会

International Law Commission

IMO 国际海事组织

International Maritime Organisation

ISA 国际海底管理局

International Seabed Authority

ITLOS 国际海洋法法庭

International Tribunal for the Law of the Sea

JNAPC 联合航海考古学政策委员会

Joint Nautical Archaeology Policy Committee

LOSC	1982年《联合国海洋法公约》
	UN Convention on the Law of the Sea 1982
MOD	国防部
	Ministry of Defence
MOU	谅解备忘录
	Memorandum of Understanding
NGO	非政府组织
	Non-Government Organization
NIEO	新国际经济秩序
	New International Economic Order
NMSA	1972年《国家海洋禁猎法案》(美国)
	National Marine Sanctuaries Act of 1972(USA)
NOAA	国家海洋和大气管理局(美国)
	National Oceanic and Atmospheric Administration(USA)
OCS	外大陆架
	Outer Continental Shelf
OME	奥德赛海洋勘探公司(美国)
	Odyssey Marine Exploration
PMRA	《军事遗骸保护法案》(英国)
	Protection of Military Remains Act(UK)
RMST	皇家邮轮泰坦尼克号公司(泰坦尼克号公司)
	RMS Titanic,Inc.
ROV	无人遥控潜水器
	Remotely Operated Vehicle
SCUBA	水肺/便携式水下呼吸系统

Self-Contained Underwater Breathing Apparatus

SMCA   2004 年《军事沉船法案》(美国)

Sunken Military Craft Act of 2004(USA)

TOBI   拖曳式海底仪

Towed Ocean Bottom Instrument

UCH   水下文化遗产

Underwater Cultural Heritage

UN   联合国

United Nations

UNCLOS Ⅰ   第一次联合国海洋法会议

First UN Conference on the Law of the Sea

UNCLOS Ⅱ   第二次联合国海洋法会议

Second UN Conference on the Law of the Sea

UNCLOS Ⅲ   第三次联合国海洋法会议

Third UN Conference on the Law of the Sea

UNESCO   联合国教科文组织

United Nations Educational,Scientific and Cultural Organisation

WHOI   伍兹霍尔海洋研究所(美国)

Woods Hole Oceanographic Institution

目　录

0 绪 论

　　"水下文化遗产"(以下简称 UCH)是今天常用的一个术语,是指在水下发现的,通常附着于或埋藏在海床的物质,其中有可能蕴含着关于过去人类生存的信息。这些信息是运用考古学技术获得的,因此,水下文化遗产有时被粗略地定义为具有考古价值的材料。虽然水下文化遗产的主要形式是沉船,但水下文化遗产并非仅有沉船;同理,尽管考古学有与古老事物的研究联系在一起的倾向,然而现代考古学的研究范围也延伸到近代物质遗存。

　　所有种类的考古遗存本质上都是一种有限的、不可再生的资源,出于种种原因,位于海洋环境中的考古遗存被认为是资源中特别有价值的一部分。水的包覆无疑是抵抗人类干扰的天然屏障,在海床上或海床里的遗存的自然衰变速度很可能因环境条件而变慢。海洋遗址也可以提供我们对过去人类生活的罕见(有时是独特的)见解,其中包括该时代的贸易以及人类交往的性质和范围,历史上的海军战役和交战的真实过程,甚至是史前人类的日常生活和活动。就沉船而言,还有一个附加价值就是它们很可能形成一个"封闭账户",换言之,那是形成一个包含着同一时代所用材料的遗址。这种在陆地考古中不常见的"时间胶囊",包含了断代的重要信息。在 20 世纪 50 年代以前,由于海洋环境没有人为干扰,因此水下文化遗产总体上受到了良好的保护。然而,20 世纪 50 年代之后,海洋技术革命以及对海洋资源的利用逐渐加强,意味着水下文化遗产遭受来自人类活动的威胁大大地增加了。如今,几乎全球所有的沉船和其他在海底的水下文化遗产都暴露在人为干扰的威胁下，无论是有意的还是无意的。

　　和许多其他领域一样，水下文化遗产的法律保护往往发展得缓慢而被动。尽管如此，为了保护水下文化遗产利益，无论在国内或国际上，已经制定了越来越多规范人类活动的法律。在国际法层面上，目前的关注焦点问题是如何保护水下文化遗产免受故意侵扰。特别是那些仅仅基于经济利益的商业沉船，越来越受到关注。例如，据估计，在过去二十年中，仅商业开发就至少造成了345艘重大沉船事故，以及成千上万处遗址的严重破坏①。

　　这个篇幅较大的绪论主要是为了给读者（特别是那些不熟悉这个领域或没有法律背景的读者）提供一些在阅读本书其他部分之前，可能有用的整体信息。本章第一节介绍了该主题的历史概览；第二节和第三节提供了一些与法律问题直接相关的信息；第四节介绍了2001年联合国教科文组织《保护水下文化遗产公约》；第五节解释了这本书的方法和结构。绪论中提出的许多问题，将在后面的章节中详述。

0.1　历史概览

　　人类对水下文化遗产的兴趣发展及其法律保护，产生于两个特定阶段，每个阶段都是由重大的技术进步所推动的。

0.1.1　早期发展

　　从海底残骸中打捞物资是一项有数百年历史的活动。早在17世纪和18世纪，"潜水钟"（diving-bell）就可以让人们进入深达八英寻（约15米）的沉船内部②。19世纪，著名的迪恩（Deane）兄弟在英国朴次茅斯港斯皮特黑德航道（Spithead，

---

① 娇兰，2001年联合国教科文组织《关于保护水下文化遗产公约》，第5页。
② 主要参见厄尔（Earle），《寻宝》（*Treasure Hunt*）。

Portsmouth)的皇家乔治号(Royal George)沉船上打捞枪支,当时佩戴的"潜水头盔和服装"使他们能够下潜到深度超过二十英寻(大约 36 米)的海底③。20 世纪初,采集海绵的潜水员使用类似设备,首次在海床发现了一艘古老的沉船,那是位于希腊安蒂基西拉岛(Antikythera)水下 55 米深处的公元前一世纪的残骸④。然而,直到 20 世纪 40 年代发明了被广泛使用的自给式水下呼吸器(潜水器)之后,潜水活动才开始受到质疑,人们开始考虑是否有必要针对潜水活动制定某种形式的法律规范,以及保护历史意义重大的沉船和其他水下文化遗产。

1950 年到 1980 年间,用于娱乐和其他目的的"水肺潜水"在沿海水域快速流行起来,导致了许多沉船和其他考古遗存被发现。在缺乏法律规范的情况下,也造成遗址的大量破坏和出水文物的散失,首当其冲的是温暖且考古资源丰富的地中海水域,该水域在 1950 年代和 1960 年代有许多遗址⑤被洗劫一空。尔后,在 20 世纪 60 年代和 70 年代初期,世界其他地方也受到越来越多的影响,包括澳大利亚,那里有四艘荷兰东印度公司(Dutch East Indiamen)商船被寻宝者发现和掠夺,而在美国最接近西班牙殖民时代沉船所在的佛罗里达州海岸,甚至兴起了具有工业规模的寻宝活动。即使在水况不太理想的北欧海域,也发生了一连串声名狼藉的事件。这些事件包括:在英国海岸洗劫了数艘具有历史意义的沉船;在爱尔兰西海岸的一些西班牙无敌舰队残骸中寻找宝藏;以及从挪威海岸的荷兰东印度公司商船阿克伦丹号(the Dutch East Indiaman Akerendam)打捞大量的金币和银币。

随着各种遗存的发现,人们开始意识到海洋的考古潜力。促使海洋考古学逐

---

③ 主要参见贝范(Bevan),《地狱的潜水员》(*The Infernal Diver*)。译者注:1 英寻(fathoms)相当于 1.8 米,海洋测量中的深度单位。

④ 主要参见崴伯格(Weinberg)等,《再论安蒂基西拉岛沉船》(*The Antikythera Shipwreck Reconsidered*)。

⑤ 1973 年进行的一项调查报告显示,土耳其沿海的古典时代遗存遭到大规模抢劫:巴斯(Bass),《土耳其:1973 沉船调查》(*Turkey:Survey for Shipwrecks*)。

　　20 世纪 80 年代初,据报道,在法属地中海沿岸,据说潜水员"掠夺了超过 50 米深处的每一个遗存":马克思(Marx),《消失的水下遗产》(*The Disappearing Underwater Heritage*)。50 米深度是有特定意义的,因为它接近标准潜水装备的极限。

渐演变为考古学独立分支有两个关键时刻,其一是 20 世纪 50 年代末和 60 年代初,巴斯(Bass)和斯洛克莫顿(Throckmorton)用"标准的传统"考古学技术来调查地中海地区的遗址[⑥];其二是 1978 年基思·麦克莱罗伊(Keith Muckleroy)出版的关于海洋考古学的开创性教材,其中列出了新学科的原理、理论和方法[⑦]。1961 年瑞典的古战船瓦萨号(the Vasa)和 1982 年英国亨利八世的玛丽·罗斯号(the Mary Rose)的出水则表明,海洋考古学不仅是一门学术界感兴趣的学科,而且也能引起公众的极大热情。在 20 世纪 60、70 年代,普通法系司法管辖区的海事法院出现了大量案例,案件要求法院对历史性沉船的竞争性诉求进行裁决。为此,他们使用了《打捞法》(The Law of Salvage)及其他传统原则进行裁决。这些裁决的目的在于确定新近海事物资的私权,而在不考虑那些目标物的潜在文化价值情形下,促进物资的打捞。所幸,与此同时,第一个专门针对水下文化遗产提供保护的国内立法得到颁布,由此引爆了区域(特别是欧洲地区)和全球范围内对水下文化遗产法律保护问题的兴趣。其间,这个现象使得涉及这个问题的两个条款被纳入 1982 年的《联合国海洋法公约》(以下简称《海洋法公约》)。

0.1.2 1985 年:转折点

1985 年,来自两个海洋学研究机构的科学家参与了新一代深水潜水器性能的测试,他们为自己设定了一项特别的挑战:找到皇家邮轮泰坦尼克号的残骸。科学家使用配有成像和视频声呐设备的深海拖曳潜水器,在北大西洋距离岸边约 300 海里(1 海里＝1.852 千米)的一片 388 平方千米的地区进行了系统的搜索行动。经过两个月的努力,他们发现沉船位于水下约 3 800 米深处;两年后,借助装有机械手臂的潜水器,科学家从遗址提取了大约 1 800 件文物。

泰坦尼克号的发现被证明是水下文化遗产的国际法律保护发展的关键时刻。

---

⑥ 贝斯坎(Bascom),《深海考古学》(*Deepwater Archaeology*),第 263 页。
⑦ 麦克莱罗伊,《海洋考古学》(*Maritime Archaeology*)。

它代表了一个理论上的时间节点：从前在开放海域通过有限的潜水器给予水下文化遗产实物保护的时代已经结束，而今，如何保护远离海岸的深海遗址已经变得有现实意义。此一发现还引起了人们对一系列问题的兴趣，包括泰坦尼克号的船东、船上货物和船上私人物品的所有权；沉船在文化和其他方面的价值；以及对沉船遗址干扰所引起的道德反省，尤其是沉船遗址就相当于船上人员的主要墓葬地。

泰坦尼克号是在《海洋法公约》通过（1982 年）仅三年后被发现的，比该条约生效（1994 年）早了近十年。然而，即使是现在，普遍认为该条约中关于水下文化遗产的两条规定，对水下文化遗产仍没有提供足够的保护。1988 年，国际法协会（ILA）承担了起草一部条约的任务，以弥补这方面的不足。

0.1.3 最新进展

泰坦尼克号的发现标志着一场海洋技术革命，以及一直延续至今的深海勘探时代的开始。在 20 世纪 80 年代后期，先进的声呐设备和无人遥控潜水器（ROV）被用来定位在水下约 2 400 米深处的中美洲号，并从该沉船中打捞了大量的黄金。到了 90 年代中期，类似的设备在水下 3 770 米处的艾尔费拉特号（the SS Alpherat）上打捞了 179 吨的铜和锡锭⑧。而今天，我们已经能够在水下超过 6 000 米的海底操作无人遥控潜水器，人类几乎可以进入整个海底⑨。

虽然超深（超过 1 000 米的深度）搜索和打捞作业仍然很少，但类似的工具和技术已经可以广泛应用于各个海域。

如今，声学和磁性成像设备已经成为海底勘探的标准设备：侧扫和测深声呐

---

⑧ 这一壮举为深海沉船打捞创造了新的世界纪录，至今尚未被打破（详情参见：www. bluewater. uk. com/achievements. htm）。英国为背景的蓝水打捞公司（Blue Water Recoveries）进行了这种操作，已经发现了一些深海沉船，包括 4 210 米深的电动汽船比郡号（M/V Derbyshire）、4 700 米深的俾斯麦号战列舰（DKM Bismarck）和 5 762 米深的电动汽船里奥格兰号（M/V Rio Grande）。

⑨ 例如，在南安普顿，国家海洋学中心（the National Oceanography Centre）操作的拖曳式海底仪（TOBI）的海底能力（http://noc. ac. uk/research-at-sea/nmfss/nmep/tobi）。

系统被用来识别海底的突脊和沟壑；海底浅地层剖面仪可对浅海地层进行横断面分析，以识别沉积物中的物质；而磁力仪可以定位含铁的物质[10]。虽然载人或无人遥控潜水器可以进入很深的海底，但事实上，现代潜水员的专门混合器具和其他精密设备，也经常在深达甚至超过 100 米的海底工作[11]。自 20 世纪 90 年代中期，全球定位系统（GPS）技术进入民用以来，该系统已经成为普通的船上设备[12]，它是需要精确定位的船舶所不可或缺的工具，包括那些在公海领域从事救援或考古研究的船只。

美国奥德赛海洋勘探公司（以下简称 OME）从事海上勘探和沉船打捞的活动，说明了现代技术如何颠覆了沉船搜索和打捞领域。近年来，OME 已经调查并绘制了数千平方千米的海底地图，并发现了数百艘沉船的残骸，种类从罗马的腓尼基船跨越到德国的 U 型艇和现代化的渔船。OME 发现的沉船包括在英吉利海峡航行的 18 世纪的英国军舰胜利号（HMS Victory），在葡萄牙海岸航行的西班牙殖民时代的军舰梅赛德斯夫人号（Nuestra Señora de las Mercedes）。尽管 OME 的活动基于商业考量，但也考虑了部分文化价值[13]，因此引起了关于出售历史性沉船上具有商业价值货物的道德问题的激烈辩论：是否有可能将利益动机与健全的考古学结合起来；以及是否可以采取适当的考古学方法来发掘潜水员到达范围之外的深海遗址。

在水下文化遗产的语境下，不仅资金充足的商业组织或海洋学机构采用先进的技术，海洋考古学家在日常工作中也越来越多地使用这些技术。因此，海洋环境所具有的丰富的考古潜力，已经越来越得到认可，尤其在非沉船的残骸部分。2009 年，一支使用数字技术的英国—希腊考古队，确证并绘制了一座淹没在水下

---

[10] 主要参见马瑟（Mather），《技术和沉船的搜索》（*Technology and the Search for Shipwrecks*）。

[11] 例如，2007 年潜水员进入爱尔兰海岸 156 米深的皇家卡巴蒂亚号（RMS Carpathia）沉船：巴汉姆（Parham）和威廉姆斯，《国际水域对水下文化遗产的威胁性质的大纲》（*An Outline of the Nature of the Threat to Underwater Cultural Heritage in International Waters*）。

[12] 导航星（Navstar）全球定位系统最初是为美国军事使用而研制的。1996 年开放为民用。

[13] 详见第 6 章。

的青铜时代城市：帕夫洛彼特里（Pavlopetri）的街道和建筑布局，这是一个面积超过 3 万平方米的海底遗址⑭。同样的技术也让考古学家得以在一些冰河期的大陆架上发现被淹没的地表：北欧的考古学家最近发现的中石器时代的住宅遗迹、墓穴和捕鱼构造等遗存，说明了这些地表极有可能提供了我们早期祖先生活的独特证据⑮。

在北海工作的渔民和疏浚作业人员打捞出大量的手斧、猛犸象以及其他陆地动物的遗骸，进一步证明了大陆架的考古潜力，但同时也表明，在海洋环境公共地区的一般商业活动有可能干扰考古学证据。渔民拖网、海洋集料疏浚、管道与电缆铺设以及风力发电场和其他设施的建设等，都对那些海底证据构成了重大威胁。随着这种活动的规模和强度的增加，各种形式的水下文化遗产受到损害的风险也随之增加。

现在许多国家都已立法保护沿海水域的水下文化遗产。尽管大部分这种立法的目的是规范故意的人为干预，但也有越来越多的措施去规范一般海洋活动，以降减其附带的破坏与损害。现今，当要求国内法院对历史沉船的案件做出裁决时，他们越来越意识到水下文化遗产的文化价值和相关因素。经过六年的努力，国际法协会终于在 1994 年向联合国教科文组织提交了一份关于保护水下文化遗产的公约草案。这成为 2001 年通过的《保护水下文化遗产公约》（以下简称《水遗公约》）的基础。

0.2　相关法律分支

从法律的视角来看，这一领域横跨海事或私人海商法、海洋法和文化遗产法

---

⑭《亚特兰蒂斯神话再无秘密可能启发自失落城市希腊》（"Lost Greek city that may have inspired Atlantis myth gives up secrets"），《卫报》，2009 年 10 月 16 日。

⑮ 格兰和莫特森（Gron and Mortensen），《丹麦北海的石器时代》（*Stone Age in the Danish North Sea Sector*）。此类遗址的遗存显然与干燥遗址所发现的遗存，"不可同日而语"。

三个不同法律分支,使得其既迷人又复杂。这些法律领域在本质上是完全不同的,旨在执行非常不同且并不必然兼容的功能。

0.2.1 海事或私人海商法

海事法是涉及海商活动的私法领域之一。作为私法的一个领域,它调整着个人或其他私人实体之间的关系,诸如决定互相竞争的私人权益。它由国内法院管理,特别是普通法系司法管辖区的海事法院。

早期英国海事法院所采用的裁判原则是源于欧洲大陆的传统中世纪法典;然后,发展并传播至澳大利亚、加拿大、爱尔兰、新西兰、新加坡和美国等其他普通法系司法管辖区。虽然海事法具有普通法系的特色,但大陆法系在处理海事纠纷方面也有其相应原则。无论如何,尽管普通法和大陆法原则有着共同的根源,但是今天两者却沿着不同的路线发展,并以不同的方式运作。不可讳言,在水下文化遗产的语境里,普通法系的海事法具有最重要的影响力。

海事法旨在为私人主体的交易提供确定性和可预见性。它还实现了更广泛的公共政策目标,比如生命及财产安全、海洋环境保护。海事法院的职权范围扩大到"救援"海上遇险货物,以及那些通过《打捞法》(The Laws of Salvage)和"沉船法"确定这些财产的权利[16]。在有些司法管辖区,海事法院偶尔也会对这些财产适用《打捞物法》(The Law of Finds)。鉴于海事法涉及跨境活动,且船舶和个人皆可在海洋环境中相当自由地活动,因此,执法和管辖权问题都有专门的规定。

现代海事法的原则来自国内判例法和法规,但如今在国际海事委员会(CMI)和国际海事组织(IMO)等国际组织的支持下,那些原则有相当一部分已经以条约形式发展成有关的国际法实体了。目前,特别有相关性的是国际海事委员会1989年颁布的《国际救助公约》。

---

[16] "沉船"是一个技术用语。详见第 2 章第 2.2 节,尤其是注释 10。

0.2.2 海洋法

联合国海洋法是国际公法的一个重要分支,是一个具有独特原则、执法机制和争端解决机构的法律专业领域。作为国际公法的一个领域,海洋法主要涉及的是国家之间的关系。

现代海洋法虽然像海事法一样植根于过去的历史,但它基本上是20世纪的产物。它的目的是通过建立一套规则框架来确定各国在海洋使用方面的权利和义务,从而建立海上法律秩序。这个框架的核心特征是将海洋分为不同的海域,而每个海域都有其特定法律制度。

纵观历史,海洋法的特点是"封闭海域"与"外海"概念之间的张弛关系,这种张力对其法制发展产生了深远的影响。几个世纪以来,沿海国可以控制其紧邻海岸的狭长水域。然而,起源于17世纪关于国家对于紧邻边界的海洋空间应当控制到何种程度的争论,却一直持续到今天。"外海"概念是公海自由见解的体现,该概念一直以来都占上风,但是在20世纪期间曾受到一定程度的削弱。如今,国际舞台上这个争论由两个对立的政治集团引领着。"沿海国"的主要利益在于维护其对沿海水域权利的完整性,并且时不时地扩大这些权利;"船旗国"(或"海事国")的主要利益则是保持其航行自由,使其商船和军舰能够在全球各地自由行动。

直到20世纪,国际海洋法规则仍基于国家的习惯和实践而发展。然而,其间仍多次尝试将这些规则条约化。最值得注意的是,联合国举办了三次关于海洋法的外交磋商。1958年的第一次联合国海洋法会议(UNCLOS Ⅰ)通过了四部日内瓦公约:《日内瓦领海和毗连区公约》《日内瓦公海公约》《日内瓦大陆架公约》和《日内瓦公海渔业和生物资源养护公约》。1960年的第二次联合国海洋法会议(UNCLOS Ⅱ)未能达成任何协议。1973—1982年第三次联合国海洋法会议(UNCLOS Ⅲ)的成果就是今天《联合国海洋法公约》的最早来源。

0.2.2.1 1982年《联合国海洋法公约》

由于人们对深海海底矿物资源商业开发的可能性越来越感兴趣,因此,第三次联合国海洋法会议论证背后的最初驱动力就是深海海底的治理问题。发展中国家担心，已开发国家可以自由地开发这些潜在的拥有巨大价值的资源，除非制定一个共享资源的规范框架。会议背后的另一个普遍推动力是国际舞台上出现的大量"新兴独立国家"，这些国家的利益与在第一次联合国海洋法会议中占主导地位的"海洋强国"的利益大不相同。新兴国家寻求对海洋管理的国际法律秩序，包括对其近海水域的自然资源拥有更大的权利。第三次会议的结论是要对海洋法进行全面审查，其结果是单一文件《海洋法公约》取代了"日内瓦四大公约"。其终极目标是"制定一个经得起时间考验的全面性海洋宪法"⑰。

历经 15 年的筹备工作，其间包括 9 年的非正式谈判，《海洋法公约》终于在 1982 年牙买加蒙特哥湾举行的第三次联合国海洋法会议上开放签署。这个庞大的条约包括分为 17 个部分的 320 条条款，以及 9 个附件。它建立了两个新的海洋区域；规定领海的最大宽度为 12 海里；制定所有认可海域的规则；为国际海峡和群岛国家创造了特殊的管理体制；并设置了 3 个新的国际机构。它还规定了一系列涉及海域使用的其他事项，包括船舶的国籍和地位、军舰和其他非商业用途船舶的豁免、海洋环境的维护和保养，以及海洋科学的研究。

由于新兴独立国家很多，第三次联合国海洋法会议成为有史以来国际上召开的最大外交会议。这次有近 160 个国家参与，与会国数量几乎是第一次联合国海洋法会议的两倍。这些国家形成了一系列的利益集团。由于代表发展中国家利益谈判的七十七国集团（G‐77）⑱，和小而强大的海洋国家集团之间的数量差距过于悬殊，使得在拟定条款期间的传统多数表决制度被一种新的协商程序所取代。在新程序下，就实质性问题的已尽一切努力以协商一致的方式达成协议，只

---

⑰ 见《海洋宪法：第三次联合国海洋法会议主席汤米·柯的讲话》（www. un. org/Depts/los/convention_agreements/texts/koh_english. pdf）。

⑱ G‐77 集团是一个由发展中国家组成的政府间组织。其目标是促进发展中国家的经济和其他利益。顾名思义，它由 77 个国家组成，但是现在已经有 131 个成员（见 www. g77. org/doc）。"第三次联合国海洋法公约会议"约有 120 个成员国家：丘吉尔和罗威（Churchill and Lowe），《海洋法》（*The Law of the Sea*），第 228 页。

有在为达成一致所做的一切努力都用尽了的情况下，才允许进行投票表决。会议主席编写的工作文本，只有在主席认为拟议的修正案能够增加对整体文本支持的情况下，才予通过。这个过程的最终目标是达成一项平衡各方利益的"一揽子协议"。

在谈判结束时，美国和其他发达国家对条约的一个特定方面［第 11 部分（Part XI）：深海海底制度］表示不满，这意味着最终文本未能达成共识。最终，"公约"以多数表决通过⑲。直到十二年后的 1994 年，"公约"才通过一个"实施协议"来克服反对意见，该协议对第 11 部分进行了修改；同年，《海洋法公约》生效。在随后的一段时期里，除美国外，所有主要的海洋强国和大多数其他发达国家都批准了《海洋法公约》。在撰写本书时，《海洋法公约》共有 162 个缔约国；除了美国，其他著名的非缔约国是哥伦比亚、伊朗、以色列、秘鲁、土耳其和委内瑞拉。虽然美国尚未加入"公约"，但最近几届美国政府一直强烈支持该条约及其国内的批准⑳。说到底，从技术上讲，美国仍是"日内瓦四公约"的缔约国，而实际上《海洋法公约》的大部分条款都反映了长久以来的国际习惯法，因此，对所有国家，无论是否为缔约国，原则上皆具有约束力。

要了解整个海洋的法律，特别是《海洋法公约》，有必要了解这个法律领域的政治性质。海洋权利对一个国家的战略、经济、军事和安全都有巨大的影响，因此，海权事务是国家的头等政治要事。海上权利政策的关键目标是确保《海洋法公约》"一揽子协议"中规定的沿海国和船旗国的权利、管辖权和义务的微妙平衡不受到国家惯例的损害。主要的先期担忧是"逐步扩大管辖权"（creeping jurisdiction）问题，即沿海国企图超越条约规定的范围，在地理上或功能上扩大其权利和管辖权。

---

⑲ 其中有 130 票赞成，4 票反对和 17 票弃权。投反对票的国家是以色列、土耳其、美国和委内瑞拉。弃权的有德意志民主共和国（东德）、德意志联邦共和国（西德）、意大利、荷兰、西班牙、苏联和英国等。

⑳ 例如，2011 年 12 月美国国务卿希拉里·克林顿（Hillary Clinton）提到美国加入《海洋法公约》是一个"未竟事业的临门一脚"（见 www. gc. noaa. gov/gcil_los. html）。必须得到美国国会的批准，美国国会则强烈抵制条约。

0.2.2.2 *海域和相关术语*

以下评述旨在简要介绍国际法承认的主要海域以及一些相关术语。在本节和本书里，所提及的海域语境内的英里数是指沿海基线的海里数。

领海。《海洋法公约》第 2 部分规定了领海和毗连区的法律制度。领海是一个自动归属于沿海国家的区域，从沿海"基线"延伸出去 12 海里[21]。在这个区域，沿海国家拥有主权[22]，但其主权必须按照《海洋法公约》和其他国际法规则行使[23]。《海洋法公约》制定了建立基线的详细规则，而衡量领海和其他区域宽度的正常基线是低潮线[24]。有一个例外，基线（可能包括海湾和河口）向陆一侧的水域被归为内海[25]。内海被视为一个国家领土的一部分[26]，而领海是其海上领土。

毗连区。毗连区是与领海毗邻的一个区域，从基线量起向外延伸不超过 24 海里[27]。在这个区域，沿海国可以行使必要的控制，以防止或惩罚在其领土或领海内违反其海关、财政、移民或卫生法律法规的行为[28]。在毗连区也可以采取一定的措施来控制水下文化遗产所在区的海上交通运量[29]。沿海国可以主张其毗连区，但并非有此义务。

群岛水域。《海洋法公约》第 4 部分创建了一种适用于特定群岛国家的特殊制度[30]。这一制度允许符合资格的国家划定基线，以便纳入围成群岛的岛屿；如此一来，基线内的大部分海域就构成了"群岛水域"[31]。群岛国家对这些水域拥有

---

[21] 《海洋法公约》，第 2 和 3 条。

[22] 关于主权的概念，见下文第 3.1 节。

[23] 《海洋法公约》，第 2 条第 3 款。

[24] 《海洋法公约》，第 5 条。

[25] 《海洋法公约》，第 8 条第 1 款。所指例外情况是群岛水域，见后文。

[26] "内陆水域"一词通常用来指涉没有海洋特征的内部水域，包括湖泊、河流和运河。

[27] 《海洋法公约》，第 33 条第 2 款。

[28] 《海洋法公约》，第 33 条第 1 款。

[29] 《海洋法公约》，第 303 条第 2 款。

[30] "公约"将"群岛国"定义为"一个国家完全由一个或多个群岛组成，很可能包括其他岛屿"第 46 条 a 款。并非所有属于此一定义的国家都能够利用第 4 部分的特殊制度。要适用这个制度，她们必须能够达到条约第 47 条概述的群岛基线的技术要求。

[31] 除了能够制定组成群岛的岛屿的"群岛基线"之外，群岛国还有权按照正常规则在每个岛屿周围画出基线。这些基线内的海湾和河口将构成内部水域，而不是群岛水域。

主权,无论其深度或其与海岸的距离㉜,但必须遵守第 4 部分规定的其他国家的权利。

专属经济区。《海洋法公约》第 5 部分规定了专属经济区(EEZ)的法律制度。专属经济区是《海洋法公约》的首创,缘起于一些发展中国家要求控制沿海水域获得鱼类资源的权利。这是一个在领海之外并与之毗邻的区域㉝,从基线量起向外延伸不超过 200 海里㉞。在专属经济区内,沿海国拥有探索和开发㉟、保护和管理海底上空水域的自然资源、海床及其底土以及其他相关权利和管辖权的"主权权利"㊱。与毗连区一样,沿海国有权主张专属经济区,但并非其义务㊲。

大陆架。大陆架作为一个法律的(或"司法的")区域出现,在某种程度上是由 1945 年的"杜鲁门宣言"促成的,美国单方面主张其大陆架海床和底土的自然资源㊳。其时正值第一次联合国海洋法会议期间,其他国家也群起效尤,都宣称拥有类似的权利。1958 年《日内瓦大陆架公约》阐述了如下一种观念,即沿海国对这个海底地区及其自然资源享有权利,并就这些权利的性质和范围做出了规定。法律上的大陆架法律制度如今已载于《海洋法公约》的第 6 部分。其大陆架定义如下:

> 超越其(沿海国)领海的海床和底土,从其领土自然延伸到大陆边缘的外缘,或延伸到距离领海基线 200 海里的位置,后者是指其大陆边缘的外缘还达不到该距离的国家㊴。

㉜ 《海洋法公约》,第 49 条第 1 款。

㉝ 《海洋法公约》,第 55 条。

㉞ 《海洋法公约》,第 57 条。

㉟ 关于主权的含义,见第 7 章第 7.3.4 节。

㊱ 《海洋法公约》,第 56 条第 1 款。

㊲ 如果沿海国家声称既有毗连区又有专属经济区,毗连区将落在专属经济区内,因此归属于《海洋法公约》第 2 部分和第 5 部分。

㊳ 1945 年 9 月 28 日,美国联邦法规第 64 部,条例 48701,第 2667 号宣布。以前有过一两个类似的要求,但鉴于美国的政治分量,主张这种权利特别有影响力。

㊴ 第 76 条第 1 款。确定大陆边缘外部界限的规则在第 76 条第 4~6 款中规定。

这意味着，所有沿海国家原则上都有一个法律上的大陆架，即从基线延伸到至少200海里[40]，其中包括那些自然的大陆边缘延伸达不到这个距离的国家。但是，如果沿海国家的大陆边缘延伸超过200海里，则其法律上的大陆架将延伸到其大陆边缘的实际外缘[41]。大陆边缘延伸超过200海里的国家被称为"宽边缘"国家，那些边缘超过200海里的区域通常被称为外大陆架（OCS）。与毗连区和专属经济区相反，法律上的大陆架是一开始就存在的，并不需要沿海国对外宣示[42]。《海洋法公约》第6部分为沿海国家提供了勘探和开发大陆架自然资源的主权权利[43]。由于大陆架只包括海床和底土而不包括上面的水体，所涉自然资源主要是矿产资源，特别是石油和天然气。但是，它们还包括与海床和底土密切相关的其他生物和非生物资源。[44]

如果沿海国家对外宣示拥有专属经济区，则该区范围将与其大陆架在200海里区域内共存，《海洋法公约》第5和第6部分专门用于调整这个事项，且适用于12至200海里的区域。沿海国未对外宣示的情况下，法律上外大陆架与专属经济区同样位于12至200海里的范围内，以上受《海洋法公约》第6部分以及与公海有关的第7部分调整。

公海。《海洋法公约》第7部分规定的公海制度适用于不包括在专属经济区、领海或一个国家的内海或群岛国的群岛水域在内的所有水域[45]。公海对所有国家开放[46]，"没有任何国家可以有效地声称对公海的任何部分有主权"[47]。第7部

---

[40] 显然，有必要为彼此相距不足400海里的沿海国家做出特殊规定，见第83条（第83条是条约中针对海岸相向或相邻的国家，划定海洋边界的条款）。

[41] 大陆边缘包含沿海国延伸出去的淹没陆块（第76条第3款）。这个淹没的陆块有三个要素："架子""斜坡"和"凸脊"。因此，法律上的大陆架并不等同于被称为大陆架的地貌特征。

[42] 北海大陆架案例（1969年）《国际法院案例汇编》第3卷，第23页。

[43] 《海洋法公约》，第77条第1款。

[44] 见《海洋法公约》，第77条第4款。详见，下文第7章第7.3.4节。译者注：很多沉船位置属之。

[45] 《海洋法公约》，第86条。

[46] 《海洋法公约》，第87条第1款。

[47] 《海洋法公约》，第89条。

分列出了公海"自由"不完全清单,其中包括航行自由和捕鱼自由⑱。行使这些权利时,必须考虑到其他国家行使公海自由的利益。⑲

区域。《海洋法公约》第 11 部分确立了国际海床区域的法律制度。"区域"与专属经济区一样,都是《海洋法公约》的创新概念。"区域"包括"国家管辖范围以外的海床、洋底及其底土"㊿。"超越国家管辖范围"一语是指法律上的大陆架界限之外的海床和底土。与大陆架一样,"区域"包括海床和底土,而不含上部水域,这部分水域被归在第 7 部分的公海制度。第 11 部分(已在 1994 年《实施协议》中修正)规定了一个详细框架,规范与"区域"内矿产资源勘探和开发有关的活动。

海上水域常用的三个术语是"沿海水域"(inshore waters)、"近海水域"(offshore waters)和"国际水域"(international waters)。这些术语在《海洋法公约》中没有提到。但是,它们通常分别表示:领海边界的内陆水域;领海边界与法律上的大陆架外部之间的水域;以及超过领海边界以外的所有水域。在本书中使用这些术语,基本就是相同的意思。

0.2.3　文化遗产法

与海事法和海洋法相反,文化遗产法是一个具有现代根基且相对尚处于初级发展阶段的法律领域。它包括公法和私法,以及内国法和国际法等要素。就本书而言,与主题最直接相关的是公法和国际法方面,以下评论皆涉及这些方面。

文化遗产法关注的是广大公众利益的文化遗产保护。迄今为止,这个领域的争论大都集中在应该保护什么,以及"保护"应包括什么的问题上。因此,"文化遗产"和"保护"的概念是不断变化的。在最初发展的阶段,文化遗产法的重点是保

---

⑱ 《海洋法公约》,第 87 条第 1 款。捕捞自由受到与公海生物资源养护和管理有关的某些规定的限制。
⑲ 《海洋法公约》,第 87 条第 2 款。
㊿ 《海洋法公约》,第 11 条第 1(1)款。

存文化遗产最明显的表现形式,包括历史建筑和古迹,以及考古遗址和遗物。如今,人们对保护的价值有了一个更广泛的观点,而保护概念则被认为涵盖了一系列的可能性(从"保存在特定的地方"到"管理的变化和衰落")。对于这个问题,现在越来越多地采取以资源为基础的方法,有时会涉及文化遗产的法律、政策和做法同自然环境相结合。

国际法在这个领域的发展,不可避免地受到国家的做法和经验的影响。传统普通法系和传统大陆法系国家之间的做法和经验有显著的差异,这很可能是造成两者矛盾的特定根源。其中许多差异是由于对待私有财产权,及对待公共与私人权益平衡的态度的根本不同所致。在欧洲,由于欧洲大陆南北之间对有关保护历史遗迹的任务在规模上有重大分歧,使得不同法系之间的差异更加严重。尽管如此,旨在确定保护文化遗产的国际标准的条约和其他法律文件还是越来越多。负责制定这些文件的组织是联合国教科文组织,它是联合国的一个专门机构。该机构建于第二次世界大战结束时,目的是促进其成员国在教育、科学和文化等领域的国际合作。2001 年《水遗公约》是联合国教科文组织不断扩大的法律文件的代表作之一,该公约为其文化简短声明的一部分。这些法律文件中,最早的条约是1954 年《关于武装冲突时保护文化财产的海牙公约》;最近一项是 2003 年《联合国教科文组织保护非物质文化遗产公约》。其他两个具有重大全球影响力的法律文件是 1970 年《联合国教科文组织关于禁止和防止文化财产非法进出口和非法转让其所有权方法的公约》和 1972 年《世界遗产公约》⑤。

在区域层面,文化遗产方面特别活跃的一个组织是欧洲理事会。该理事会成立于 1949 年,旨在促进法律标准、文化合作和欧洲文化认同的发展。截至撰写本书为止,理事会在欧洲大陆有 47 个成员国。欧洲理事会负责了有关水下文化遗产的若干举措,并在此一领域的国际法发展中发挥了重要作用。

---

⑤ 这些条约的正式名称是《联合国教科文组织关于禁止和防止文化财产非法进出口和非法转让其所有权方法的公约》和《联合国教科文组织保护世界文化和自然遗产公约》。

0.3 对国际法的一些观察

以下是关于国际法方面的一些意见,在本书中尤为重要。它们主要是为非律师读者设计的。

0.3.1 主权和管辖权

主权和管辖权是国际法领域中两个相互关联且意义重大的概念。这些概念很难抽象地讨论,因为它们在不同的背景下意味着不同的东西。尽管如此,一些介绍性的话还是应该说一下。

根据罗威(Lowe)的专著:

> 一个国家的目的和作用是尽可能地控制其境内的活动,或更精准地确保其境内的活动不受另一国的管制。这个观念就是国际法中的主权概念[52]。

正如这句话所指,一个国家在其领土边界内拥有主权。主权代表着一个国家对该领土和领土内的人员拥有不可侵犯的权力;然而,在国际法下,权力可能受到限制,例如在某些情况下,位于本国境内的财产属于其他国家所有。一个国家的海上领土主权(领海和群岛水域)就有如下的限制:外国船只有权无害通过[53]。管辖权被视为"主权的一个面相"[54]。

它包括立法的权力(立法管辖权)和执法的权力(执行管辖权)。这两种权力

---

[52] 罗威,《国际法》,第 138 页。

[53] 详见第 7 章第 7.3.2 节。

[54] 布朗利(Brownlie),《国际公法原理》(*Principles of Public International Law*),第 299 页。

虽然经常携手并进，但也并非总是如此。在拥有主权的地区，国家拥有最广泛的管辖权形式，有时被称为"完全的"或"绝对的"管辖权。这种形式的管辖权对比于国家在其领土以外地区享有的管辖权，后者的形式较为有限。一个国家对其大陆架和专属经济区自然资源的主权权利，就是这种有限权利的一个例子。这些权利，在地理上受限于该国的大陆架和专属经济区向海洋延伸的程度，在功能上则受限于与那些地区的自然资源有关的目的。

国家有各种依据得以在其领土之外行使管辖权。其中一些依据来自国际管辖权的一般原则，有些则来自与海事管辖权有关的原则[55]。在本书中，域外管辖权的一个重要范例是一国对其旗船的管辖权。这种形式的管辖权被称为船旗国管辖权。它是基于如下概念：授权悬挂一国国旗实际上就是授予这艘船该国的国籍[56]。在公海，除特殊情况外，船舶受船旗国的专属管辖[57]。奇怪的是，近年来无人问津关于船旗国的管辖权是否应当延伸到一艘悬挂国旗的沉船。反之，似乎有一种普遍的想法，认为沉船并不受到船旗国管辖[58]。

0.3.2 国际法的渊源

国际法有许多渊源。而其中最主要的就是与本书主题最相关的国际条约和国际习惯。

---

[55] 进一步讨论见第 7 章第 7.2、7.3 节。

[56] 详见第 7 章第 7.2.2 节。（值得注意的是，"船是一个浮动的国家领土的一部分的观点早已声名狼藉"，参见布朗利，《国际公法原理》，第 318 页。）

[57] 《海洋法公约》第 92 条第 1 款。同样的原则也适用于专属经济区，到目前为止，它与《国际海洋法公约》第 5 部分并不矛盾。见《海洋法公约》，第 58 条第 2 款。

[58] 根据丘吉尔和罗威的研究，"船旗国对沉船管辖权的持久性"是一个棘手的问题，见丘吉尔和罗威，《海洋法》，第 152 页。在 20 世纪的上半叶，有关船旗国对于沉船是否存有持久管辖的国际法习惯规则，以及 1958 年《日内瓦公海公约》是否能推翻任何此类规则的问题，评论者们存在意见分歧[如卡弗利施（Caflisch），《水下文物和国际海洋法》(*Submarine Antiquities and the International Law of the sea*)]，第 21-22 页，包括脚注以及第 25 页，注释 81；参见纳夫齐格，《寻找泰坦尼克号》(*Finding the Titanic*)，第 345 页；国际法协会在昆士兰(1990)的文化遗产法国际会议发布的第一份报告，第 7 页。第三次联合国海洋法会议关于拒绝船旗国在领海以外海域沉船专属管辖权的建议是奥康内尔在《海洋法公约》通过后不久后写的，但似乎对这一问题悬而未决，参见奥康内尔（O'Connell），《国际海洋法》(*The International Law of the Sea*)第 2 卷，第 911 页。相关讨论（在沉没军舰的脉络下）请见第 4 章第 4.2.1 节。

0.3.2.1 条约

条约(或公约)是两个或两个以上国家之间的协议,在国际法中对缔约国具有约束力。条约约束力是基于同意的概念。因此,原则上,条约约束力只限于其缔约国[59]。非条约缔约国的国家被称为"第三国"[60]:"条约本身不能将义务强加给第三国,也不能未经第三国同意就以任何方式修改第三国的合法权利"[61]。条约的法律规则的主要来源本身也是一部条约,即1969年《维也纳条约法公约》。该公约内容包括了条约的缔结、适用、生效和修订等事项的规则。这些规则与本书特别相关的是如下两个方面:涉及同一主题事项的条约与条约解释之间的关系。

同一主题事项在不同条约之间的关系。对后续条约涉及同一议题的适用问题,在目前的情况下有一定的意义,《海洋法公约》也部分涉及了与联合国教科文组织2001年《水遗公约》的同一议题。关于这个议题的一般规则载于《维也纳公约》第30条。里面规定:

2. 当一部条约条款明定应受先前或以后的条约约束,或不得与那些条约冲突时,则当以该条约的明定条款为准。

3. 当先订条约的所有缔约国都是后订条约的缔约国,且先订条约没有终止或中止时,先订条约只有在其规定与后订条约相一致的情况下适用。

4. 当后订条约的缔约国不包含先订条约的所有缔约国时:

(a) 在同为两部条约的缔约国之间,适用第三项之同一规则;

(b) 在同为两部条约的缔约国与仅为其中一部条约的缔约国之间,两国均仅受同属缔约国的条约的权利和义务所约束。

---

[59] 然而,如果一个条约的规定反映了国际习惯法,则他们将对所有国家具有约束力,详见下文第3.2.3节。

[60] 见1969年《维也纳条约法公约》,第2条第1款h项。

[61] 奥斯特(Aust),《现代条约法与实践》(*Modern Treaty Law and Practice*),第256页。详见,1969年《维也纳条约法公约》,第35条和36条。

这些规则在本质上是有余补性质的[62],这意味着条约的规则本身可以阐明它与其他条约的关系。事实上,《海洋法公约》和联合国教科文组织的公约都是这样做的。稍后将详细讨论这两个公约在这方面做出的规定[63]。

条约的解释。这本书大部分内容是关于条约法的(条约的实质性条款)。为了理解条约条款的含义,人们应当知道条约解释有其既定的规则。关键规则载于《维也纳公约》第31条和第32条。第31条第1款阐明了条约解释的一般规则:

> 一部条约应根据其在上下文的一般意义,并根据其目的和宗旨,善意地加以解释。

《维也纳公约》第31条的第2段明确指出,条约的"上下文"包括全文、序言和附件,以及所有缔约国就该条款缔结或达成的任何协议或文件。第31条第3款规定,根据条约的上下文、目标和宗旨,也应该考虑下列事项:

> (a) 当事国嗣后所订关于条约的解释或其规定的适用的任何协定协议;
>
> (b) 嗣后各当事国在条约适用方面确定对条约解释的协定协议的任何惯例;
>
> (c) 适用于当事国间关系的任何有关的缔约国之间的国际法规则。

一般来说,我们所寻求的一个术语或词组的意义是其通常含义,根据第31条第4款的规定,"[a]倘经确定当事国有此原意,条约用语应使其具有特殊意义"。

根据第32条:

---

[62] 见奥斯特,《现代条约法与实践》,第227页。
[63] 特别是第8章第8.2节。

为获得确认第 31 条的应用所产生的意义，或根据第 31 条解释而确定意义，解释得使用补充解释手段，包括条约筹备工作及缔约时的情况：

（a）意义仍属不明或难解；或

（b）所获结果显属荒谬或不合理时。

这个条文明确指出，条约的筹备工作和缔约的情况仅仅是一种补充解释的手段。

条约解释是件微妙的事。它需要对三个要素的权重进行适当平衡：条约文本，条约的目标和宗旨，以及缔约国的意图，这一点可以从筹备工作时缔约方意图、缔结情况和缔约国嗣后的协议和做法中得到证明[54]。通过筹备工作来确定缔约方的意图是条约解释的一个方面，而这可能是最成问题的部分。特别是像《海洋法公约》和联合国教科文组织 2001 年通过的《水遗公约》。这两个公约都涉及了存在长期政治争议的谈判主题。这两个公约不仅都没有正式的官方谈判记录，而且为了促进对最有争议的问题达成协议，两份公约文本都被设计成模棱两可。在这种情况下，想依靠追溯筹备工作情况来确定缔约各方的意图，效果是非常有限的[55]。

0.3.2.2　国际习惯法

除条约法外，国际法的另一个主要渊源是国际习惯。这可以定义为一般公认具强制性的国家惯例。有两个必要的元素需要注意：

（ⅰ）必须有一种既普遍又一致的惯例；

（ⅱ）这种惯例必须普遍接受为法律。

第二个元素被称为法律确信。它要求各国相信，他们的行为——或其他国家的行为——在法律上是强制性的，而非出于其他诸如外交礼节之类的原因。国际习惯

---

[54] 见奥斯特，《现代条约法与实践》，第 231 页。

[55] 见丘吉尔和罗威，《海洋法》，第 460 - 461 页；奥基夫，《沉船遗产》(Shipwrecked Heritage)，第 33 - 34 页。

21　　　　　　　　　　　　　　　　　　　0　绪　论

的证据的渊源是丰富、多元的：它们包括政府法律顾问所做的官方声明，或新闻稿和官方文件、国内法、国际及国内的司法判决及相关诉状(66)。

跟条约法一样，习惯法也是以同意的概念为基础的。如果一个惯例规则在某个国家是“适用的”，那么该国家必须已然同意该规则(67)。同意可以通过默许推定。然而，如果某国家持续反对一项新出现的规则，那么它就不会受到该规则的约束(68)。

0.3.2.3 国际习惯法与条约的关系

一部国际条约可能是编纂既有的国际习惯法，或通过创建新规则逐步发展国际法，或者两者兼有。当一部条约创建了新规则，这些规则只对条约的缔约方具有约束力，除非按照条约规则的惯例变得相当普遍和一致，以致变得像产生一项国际习惯法，则不论其是否为条约的缔约国，对各该国均有约束力。

在实践中，条约条款相对地较少被国际习惯法所反映（或罗威所说的“平行存在”）(69)。这是因为必要的法律确信很难得出现（国家的施行乃基于习惯是必要确信，而非条约义务）(70)。无论如何，《海洋法公约》确实是一个条约的范例，它的大部分规则被普遍地视为代表国际习惯法(71)。其目的是编纂既有的习惯法，并推进国际法的发展。尤其是后者，在形成条约谈判基础的认同过程中，即联合国海洋法公约第三次会议期间，条约文本和习惯法的发展是相辅相成的，其许多规则在《公约》通过时已反映在习惯法中。自此，条约的其他规则已成为国际习惯法的一部分。基于《海洋法公约》达成了令人瞩目的杰出贡献的共识，国际间普遍公认该

---

(66) 见罗威，《国际法》，第 42 - 46 页。

(67) 应当指出的是，某些所谓的国际习惯法“强制性”规则，从来不允许背离，因为它们被视为逻辑的或道德的要求：罗威，《国际法》，第 58 - 60 页。这些规则在当前语境下，几乎无关紧要。

(68) 同意及默许的相关概念，诸如持续反对和对抗性，在国际习惯法的形成中的作用是复杂的且有争议的问题。关于《海洋法》背景的进一步讨论，见丘吉尔和罗威，《海洋法》，第 8 - 11 页。关于国际习惯法的形成更详细的讨论，见罗威，《国际法》，第 36 - 63 页。

(69) 见罗威，《国际法》，第 86 页。

(70) 同上，见第 84 - 86 页。

(71) 1969 年《维也纳条约法公约》是另一个例子。

公约是“国家行动在海洋法领域的判断基准”(72)。

0.4 联合国教科文组织2001年《保护水下文化遗产公约》

《海洋法公约》提供了一般的国际法律框架，规范了海洋环境的活动准则。此外，它规定了沿海国和船旗国在不同海域的权利、管辖权和义务。《海洋法公约》还包括了关于保护水下文化遗产的条文，即第149条和303条。这些条款确定国家有保护水下文化遗产和为该目的而进行合作的义务(73)。公约还为毗连区和“区域”的水下文化遗产保护制定了一些具体规定(74)。这些规定相当有限，并普遍被认为不足以应对海洋环境中任何一处容易遭受人类干扰的水下文化遗产的情况。

联合国教科文组织2001年的《水遗公约》是国际社会对《海洋法公约》前述的不足以及与日俱增的沉船商业开发的回应。它是13年筹备工作的成果，包括4年的正式谈判，其目的是为在所有海域的水下文化遗产提供全面的法律制度，确保文化遗产的这个方面得到保护，是造福全人类的。《水遗公约》的核心是一个复杂的制度，使各国能够单独或共同地规范国际水域的活动。这个公约的主要目标是确保对水下文化遗产遗址的所有干预都能按照国际公认的考古学原则及行为准则进行。考古学原则是该条约框架的核心与精髓，即在进行出于科学性或保护性目的正当干预之前，倾向于对文化遗产就地保存。

联合国教科文组织2001年《水遗公约》的一般原则和目标是基于与文化遗产有关的法律和惯例。无论如何，其宗旨是为管制海上活动这一事实来看，该条约并非完全属于文化遗产法的范畴，它同时也是海洋法的一部分。它的混合特性意味着它有可能对一般海洋治理问题产生影响，对许多国家来说，这比文化遗产保护

(72) 哈里森，《建立海洋法》，第56页。
(73) 《海洋法公约》，第303条第1款。
(74) 分别参考《海洋法公约》，第303条第2款及第149条。

问题更有政治意义。此点有助于理解为何 2001 年的《水遗公约》的酝酿期几乎与《海洋法公约》一样长，以及为什么这个公约是一个具有政治争议性的文件。

一开始，那些参与新条约起草的人就知道，如果希望这倡议的任何成果被普遍接受，有些存在的争议性的问题就必须得到令人满意妥善的解决。就其条约的优势地位而言，其中最重要的问题是：《水遗公约》到底是如何精准地同《海洋法公约》联系起来的。更具体地说，沿海国家的专属经济区和大陆架上的自然资源勘探和开发事项联系紧密，《海洋法公约》又是如何处理那些管辖问题的呢？另一个困难的领域是关于新条约实际适用范围的问题：即从条约的目的出发，《水遗公约》是如何定义水下文化遗产的呢？这个问题在总体上是不确定的，因为各个国家在这个问题上的态度和观点各不相同，且在以下这个非常具体的问题上也是不确定的：沉没的军舰应该纳入约定俗成的框架？这样的沉船不仅可能具有重大历史意义，它们同时也引起了相当大的政治敏锐性问题。国际社会在有关新条约与海事私法的关系的其他领域，存在严重分歧。人们认识到，潜在的"交易破坏者"正是公约如何处理《打捞法》和相关《打捞物法》等问题之所系：他们是否应该被排除在水下文化遗产的适用之外？还是应该继续恪尽职守？一个相关的问题是：《水遗公约》应该如何对水下文化遗产进行商业开发：尤其，能否允许一些有商业动机的人参与水下文化遗产遗址的发掘活动？一个更重要的问题是：水下文化遗产是否具有明确的所有权，这又应该如何处理呢？

尽管面临各种挑战，但这一进程仍有相当的政治承诺，而许多参与谈判的国家没完没了的争论核心，就为了寻找互相可接受的妥协方案。毫无疑问，海洋法所具有的传统张力在整轮的政治互动中起了重要作用。尽管海洋强国认为需要采取行动，但他们首要的担心是确保新条约不会损害本国更广泛的政治权利：因此，他们抵制 G-77 集团和其他国家对沿海国大陆架上水下文化遗产的直接管辖权。联合国海洋法公约第三次会议反映了，在正式会期中，会议主席在文本的发展和困难区域妥协进程中发挥了重要作用。总之，最终的结果同样与联合国海洋法公约第三次会议相呼应。关于一些主要条款措辞的协商没能达成一致的,谈判仍只能以多数表决结束。有相当一部分国家(到谈判结束时,有很多国家出席)⑦⑤投票赞成该公约,但也有少数国家弃权或投反对票,其中包括美国和其他一些海洋强国⑦⑥。这些国家对文本的两个特定方面有所担忧。首先,他们认为《水遗公约》规定的大陆架和专属经济区的管理框架对于《海洋法公约》所载的"一揽子交易"是有损害的,或者至少是有潜在不利影响的;其次,他们不满意《水遗公约》对沉船的处理规定。

联合国教科文组织《水遗公约》在第 20 份批准书提交 3 个月后,于 2009 年 1 月 2 日在国际上生效⑦⑦。截至撰写本书时,该公约已有 41 个缔约国⑦⑧。这些国家正在为《水遗公约》的施行建立体制结构和进行其他安排,然而,迄今为止,在其体制下很少有国家践行。上述所列海洋国家均未批准该公约。这个事实的特定意义在于,相关的监管制度严重依赖船旗国的管辖权,如果要充分发挥公约所建制度的职能和有效性,这些船旗国的参与至关重要。

0.5 本书的方法和结构

本书关注的是水下文化遗产与国际法之间的关系,以及形成这种关系的各种的影响。目前及可预见的将来,基本有两个并行的保护水下文化遗产的国际法律制度:联合国教科文组织《水遗公约》的制度和该制度以外的大部分由《海洋法公约》的一般国际法律框架管理。出于以上因素,本书不仅仅关注联合国教科文组

---

⑦⑤ 在第四次也是最后一次会议上,有近 90 个国家派代表出席了会议,见加拉贝洛(Garabello),《水遗公约的谈判史》(*The Negotiating History of the Convention on the Protection of the Underwater Cultural Heritage*),第 91 页。

⑦⑥ 值得将这些细节与投票反对《海洋法公约》,或者 1982 年弃权的国家对照看,见注释 19。

⑦⑦ 根据第 27 条的要求。

⑦⑧ 阿尔巴尼亚、阿根廷、巴巴多斯、贝宁、波斯尼亚和黑塞哥维那、保加利亚、柬埔寨、克罗地亚、古巴、刚果民主共和国、厄瓜多尔、加蓬、格林纳达、海地、洪都拉斯、伊朗、意大利、牙买加、约旦、黎巴嫩、利比亚、立陶宛、墨西哥、黑山、摩洛哥、纳米比亚、尼日利亚、巴勒斯坦、巴拿马、巴拉圭、葡萄牙、罗马尼亚、圣基茨和尼维斯、圣卢西亚、圣文森特和格林纳丁斯、斯洛伐克、斯洛文尼亚、西班牙、特立尼达和多巴哥、突尼斯和乌克兰。

织《水遗公约》,而且《水遗公约》在本书中如同一个三棱镜,从整体上揭露主题。此等议题在联合国教科文组织谈判中,就是最大的挑战焦点。这些议题是这个主题的核心,也是本书的核心。

最前面两章基本上是介绍性质的。第 1 章概述了国际法在此一领域的演变,起于《海洋法公约》第 149 条和第 303 条,直到《水遗公约》的通过。第 2 章探讨了这些条约和其他法律文件,如何定义水下文化遗产以确定其实质性适用范围。第 3 章至第 6 章分别考察了一些争论的核心领域:水下文化遗产的所有权和其他类型利益的问题;沉没军舰的地位;《打捞法》和《打捞物法》的适用;以及商业开发。揭示了每一个议题的大背景,以及一般国际法和《水遗公约》所采取的方法。最棘手的管辖权问题分成两章讨论:第 7 章探讨了国家在一般国际法下,对水下文化遗产的权利、管辖权和义务问题;第 8 章考察了联合国教科文组织《水遗公约》所确立的管辖权机制。第 9 章和第 10 章考虑了联合国教科文组织《水遗公约》制度尚未涉及的问题,其中包括实施《水遗公约》有关实践上和技术上的问题。本书最后一部分反映了国际法在此一领域的未来前景。

除非上下文另有说明,否则本书缩写"水下文化遗产"用于指涉广义定义的水下文化遗产,"一般国际法"一词则用于指联合国教科文组织传统制度之外的国际法律框架。

1

国际水下文化遗产法的演进

1.1 导言

20世纪50年代，人们开始意识到沉船以及其他形式水下文化遗产的潜在文化意义，自此有很多旨在为水下文化遗产提供法律保护的国际举措。其中有些国家的举措相对比较成功，但所有的举措都以某种方式为今天的水下文化遗产法在国际法上的地位作出了贡献。

本章描述了该领域的国际法发展，从最早的倡议到联合国教科文组织2001年通过的《水遗公约》①。内容所论述的有关权益发展及其处理方法，即《水遗公约》磋商中的争论焦点，特别是沿海国家的管辖权以及《打捞法》的适用问题。本章论述了随着水下文化遗产的文化价值的增长和海洋考古学理论与实践的发展，水下文化遗产的保护和管理方法也越来越复杂。此章同样也提及，五十年来人们对造成水下文化遗产的威胁有了新的认识。

本章的主题早已在其他的学术文献中被广泛地讨论了，因此，这里仅做简单介绍，主要目的是为后面章节中的讨论提供背景知识。为了使人们对该主题在演变的关键时间节点的主流观点有一个概要的了解，本文有时会采用当代报告以及评论的表述风格。

---

① 本章不涉及保护特定沉船遗址或特定海域水下文化遗产的国际协议，这些内容将在后面章节中进行讨论。

1.2 联合国教科文组织 2001 年《保护水下文化遗产公约》颁布前的举措

在早期阶段,该领域的国际法发展经历了两个独立的过程:一个发生在全球领域;另一个发生在区域层面。这两个独立的发展过程在时间上有六年的重叠,因此个别发展过程多少都会受到另外一个的影响。可以看出,两个发展过程都对后来联合国教科文组织 2001 年通过的《水遗公约》的形式和内容产生了深远的影响。

1.2.1 1982 年《联合国海洋法公约》

水下文化遗产首次被提出是在 1956 年的一个国际论坛上。它出现于联合国国际法委员会(ILC)成立时编写的第一次联合国海洋法会议的筹备报告中②。该报告包括 73 条条款草案,每条都有相关的评注。这些草案条款构成了 1958 年《日内瓦公约》的基础,对应的评注为解释这些草案提供了依据③。

国际法委员会在其报告中接受了国际习惯法中已经出现的一个概念,即沿海国可以对大陆架行使控制权和管辖权,以便勘探和开发其自然资源。然而,该委员会在接受这个概念的时候,附加了一项明确的条款,即只能出于上述唯一目的而行使权利,并且对公海自由的影响不应超过"绝对无法避免"的范围④。在草案第 68 条中体现了这一概念,并在提及有关的权利时使用了"主权权利"的概念。在草案第 68 条的评注中,国际法委员会宣布:

---

② 国际法委员会由联合国大会于 1948 年设立,目的是促进国际法的编纂和逐步发展。它包括一个由 34 个独立国际法专家组成的常设机构,另见波义耳和清奇(Boyle and Chinkin),《国际法的制定》(*The Making of International Law*),第 171 页及其后。

③ 国际法委员会报告因其审慎的性质,以及它是"政府意见所阐明的"独立专家意见的事实,而得到相当大的重视,参见丘吉尔和罗威,《海洋法》,第 15 页。

④ 国际法委员会向联合国大会提交的报告,联合国大会官方记录 11 卷(第 9 号),联合国文件 A/3159(1956 年),转载于《国际法委员会年鉴》(*Yearbook of the International Law Commission*)(1956 年),第 2 卷,第 295 - 296 页。

该条明确,所讨论的该权利不包括在海床或被底土泥沙覆盖的沉船残骸及其货物(包括金条)⑤。

此声明明确表示,国际法委员会坚定地认为,沿海国家在大陆架上的主权权利不包含沉船,因此,在此语境下沉船也不应视被视为自然资源。

草案第 68 条成为《日内瓦大陆架公约》的第 2 条第(1)款。根据国际法委员会的声明,在沿海国家对自然资源的主权权利上,不应被扩大解释为包括沉船,这一观点逐渐普遍被接受。这个结论对国际法领域中关于水下文化遗产内容的发展产生了深远的影响。

1968 年有关水下文化遗产的问题再次引起国际关注。那一年,联合国大会成立了"联合国和平利用国家管辖范围以外海床洋底委员会"(the Committee on the Peaceful Uses of the Sea-Bed and the Ocean Floor Beyond the Limits of National Jurisdiction,简称海底委员会),负责制定深海海底相关法律制度新条约的准备工作。海底委员会负责起草一份应列入该制度的主题清单。希腊是一个深切关心地中海海域水下文化遗产的困境的国家⑥,幸而有其推动,"考古和历史宝藏"(Archaeological and Historical Treasures)主题才被列入 1972 年度海底委员会批准的最后名单上⑦。

第三次联合国海洋法会议于 1973 年举行,其事务主要由三个主要的委员会负责。最初,水下文化遗产的问题属于第一委员会职责范围,即第一委员会负责有关深海海床的制度。然而,临近谈判结束的时候,大家认识到解决水下文化遗产的问题需要制定更多的一般性条款,以及处理更为紧迫的问题——寻找一个控

---

⑤ 国际法委员会向联合国大会提交的报告,联合国大会官方记录 11 卷(第 9 号),联合国文件 A/3159(1956 年),转载于《国际法委员会年鉴》(1956 年),第 2 卷,第 298 页。重点增补。

⑥ 参见本书绪论,第 1.1 节。

⑦ 详见,斯特拉蒂(Strati),《水下文化遗产的保护》(*The Protection of the Underwater Cultural Heritage*),第 297 页。

制海岸附近活动的方式。水下文化遗产的问题由此在第二委员会中提出,第二委员会负责审议深海海床以外区域的制度,包括大陆架和专属经济区的问题。

多次审议的结果是,将两个独立谈判的关于水下文化遗产的条款纳入《海洋法公约》中。

1.2.1.1　第 149 条

第 149 条源于希腊、土耳其在 1972 年和 1973 年提出的提案,并经历了几个阶段的发展。该提案的修订草案出现于 1975 年全部(三个)委员会主席以及大会主席制定的协商文本中⑧。第一委员会对此进行了进一步的实质性修改,修订后的草案出现在随后 1976 年的协商文本中⑨。此条款形式在其后所有文本中基本未做改动。到了条款讨论的末期,原提案的实质内容已被改得面目全非了。

第 149 条规定了:

> 在"区域"内发现的一切考古和历史文物,应为全人类的利益予以保存或处置,但应特别顾及来源国,或文化上的发源国,或历史和考古上的来源国的优先权利。

第 149 条在《海洋法公约》第 11 部分,它建立了"区域"内的制度,即国家管辖权范围之外的海床及底土。第 11 部分对"区域"及其资源的管理设置了一个高度技术性的框架⑩。它声明海床及底土属于"人类的共同遗产"⑪,并且规定了与"区域"资源相关的活动应为全人类的整体利益而进行⑫。它设立了一个名为国际海

---

⑧《非正式单一协商文本》。参见联合国文件 UN Doc A/CONF. 62/WP. 8. 第三次联合国海洋法会议办公室记录,第 4 卷,第 137 页。

⑨《非正式单一协商文本修订版》参见联合国文件 UN Doc A/CONF. 62/WP. 8/Rev. 1/Part I,第三次联合国海洋法会议办公室纪录第 5 卷,第 125 页。

⑩《海洋法公约》,第 1 条第 1(1)款。

⑪《海洋法公约》,第 136 条。

⑫《海洋法公约》,第 140 条第 1 款。

底管理局(ISA)的机构,负责执行相关管理程序。

第149条中可以看出,至少有两点来自《公约》文本的谈判历史。第一,在"区域"内发现的一切具有考古和历史性质的物品不是该"区域"资源的一部分。资源的定义限制在仅包括矿物资源⑬。因此,尽管这些具有考古和历史性质的物品应为"全人类的利益"而保存或处置,但是它们并不包含在第11部分所说的人类的共同遗产(CHM)的原则中。第二,显然,根据第11部分设立的国际海底管理局(ISA)的职能仅限于管理与该地区矿产资源的勘探和开发有关的事项。就具有考古和历史性质的物品而言,该机构未被赋予直接的职能。

其他与第149条有关的事项明显缺乏明确性。在该条款中,一件物品需要多长时间才有资格被视为具有"考古和历史性质";什么是优先权的确切性质,以及哪些国家享有此种权利,这些问题都不清楚。更重要的是,该条款没有处理这个问题:如果国际海底管理局不负责贯彻执行条款规定的目标,那么该由谁来负责? 该条款谈判过程中有些内容可为解决上述问题提供一些方向,但它们显然不是决定性的。

1.2.1.2 第303条

《海洋法公约》第303条起源于1979年希腊在第二委员会的提案,即沿海国家在大陆架及专属经济区上的主权权利扩展到包括发现和打捞任何"在海床及底土具有纯粹的考古和历史性质的物品"⑭。随后在同一年,希腊修订了其提案,沿海国家的上述主权权利的行使仅限于大陆架本身⑮。这个版本得到了另外6个国家的支持⑯。然而,事实很快清楚地表明,这项提案无法达成共识:在1980年

---

⑬ 《海洋法公约》,第133条 a 款。

⑭ 卡弗利施,《水下文物和国际海洋法》,第16页。

⑮ 根据卡弗利施的观点,草案第76条第(1)款大陆架的定义,用在专属经济区上是"不必要的"。根据这一定义,大陆架的宽度至少与专属经济区相等,并且这种假设适用的前提是该具有考古和历史的物品仅在海床中,而非水体中被发现。同上注。第17页,注释58(联合国教科文组织2001年《水遗公约》之所以选择大陆架和专属经济区的原因,参见第8章)。

⑯ 佛得角、意大利、马耳他、葡萄牙、突尼斯和南斯拉夫。

的会议上,该提案遭到了美国、英国和荷兰三个海洋国家的反对⑰。这种反对建立在下述论点的基础上:

> (该提案)赋予沿海国家在其大陆架上与自然资源无关的权利,这样将为其他例外情况铺平道路,有利于管辖权的逐渐扩大,并且最终形成沿海国对大陆架本身拥有完全主权的制度⑱。

美国提出了一项相反提案,要求各国承担起保护在海洋环境中发现的具有考古和历史性质的物品的一般责任,这项提案导致各方就该责任所适用水域的范围展开了争论。在争论期间,希腊主张在200海里范围内⑲,沿海国对水下文化遗产有完全管辖权⑳。美国做出回应,提出了一项基于一般责任和12~24海里海域范围内有限控制相结合的提案。最终,美国的提案被采纳,理由是它相较于其他供谈判的提案而言,是"一种更为折中的方式"㉑。

第303条规定:

> (1) 各国有义务保护在海洋发现的考古和历史性质文物,并应为此

---

⑰ 卡弗利施,《水下文物和国际海洋法》,第17页。

⑱ 同上注。

⑲ 诺德奎斯特认为200海里范围的概念最早可能起源于1978年欧洲理事会(参见下文第1.2.2.1节),参见诺德奎斯特、罗森和索恩(Nordquist,Rosenne and Sohn),1982年《联合国海洋法公约》(*United Nations Convention on the Law of the Sea*),第5卷,第159页,注释2。

⑳ 据美国代表团副主席奥克斯曼(Oxman)的介绍,"真正的关注焦点是毗连区"以及"真正的问题是如何对该区域进行监管";"经济区和大陆架与此问题无关",参见奥克斯曼,《第三次联合国海洋法会议》(*The Third United Nations Conference on the Law of the Sea*),第240页。斯科瓦奇认为这些说法是基于政治动机,并不能反映现实,参见斯科瓦奇,《水下文化遗产的保护》,第343-344页。然而,他们很可能多少少受到了传统知识的影响,即古代海员靠近海岸航行,避开公海(该观点近期受到了探索发现的挑战);例如,参见 N. 帕飞迪斯(N. Paphitis),《一英里深处发现古罗马沉船》("Roman Shipwrecks Found Nearly a Mile Deep"),美国联合通讯社,2012年6月21日。

㉑ 诺德奎斯特、罗森和索恩,1982年《联合国海洋法公约》,第5卷,第159页。进一步探讨这一关键妥协的情况,参见卡弗利施,《水下文物和国际海洋法》,第17-19页;斯科瓦奇,《水下文化遗产的保护》,第162-165页。小林(Hayashi),《〈联合国海洋法公约〉下的具有考古和历史性质的物品》(*Archaeological and Historical Objects under the United Nations Convention on the Law of the Sea*),第294-295页。

目的进行合作。

（2）为了控制这种文物的贩运，沿海国可在适用第 33 条时推定，未经沿海国许可将这些文物移出该条所指海域的海床，将造成在其领土或领海内对该条所指法律和规章的违反（例如，海关、财政、移民或卫生的规定）。

（3）本条的任何规定不影响可辨认的物主的权利、打捞法或其他海事法规则，也不影响关于文化交流的法律和惯例。

（4）本条不妨害关于保护考古和历史性文物的其他国际协议和国际法规则。

第 303 条见《海洋法公约》第 16 部分"一般规定"[22]。它在该部分中的位置被认为意味着，除第 2 款具体涉及毗连区以外，该条款适用于一般情况，不受地理限制。这样做的效果是第 1 款中的国家义务适用于所有海域，可辨认的物主的权利、《打捞法》和第 3 款规定的其他海事法规则也同样适用于所有海域。该条款的谈判历史还表明，沿海国家对大陆架或新设专属经济区的水下文化遗产没有被赋予任何权利，根据第 2 款的规定，仅就 12～24 海里毗连区范围内贩运水下文化遗产做出限制[23]。

第 2 款赋予沿海国家的管辖权限的确切性质远不够清晰。原因是该条款复杂的措辞，其包括法律拟制和另一条款的交叉引用[24]。在某种程度上，这也是因为文本措辞故意模棱两可。美国、英国和荷兰希望避免沿海国对水下文化遗产管辖权扩大到超过 12 海里海域限制的范围；希腊和其联合发起人希望提供一个能

---

[22] 在美国提出海洋环境保护责任的建议之后，通常该问题会从第二委员会（其业务包括大陆架和专属经济区的制度）转移到非正式会议。

[23] 毗连区从测算领海宽度的基线量起，不得超过 24 海里，参见《海洋法公约》，第 33 条。

[24] 法律拟制的一个很好的定义是："为了支持法律规则的运作，假定通过法律这一特定的说法是真实的"（即使可能不是），《韦氏新世界词典》（Webster's New World Dictionary）（2006 年）。

将水下文化遗产的移动控制在 12～24 海里范围内的方式。这种措辞兼顾了双方的目标㉕。

1989 年,诺德奎斯特认为第 303 条的第 3 款和第 4 款的意义是"不言自明"的㉖。然而,情况并非完全如此。第 303 条第 3 款显然是关于"不影响可辨认的物主的权利、《打捞法》或其他海事法规则,或文化交流方面的法律和惯例"的保留条款㉗,但它对其他条款的适用所产生的影响是不确定的。尤其,目前还不清楚它与第 303 条第 2 款以及第 149 条之间的关系(考虑到第 303 条第 3 款具有一般地理适用性)。第 303 条第 3 款对《打捞法》及其他海事法规则的影响,是否凌驾于此等规定的保护目标之上? 并且,假设它确实适用于第 149 条,那么可辨认的物主权利应如何与该条款中提到的优先权相互作用? 第 303 条第 4 款也同样不明确:特别是,这是否意味着第 303 条"不妨碍"现有的有关具有考古和历史性质的文物的国际协议和国际规则㉘,或者它也不妨碍将来达成的协议?

1.2.1.3 一个不完整的制度

由于多亏了一个小的国家集团的努力(初始动机在很大程度上是一种希望找到规制去管理在地中海海域水下文化遗产的发挖掘行为的意愿),《海洋法公约》也囊括了一些有关水下文化遗产保护的限定性条款。然而,该条款饱受批判,甚至在条约文本定稿前早就如此。

虽然第 149 条和第 303 条的很多方面都值得批评,但下面才是其核心问题。就第 149 条而言,根本问题是没有指定一个机构来执行它所规定的保护原则:正

㉕ 关于第 303 条第 2 款的讨论,参见第 7 章第 7.3.3 节。

㉖ 诺德奎斯特、罗森和索恩,1982 年《联合国海洋法公约》,第 5 卷,第 161 页。该卷是诺德奎斯特担任主编的系列之一,经过多年创作而出版。该系列逐条对《海洋法公约》进行评述。根据丘吉尔和罗威,它"在这个问题上有不同寻常的权威",参见丘吉尔和罗威,《海洋法》,第 27 页。

㉗ 第 303 条第 3 款关于文化交流的法律和实践,反映了国际文化交流长期以来被视为造福人类以及推动文化遗产领域的发展工具的这一现实。显然,保护措施不应禁止这类合法的交流。另见斯科瓦奇,《水下文化遗产的保护》,第 174－175 页。

㉘ 例如,1970 年联合国教科文组织《关于文化财产非法交易的公约》。译者注:指的应当是 1970 年《联合国教科文组织关于禁止和防止文化财产非法进出口和非法转让其所有权方法的公约》。

如卡弗利施,1982 年在他具有开创性的文章里所指出的,该条款的这个败笔剥夺了"所有真正的意义"㉙。就第 303 条而言,卡弗利施的观点是该条第 1 款"太过于笼统以至于没有重要的规范性内容"㉚,第 1 款应用范围广泛,并且需要借助第 2 款的"模糊推定"(是《海洋法公约》中唯一项具体控制领土范围之外的对水下文化遗产干扰的机制),这是一个不言而喻的缺陷。表面上看,第 303 条第 3 款关于《打捞法》的保留,对水下文化遗产的不规范打捞有积极鼓励的作用:条款主要的评述者斯科瓦奇表示这个条款是"掠夺的邀请函"㉛。然而,把两个条款放在一起进行对比,最明显的问题是他们在这一条款留上下了一个特殊的"空白"地带(事实上对该主题进行评述的每个人都会认识到)。这一地带位于毗连区外的大陆架;即这部分大陆架的范围从 24 海里以外开始到法律上定义的大陆架外缘(形成"区域"的边界)。这个地理区域至少宽 176 海里,有些边界宽阔的国家还会往外再延伸(超出区域的应用范围)㉜,这些不属于第 303 条第 2 款和第 149 条中规定的范围。相反,它只受限于一般条款部分的第 303 条第 1 款和第 3 款。因此,蓄意在该地带干扰水下文化遗产极大程度上是被《海洋法公约》一般规则所规制。本质上,这意味着公海自由原则适用于搜索和发现水下文化遗产,且仅有船旗国有能力控制这种活动(至少采取一些有效的举措)㉝。

毫无疑问《海洋法公约》建立的这种水下文化遗产的制度是复杂且不完整的㉞。尽管对第 303 条第 4 款的本意是否仅指《海洋法公约》之前的协议存有疑问,但它已被普遍解释为邀请有能力的国际组织,来对这些明确主题的法律文件的新分支予以阐述和完善㉟。

㉙ 卡弗利施,《水下文物和国际海洋法》,第 29 页。
㉚ 同上,第 20 页。
㉛ 例如,参见斯科瓦奇,《水下文化遗产的保护》(*The Protection of Underwater Cultural Heritage*),第 125 页。
㉜ 参见第 7 章,注释 92。
㉝ 船员个人的国籍国也有权采取行动控制本国国民的活动。然而在实践中,行使这种管辖权不像船旗国对船只行使管辖权那样有效。
㉞ 诺德奎斯特等,1982 年《联合国海洋法公约》,第 6 卷,第 230 页。
㉟ 同上注,第 5 卷,第 162 页。

1.2.2 欧洲理事会内部的发展

1977 年 1 月，第三次联合国海洋法会议（在那时会议已经进行了一半），有关水下文化遗产特别是"轻装潜水"（skin divers）对沉船的"非法勘探"在欧洲理事会大会上被提出㊱。欧洲沿海岸的沉船代表了欧洲文化遗产的"独特历史记录"㊲。由于第三次联合国海洋法会议仍在磋商中，条约不太可能快速定稿，因此大会指示其文化教育委员会着手于这一问题的研究㊳。

1.2.2.1 《罗柏报告》和《第 848 号倡议》（1978 年）

1978 年，委员会在一份报告中发表了其研究成果㊴。该报告包含一份由大会报告起草人约翰·罗柏（当时该委员会的副主席）起草的解释性备忘录，以及由考古和法律方面专家顾问准备的两份单独报告，它还包括一项题为《关于水下文化遗产的第 848 号倡议》（Recommendation 848 on the Underwater Cultural Heritage）的正式建议。这份报告被广泛称为《罗柏报告》（the Roper Report），是第一批水下文化遗产及其法律保护方面的详细研究报告之一㊵，且其影响巨大。

研究显而易见地展现出一个"惊人的事实"：在欧洲及更远的地方对水下文化遗产有"相当大的兴趣"㊶。报告认为，公众对于潜水运动的热情也日益高涨，与此同时，人们对水下历史和考古发现重要性的认识也不断提升，训练有素的考

㊱ 参见约翰·罗柏（John Roper）代表英国就联合国海洋法会议的辩论所进行的演讲，欧洲理事会议会大会第 28 次例行会议，官方报告，1977 年 1 月 24 日［AS(28) CR 20，20th Sitting］。

㊲ 同上注。"当船沉没之时，它们都被瞬间封存起来，就像坟墓一样。但人们通常没有意识到，水下物品的保存方式往往不同于陆地。他们被保存于湿度恒定的环境中。人们通常不会知道，比起其他任何保存方式，皮革和木材在水下的沉船之中保存得最好。"

㊳ 参见 1977 年第 361 号令及欧洲理事会议会大会第 28 次例行会议，官方报告，1977 年 1 月 24 日［AS(28) CR 20，20th and 21st Sittings］。

㊴ 欧洲理事会议会大会，《水下文化遗产：文化教育委员会报告》（The Underwater Cultural Heritage：Report of the Committee on Culture and Education）（大会报告起草人：约翰·罗柏先生），第 4200‐E 号文件，斯特拉斯堡，1978 年。

㊵ 据作者所知，唯一有关法律及水下文化遗产的早期研究由克兰米勒发表于 1973 年，参见克兰米勒，《国际法和海洋考古》。在 1972 联合国教科文组织发表过一个更一般性的关于水下文化遗产研究，参见《水下考古：一个新兴的学科》（Underwater Archaeology：A Nascent Discipline）。

㊶ 第 4200‐E 号文件，1978 年，第 3 页。

古学家和该领域立法者的活动也越来越多。[42]

该报告认定,水下文化遗产的"主要威胁"来自专业和非专业寻宝者的蓄意干扰,并称其行为是"现代海盗"的行为[43]。报告认为,由于缺乏对水下考古学作为一门有效的科学学科的认识,同时,又几乎没有专业海洋考古学家,使得过去的实物遗存暴露在海洋环境中。这意味着,商业利益、打捞运营者的完善等理念开始渗透,人们对于水下宝藏的热情已被唤醒[44]。报告接着指出,在海洋环境中采取适宜的考古措施会产生巨额的费用,并且强调,在专业技术和设备已经能够确保作业足以恰当开展之前,不应对其进行干扰[45]。在他的报告中,考古专家顾问大卫·布莱克曼(David Blackman)指出,一旦定位到某个遗址并进行了干扰前的调查,下一个阶段可能是挖掘,但是我应强调的是大家都过于想当然,认为接下来就一定会顺理成章地进行挖掘。保护水下遗址最好的方式其实是把它留在原地[46]。

法律顾问林德尔·布洛特和帕特里克·奥基夫分析了欧洲国家的立法,他们明确表示,关于水下文化遗产的国内立法是各式各样且不充分的,更重要的是,通常不适用于超过领海的部分[47]。《罗柏报告》的结论是,关于这个问题可以在欧洲范围内取得进展,这种进展最终可能成为形成更宽泛的国际协议的基础[48]。虽然那时地中海是会议关注的焦点,但是会议得出结论:大部分欧洲国家的经验和利益十分相似,"该行动提议在欧洲理事会成员国可能会取得成功"[49]。《第848号倡议》敦促欧洲理事会成员国审查其国内立法,并在必要时加以修订,以符合若干最低限度的要求。

---

[42] 第4200-E号文件,1978年,第4页。

[43] 同上注,第6页。

[44] 同上注,第7页。

[45] 同上注,第6页。

[46] 同上注,第36页(重点增补)。

[47] 同上注。此结论基于林德尔·布洛特和帕特里克·奥基夫两人对关于欧洲国家立法的分析(第4200-E号文件,1978年,附件3)。

[48] 同上注,第3页。

[49] 同上注。

这些为国内立法设定的最低要求是基于布洛特和奥基夫的建议,被列示在《第848号倡议》的一项附件中。其中有三点要求,被证明对今后水下文化遗产的国际法保护有意义重大。如下:

  ⅱ.保护应覆盖所有处于水下超过100年的物品……

  ……

  ⅳ.国家的管辖权扩展应在200海里以内……

  ⅴ.现有的《打捞法》和《沉船法》不应适用于任何受上述ⅱ和ⅳ保护的文物。

在布洛特和奥基夫的报告中,他们认为在水下文化遗产领域,采用传统的《打捞法》和《沉船法》是不合适的,因为这些法律鼓励对对象开展非法打捞[50]。他们还建议,采用100年的时间标准,用以确定应受保护制度约束的物品(如他们指出,采用了斯堪的纳维亚法律中的一个方法)。在他们看来,这样的标准应该有降低排除《打捞法》影响的效果,从而避免对打捞者造成"严重困难"[51]。

《罗柏报告》承认,国家的管辖权范围扩展的建议是最具争议的提议[52]。根据报告:

  提议背后的理由是,需要为……在现有领土范围之外可进入的水域中……的文化遗存分配责任……以及因为保护的计划显然是遥不可及的,但它却可能很快因为技术的发展而陷入危险[53]。

---

[50] 那时《第848号倡议》已制定,《海洋法公约》第303条还未完成。因此无证据表明此建议与随后的第三次联合国海洋法会议的发展步骤不一致。

[51] 第4200-E号文件,1978年,第70页。

[52] 同上注,第17页。

[53] 第4200-E号文件,1978年,第17页。

"全面限制在 200 英(海)里以内"指的是在第三次联合国海洋法会议上首次提出的一个被称为专属经济区的新概念⑭。布洛特和奥基夫使用了"文化保护区"这一术语用以指代该区域,修改后的术语是要强调该区域的目的是文化保护,而非经济开发;因此,虽然该区域可能被视为与专属经济区"类似"的区域,但是与专属经济区和大陆架有明显的区别⑮。他们提出,沿海国应对 200 海里范围内的水下文化遗产有全面的管辖能力(包括立法和执行管辖权)。

由于单方面扩张沿海国家在拟定区域的管辖权可能难以实施⑯,《罗柏报告》认为拟定的文化保护区可由欧盟条约通过⑰。布洛特和奥基夫在报告中建议,如果这样的区域被欧洲国家广泛认可,它可以成为形成国际习惯法的基础⑱。

1978 年欧洲理事会议会会议通过了《第 848 号倡议》,部长委员会提议制定一个有关水下文化遗产欧洲公约,适用于所有欧洲理事会成员国及其他欧洲沿海国家⑲。

1.2.2.2　1985 年《保护水下文化遗产的欧洲公约》(草案)

1979 年欧洲理事会的部长委员会决定接受议会会议的提案,起草一个有关水下文化遗产的欧洲条约,并且成立一个水下文化遗产特设专家委员会(CAHAQ)来承担此任务。水下文化遗产特设专家委员会在 1980 年至 1985 年间举行了 6 次全体会议。

关于《保护水下文化遗产的欧洲公约》(草案)于 1985 年 3 月完成,并提交部长委员会会议审核。但是,由于土耳其反对有关公约领土范围的规定,该草案一

---

⑭ 采用 200 英(海)里专属经济区的概念而不是大陆架的概念,有一部分原因是地中海的情况,那里大陆架的物理宽度狭窄,因此采用大陆架的概念不会覆盖整个海域。布洛特和奥基夫指出,如果以大陆架为限,那么地中海至少有一半将被排除在保护框架之外,参见第 4200 - E 号文件,1978 年,第 66 页(据推测这一计算方式是根据 1958 年《日内瓦大陆架公约》中有关大陆架的规定而制定的,"邻接海岸但在领海以外的海底区域的海床及底土,其上海水深度不逾 200 米,或虽逾此限度但其上海水深度仍使该区域天然资源有开发的可能性":第 1 条)。

⑮ 布洛特和奥基夫,《法律和文化遗产》(*Law and the Cultural Heritage*),第 1 卷,第 100 - 101 页。

⑯ 注解来自真实事件,1976 年澳大利亚在其大陆架上对水下文化遗产主张其立法管辖权,挪威也采取了一些控制措施,参见第 4200 - E 号文件,1978 年,第 56 页。这些以及其他单方面扩张水下文化遗产管辖权的问题,在本书第 7 章第 7.4.1 节有详细讨论。

⑰ 第 4200 - E 号文件,1978 年,第 17 页。

⑱ 同上注,第 57 页。

⑲ 《第 848 号倡议》,第 1 条 a 款。

直未通过⑩。最终文本和所有相关文件始终处于机密状态。然而，草案的一个早期版本已被解密，以便有利益关系的各方进行协商⑪。以下评论乃基于解密后的版本，但借鉴了作者整理的其他官方文件的观点。

公约草案的序言部分承认了"水下文化遗产作为人类文化遗产组成部分的重要性"；需要"更严格的监管"来防止私自发掘；"破坏文化遗产环境"的发掘会对文化遗产的历史意义造成不可逆的损失"。委员会也认识到对待水下文化遗产的问题需要科学的方法、合适的技术和设备以及高度专业的知识⑫。公约草案的适用范围被广泛地定义为包括"在海洋中或部分在海洋中的所有残骸、物品以及其他任何人类生存的遗迹"，这些被视为水下文化遗产的一部分，就是实现公约保护"水下文化财产"的目的⑬。与《第848号倡议》一致，水下文化财产"至少存在100年"才有资格申请保护⑭。

该公约草案规定"缔约国应尽可能确保采取一切适当的措施，在原址就地保护水下文化财产"⑮，以及"应要求水下文化财产的发现者原则上将其置于原处"⑯。因此，其采用了在陆地考古学中日益确立的就地保护原则⑰。只有基于"科学的考虑"所开展的调查、发掘或恢复作业才可能被准许⑱。就被发掘的文物而

---

⑩ 当时，欧洲理事会所实行的条约通过制度，一个缔约国是有可能阻止签字过程的：参见波拉其威治（Polakiewicz），《欧洲理事会的条约制定》（*Treaty Making in the Council of Europe*），第25页。

⑪ 文件DIR/JUR(84)1，斯特拉斯堡，1984年6月。该公约草案于1984年3月19日至23日在斯特拉斯堡举行的第五次特设专家委员会上通过。第374次部长委员会会议（1984年6月14日至22日）决定取消该文本的保密性。正如欧洲理事会条约一般惯例，公约草案也附有解释性报告（同样非机密版）。解释性报告不是为了对条约做出权威性的解释，而是为了便利其条款的适用：波拉其威治，《欧洲理事会的条约制定》，第26－27页。为解释条约的目的，它们可以视为条约的一部分：参见上文绪论，第3.2.1节。

⑫ 公约草案，解密版。最终文本的序言部分与解密版本相比条款更少且不详细。

⑬ 第1条第1款。

⑭ 第1条第2款。虽然公约草案的应用采取了100年的限制，但是其条约的设置与《第848号倡议》有所不同，因为《第848号倡议》指的是该物体存在的时间而不是在水下的时间。进一步讨论请参见第2章。

⑮ 第3条第1款。

⑯ 第6条第2款。

⑰ 这一原则的确切起源很难认定。然而在国际层面，该原则在1956年《联合国教科文组织关于适用于考古发掘的国际原则的建议》（1956 UNESCO Recommendation on International Principles Applicable to Archaeological Excavations）被提及（原则上适用于海洋考古及陆地考古）。参见该文件第8段。关于该原则进一步的讨论请参见第9章第9.3.2节。

⑱ 第5条第2款。

言,公约草案承认发现文物的考古学原则,并且尽可能地保存材料以便于其研究和向公众展示⑥。缔约国被要求确保"应当毫不迟延地向主管当局报告所有发现的水下文化财产,无论该财产是否已经从其发现地被转移"⑦,并规定为已知和新发现的水下文化财产提供"官方登记"⑦。为了促进水下考古调查、发掘方法和保存技术的培训⑦,以及提升人们对水下文化遗产的欣赏水平及保护意识,公约草案中还进一步做出一些规定⑦。公约草案其他的重要特征还包括缔约国的水下文化遗产保护合作义务⑦,包括有关水下文化遗产的非法打捞或非法出口⑦,以及设立常设机构——"常设委员会"——以对公约的执行进行审查⑦。

尽管公约草案源于《第848号倡议》,但它没有采纳倡议中对国家管辖权以及《打捞法》和沉船法采取的方法。反之,其遵循了《海洋法公约》的方式。第三次联合国海洋法会议的影响不足为奇,其通过的最终版本中第149条及第303条的问题在水下文化遗产特设专家委员会制定公约草案时就已经开始或多或少得到了解决。

公约草案并不是排除适用《打捞法》及《沉船法》,而是对《海洋法公约》第303条第3款做出了回应。

本公约的任何规定不影响可辨认的物主的权利、打捞法或其他海事法规则,也不影响关于文化交流的法律和惯例⑦。

这一规定与第303条第3款之间唯一值得注意的区别是其将"海事法规则"替换成"海商法规则",可能是为了明确说明,保留这一规定适用于任何有关海洋

---

⑥ 第10条第1款。
⑦ 第6条第1款。
⑦ 第7条第1款。
⑦ 第4条。
⑦ 第10条第2款。
⑦ 第9条。
⑦ 第12条。
⑦ 第16条。
⑦ 第2条第7款。

私法的规则,而不仅是普通法世界中的海事法院的实施规则⑱。

关于水下文化遗产的国家管辖权的扩展问题,似乎有三个可供考虑的方案:将公约的适用范围限制在12海里领海范围内;采取一种基于大陆架或者200海里专属经济区的方法;或者采纳一种基于毗连区的方法⑲。第二种方案似乎遭到了一些缔约国的反对,他们的理由是第三次联合国海洋法会议的发展已经取代了这个方案(事实上这个提案在会议上被否决了)。第三种方案可以被视为一种折中的方案,获得了最广泛的支持。因此公约草案第303条第2款采纳了法律拟制的形式撰写⑳。

尽管决定将毗连区作为《公约》适用领土范围的基础,但超出该范围的大陆架并没有完全被忽视。第2条第5款对沿海国管辖权做出了进一步规定㉑。其规定:

> 各缔约国在行使对其大陆架自然资源勘探和开发的管辖权时,应根据本公约的目标采取适当的措施,保护水下文化财产。

该条款是由某些国家(特别是希腊和挪威)的做法推动的,这些国家要求在大陆架工作的石油和天然气合同商报告他们在工作过程中的考古发现㉒。通过联系采取措施保护水下文化遗产和沿海国对大陆架自然资源的管辖权,第2(5)条

---

⑱ 鉴于对管辖权的规定缺乏共识(这也反映在解密版公约草案第2条中),解释性报告没有就第2条发表评论,因此没有提供对这一条款的看法。

⑲ 莱安扎(Leanza),《保护水下文化遗产欧洲公约草案的领土范围》(*The Territorial Scope of the Draft European Convention on the Protection of the Underwater Cultural Heritage*),第127页。

⑳ 根据莱安扎,特设专家委员会认为至少有五种不同的措辞:同上注。解密版公约草案中的条款(第2条第2款和第2条第3款)试图避免公约第303条第2款规定的法律拟制,指的是侵犯缔约国的文化、财产、法律,而不是指它的海关、财政、移民和卫生的法律法规。最终版本中采纳了不同的构想;关于细节,参见斯特拉蒂,《水下文化遗产的保护》,第170-171页。

㉑ 在最终草案中,这一条款成了第17条,但是文本并无变化。

㉒ 布洛特和奥基夫在1978年欧洲理事会的国家实践报告中提及了挪威在这方面的做法,参见第4200-E号文件,1978年,第56页和120页。关于其国际法的实践和立法的进一步讨论,参见第7章第7.4.1节。

成功避免了引起对逐步扩大管辖权的担忧。

土耳其对管辖权条款的不满,与这些条款在东爱琴海的适用存在潜在困难有关。因为他们在该地区的海洋边界问题上,与希腊存在争议。它反对将毗连区作为公约领土适用范围的基础,并且坚持认为以大陆架作为基础才是"唯一合乎逻辑和可行的"办法,因为它会填补《海洋法公约》第149条和第303条规定的空白⊗。出席特设专家委员会最后会议的16个成员国中❽,似乎只有土耳其反对公约的最终版本及其通过和开放供签署程序。

具有讽刺意味的是,最初使水下文化遗产问题受到国际关注的是两国之间因为划界的技术问题,导致了水下文化遗产领域国际条约制定的第一次尝试失败了。然而,尽管它失败了,欧洲理事会的举措依然对欧洲地区国际法的进展做出了重大的贡献,它表明,在政治层面上,欧洲内部共同认为有必要建立一个条约框架,以便对领海外水域中的水下文化遗产提供保护;它为这种框架奠定了极为宝贵的基础,特别是在与管辖权无关的方面;它表明可以在诸如《打捞法》等争议领域达成可接受的让步。它还明确警告,管辖权问题在"第三次联合国海洋法会议后期",可能成为实现全面保护制度的主要障碍。

1.2.2.3 1992年《瓦莱塔公约》

20世纪80年代,欧洲公约草案的放弃,标志着欧洲理事会放弃了试图建立一个致力于解决水下文化遗产问题的条约的努力。然而,这并不意味着该组织对促进保护水下文化遗产的意愿的终结。1980年代后期,欧洲理事会开始着手修改一个相对古老的条约,即1969年《保护考古遗产的欧洲公约》。原初的1969年公约只是非明示地适用于水下文化遗产。修改文本的动机之一是认识到水下文化遗产问题仍是一个需要解决的问题,因为依靠1985年的条约草案显然无法解

⊗ 由土耳其专家制作的少数派声明,由作者整理。
❽ 奥地利、塞浦路斯、丹麦、法国、德意志联邦共和国、希腊、爱尔兰、意大利、荷兰、挪威、葡萄牙、西班牙、瑞典、瑞士、英国和土耳其。

决。为此,修订后的文本明确将水下文化遗产纳入其适用范围。

1992 年《保护考古遗产的欧洲公约》(修订版)于 1992 年在马耳他瓦莱塔(Valletta)开放供签署,因此它被称为《瓦莱塔公约》。其核心目标是"保护考古遗迹,使之成为欧洲集体记忆,并成为历史、科学研究的工具"[35]。

依据条约修订的解释性报告(Explanatory Report),其修订"见证了整个欧洲考古实践的演变"[36]。当然,在其原始版本通过后的 20 年中,发生了一些重大的变化。首先,正如解释性报告所承认的那样,这些年历经了一个"重大转变",从通过发掘、提取等调查来进行考古,一直到更先进、干扰更小的技术的使用,这一个"重大转变"。今日在考古调查过程中,发掘工作已被视为最终的,但绝非不可避免的阶段。《公约》认为,发掘本质上是一项破坏性的活动[37],并且提倡对文化遗产的保护应优先采用就地保护原则[38]。其次,对考古遗产的看法变得更为复杂,焦点从以物品为中心的方法转变为认识到,物品被发现的环境与该物所承载的过往信息同样重要[39]。第三,人们认识到考古遗产面临更广泛的威胁。尽管原 1969 年条约仅单纯处置非法且秘密挖掘的行为,然而《瓦莱塔公约》的起草者们已经考虑到以下威胁因素:"重大计划、自然风险、秘密或不科学的挖掘以及公众对相关问题的认识不足"[40]。焦点已经从如何处理偶然发现的物品及其遗址,转移到如何管理整个考古遗产的问题上了。

《瓦尔塔公约》要求各缔约国在发掘和其他考古活动前,应有适当的授权程序,以确保科学地开展此类活动,并尽可能地采用非破坏性的调查方法[41]。关于水下文化遗产的商业开发问题在国际保护制度范围内将如何进行处理,解释性报

---

[35] 第 1 条第 1 款。
[36] 解释性报告,第 1 页,解释性报告的现状,参见上文注释 61。
[37] 参见第 3 条第 ii 款的措辞。
[38] 参见第 4 条第 ii 款、第 5 条第 iv 款。
[39] 详见下文第 2 章第 2.3.2.3 节。
[40] 序言。
[41] 第 3 条。

告也给出了一些提示,其中之一即明确表明"仅为寻找有市场价值的贵金属或物品,而从事的挖掘活动是绝对不允许的"[32]。此外,公约还规定了维护考古遗产名录[33];对偶然发现的物件要求强制性报告[34];规划过程中对考古遗产的综合保护[35];对考古调查和保护的公共财政支持[36];科学知识的收集和传播[37];提高公众认识和进入[38];防止考古材料的非法流通[39];以及追踪《公约》的适用情况[40]。

该《公约》将"考古遗产"定义为广义上包括"无论在陆地上还是在水下"[41]的"所有遗骸、物品和其他人类遗存"[42],只要上述要素满足三个标准即可[43]。其中一个标准是,所有的要素"必须在缔约国的管辖范围内"[44]。显然,这包括领海。但是,它也为各缔约国扩充解释其管辖权提供了余地。在这一点上,解释性报告规定了:

> 国家管辖权的实际区域取决于各国,这就存在许多种可能性。所谓领土,可能扩及领海、毗连区、大陆架、专属经济区或文化保护区。

值得注意的是,有些欧洲理事会的成员国,将其对水下文化遗产的管辖权限

---

[32] 解释性报告,第 8 页。
[33] 第 2 条第 i 款。
[34] 第 2 条第 iii 款。
[35] 第 5 条。
[36] 第 6 条。
[37] 第 7 条。
[38] 第 9 条。
[39] 第 10 条。
[40] 第 13 条。
[41] 第 1 条第 2 款。
[42] 第 1 条第 3 款。
[43] 关于 3 个标准的细节,参见第 2 章第 2.3.2.3 节。
[44] 《瓦莱塔公约》,第 1 条第 2(iii)款。重点补充。1969 年公约没有提及其领土的适用范围。然而,正如斯科瓦奇指出的:"根据所采纳的措施的性质,假设缔约国有非自由裁量权以及专属职权,那么就可以合理地得出结论,它只适用于国家领土内发现的考古物品"(斯科瓦奇,《水下文化遗产的保护》,第78页);换句话说,它包括在领海区域内的考古遗存,而不是超出该区域范围的那些。

在领海以内;而有些成员国则将其管辖权扩展到大陆架⑩,解释性报告明确指出,《公约》承认并反映了这些国家惯例的差异,而没有"明显偏向"某一方⑩。根据《公约》的条款约定,缔约国因此可以自由决定其国家管辖权适用《公约》的海域的范围。

条约没有为缔约国做出选择,条约的起草者们因而巧妙地避开了导致1985年《公约草案》搁浅的问题。这个策略确保了他们的举措能够得到欧洲理事会的广泛支持,包括那些持"沿海国"或"船旗国"观点的国家。值得注意的是,土耳其和希腊如法国、德国、荷兰和英国一样,成了该条约的最初签署国。

《瓦莱塔公约》已被证明是一项非常成功的条约。它于1995年生效,获得了欧洲大陆国家的广泛签认,并得到执行⑩。它被欧洲考古学家和遗产管理者视为一个重要而有效的设定规则的文件⑩。从水下文化遗产的角度来看,其适用范围明确包括了水下的遗址、物品及其他遗存,这是一项有价值的正式认可,即水下文化遗产与陆上的文化遗产同等重要,应同等对待。然而,这个对陆地和水下的遗存"不做区别的"方法,意味着公约没有考虑到位于海洋环境中的遗产的独特情况。特别是许多条款的执行依赖于传统的"城乡"规划制度,但是在海洋区域中,同等的规划系统仍不多见⑩。该公约也很少触及保护水下文化遗产的核心困难问题:需要有监管机制来管控针对领海外水域的水下文化遗产的开展活动。鉴于其条文的制定是从领土遗产的需求视角来考虑的,其关注重点是如何面对广泛的威胁,而非针对遗产所开展活动的具体问题,且它仅给缔约国提供很少的条款可以在域外使用。因此,国家在此方面的做法因各国对管辖权问题的态度

---

⑩ 除已提及的挪威和希腊,在欧洲范围内,西班牙在1985年制定的文化遗产法律适用于大陆架;且爱尔兰在1987年《国家遗址法案》中将适用范围延伸到大陆架最远延伸的地方。更多的讨论请参见第7章第7.4.1节。

⑩ 解释性报告,第6页。

⑩ 本书在编写时,《瓦莱塔公约》已经被欧洲理事会的47个国家中的42个国家签认,包括英国、荷兰、法国、德国、希腊、爱尔兰、意大利、葡萄牙和西班牙。

⑩ 话虽如此,其方法已经过时并逐渐被欧洲理事会发起的新的设定规则的文件所替代。包括2000年《欧洲景观公约》和2005年《关于文化遗产社会价值的欧洲框架公约》,水下文化遗产的一般问题两者都适用。

⑩ 关于这点参见下文第10章第10.3节。

而异⑩。此外,《瓦莱塔公约》本质上只是一个区域性公约,因此在全球范围内对水下文化遗产的保护并无直接作用⑪。

1.3 联合国教科文组织的倡议

到 20 世纪 80 年代中期,人们逐渐意识到海洋技术领域取得了重大进展,特别是深海潜水器的发展,可以让人类抵达更深的海域。1985 年发现泰坦尼克号遗骸,并在沉船遗址处发现了大量的工艺品⑫,该案例强而有力地证明了这项技术应用于沉船的搜索及打捞作业的潜力。如果说大约 10 年前(本书出版于 2013年),对开放海域的水下文化遗产的威胁还有所怀疑的话⑬,那么现在没有怀疑的余地了:多种证据表明,位于大陆架上的任何地方,或者深海海床的水下文化遗产,很容易受到蓄意的人为干扰。

在 1985 年,现行国际法中有关此主题的部分仍不确定。虽然《海洋法公约》看起来好像能获得足够的批准生效,但实际上并没有这么做⑭。当中的很多规定代表着国际习惯法⑮,但是第 149 条或第 303 条并非如此。即便这样,人们仍然认识到这些条款具有"象征意义",且是不容忽视的⑯。特别是,第 303 条第 1 款把国家间合作保护水下文化遗产作为国家的责任,第 303 条第 4 款似乎期望,这样的合作可以用国际条约的形式表现出来,作为《海洋法公约》的补充。显然,联合国

---

⑩ 该观点来自国家实践中的坊间证据。据作者了解,《瓦莱塔公约》的域外适用并没有对缔约国实践进行全面的调查。

⑪ 在审议相关欧洲理事会的倡议之前,应注意欧洲理事会第 1486 号建议,即海洋和河流文化遗产的建议(2000)(第8867 号文件),于 2001 年 7 月 18 部长委员长会议通过。这一建议列于议会大会文化教育委员会爱德华奥哈拉(Edward O'Hara)的报告中,其中也包含对水下文化遗产的若干建议。这些建议后被联合国教科文组织论坛(见下文)采纳,并与其基本原则大致一致。

⑫ 参见绪论第 1.2 节。

⑬ 参见前注释 21。

⑭ 1987 年底,《海洋法公约》有 34 个缔约国,几乎全部都是七十七国集团的成员。公约生效需要 60 个缔约国的正式批准《海洋法公约》第 308 条)。1994 年 11 月 16 日,公约正式生效。又见第 1.2.2.1 节。

⑮ 参见本书绪论第 3.2.3 节。

⑯ 国际法协会,昆士兰会议(1990),国际文化遗产法委员会(International Committee on Cultural Heritage Law),第一报告,第 10 页。

教科文组织是有能力承担这项任务的国际组织。然而,最终形成联合国教科文组织 2001 年《水遗公约》的倡议却起源于另一领域。

1.3.1　背景及进程

1.3.1.1　国际法协会奠基工作

1988 年,国际法协会开始参与水下文化遗产的保护[17]。欧洲理事会近期在此领域制定的条约已经陷入了僵局,且国际社会越来越普遍地认识到,需要提出令各方满意的水下文化遗产保护,而国际法协会新成立的国际文化遗产法委员会决定其首要任务就是准备制定一项新的水下文化遗产公约草案[18]。

国际法委员会在 1990 年制定了一份框架草案[19],然后在 1992 年[20]和 1994 年分别形成了两份进一步的草案[21]。1994 年草案,在布宜诺斯艾利斯举行的国际法协会第 66 次会议上通过。这部草案(下文称 1994 年《国际法协会草案》)随后交由联合国教科文组织进行审议,且成了联合国教科文组织 2001 年《水遗公约》的"发展蓝图"[22]。

国际法协会受欧洲理事会的影响并借鉴了其经验:国际法协会的国际文化遗产法委员会主席帕特里克·奥基夫特别提到,1994 年《国际法协会草案》应归功于 1985 年《公约草案》[23]。与该文件一样,国际法协会的文本采用了水下文化遗产的广义定义,并设定了 100 年作为获得文物有资格保护的门槛[24]。然而,关于另

---

[17]　国际法协会是一个由对国际法感兴趣的个人组成的组织。协会的主要目标是研究、诠释及促进国际法的发展。这些目标是通过监督国际专门委员会及举办两年一次的大会来实现的。

[18]　在此期间,国际法协会国际文化遗产法委员会广泛地咨询了专家的意见。参见奥基夫和纳夫茨格,《报告》(Report),第 417 页,注释 2。

[19]　参见国际法协会昆士兰会议(Queensland Conference 1990),国际文化遗产法委员会,第一报告,附件 I。

[20]　参见国际法协会开罗会议(Cairo Conference 1992),国际文化遗产法委员会,1992 年审议的报告和公约草案。

[21]　1994 年《国际法协会公约草案》(the 1994 ILA Draft Convention)及条款评论,参见奥基夫和纳夫茨格,《报告》,第 404 - 417 页。

[22]　奥基夫,《沉船遗产》,第 23 页。

[23]　同上注,第 22 页。

[24]　1994 年《国际法协会草案》,第 2 条第 1 款。

外两个核心问题:《打捞法》和沿海国管辖权,1994 年《国际法协会草案》并没有采纳先前条约倡议的方法,而是采取了更接近于较早的《第 848 号倡议》中的方法。国际法协会的文本规定,《打捞法》不适用于属于《公约》适用范围内的物品⑮。关于沿海国管辖权,该文本允许缔约国在领海外的大陆架界限内选择建立"文化遗产区"(cultural heritage zone)⑯。如果缔约国确实建立了这样一个区域,它需要采取措施以确保区域内对水下文化遗产造成影响的活动符合《公约》附录中宪章规定的最低标准⑰。

　　鉴于 1985 年《公约草案》对《打捞法》及管辖权的方法受《海洋法公约》的影响,那么国际法协会的国际文化遗产法委员会如何看待其提案与《海洋法公约》之间的关系呢? 国际法协会排除适用《打捞法》的决定,似乎是基于《海洋法公约》第303 条第 3 款为《打捞法》设置的保留条款,并不排除以后的法律文件修订或排除《打捞法》的适用⑱。关于管辖权的问题,赋予各国在大陆架上建立文化遗产区的选择权被视为是正当的,理由如下:

　　　　没有任何国际法规定,在一项公约谈判期间被讨论的某一事项,禁

　　止在另一个公约谈判期间讨论,或者应被拒绝提出,尤其是当另一个公

　　约的规定有具体指向性的时候⑲。

---

⑮ 同上注,第 4 条。
⑯ 同上注,第 1 条第 3 款和第 5 条。不妨回顾一下(参见上文注释54)《第 848 号倡议》选择了200 海里的限制,因为 1958 年《日内瓦大陆架公约》所界定的大陆架范围不足以覆盖整个地中海。然而,这个问题并没有出现在《海洋法公约》对于大陆架的定义上。
⑰ 建议应考虑以"实践守则"的形式开展考古活动行为,它可被附于条约文件之后,这是由布洛特和奥基夫在《罗柏报告》中提出的,参见欧洲理事会第 4200 - E 号文件,1978 年,第 48 页。关于宪章的后续发展,参见下文第1. 3. 1. 3 节。
⑱ 参见奥基夫,《国际法协会编写的关于保护水下文化遗产的布宜诺斯艾利斯公约草案》(*The Buenos Aires Draft Convention on the Protection of the Underwater Cultural Heritage Prepared by the International Law Association*),第 101 页。
⑲ 同上注,第 99 页。

扩大管辖权这一**可选择的**方法，明显受到了《瓦莱塔公约》所采取方法的影响。这一举措成功表明，这种方法协调了两种截然相反的观点："仅仅简单重复《海洋法公约》中的法律条文……而不做任何改进是毫无意义的"[130]以及"不应在《海洋法公约》表达的立场之外扩大沿海国管辖权[131]"。

奥基夫指出，欧洲理事会公约草案以及国际法协会草案有着"目的上的本质区别"[132]。欧洲理事会公约草案中的领土适用范围从未意图延伸到超出国家管辖权的范围之外。反之，国际法协会草案是为了在一般情况下，应对包括国家管辖权范围以外的国际水域。在这一过程中，它解决了以下问题：因为《海洋法公约》第149条没有提供实现其所述目标的方法，其管辖条款中的"特殊地带"在实践中延伸至包括该"区域"以及24海里以外的大陆架。国际法协会草案因此采用了国际管辖权的一般原则，特别是国籍和领土原则[133]，以便提供一些措施来阻止该区域中不符合宪章的活动。缔约国被要求禁止其国民和旗船在任何其他缔约国的文化遗产区内或领海内从事这种活动[134]；并且禁止运用其领土支持此类活动[135]。凡是通过违反宪章被追回至缔约国领土的遗产需要被扣押，并制定了扣押条款[136]。

1.3.1.2　联合国教科文组织的进程

1993年，联合国教科文组织知晓国际法协会的工作后着手处理这个问题，并且开始考虑是否可能制定一项新的有关水下文化遗产保护的国际法律文件。联合国教科文组织在1993年第141次会议上，其执行委员会呼吁总干事，对起草该

---

[130] 该观点由意大利在国际法协会会议中提出。同上注。意大利的立场很有意思，因为它直到1990年代末期，才对海洋强国的沿海国家管辖权采取类似的立场。然而，在斯各奇海岸，一个位于重要贸易路线锡利群岛附近、有着深水及大量沉船的海岸，其立场因为美国考古队的活动而改变（以核潜艇的形式向美国海军提供协助）。关于意大利政策变化的说明，参见奥基夫，《沉船遗产》，第27页。

[131] 奥基夫，《国际法协会编写的关于保护水下文化遗产的布宜诺斯艾利斯公约草案》，第99页。

[132] 同上注，第95页。

[133] 关于这些原则，参见下文第7章第7.2节。

[134] 1994年《国际法协会草案》，第8条。

[135] 同上注，第7条。

[136] 同上注，第10条。

项法律文件的可行性进行研究㊲。这项研究是由教科文组织秘书处编写的,并于1995年提交到第146届执行委员会㊳。

可行性研究总结:

超出领海以外的区域,其措辞是"严峻的"㊴:

目前,确实任何物品都可以在海床上被定位或被探测。先进的设备可以精确探测到海床上的任何异常,且先进的技术可以打捞目标物品。这项技术最初的目的是自然资源的勘探,现在被救助者所运用。这项技术的成本正在迅速下降,且可以被"寻宝者"使用,他们的兴趣仅在于获取有商业价值的物品,而不考虑考古发掘的适当方法㊵。

联合国教科文组织注意到沿海水域的沉船已成为"打劫"的对象,并指出大多未勘探的水下文化遗产位于于大陆架之外或在深海海床中;它也提出深海沉船是"特别重要的",出于"多种化学及生物原因",它们可能保存得特别好。在其看来,《打捞法》的应用可减少以商业目的进行的打捞行为,从而使水下文化遗产免遭损毁、破坏㊶。

注意到《海洋法公约》中关于水下文化遗产的条款,该可行性研究认为这些条款是"不充分的"。㊷ 既然《海洋法公约》的"要义"无关水下文化遗产的保护,联合国教科文组织认为,则通过《海洋法公约》的"修订或协议"的方式来处置是不合适的㊸。联合国教科文组织指出,当国际法协会征询关于水下文化遗产条约的

㊲ 第5.5.1号决议,第15段。

㊳ 联合国教科文组织秘书处,《关于为保护水下文化遗产草拟新法律文件的可行性研究》,提交第146届联合国教科文组织执行委员会,巴黎,1995年3月23日,第146 EX/27号文件。

㊴ 同上注,第29段。

㊵ 同上注,第11段。

㊶ 同上注,第32段。

㊷ 同上注,第42段。

㊸ 同上注。

可能性时,其他国际组织对此并不是很感兴趣:联合国海洋事务与海洋法总署(DOALOS)并没有对此做出回应[14];国际海事组织表示它只有在沉船对航行造成威胁时才有兴趣[15];并且国际海事委员会就表示其对该议题没有直接的兴趣。

可行性研究确定了三个需要解决的"主要问题":第一,有关水下文化遗产管辖权的问题,不仅包括沿海国管辖权范围内的问题,还有如何控制国家管辖范围以外的深海海底活动的问题;第二,《打捞法》的地位;第三,通过采用考古标准来判断活动的恰当性[16]。

研究的总体结论认为,制定一个有关保护水下文化遗产的法律文件是可行的。然而,在1995年5月的会议上,联合国教科文组织执行委员会认为需要更多的时间来审查这些问题,特别是与管辖权有关的问题[17]。在1995年10月11日举行的第28届联合国教科文组织大会上,所有成员国(1994年《国际法协会草案》以及可行性研究已经在他们之间传阅)都非常清楚该事项是关注的主要问题之一[18]。因此,总干事应邀在与联合国及国际海事组织进行磋商的基础上,组织了一次考古、救助及管辖制度的专家会议,以进一步审议此事。在1996年5月的会议上,各方一致同意有必要制定一项公约,并于1997年10月将其在联合国教科文组织大会第29届会议上汇报。会议邀请总干事起草第一份草案。基于1994年《国际法协会草案》,并根据各国及专家会议的意见修改的初步草案,该文本于1998年发布[19]。这一草案(以下简称1998年联合国教科文组织《水遗公约》草案,1998 UNESCO Draft)随后在两次政府提名的专家会议上进行了讨论。第一次在

---

[14] 海洋事务与海洋法总署,《海洋法公约》的秘书处,后期与联合国教科文组织进行合作。然而因为两个条约之间的关系,其立场有些尴尬。此处的观点对比参见布隆伯格(Blumberg),《水下文化遗产的国际保护》(*International Protection of Underwater Cultural Heritage*),第502-503页。以及奥基夫,《沉船遗产》,第29页。

[15] 联合国教科文组织,《可行性研究》,第18段。参见奥基夫,《水域》(*Waters*),第231页。

[16] 联合国教科文组织,《可行性研究》,第21段。

[17] 参见克莱门特(Clément),《联合国教科文组织关于保护水下文化遗产的最新发展》,第311页。

[18] 同上注,第312页。

[19] 1998年4月文件CLT-96/Conf.202/5。有关这一草案的讨论,参见德罗姆古尔和加斯克尔(Dromgoole and Gaskell),《1998年联合国教科文组织保护水下文化遗产公约草案》。1998年草案的文本,连同解释性评论,可见于后文。

1998 年 6/7 月,第二次在 1999 年 4 月。与会者在第二次会议上通过的修订草案,形成了 2000 年 7 月举行的第三次会议的工作基础,但在该会议上并没有正式修订[⑤]。联合国教科文组织总干事在第四次会议上明确表示,2001 年 4 月举行的会议将是最终定稿前的最后一次会议[⑤]。那次会议的主要关注点集中在主席提出的《单一协商文本》(Single Negotiating Text)上[⑤]。现阶段,三个特别问题尚有待达成协议:沿海国家管辖权、《打捞法》的核心问题,以及进一步的沉没军舰问题。

在建立有关水下文化遗产的国际法律制度的过程中,有关沉没军舰的问题可能成为困难之事,这一点在国际法协会为条约奠定基础的时候就已初见端倪。若干主要海洋国家认为,军舰和其他国家船只和飞行器在海上失事后仍享有主权豁免,因此,未经船旗国明确同意任何人不得干涉该等沉船残骸。其他国家则对此提出异议。鉴于该问题的政治敏锐性,并避免陷入其中,1994 年《国际法协会草案》简单排除了沉没军舰以及他国船舶和飞行器的适用范围。1998 年"联合国教科文组织《水遗公约》草案"也遵循了这一做法。然而,草案评论员指出这种排除将严重削弱新条约的整体目的,因为沉没军舰是水下文化遗产的重要组成部分。因此,为了将国家船只和飞行器纳入公约的范围,各方做出了一些努力,但是为顾及一些船旗国主张的立场,同时也制定了一些特别的条款。

第四次会议预计的结束日期将届的时候,在《打捞法》问题上,各方找到了一个可接受的折衷方法。然而,就另外两个未决问题仍然没有达成一致。因此,会议在 2001 年 7 月又延长了 6 天[⑤]。尽管延长了会议期限,并做出了一些努力以解决船旗国关注的问题,但是关于沿海国家在大陆架、专属经济区以及沉没军舰的管

---

⑤ 1999 年 7 月 2 日 CLT‐96/CONF.205/5 修订本。该草案有十一份工作文本,在此不做进一步讨论。

⑤ 参见奥基夫,《沉船遗产》,第 30 页。

⑤ 第 152 页,同上注。

⑤ 联合国教科文组织在谈判结束时施加的时间限制,并且对其他程序事项的处理,使一些国家感到不快,特别是那些对该文本不太满意的国家。参见荷兰、土耳其和英国的投票声明,卡马达(Camarda)和斯科瓦奇再版,《水下文化遗产的保护》,第 424‐425 页,第 432 页和 432‐433 页。也参见斯科瓦奇整理的希腊投票声明,《希腊》(第 2 版),第 118‐120 页。关于美国的观点,参见布隆伯格,《水下文化遗产的国际保护》,第 305 页,第 17 注。

辖权的措辞,仍未能找到折衷的方法。结果是对主席提出的单一协商文本及其修正案进行投票表决,以 49 票支持、4 票反对和 8 票弃权获得通过。2001 年 10 月 29 日,在第 31 届联合国教科文组织大会会议上,第四计划委员会对该通过文本的倡议进行了讨论。一些海洋国家提出了修正案,并被否决。该文本再次以 94 票支持、5 票反对和 19 票弃权的结果获得了批准[154]。2001 年 11 月 2 日,该文本在全体大会上以 87 票支持[155]、4 票反对[156]和 15 票弃权的结果正式通过[157]。2001 年 11 月 6 日,联合国教科文组织总干事以及大会主席签署了该文本,并开放供各国加入[158]。

针对谈判的第一手评论清楚地反映出,谈判特点在于实质性和程序性事项的紧张状态[159]。不可避免的是,最根本的争议在于沿海国管辖权问题,大多数与会者支持了为了保护水下文化遗产,应将沿海国的管辖权扩大到大陆架,然而少数与会者强烈反对扩大。双方都使用了与《海洋法公约》兼容的主张(无论这些提议是否兼容,以及它们是否需要兼容)来支持他们各自的立场。

在那些对公约没有投赞成票的国家包括若干海洋国家。俄罗斯和挪威对该公约投了反对票;法国、德国、荷兰和英国弃权。美国没有投票权,因为当时它还不是联合国教科文组织的成员国。然而,它也对最后文本持谨慎的保留态度。所有这些国家都不满意沿海国对大陆架和专属经济区管辖权的规定,还有一些国家对沉没军舰的规定表示不满[160]。尽管如此,在谈判结束时的声明中,他们也明确表示坚决拥护公约的一般原则和目标,并且表示,他们对所关注的问题未能解决

---

[154] 额外的反对票由美国提出,其反对票已被记录下来。

[155] 投赞成票的国家没有被正式记录下来。不同数量的支持票、弃权票,是根据不同的投票场合,即并不是所有的国家在每个场合都会出席且有些国家会改变他们的立场。

[156] 俄罗斯联邦、挪威、土耳其和委内瑞拉。

[157] 巴西、捷克共和国、哥伦比亚、法国、德国、希腊、冰岛、以色列、几内亚比绍、荷兰、巴拉圭、瑞典、瑞士、乌拉圭和英国。

[158] 联合国教科文组织的缔约程序并不意味着必须通过签字表明其受约束才可遵守文本的约定,另见奥基夫,《沉船遗产》,第 141 页。

[159] 例如,奥基夫对第 4 次会议中与会者所做出的重大贡献,即能够达成共识以及谈判的政治性提供了一个有趣的解释,参见《沉船遗产》,第 25 - 32 页。参见《水遗公约的谈判历史》:埃斯波西托及法拉里(Espósito and Fraile),《联合国教科文组织保护水下文化遗产公约》(*The UNESCO Convention on Underwater Cultural Heritage*),第 204 - 209 页。

[160] 法国、德国、俄罗斯、英国和美国。

而感到失望[161]。

值得注意的是,另有两个对公约投了弃权或反对票的国家是希腊和土耳其。事实上,《水遗公约》并没有规定对大陆架上的水下文化遗产拥有完全和直接的管辖权(换句话说,把大陆架变成"文化保护区"),然而希腊在这一问题上已进行了长期斗争,但结果却令其大失所望。在接受了《打捞法》和商业开发的让步之后,其显然认为再接受关于沿海国管辖的让步有些过头[162]。其对在军舰问题上所做的让步也表示不满[163]。土耳其反对的原因主要集中在它不是《海洋法公约》的缔约国,因此在两个条约之间有一些技术方面的问题[164]。

1.3.1.3 附录的发展和现状

国际法协会的国际文化遗产法委员会对于联合国教科文组织 2001 年《水遗公约》制定作出的最主要的贡献是:在其工作的早期阶段,就认识到需要制定一套考古标准,来对水下文化遗产所开展的活动进行监管[165]。这些标准将有助于各国的主管机关有权就活动是否可接受做出判断,并确保做法的一致性。1991 年,国际法协会的国际文化遗产法委员会要求国际古迹遗址理事会(ICOMOS)[166]新成立一个科学委员会来协助起草该标准。国际古迹遗址理事会在国际水下文化遗产委员会(ICUCH)的指导下开始着手准备一系列条款、宪章的制定工作,用以附在条约草案中[167],最终完成《保护和管理水下文化遗产的国际宪章》,它于 1996 年

---

[161] 参见除德国外所有相关海洋国家的投票声明,加拉贝洛和斯科瓦奇(Garabello and Scovazzi)再版,《水下文化遗产的保护》(*The Protection of the Underwater Cultural Heritage*),第 239 - 253 页。

[162] 希腊认为有关大陆架和专属经济区的条约实施起来复杂且困难:参见斯科瓦奇整理的希腊的投票声明,《希腊》(第 2 版),第 118 - 120 页。

[163] 同上注。希腊所关心的这一问题不仅涉及有关沉没军舰的公约,还涉及相关战舰的规定(第 13 条):参见下文,第 8 章,注释 101。

[164] 参见土耳其的投票声明,卡马达和斯科瓦奇再版,《水下文化遗产的保护》,第 432 页。

[165] 奥基夫,《沉船遗产》,第 21 页。

[166] 国际古迹遗址理事会是一个"国际非政府组织,由世界各国文化遗产专业人士组成,致力于保护世界古迹和遗址":参见:www. icomos. org。

[167] 更多有关进程的细节请参见,格雷尼尔(Grenier),《附录》(*The Annex*),第 111 - 112 页。

在保加利亚索菲亚举行的第 11 次国际古遗址理事会全体会议上通过⑯。联合国教科文组织《水遗公约》的一项附录就是在宪章的基础上制定的。

对国际法协会下的国际文化遗产法委员会和联合国教科文组织谈判代表来说，面临的重要问题是基础标准与条约本身的关系。这样的问题在条约的制定中并不罕见。这些标准应有与条约相同的或者较低法律地位，换言之，这些标准有可能就是条约所指的不具约束力的行为准则吗？如果这些标准获得了条约的地位，那么它们是否应并入条约的主要文本或附录中？在联合国教科文组织磋商期间，普遍赞成通过某种形式将标准编纂进条约中以赋予其强制执行力。然而，如此则产生了重新修订的问题。众所周知，条约修订的过程是艰难且费时的，且标准应旨在反映一般的良好做法。如果它们能够成为条约的组成部分，如何确保它们能够跟上不断变化的考古理论和实践？1994 年《国际法协会草案》允许国际古迹遗址理事会不时地对附录的"宪章"进行修订，并允许缔约国在不同意修改时有效地选择"退出"⑯。然而，奥基夫指出，采取这种方法的一个困难的地方在于在不同时期，不同的缔约国可能会采取不同的标准⑰。很显然，有些国家不能接受像国际古迹遗址理事会这样的非政府组织可以对缔约国有约束力的条约进行修改，尽管也有一些选择退出的条款。

《水遗公约》在这一问题上所采取的立场如下：

> 本公约所附规则构成本公约的组成部分，除另有明文规定外，提及本公约亦包括其所附规则⑰。

---

⑯ 1996 年《保护和管理水下文化遗产的国际宪章》作为 1990 年《国际古迹遗址理事会保护和管理考古遗产宪章》（Charter for the Protection and Management of Archaeological Heritage）的补充。

⑯ 1994 年《国际法协会草案》，第 15 条。也可见于 1998 年联合国教科文组织《水遗公约》草案，第 24 条，其继续了 1994 年《国际法协会草案》的方法，但规定了正式通知缔约国修订条约的条款。

⑰ 参见奥基夫，《水下文化遗产的保护》，第 302 页。

⑰ 联合国教科文组织《水遗公约》，第 33 条。

这意味着联合国教科文组织 2001 年《水遗公约》附录中的"规则"不仅是一种行为准则或指导方针,而且具有公约条款的约束力。附录修订没有做出特别规定,而是遵循适用于公约其余部分的一般修订程序[⑰]。

附录作为公约整体的一部分,重要性其来有自并不夸大。从技术意义上来讲,附录中的规则不仅是公约的组成部分,它们更是整个公约精神的重要组成部分[⑬]。这还体现在,公约的一些基本原则仅是对附录规则中基本原则的简单重申。鉴于这些规则来自国际古迹遗址理事会的宪章[⑭],毫无疑问,国际古迹遗址理事会(在遗产领域有着专业技能的组织)对公约最终的形成产生了深远的影响。

在联合国教科文组织谈判结束时,该附录得到了广泛的赞扬,包括那些无法支持整个公约的国家。当时,一些代表表示,他们会批准,或至少考虑在本国法律和惯例中采纳这些规则[⑮]。

1.3.2 联合国教科文组织 2001 年《保护水下文化遗产公约》概述

联合国教科文组织 2001 年《水遗公约》是一个内容丰富、技术复杂的条约。正文包括 35 个条款,附录包括另外 36 个规则。公约制度由若干总体目标和一般原则规制予以调整。这些都在第 2 条以及附录的第 I 部分中进行了说明,并且文本的序言和正文的其他部分也有所提及。

该条约"旨在确保和加强对水下文化遗产的保护"[⑯],且其总体目标是"为全人类的利益"而保护水下文化遗产[⑰]。序言承认国家间、其他组织和利益相关方之间的合作,对保护水下文化遗产来说是"必不可少的",并且"缔约国应共同致力

---

⑰ 联合国教科文组织《水遗公约》,第 32 条。有关修订程序的讨论,参见第 10 章第 10.6 节。

⑬ 参见格雷尼尔,《附录》,第 120 页。

⑭ 政府专家会议期间,对宪章的措辞做了一些修改,以反映附录的常规地位,并且出于政治原因做出一些实质性的修正。参见加拉贝洛,《水遗公约的谈判史》,第 183－192 页;参见奥基夫,《沉船遗产》,第 152 页。

⑮ 例如,参见,法国和挪威的投票声明,卡马达和斯科瓦奇再版,《水下文化遗产的保护》,第 427－430 页。

⑯ 第 2 条第 1 款。

⑰ 第 2 条第 3 款。

于保护水下文化遗产"的原则被写入第 2 条第 2 款⑰,这构成公约的基石⑱。

就其实质适用范围而言,公约总体采纳了 1994 年《国际法协会草案》的方法,"水下文化遗产"被广义定义为包括"至少 100 年来,周期性地或连续地,部分或全部位于水下的,具有文化、历史或考古价值的所有人类生存的遗迹"⑲。某些国家提出,该定义应包括一个基于"重要性"而产生的标准,但遭到拒绝。就其实质范围的两个具体方面,公约并未遵循国际法协会的方法。首先,为了避免关于可辨认物主的权利所可能存在的困难问题,1994 年《国际法协会草案》仅适用于"已失去或被遗弃的"水下文化遗产⑳。由于难以定义"遗弃"这一概念,因此放弃了这个方法,且《水遗公约》最后的文本并没有提及任何私有或公有的所有权。然而,它也承认一些国家可能在某些水下文化遗产上有一些特殊的利益,并且通过引入一个新的概念来满足其利益,即国家可能对水下文化遗产享有"可证实的联系"。其次,不同于 1994 年《国际法协会草案》,公约适用于沉没军舰以及其他国家的船只和飞行器,但是根据它们所处的不同海域做出了不同的规定。

《水遗公约》的一项重要区别是影响遗产的两种活动形式:那些"针对"水下文化遗产的活动,以及"无意间影响"水下文化遗产的活动。"针对"水下文化遗产的活动是指"以水下文化遗产为其主要目标,并可能直接或间接对其造成物理上的干扰或破坏的活动"㉑。另一方面,"无意中影响"水下文化遗产的活动是指"不以水下文化遗产为主要目标或目标之一,但可能对其造成物上的干扰或破坏的活动"㉒。《水遗公约》侧重于控制前者,虽然公约也包括关于后者的一些重要的规定。《水遗公约》框架的主要部分是为了确保"针对"水下文化遗产的活动符合附录所规定的考古基准。

---

⑰ 序言第 10 条。
⑱ 第 2 条第 2 款。
⑲ 第 1 条第 1(a)款。
⑳ 1994 年《国际法协会草案》,第 2 条第 1 款。
㉑ 第 1 条第 6 款。
㉒ 第 1 条第 7 款。

附录Ⅱ-14部分是有关考古项目管理各方面的细则,包括:项目设计、资金和时间表、项目团队的能力和资质、遗址保护和管理、成果的报告和传播,以及项目档案管理。《水遗公约》采纳了考古的基本原则,即无论何处遗存均应就地保护,并规定在允许或进行任何针对水下文化遗产的活动之前,就地保护应作为"首选"[14]。针对水下文化遗产的活动[15]必须仅以符合保护该遗产的方式才可被批准,且对遗产所造成的不利影响不应超过实现项目目标所必需的限度[16]。必须优先使用非破坏性技术和调查方法来复原物品[17]。如果"出于科研或最终保护的目的",发掘或打捞是必要的,那么必须尽可能采取非破坏性的方法[18]。打捞出来的水下文化遗产必须妥善存放和保管,并以能够确保长期保存的方式予以管理[19]。缔约国应确保对海域中发现的所有人类遗骸[19]给予恰当的尊重,因此,针对水下文化遗产的活动,必须避免对人类遗骸或被供奉的遗址进行不必要的干扰[19]。为符合人类应从保护性机制获益的这一整体目标,应当鼓励非侵入式接触,对保护对象进行考察或建立档案资料[19]。此外,包括任何打捞出来的水下文化遗产的项目档案资料,尽可能完整无损地保存,以便于专业和公众获取[19]。

正如欧洲理事会的经验所表明的那样,在国际文件的文本中将《打捞法》排除在水下文化遗产适用范围之外,必将遇到一些普通法系国家的政治抵制。联合国教科文组织《水遗公约》的最终文本用折衷条款取代了1994年《国际法协会草案》中明确排除《打捞法》的规定。如此一来,严格地限制了《打捞法》及其相关《打捞物法》的适用(尽管并未完全排除)。

---

⑭ 第2条。
⑮ 规则1。
⑯ 规则3。
⑰ 规则4。
⑱ 规则4。
⑲ 第2条第6款。
⑳ 第2条第9款[水下文化遗产的定义包括人类遗骸。第1条第1(a)款]。
㉑ 规则5。
㉒ 第2条第10款。
㉓ 规则33。

《水遗公约》的一个核心原则是承诺不应对考古遗产进行商业开发。该倡议的中心原则部分来源于对日益增加的商业开发的深切国际关注，部分来源于国际古迹遗址理事会输入的价值观。国际遗产界根深蒂固的观点是：商业开发与考古遗产的保护和管理本质上是矛盾的。然而，条约框架是否应该为具有商业动机的组织提供一些参与空间，该问题颇具争议。美国代表团尤其认为本该如此。最终，双方达成妥协。第2条第7款以简洁、不限制的形式规定了不得对水下文化遗产进行商业开发的原则。然而，它在附录的规则2中做了详细说明，并将两项经过仔细界定的规定作为一般原则的附加条款。

为确保所附规则对所有海域的统一适用，每个公认的海域，包括领海和其他沿海国家主权下的海域，条约均做出了规定[⑭]。然而，条约的核心是关于大陆架、专属经济区和区域的规定。第9条、第10条针对大陆架及专属经济区创建了一个复杂的监管框架，其中包括报告和通知程序，缔约国采取单独行动和共同行动的各种保护性活动形式。为了试图创建一个可以被船旗国接受的方式，第9条和第10条有很多建设性含糊之处[⑮]，并赋予了一个特别的角色——"协调国"，它可能是沿海国，也可能不是沿海国。第11条和第12条中有关"区域"的规定反映了第9条和第10条的形式（即使不是全部内容）。

第14条、第15条和第16条作为与海域有关规定的补充，责成缔约国利用领土管辖权和国籍管辖权原则来应对违反《水遗公约》的行为。这反映了国际法协会的一个观点，即"一项负责的控制机制，至少必须适用公认的国际管辖权一般原则"[⑯]。国际法协会的影响也体现在第17条和第18条，它要求缔约国对违反《水遗公约》所采取的执行措施的行为实施制裁，包括扣押以违反《水遗公约》条款的方式取得的水下文化遗产。

---

⑭ 第7条、第8条设置了关于毗连区的条款。在签署公约或其后任何时间，缔约国都可以选择宣布规则适用于内水，参见第28条。

⑮ 这种含糊之处也被使用于第3条中，其有关于公约和《海洋法公约》之间的关系。

⑯ 参见国际法协会，开罗会议(1992)，国际文化遗产法委员会，1992年审议的报告和公约草案。第13页，重点增补。

支撑整个条约框架的是缔约国必须合作保护水下文化遗产的原则。它为大陆架和专属经济区制定了监管制度,而区域则依赖于缔约国信息共享和一致、合作的行动。公约还建立了更普遍的合作框架——信息共享以及缔约国互助以保护水下文化遗产,预计随着时间的推移,参与国将在一系列事务上开展广泛的合作,包括针对水下文化遗产的调查、挖掘、建立档案资料、保存、研究、保护[197]以及培训[198]。此外,鼓励缔约国达成正式的双边、区域或其他多边协议,或者为了保护水下文化遗产开展的协议,条件是这些协议"完全符合"公约的要求,且并不"淡化其全球化属性"[199]。

该条约没有设置一个像国际海底管理局一样的常设机构,来代表缔约国执行公约;也没有一个如1985年《保护水下文化遗产欧洲公约》(草案)提出的常设机构那样审查公约执行情况的机构。公约的执行由缔约国自己承担[200],联合国教科文组织的一个秘书处则提供协助[201]。制定条款是为了定期召开的"缔约国会议"和决定会议职能和责任[202]。《海洋法公约》明确影响了公约某些程序性方面的条款。如同《海洋法公约》一样,禁止对公约做出保留(除非明确规定)[203],并且公约的争端解决条款包含了《海洋法公约》中复杂、强制性的争端解决机制[204]。此外,修订公约条款的程序是繁重的,在一定程度上反映了《海洋法公约》的修正程序。

1.4 结论性评述

1995年联合国教科文组织可行性研究所指明,需制定新的有关水下文化遗

---

[197] 第19条。
[198] 第21条。
[199] 第6条。
[200] 每个缔约国都必须建立主管当局,或加强现有机构,以确保适当地执行公约,第22条。
[201] 制定了关于公约秘书处的条款。
[202] 第23条。
[203] 第30条。
[204] 第25条。

产国际法律文件来妥善处置的"三大问题",其中两个已经成功解决。联合国教科文组织2001年《水遗公约》所表达的关于《打捞法》问题的妥协,在政治上是可以接受的,并且附录中规定的用以判断活动适当性的标准,似乎得到了缔约国的普遍支持。事实上,附录无疑是公约迄今为止取得的最大成就。然而在公约成为完全有效的、全球范围内所遵循的制度的道路上,还有两个绊脚石:老生常谈的沿海国管辖权制度,以及关于沉没军舰问题的新担忧。虽然《水遗公约》成功在水下文化遗产保护领域的不同场合,设置了推测性的模糊概念以容纳不同的观点,但是在这些问题上,此法(至少迄今为止)似乎没有达成目标。

2

水下文化遗产的定义

2.1　导言

如何界定法律文件的主题,在于所要保护的是文化遗产的哪个方面,换言之,确定该法律文件的实质性适用范围,取决于所提出的保护措施的性质。如果该法律文件将影响,特别是限制人类活动,显然需要在施加的限制和从中获得的利益之间找到适当的平衡。在就地保护考古遗存的情况下,一项有效禁止人为干扰的提案(除不可抗力或迫不得已的情况外)很可能只适用于具有特别重要的对象;另一方面,对于一个仅要求报告发现物的法律文件来说,一个适用范围宽泛的框架性定义是十分合适的。最常见的做法是在这两个极端中间选取一个平衡点,即设置一个对行为授权的制度,以确保活动得到适当的执行。在这种情况下,该措施可能被视为将应用于广泛的水下文化遗产中,但在确定是否授权、在何种条件下进行授权时,应考虑水下文化遗产的特殊性。什么是水下文化遗产,以及应该怎样定义水下文化遗产? 人们把现代常见术语"水下文化遗产"看作是一个基本的概念,很显然它可以包含非常广泛的有形文化遗产①。"遗

---

① 虽然本书(以及 2001 年联合国教科文组织《水遗公约》的重点)探讨的是关于保护水下物质文化遗产方面的问题,但应当指出的是,水下文化遗产的非物质文化遗产方面绝不是无关紧要的。例如,有些聚落文明可能将某些海洋或淡水遗址和空间,视为其具有精神或其他特殊意义。国际上对于维护这种文化空间,以及包括海景在内、更广阔的景观的兴趣越来越强烈。例如,2003 年《联合国教科文组织保护非物质文化遗产公约》和欧洲理事会的两个公约,2000 年《欧洲景观公约》以及 2005 年的《关于文化遗产社会价值的欧洲框架公约》。有提议将"聚落文明视为有精神意义的遗址"列入 2001 年联合国教科文组织《水遗公约》中关于水下文化遗产定义的部分,但遭到了拒绝:参见奥基夫、《沉船遗产》,第 162 页。然而,该遗址可从公约的方案中获益,参见下文,第 9 章,注释 71。

产"一词意味着某物具有价值或品质,是值得保护的,以传后世;"文化"表示与人类有关的东西;"水下"则指某物存在或至少曾经存在于水下。技术的进步、海域的不断开放,增加了人类探索的可能性,而人们对自然以及水下文化遗产的观点也随之改变和发展。庞大数量和规模的沉船,是水下文化遗产的重要组成部分:正因如此,它也成了寻宝者和收藏者的目标(这引起一些独特且复杂的法律问题),人们往往把注意力放在这里。其实,水下文化遗产不仅仅包括沉船。在一些沿海地区,有足够的证据可以证明数千年来人类一直栖居于此,例如,随着时间的推移早已被淹没的港口和部落遗迹可见的简易捕鱼装备、贝丘等②。大陆架的部分地区存在被水覆盖的史前地表层,其中所蕴藏的考古潜力现在才开始受到人们的重视③。在深海洋底,除沉船外,其他形式的水下文化遗产有可能是坠入海中的飞行器或航空科技的残骸④。在淡水区域,如湖泊和河流中,可以发现各种各样的残骸,包括船只、车辆⑤、飞行器、遗弃物或遗失物,以及古代湖畔聚落以及墓葬遗址。

本章追溯了那些旨在保护水下文化遗产的国际法律文件中,关于标的物的定义方法。第一部分对各国早期的立法进行了探讨,它们不可避免地对之后的国际法产生了影响;第二部分审议了国际法律文件中的方法,这促进和影响了《水遗公约》的发展;第三部分审查了《水遗公约》本身所采取的方法。

遗产法中经常使用的关于标的物的定义包括两类标准。一种是确定可以被

---

② 一个沉入水下的例子是伊朗的西拉夫港(Siraf),它的历史可以追溯到 1100 年,现大部分已没入水中。加拉贝洛指出沉没的原因有三个潜在的原因:海陆升降(火山活动引起的地球运动),侵蚀及地震,参见加拉贝洛,《水遗公约的谈判史》,第 103 页。

③ 例如,在冰河世纪,不列颠群岛及北海大部分地区是干燥的土地,这一点引起了人们浓厚的考古兴趣,主要参见加夫尼、费奇和史密斯(Gaffney,Fitch and Smith),《欧洲的失落世界》(*Europe's Lost World*)。

④ 洋底遍布不同程度文化意义的太空碎片。例如,2012 年有报道指出,阿波罗 11 号在 1969 年执行空间任务的引擎碎片,就躺在大西洋海平面下 4 270 米深的海床上,参见《杰夫·贝佐斯计划在大西洋底打捞阿波罗 11 号的引擎》("Jeff Bezos Plans to Recover Apollo 11 Engines from Atlantic Seabed"),《卫报》(Guardian),2012 年 3 月 31 日。

⑤ 一个不寻常的例子是,一辆稀有的布加迪汽车于 2009 年在瑞典的马焦雷湖中被发现,显然它是由一个愤怒的税务稽查员扔进湖里的,《260 500 欧元买下了湖中的布加迪》("€260,500 Paid for Bugatti in the Lake"),《独立报》(Independent),2010 年 1 月 25 日。

立法保护的标的物的类型；另一种是限制定义的范围，指的是某种价值或其他反映价值的因素，它确定了实际上要保护的内涵⑥。例如，如果采取《海洋法公约》第149条和第303条来对标的物进行定义，"具有考古和历史性质的物品"中"物品"一词，表示该标的物能够被涵盖，并且"考古和历史性质"描述了物品必须具有的价值已在事实上被涵盖。通常情况下，除用此种描述方式（或在某些案例中，也可能如此）表示价值外，法律文件中常采用一种时间标准作为价值的提示，例如定义物品应适用"存在水下至少100年"。提出术语"定义标准"和"选择标准"用以区别定义的两个不同方面，本章采用了这一术语⑦。

2.2 早期各国立法的进程

在20世纪50年代和60年代，当水肺潜水首次成为一项受欢迎的项目时，各国开始意识到有必要立法来控制人类活动，以避免对水下文化遗产造成破坏或损毁⑧。有些国家已经制定了用于保护陆地考古遗迹为目的的一般文化保护法，并已扩展到海洋和内陆水域。一些地中海沿岸的国家，如希腊和土耳其，就是如此。这些国家的立法规定保护所有广义上被视为"古迹"或"遗址"的物品⑨。这些术语没有被定义，但被解释为古代起源的遗迹。在世界的其他地区，最初的唯一有关干预海洋环境的适用立法，其制定的目标与保护文化遗产不同。在一些普通法系国家，唯一相关的法律是处理有关海上伤亡事故的一般海商法。打捞海洋财产以及确定"沉船"打捞权的条款⑩，是基于起源于几个世纪前的原则

---

⑥ 托马斯确定了这种区别：见托马斯，《遗产保护标准》(*Heritage Protection Criteria*)。

⑦ 同上注。托马斯在保护英国遗产立法过程这一特定的背景下纂写的。本章中，术语的使用已经使用了国际的环境。特别是，托马斯所分析的立法的选择标准，并不包括时间因素，而是主观的价值判断标准。

⑧ 主要参见本书绪论，第1.1节。

⑨ 关于希腊和土耳其的立法的讨论，参见斯特拉蒂，《希腊》(*Greece*)（第1版），第66-67页。以及布莱克(Blake)，《土耳其》，第172-177页。

⑩ "沉船"这一词汇在不同国家有不同的释义，但为法定目的，其含义通常广义地定义为包括船体、固定装置、配件、货物、货存以及任何其他物品。参见德罗姆古尔，《关于"沉船"含义的注解》(*A Note on the Meaning of "Wreck"*)。

而制定的⑪。在斯堪的纳维亚和北欧的其他地区，有古代的关于沉船或"发现"货币价值的对应系统⑫。这两种体系中都没有限制打捞物品的方式；相反，法律通过奖励来鼓励打捞。

20世纪60年代和70年代，一些国家出台了专门的法规，用以监管其沿海水域对沉船遗址的干扰。1961年，17世纪的瓦萨号战舰在瑞典被热热闹闹地打捞上来以后，芬兰、挪威、瑞典和丹麦都对沉船进行立法保护；不论哪个国家，出于保护的目的，在立法上都采取了时间节点。芬兰、挪威和瑞典采用了100年的时间限制；丹麦在立法上采用的是150年的限制⑬。在英国，发生了对具有历史意义的沉船造成严重损坏的臭名昭著的事件，为此，英国制定了1973年《沉船保护法案》。根据这项法案，被视为具有"历史、考古和艺术重要性"的沉船遗址可受到专门保护⑭。1976年，在澳大利亚西海岸发现四艘荷兰东印度公司(Dutch East India Company)的沉船之后，紧接着澳大利亚《历史沉船法案》便出台了。该法案在其原来的形式中，对沉船及"有历史意义的"相关遗物提供保护⑮。

20世纪80年代后期，国家立法机构进行了新的一轮立法活动，实质性立法范围内开始出现新的做法，包括将焦点从沉船转移到其他方面的趋势。1985年，澳大利亚修正了其《历史沉船法案》，以保护所有至少存在75年的沉船及相关遗物（从失事之日起算），以及特别宣布不够年限的沉船受到保护的可能性⑯。1986年，南非修正了其国家古迹立法，对超过50年的所有沉船提供了全面的保护，并

---

⑪ 关于沉船和打捞的相关法律规定见于英国1894年《商船法案》。随后产生若干司法管辖区，包括爱尔兰、澳大利亚、新西兰和南非。该法所载原则的早期起源，参见德罗姆古尔和加斯克尔，《沉船利益》(Interests in Wreck)，第178 - 180页。

⑫ 主要参见布雷克胡斯(Braekhus)，《沉船及残骸打捞》(Salvage of Wrecks and Wreckage)。

⑬ 芬兰、挪威和瑞典的相关立法讨论，参见马迪卡(Matikka)，《芬兰》(Finland)，第47 - 51页；科瓦尔和马斯特兰德(Kvalo and Marstrander)，《挪威》(Norway)，第219页；以及埃德勒克罗茨(Adlercreutz)，《瑞典》，第299 - 300页。

⑭ 详见德罗姆古尔，《英国》，第321 - 326页。在本书撰写时，1973年法案仍在生效且未做修改。

⑮ 杰弗里(Jeffery)，《澳大利亚》（第1版）(Australia)，第5 - 7页。

⑯ 同上注，第7页。

禁止未经批准干预或干扰沉船⑰。美国方面,在将一般海商法适用于具有历史意义的沉船可能会导致明显不妥当的后果变得显而易见后,联邦立法机构制定了保护沉船的法案。美国1987年《遗弃沉船法案》(ASA)适用于"船只或沉船,其货物以及其他所载物",前提是已被所有者遗弃⑱。"遗弃"(Abandonment)是一个选择标准,其并未被《遗弃沉船法案》所界定⑲。同一年,鉴于一批西班牙无敌舰队(Spanish Armada)的沉船被发现,爱尔兰扩大了一般古迹立法范围,将沉船以及更普遍的考古对象纳入其规定范围内,前提是他们在海床上存在超过100年,或者具有"考古的、历史的或艺术重要性"的资质⑳。1989年,法国出台了具有创新性的立法,这一立法从一个基于对考古、历史或艺术价值提供保护的机制,发展成为一个基于对更广阔范围内的"海洋文化资产"提供保护的机制㉑。这个概念上被广义定义为包括"沉积物、沉船残骸、遗存或史前的、考古的或历史价值的一般全部资产"㉒。

在大多数情况下,上述提到的立法旨在保护水下文化遗产不受人为干扰,并且通过建立活动授权机制来实现这一目标。通常来说,立法的结构有三种不同的方法:在某些司法管辖区,同样的规则"没有任何区别地"适用于陆地和海洋遗存;另一些国家,有关水下文化遗产的规定被包含在普通遗迹立法中;在其他国家,制定了有关水下文化遗产的专门法律文件。根据立法结构,以及所涵盖水域性质的不同:凡一般古迹立法延伸至海域范围内时,通常也适用于任何情况下的内陆水域;另一方面,水下文化遗产的专门条款往往只适用于海域范围。在提供保护的性质上,也存在明显的二分法:有些法律是为了特定的、具有特殊价值或

---

⑰ 福莱斯特,《南非》,第252页。南非的《国家古迹法》(The National Monuments Act of South Africa)后被1999年《国家遗产资源法案》所替代。参见上注。第254页及以下内容。

⑱ 关于《遗弃沉船法案》,详见下文第5章第5.3.4.1节以及第5.3.4.2节。

⑲ 关于遗弃的定义,参见下文,第3章第3.2.3节。

⑳ 参见奥康纳,《爱尔兰》(第1版),第89页。

㉑ 第89-874号《法律》,参见乐古润,《法国》(France)(第1版),第45-46页。

㉒ 同上注,第45页。

2 水下文化遗产的定义

意义的遗迹而制定的;其他法律则规定所有被列为古物或古迹,或符合时间标准的遗存"一揽子"都受到保护。有些情况下(例如澳大利亚修订的立法),两种方法结合使用。另一个相当显著的差异反映了人们对一个问题的看法,即事物须存在多少年才能获得保护的资格。这些是国家历史背景的反映。在此范围的一个极端是,对于希腊和土耳其来说,它们关注的重点是它们大量的古迹和古代艺术品。另一个极端是,第一艘根据澳大利亚《历史沉船法》被称为"历史性质的"船只 I-124 号,是一艘 20 世纪的日本潜水艇,沉没于 1942 年㉓。

2.3 联合国教科文组织 2001 年《保护水下文化遗产公约》 出台前的国际倡议方法

正如第 1 章讨论的,联合国教科文组织 2001 年《水遗公约》是关于水下文化遗产法的国际法发展四十余年历史中的一个里程碑。在下面的章节中,主要对联合国教科文组织 2001 年《水遗公约》之前的国际倡议所采取的定义水下文化遗产的方法做一些分析。

2.3.1 1982 年《联合国海洋法公约》

有一种观念,即《海洋法公约》应制定一些条款来保护水下文化遗产,其最初形成之时正值海洋考古学科的萌芽时期,并且国际社会的焦点在地中海领域中水下文化遗产的保护困境。第 149 条(拟起草公约中两条相关条款中的第 1 条)是由希腊提出的一项提案,该提案将水下文化遗产纳入联合国海床委员会的议题清单中,这些议题将通过为深海海床设计的法律制度进行处理。希腊的提案中的措辞——"考古及历史宝藏",在清单中被采纳㉔。在 1974 年第三次联合国海洋法会

<hr>

㉓ I-124 号是第一艘在第二次世界大战中被澳大利亚皇家海军击沉的船只。
㉔ 斯特拉蒂,《水下文化遗产的保护》,第 297 页。

议第一次实质性会议上,关于"具有考古的和历史性质的物品"的文本被提上议程㉕。第149条和第303条都使用了这一表述,该表述在两条款中看起来具有相同的意义。

事实上,考虑到在第三次联合国海洋法会议召开前在地中海地区的自然发现的性质,"物品"一词被列入在第149条和第303条对主体事物的定义中是完全可以理解的。被发现的不仅只有古代沉船以及淹没的沿海建筑,也有许多单独的物品,包括古青铜器和大理石雕像,以及古代货船散落物,包括古物、金属锭和陶瓷碎片㉖。然而,"物品"作为唯一的界定标准似乎较为奇怪,因为其用以描述固定结构,或者很可能已经解体的、嵌入泥沙的古沉船,似乎并不完全贴切。

除非国际协议的缔约国认为某一词语具有特殊含义(现在并非如此),一个词语必须根据其在上下文条约中的一般含义,根据条约的目的和宗旨,善意地进行解释㉗。"物品"(object)一词的一般含义是指物质的东西,且该词通常与可移动的东西相关联。因此,人们可能会质疑,原本固定、不可移动、结构性的东西是否可以被认为是"物品"。在大陆法系,这类结构很可能在法律术语上被称为不动产,而在普通法系中,则被称为不动产及其相关"固定物"。船舶浮于水面时,将构成动产[或者在普通法中,被称为"实产"(chattel)的一种个人财产形式];因此,在浮于水面时,用"物品"这个词似乎并不合适。一旦沉没,其中会产生更多的问题。沉船是否继续作为合法动产(或实产),这在不同的司法管辖区内是不同的㉘。然而,从纯实际的角度来看,一旦船体已经解体或嵌入海床中(由此移动变得困难,或甚至不可能部分或大部分移动),"遗迹"一词看起来比"物品"更为合适。根据

㉕ 斯特拉蒂,《水下文化遗产的保护》,第298-299页。

㉖ 参见斯特拉蒂,《希腊》(第1版),第65-66页;布莱克,《土耳其》,第169-170页。在某些情况下,沉船货物相关的物品数量可能达到数百或上千件:参见布莱克,同上注。

㉗ 参见1969年《维也纳条约法公约》,第31条第1款和第31条第3款。关于条约解释规则,主要参见本书绪论,第3.2.1节。

㉘ 参见布洛特和奥基夫,《法律和文化遗产》,第Ⅰ卷,第182页和第308-309页,其讨论了有趣的英国案件,即《埃尔威斯诉布里格燃气有限公司英国大法官法院判例汇报》,第33卷,始于第562页,以及随后一个美国的案子,奥尔雷德诉比格尔(1949)美国西南汇编第2辑,第219卷,始于第665页。

第149条和第303条的目的及其中能够发现的术语语境，该词在上述两条款语境中应包括固定结构及沉船。事实上，仅使用"物品"一词可能只是简单地反映普遍的假设情况。特别是，人们似乎认为，需要保护的东西只有那些被发现的对象，而保护这些发现最有效的方式是把它们打捞上来，而不是留在原地㉙。

第149条和第303条所规定的范围，"物品"必须是"具有考古和历史性质"。这个词代表着选择标准。"性质"（nature）一词与其他保护性文件中的选择标准所使用的词汇相比，其范围较宽泛。如"重要性""意义""价值"或"利益"之类的词语，均基于价值判断而引入了某种限制，然而，"性质"这个词并未在条款中对"物品"进行限制。因此，该表述中的限制因素只能是"考古和历史的"这两个词。虽然，这两个词经常用以描述保护性立法中的主体，但在第三次联合国海洋法会议期间，似乎没有考虑在其他语境中的定义㉚。在评价第149条和第303条中的选择标准时，奥基夫曾指出"'考古的'这一形容词没有任何意义，因为考古并不是一个描述而是一个过程"。他进一步解释说："'物品'无法具有考古性质……起草者的意思很可能是指那些通过考古的解释，可能被证明对人类有价值的东西。"㉛这一点几乎不会有分歧，当然抑或是奥基夫对"历史的"进行的评论，即"有'历史的性质'的实物很显然是与人类历史联系在一起的"㉜。在实践中，第149条和第303条中选择标准的不确定性核心是：对于物品来说，什么情况是属于年份不足而不能获得文物资格的？

奥克斯曼，第三次联合国海洋法会议美国代表团的副主席，其著名且有争议的主张认为，《海洋法公约》的立法历史表明，"考古和历史的"的表述应解释为只涵盖那些"几百年历史的"物品，而不包括"现代的物品，不论其是否具有历史

㉙ 第149条和第303条的措辞表明了做出了这样的假设。第303条第1款中的物品指的是在海洋中的"发现"，而第149条指的是在"区域"中的发现。后者的目的是保护及"处置"。

㉚ 奥克斯曼，《海洋考古学与国际海洋法》（*Marine Archaeology and the International Law of the Sea*），第364页。

㉛ 奥基夫，《沉船遗产》，第17页。

㉜ 同上注。立法历史表明，"and"这个词有转折的意思，换句话说"and"应被视为"or"（参见下文所述突尼斯代表的干预）。

价值"㉝。他继续提出建议：

> 或许经验法则对决定范围是有用的，按惯例，现代社会最合适的起
> 算时间是1453年：君士坦丁堡的陷落以及拜占庭帝国残余的最后崩
> 溃。一切在该时间点之前的遗产显然都会被认为是考古的和历史的。
> 为了将该条适用于美国原住民土著居民的物品，时间稍微调整至1492
> 年，或可能扩展到特诺奇蒂特兰（Tenochtitlán，1521年）或者库斯科
> （Cuzco，1533年）陷落之时，其优点或许是符合该地区的历史和文化
> 分类㉞。

制定此声明的过程中，奥克斯曼似乎受到了第303条起草历史的影响（至少部分受到了影响）：根据第303条的制定历史，在突尼斯代表团的坚持下，"考古物品"中增加了"历史起源的物品"的表述，突尼斯认为"考古物品"的表述可能不足以覆盖拜占庭的遗物㉟。不仅是奥克斯曼，所有参与起草过程的人们大体上都受到了地中海国家的态度与方式的影响，包括希腊和土耳其，其国内立法的目的是保护其古代的宝藏（中世纪以前的时期）。

不出意外的是，奥克斯曼在其主张中同样也受到了"对术语过分字面解读"的影响，在谈判中"可能损害了某些国家本不愿让步的权利和原则"㊱，指的是沿海国家在大陆架上的权利扩张。奥克斯曼提出限制性观点的理由是，第303条款——依其第3款——"明确不影响打捞法"㊲。然而，几个世纪以前似乎很难划定一个界限，来清楚地区分打捞法中的物质文化遗产以及受条款保护的物质文化

㉝ 参见，奥克斯曼，《海洋考古学与国际海洋法》，第364页，引自奥克斯曼在谈判中的言论。

㉞ 奥克斯曼，《第三次联合国海洋法会议》，第241页，注释152。

㉟ 同上注。

㊱ 奥克斯曼，《海洋考古学与国际海洋法》，第364页。

㊲ 奥克斯曼，《海洋考古学与国际海洋法》，第364页。

遗产㊳。此外,第303条不但包括对打捞法的保留,而且清楚地表明不可影响可辨认的物主权利:如果实际上遗产属于可辨认物主权利范畴,为何要设置这样的保留呢㊴?

在任何时候,即便是在《海洋法公约》定稿之前,人们就对这些条款是否如奥克斯曼所建议的那样受到限制表示怀疑。例如,卡弗利施认为:"还远未确定……奥克斯曼的限制解释会占上风。"㊵现在,从几十年的国家实践来看,显然,它决然没有被接受㊶。虽然践行第149条规定的国家惯例几乎没有,但是根据第303条已有大量的国家实践。越来越多的国家利用该条第2款关于从毗邻区移动水下文化遗产的规定,而文本没有证据表明所涉遗产必须限定为具有几百年之久的物品㊷。同样的,就能够被视为根据第303条第1款履行保护水下文化遗产,并出于该目的而开展合作义务的相关实践而言,也似乎并无该等限制。如上文所述,一些国内立法实例中使用了100年的时间作为保护的门槛,而在某些实例中,该时间限制可能更短。此外,澳大利亚绝不是唯一认为20世纪遗址因其历史意义而值得保护的国家。根据英国《沉船保护法案》,一个早期的航空母舰和几艘早期的潜水艇因为其历史意义被指定作为保护对象㊸。1994年,法国的一个法院在一审时,认定第一次世界大战中遗失的战舰克鲁伯号(François Kléber)有资格根据法国遗产法指定为海洋文化财产㊹。在奥克斯曼的祖国——美国,载于其《国家史

㊳ 事实上,斯特拉蒂认为100年的分界点是确定《打捞法》适用范围的"合理的时间界限":斯特拉蒂,《水下文化遗产的保护》,第173页。是否有必要明确《打捞法》的应用范围,第303条事实上是值得怀疑的:详见下文第5章第5.3.1节。

㊴ 有关水下文化遗产所有权的设定,详见下文第3章第3.2.2节。

㊵ 卡弗利施,《水下文物和国际海洋法》,第8—10页。

㊶ 《维也纳条约法公约》第31条第3款规定,必须考虑"条约适用的后续实践,其成了条约当事人对此的理解"。奥斯特指出随后的实践对于条约的解释来说是"最重要的因素":奥斯特,《现代条约法与实践》,第241页。

㊷ 关于国家在此方面的实践,参见第7章第7.3.3节。

㊸ 其中一艘潜艇是荷兰5号(the Holland No. 5),于1902年启航,英国海军用来评估其作为武器之潜力。已采用了潜望镜这一新的概念,使得这些船只潜入水下的时候可以获得水平面的视角。参见 www.english-heritage. org. uk/discover/maritime/map。

㊹ 乐古润,《法国》(第1版),第47—48页。法院得出结论,第一次世界大战的沉没军舰与海洋文化财产的概念"显然有联系",因为它们"仍是国家历史中光荣而悲惨的一个事件"。有趣的是,法院认为同样的情形却不适用撒拉逊人的一艘货船,尽管事实是其因为同样的原因在相同的时间沉没。

迹名录》(*the National Register of Historic Places*)中的著名沉船遗址是 1941 年在珍珠港沉没的美国战舰亚利桑那号(USS Arizona)⑤。确实美国现在接受了相对近期的遗存属第 303 条适用范围,这点毫无疑问。20 世纪 90 年代后期,美国主要负责起草一项保护泰坦尼克号的国际协议(在当时少于 100 年历史),该协议在其序言中明确提及第 303 条为其相关条款⑥。2001 年,美国的一项总统政策声明也指出,在沉没的船舶、飞行器和航天器的一般语境下:"国际法鼓励国家为公众利益保护其海洋遗产,无论其在任何地点"⑦。尽管,国际社会履行其共同保护水下文化遗产责任的最杰出例子是——联合国教科文组织 2001 年《水遗公约》——使用了 100 年的时间分界点,然而凭经验法则采用 50 年的划分标准,与一般国家惯例并无不符⑧。

第 149 条和第 303 条的标的物的区别在于:第 149 条明确适用于所有的具有历史和考古性质的各种物品,第 303 条则仅指一般用于该类物品,而并未提及"全部"适用。事实上,这种区分是条文内容的逻辑性延伸。要求所有国家去保护(或合作保护)所有在海上发现的该类物品,是不切实际的,而不要求其监管在该区移除物品行为而仅仅予其一个选择权,却要求其监管毗连区内全部该等物品的移除,"全部"在这里也同样是荒谬的。另一方面,没有任何具有逻辑性的理由能够限制第 149 条所彰显的远大的保护目标,或者该条款中起源国的优先权。

---

⑤ 法梅尔认为,虽然相关法规(1966 年《国家历史保存法案》)适用范围并不包括实践上的界限,但是"习惯中采用的 50 年的划分标准已发展成为一个实践问题",参见法梅尔,《美国》(第 2 版),第 375 页。

⑥ 协议是由 4 个国家磋商而来:美国、英国、法国和加拿大。见第 7 章第 7.4.3 节。

⑦ 美国沉没军舰保护政策声明(Statement on United States Policy for the Protection of Sunken Warships),2001 年 1 月 19 日,总统文件汇编周刊(Weekly Compilation of Presidential Documents),2001 年 1 月 22 日。对此声明,参见下文第 4 章第 4.2.2 节。

⑧ 第 149 条的条款草案指出,"超过 50 年的"遗产。虽然这一段未被采用,但它表明了一些谈判者对此进行的限制解释并没有奥克斯曼那么严格。在联合国教科文组织谈判期间,美国代表团建议采纳 50 年的时间限制,其国内实践与公约的要求将会一致,参见下文,第 2.4.2.1 节。

2.3.2 欧洲理事会的举措

20世纪下半叶,关于通过一般文化遗产立法来保护值得被保护标的物的观念发生了很大的变化,同样,关于保护该如何实施的观点也发生了很大变化。人们逐渐认识到更广泛的文化价值观,并趋向于一种以资源为基础的方法,其重点是对整个资源进行管理,而不是仅对特定的方面进行认定和保护。这些变化反映在国内和国际遗产保护立法中,不可避免地贯穿于与水下文化遗产特定相关的法律文件中。

2.3.2.1 《第848号倡议》(1978年)

"水下文化遗产"这个词第一次出现在国际协议中是在1978年《罗柏报告》的《第848号倡议》标题中[49]。尽管《第848号倡议》明确提到"水下文化遗产",但它并没有试图对这个词进行定义,也没有在该倡议所载明的最低法律要求中被提及。相反,他们十分笼统地提及了水下物品和遗址[50]。

《第848号倡议》的最低要求如下:

> 保护的范围应涵盖所有水下超过100年的物品,但不重要的或者年代较近的历史和艺术重要性物品,一旦得到适当的研究和记录(或不太重要的古物),有被酌情排除的可能性[51]。

在考虑这一要求时必须牢记,《第848号倡议》是一项不具约束力的文件,旨在鼓励欧洲理事会成员国在其国内立法中采取最低标准。因此,没有必要为所提及的标的物制定精准的标准(虽然可能有一些相关的假设,它至少与人造物有关)[52]。

---

[49] 欧洲理事会议会大会(Parliamentary Assembly of the Council of Europe),《水下文化遗产:文化教育委员会报告》(报告起草人:约翰·罗柏先生),第4200-E号文件,斯特拉斯堡(Strasbourg),1978年。《罗柏报告》以及《第848号倡议》的背景请参见第1章第1.2.2.1节。

[50] 《第848号倡议》(1978年)附件 i。

[51] 《第848号倡议》(1978年)附件 ii。

[52] 法律顾问的报告提到了一些人造物品,并建议建立一项法律制度适用水下超过100年的"所有人造物品":参见第4200-E号文件,斯特拉斯堡,1978年,第62页。

然而,该倡议明确了一个时间分界点。这是法律顾问布洛特和奥基夫的建议。他们受芬兰、瑞典和挪威的影响而提出了 100 年为期限的标准,这三个国家都在立法中使用 100 年这个时间分界点作为沉船保护的适用条件。虽然这一立法在如何选择时间分界点的方法上有所不同(芬兰和瑞典,是从船舶失踪之日起开始计算 100 年;挪威是从船舶建造之日起开始计算),《第 848 号倡议》是从考虑物品"在水下"的时间长度的立场出发,其优点是这一时间分界点很可能适用所有相关的对象。在船舶采集物情形中,可能不仅包括船体及其固定装置和配件,也包括船上的货物、个人物品和其他物品,这显然是很重要的,因为所有这些项目的制造日期可能大相径庭。

《第 848 号倡议》规定的最低法律要求的重要意义是将打捞和沉船法律排除在其适用范围之外。在这种排除的情况下,重要的是在适用时要明确。时间的标准确立了适用于海事私法的一般规则的物品与适用于遗产法的物品之间的明确分界线;在布洛特和奥基夫看来,100 年的时间界限将避免对救助者产生不适当的影响③。使用时间分界点也避免了主观价值判断:它隐含着一种假设,即在时间界限以内所有具有历史的、考古的或其他文化意义的物品都值得保护,同理,在水下未达到这个年限的物品便不具有这种价值。另一方面,这种时间界限具有其固有的武断性。《第 848 号倡议》改善了这种武断性,它规定可酌情适用水下不到 100 年的物品,并可酌情排除水下超过 100 年的物品。

《第 848 号倡议》的序言部分"强调陆地考古与水下考古的统一",《罗柏报告》的中心思想是,水下文化遗产应被视为等同于陆地考古,并且在可能的情况下,应采取"无缝接轨的"方法。如果一个国家关于水下文化遗产的立法与其陆地遗产有所分开和区别,《第 848 号倡议》规定了:

---

③ 法律顾问的报告提到了一些人造物品,并建议建立一项法律制度适用水下超过 100 年的"所有人造物品":参见第 4200‐E 号文件,斯特拉斯堡,1978 年,第 70 页。

保护制度不应该有漏洞。水下文物和水下遗迹的范围应扩大到陆上文物立法所涵盖的范围[54]。

这一要求提出了几个重要的相互关联的问题,任何水下文化遗产保护相关法律的起草者,都应考虑到这些问题。其中一个是"水下"的定义。虽然"水下文化遗产"一词经常用来特指海域中的文化遗产,但文化遗产也可能位于内陆水域,例如湖泊和河流[55]。此外,水下文化遗产是否具有"水下"的适格性,不仅与其所在水域的性质有关,而且与它被水淹没的程度有关。有些地域可能会周期性的被水淹没,特别是沿海或河口的潮汐区域[56]。《第848号倡议》强调,所有符合文化遗产适格性的物品,都必须得到同等保护,并应谨慎确保物品沉没的时候不存在"漏洞"[57]。虽然倡议没有提及内陆水域文化遗存的立法规定,但是否应该与海域保持一致仍有疑问。在布洛特和奥基夫的报告中,他们认为需要考虑海域中文化遗产的特殊情况,例如在海洋环境中执行立法的困难,以及适用那些在陆地上不适用的法律(特别是《打捞法》和《沉船法》)的情况[58]。

2.3.2.2 1985年《保护水下文化遗产欧洲公约》(草案)

欧洲理事会1985年《保护水下文化遗产欧洲公约》(草案)中关于适用范围的定义方式与《第848号倡议》不同[59]。至少在某种程度上,这反映了一个事实,即它被设计成具有约束力的法律文件后,也因此需要准确地界定其实质适用范围。

---

[54] 《第848号倡议》(1978年)附件i。

[55] 对于内湖和内河众多的国家来说,这个问题尤为重要。例如,波兰在其内水中有很多发现,包括一尊9世纪的希维亚托维德(Swiatowid)神像,这尊神像被认为是波兰最重要的遗产发现之一:参见科瓦尔斯基(Kowalski),《波兰》(Poland),第230页。

[56] 荷兰东印度公司的沉船,阿姆斯特丹号(the Amsterdam),位于英国黑斯廷斯(Hastings)海滩,在退潮时可步行接近。

[57] 国家立法中有关这一"漏洞"的例子是珀顿沉船地(Purton Hulks)。81艘驳船和其他工作船只位于英国塞文河滩上。为其寻求合法保护的人们面临着困境,因为这些船只属于现有遗产立法制度。参见《珀顿沉船地——被忽略的沉没海洋史》("Purton Hulks—Maritime History Sunk by Neglect"),《每日电讯报》(Daily Telegraph),2008年10月18日。

[58] 欧洲理事会第4200‐E号文件,1978年,第61页。

[59] 关于欧洲公约的起草背景,参见第1章第1.2.2.2节。

公约草案第 1 条规定：

1. 为本公约的目的，所有全部或部分位于海洋、湖泊、河流、运河、人工水库或其他水域中，或处于潮汐或其他周期性淹没区，从上述环境中打捞的，或冲击上岸的遗迹、物品和其他任何形式的人类生存遗迹应被视为水下文化遗产，以下称"水下文化财产"。

2. 存在至少 100 年的水下文化财产受本公约保护。然而，任何缔约国可以将不满 100 年的水下文化遗产纳入本公约下享有同等保护⑩。

虽然公约草案在标题中使用了"水下文化遗产"一词，且大概提及了它的适用范围，但是另外一个词"水下文化财产"被视为是一种技术上的表述，用以指属于其范围内的物品。公约草案附带的解释性报告草案指出，"水下文化财产"一词之所以被选中，是因为"它比'物品'一词更全面，可被认为仅包括移动和不可移动的财产"⑪。然而，它不能解释为什么选择了"财产"而不是"遗产"这个词。"文化财产"一词已经在一些国际法律文件中被使用，尤其是联合国教科文组织的两个条约，1954 年《关于武装冲突时保护文化财产的海牙公约》，以及 1970 年《联合国教科文组织关于禁止和防止文化财产非法进出口和非法转让其所有权方法的公约》。1972 年《联合国教科文组织保护世界文化和自然遗产公约》则使用了"文化遗产"的表述。正如布洛特和奥基夫指出的，"财产"（property）一词富有内涵，在一个旨在保护文化物品的法律文件中并不恰当⑫。此外，它意味着所有权，因此由所有者控制。一方面，至少在普通法系中，所有权作为一个法律概念，所包含的

---

⑩ 公约草案和解释性报告中关于第 1 条的版本是 1984 年解密版中的版本。然而，公约草案的第 1 条在解密版和最终版本中并无二致。只有一个例外（下文会提到），关于第 1 条的评论在解释性报告草案中相同。

⑪ 解释性报告，第 12 页（重点增补）。

⑫ 主要参见布洛特和奥基夫，《"文化遗产"还是"文化财产"？》（"*Cultural Heritage*" *or* "*Cultural Property*"?）。

权利内涵并不一定符合遗产保护的公共利益,包括行使权、转让权和排他权⑥。另一方面,"遗产"一词充满了"管理"的概念,并认为有些东西需要特别的照顾,以便能够传给后世。公约草案特别保留了可辨认的物主的权利⑭,这可能受到使用"财产"而不是"遗产"一词的影响。无论如何,今天"文化遗产"一词普遍受到青睐,特别是用于遗产就地保护的法律文件中⑮。

欧洲公约草案第 1 条第 1 款定义"水下文化财产"的标准是:"所有遗迹、物品和任何形式的人类生存遗迹"。这个措辞的使用与一个早期的欧洲理事会条约,即 1969 年《保护考古遗产的欧洲公约》,基本相同⑯。这句话不仅反映了对水下文化遗产的认知范围的扩大,也反映了对考古遗址更广泛的认知,而且还反映出有一个包含所有值得保护的文化遗产的定义是非常重要的。毫无疑问的是,这句话不仅能覆盖人造物品或其他遗迹,也包括任何性质的证明人类生存的遗存。这将包括人类遗骸(这里"物品"一词看起来不太合适)、屠宰的动物骨骼和能够被人类使用或受人类影响的自然物体(例如从栽培植物中获取的保存完好的古代花粉或种子)。有趣的是,解释性报告草案强调"任何其他人类生存遗迹"这种表述,意在包括"具有历史意义的地理特征"⑰。虽然没有给出它们的意图究竟为何,但是起草者似乎预测到,对淹没在水中的史前地表的兴趣在最近几十年已经逐渐浓厚起来⑱。与《第 848 号倡议》相一致,公约草案也对"水下"这个词采用了一个兼收并蓄的概念,规定保护"全部或部分位于海洋、湖泊、河流、运河、人工水库或其他水域中,或处于潮汐或其他周期性淹没区,从上述环境中打捞的,或冲击上岸的"文

---

⑥ 关于水下文化遗产的所有权的进一步探讨,参见第 3 章。

⑭ 参见第 1 章,第 1.2.2.2 节。

⑮ 在非法进出口文化财产的背景下使用"文化财产"的表述,在此情况下,有关所有权的问题更可能出现。

⑯ 1969 年《保护考古遗产的欧洲公约》的第 1 条中,使用了"or"这个表示转折的词汇,而不是连词"and"。关于此公约,详见第 2.3.2.3 节。

⑰ 解释性报告,第 12 页。

⑱ 详细讨论,见 2.3.2.3 节。虽然这些被淹没的风景,已经被知晓几十年了(参见加夫尼、费奇和史密斯,《欧洲的失落世界》,第 1 章),但是人们对它们的兴趣在 20 世纪 90 年代和 21 世纪的前十年才发展起来,因为深海探测技术的进步开辟了考古研究的可能性。

化遗产。

虽然公约草案没有采纳《第848号倡议》中排除适用《打捞法》的做法,但它采用了100年为时间标准的选择方法(虽然原因不明,但采纳了基于年代的时间分界点,而不是以处于水下时间的长度)。是否对不满100年的文物提供保护,缔约国在此享有裁量权,例如设定一个较短的时间限制,或者根据内在的文化价值设定标准⑥,以及不排除时间更久的文物。可能一些欧洲国家对于公约草案适用范围内的所有文物,适用内在的文化价值的标准更为满意,而不是简单地认为不到100年就排除适用,或许是出于对上述的认可,解释性报告声明:

> 虽然该条款不包括历史或文化意义的标准,"文化"一词本身表明,
> 在履行公约规定的义务时,缔约国将能够采用文化价值标准⑦。

这一声明表明,缔约国主管国家机关有权考虑文物的重要性,甚至是那些超过100年的文物,以确定是否可以授权干涉,以及应该在什么条件下干涉。

2.3.2.3　1992年《瓦莱塔公约》

1969年《保护考古遗产的欧洲公约》被一项1992年修订的条约所取代。众所周知的《瓦莱塔公约》是修订版本,涉及一般的考古遗产,包括水下文化遗产⑦。

《瓦莱塔公约》定义"考古遗产"的方式是十分复杂的。第1条中,它定义了它所指的与遗产相关的"要素"。用以建立的定义标准的语句是"所有遗迹、物品和其他任何形式的人类痕迹"⑦。第1条第3款明确规定,文化遗产包括"无论陆地还是水下的建筑物、建筑、建筑群、开发地点、可移动物品、其他类型的遗迹及其环

---

⑥ 参见解释性报告,第12页。
⑦ 有趣的是,这一声明只出现在解释性报告的最终版本中,而不是解密版本中。
⑦ 有关《瓦莱塔公约》的背景,参见第1章第1.2.2.3节。
⑦ 第1条第2款。

境"⑦。这个清单并非详尽无遗的⑦。为了受到公约的保护,这些考古遗产的要素都必须符合一定的选择标准。必须满足以下标准:①必须来自"过去的时代";②它们的保存和研究必须"有助于追溯人类历史及其与自然环境的关系";③关于它们的主要信息来源必须是发掘或发现以及其他研究方法⑦。这些标准可以被简单地视为对下述观念的一种更具体的表述,即要素必须具有考古和历史的性质。

若我们考虑其根源,《瓦莱塔公约》中用以定义主体的方法是比较容易理解的。最初的 1969 年《保护考古遗产的欧洲公约》中使用了"考古物品"(archaeological objects)一词用来指代其保护对象,并且定义这些考古物品应包括"其发掘或发现为科学情报资料的主要来源或主要来源之一而作为时代和文明见证的所有遗存和实物,或任何其他人类生存遗迹。"修正的公约关于保护对象的定义很显然是建立在原有概念基础上而加以改进的,特别是强调了不仅是重要的物品,而且是"任何能够揭示人类历史的证明,不论其性质"⑦。在改进的过程中,起草人特别强调了两个方面。第一,人类生存的残迹和遗迹与物品一样重要。解释性报告举了一个土壤褪色的例子:这种褪色可能是以前的木结构残余,却可以揭示大量关于该结构的信息⑦。另一个例子是保存在泥浆中的古人类足迹:这些足迹可以为我们了解史前祖先的生活方式提供大量有价值的信息⑦。第二,具有根本考古意义的是,考古遗产的实物或其他要素的环境与它们本身一样重要⑦。这种环境,换句话说这种物理环境可能是人为的或自然的,或者是两者的结合。

---

⑦ 第1条第3款。《瓦莱塔公约》中关于水下和陆地遗产无任何区别的方法,意味着没有必要包含部分或周期性位于水下的遗迹。

⑦ 解释性报告,第5页。

⑦ 参见第1条第2款,以及解释性报告。最后一项标准规定,这些要素必须"位于当事人管辖范围内的任何区域";关于此,参见第1章第 1. 2. 2. 3 节。

⑦ 解释性报告,第5页。

⑦ 同上注。

⑦ 例如,参见加夫尼、费奇和史密斯,《欧洲的失落世界》,第 63 - 64 页,其探讨了英国塞文河口泥沙中保存的中石器时代人类足迹的意义。

⑦ 参见《解释性报告》,第5页。

它本身就是一个重要的信息源,不仅关乎人类的历史,而且正如《瓦莱塔公约》的选择标准明确的那样,它也关乎漫长岁月中人类和自然环境之间的关系。完全脱离环境的物品可能很少、甚至没有考古信息来源的价值;若环境同样得到保护或至少得到记录,则很可能显著增加我们所能收集到的全部知识。

"任何其他人类生存遗迹"这一描述是对原 1969 年《保护考古遗产的欧洲公约》中"人类存在的任何其他遗迹"的改写,并且借鉴了 1985 年《保护水下文化遗产的欧洲公约》(草案)的相关规定。不同于 1985 年公约草案附带的解释性报告草案,《瓦莱塔公约》的解释性报告没有明确说明该表述意在包含"具备历史意义的地理特征"。然而,没有理由去质疑这种特征证实了人类的生存,或者为这种证据提供了直接背景。核心的要求是"必须有来自过去人类生存的东西,甚至是遗迹"[30]。在被淹没的史前地表中发现灰坑的例子可以佐证这一点,其中包含的证据表明这个灰坑曾经在石器时代被用作灶台或者烧窑[31]。一方面,在上述案例中,坑内不仅仅是烧焦的东西,比如石头和火石,这个灰坑本身无论是人工凿出来的还是自然形成的,都属于《瓦莱塔公约》中定义的范畴[32]。另一方面,坑内一般区域的自然环境沉积物(尽管它们可以追溯到中石器时代,具有相当大的考古潜力)不属于公约适用范畴[33]。也不包括中石器时期(Mesolithic-period)的动植物遗迹(即使它们能提供早期人类种植或食用的一般线索),除非它们和人类有某些直接关系。

《瓦莱塔公约》的方法和早期欧洲理事会有关遗产的法律文件之间的显著区别是,它没有使用年代的标准。就年代而言,它只是简单地要求遗迹属于"过去的

---

[30] 参见《解释性报告》,第 5 页。
[31] 英国怀特岛(the Isle of Wight)的博尔诺尔石厓(the Bouldnor Cliff)史前沉没遗迹中,有这样一种坑,挖出用来放置热的打火石和石头。参见与加里·莫伯的私人通信,2012 年 8 月 14 日。
[32] 那里的坑是自然形成的,而不是人工凿成的,有人提出它是否为"人类踪迹"或者环境的组成部分。然而,假设它属于第 1 条第 3 款中的"开发的遗迹"的范畴,那么就会构成《瓦莱塔公约》中的"人类踪迹"。
[33] 考古学家们认为,灰坑附近的自然环境沉积物提供了相关的环境,因此属于定义范畴。最后这将是遗产管理当局判断的事项。

时代"。虽然从技术上讲,这似乎排除了现代的遗迹(这引发了关于时间应从何时起算的问题)。考虑到实践中许多现代考古学家更倾向于时间应被连续计算,而不是划分成特定时期。这个因素很可能会影响什么是应该被保存的遗存,并且对遗迹的研究将"有助于追溯人类历史及其自然环境"。欧洲大陆各国主管机关对此问题的态度可能具有显著的差异。

《瓦莱塔公约》是一个适用范围广泛的法律文件,意在应对考古遗产的各种威胁[34]。制定考古遗产定义的既有方式,以及其条款所具有的更加普遍性的宣示[35],让缔约国在确定如何执行其条款方面具有一定的灵活性。此外,该公约是对考古遗产的一般性处理,而不是特别针对水下文化遗产的法律文件,它没有提及仅适用于海洋环境的《打捞法》或其他法律。因此,在这些法律和条约范围之间无须设定明确分界线。

2.4 2001 年联合国教科文组织《保护水下文化遗产公约》方法

联合国教科文组织 2001 年《水遗公约》与欧洲理事会的《瓦莱塔公约》有很大不同。除其他外,它特别关注水下文化遗产,且侧重于处理一种特定的威胁水下文化遗产的问题:以水下文化遗产为目标的寻宝和其他不受监管的活动,特别是在开放海域。有鉴于此,《打捞法》的适用是一个核心问题,尽管联合国教科文组织没有排除《打捞法》,但它却是严重限制了其适用范围[36]。然而,尽管两个条约之间存在差异,联合国教科文组织《水遗公约》中的定义仍然借鉴了《瓦莱塔公约》,以及欧洲理事会关于水下文化遗产的早期举措。在很大程度上,这应归功于

---

[34] 参见第 1 章第 1.2.2.3 节。
[35] 例如,参见第 3 条,有关考古活动的授权。
[36] 参见下文第 5 章第 5.4 节。

国际法协会为其奠定的基础。

联合国教科文组织《水遗公约》的第 1 条第 1 款有关"水下文化遗产"的定义如下：

（a）"水下文化遗产"系指至少 100 年来，周期性地或连续地，部分或全部位于水下的具有文化、历史或考古价值的所有人类生存的遗迹，比如：

（ⅰ）遗址、建筑、房屋、工艺品和人类遗骸，及其有考古价值的环境和自然环境；

（ⅱ）船只、飞行器、其他运输工具或上述三类的任何部分，所载货物或其他物品，及其有考古价值的环境和自然环境；

（ⅲ）具有史前意义的物品。

（b）海床铺设的管道和电缆不应视为水下文化遗产。

（c）海床铺设的管道和电缆以外的，且仍在使用的装置，不应视为水下文化遗产。

为了确保采用一种兼容并蓄的方法（换而言之，采纳 1978 年欧洲理事会《第 848 号倡议》中关于保护制度中存在"漏洞"的论点），第 1 条第 1（a）款规定了"至少 100 年来，周期性地或连续地，部分或全部位于水下"的物品属于定义范畴内。这一措辞确保了沿海和潮间带地区的遗迹能够被公约制度所涵盖，该事项可能因气候变化对海平面的预计影响而变得越来越重要㊲。

虽然公约的目的是考虑海域中的活动并对此进行规定，但是一些国家要求内陆水域也应该被包括在内。因此规定了，"任何国家或地区，在批准……本公约之时

㊲ 最近在极地地区发现的有关早期探险者活动的遗迹，引起了人们对联合国教科文组织《水遗公约》中"水下"意味着什么产生了兴趣。例如，2010 年一瓶属于欧内斯特·沙克尔顿（Ernest Shackleton）的威士忌在南极附近的冰层中被发现。北冰洋的冰层中是否也能有类似发现呢（假设它满足 100 年的时间限定）？根据公约的目的和宗旨，涵盖范围较广的第 1 条第 1（a）款以及冰仅是冻结的水这一事实，似乎没有理由将这种发现排除在外。

　　　　　　　　　　　2　水下文化遗产的定义

或之后的任何时候,都可声明本公约的《规章》适用其不具海洋特征的内陆水域"⑱。

2.4.1 定义标准

第1条第1(a)款的措辞虽然已经进一步精炼,但仍在一些方面让人想起1985年《保护水下文化遗产欧洲公约》(草案)以及1992年《瓦莱塔公约》。它的定义标准已经非常简单:"所有人类生存遗迹"。《瓦莱塔公约》规定了非排他性清单,其目的是确保对此没有质疑的空间,所有遗迹和物品、可移动和不可移动的对象、人类遗存以及有考古价值的环境和自然环境,全部都包含在定义范围内。

这是首次明确地提及了飞行器。有时,飞行器在水下文化遗产相关文献中似乎被忽略了,自从1903年莱特兄弟(Wright brothers)发明第一架动力飞机之后,数以千计的军用或者民用飞行器在大海(或者内水中)失踪。今天沉没的飞行器中的历史和考古潜力(例如,他们与特定的事件或个人有关联或者是罕见的特殊机型)正广泛得到认可。航空考古学,特别是第一次世界大战和第二次世界大战中的损失,越来越引起人们的关注⑲。虽然国家遗产法保护特定沉没飞行器遗址的例子仍然罕见⑳,但是,1935年太平洋发生的梅肯号飞艇(airship USS Macon)沉没事件,是一个非常著名的例子。2010年它被载入美国国家历史遗迹登记册。每年都有很多飞行器列入公约的保护范围,因此它们很可能成为公众关注的焦点㉑。

第1条第1(a)款明确提出另一种遗存"具有历史意义的物品"。其意图似乎在绝对明确宣示,唯有源于史前时期的物品,才能被视为"人类生存的遗迹"。然

---

⑱ 第28条。

⑲ 例如,参见"军用飞机坠毁地点:考古指南,重要性和未来管理"(可在以下链接获取 www.english-heritage. org. uk/publications/military-aircraft-crash-sites)早期文本草案对于国有或国营的船只和飞行器,在公约适用范围以外的非商业目的上是排除适用。然而,这种排除后来被放弃了,见第4章第4.3.1节。

⑳ 其中一个原因是有些国家出于其他的目的对这些遗迹采取立法保护,例如1986年英国《军事遗骸保护法案》以及2004年《军事沉船法案》。关于这些法令,见第4章第4.2.2节。

㉑ 在本书撰写时,在南太平洋发现了飞机的残骸,这是美国的先驱飞行员阿米莉娅·埃尔哈特(Amelia Earhart),在1937年她要成为世界第一个环球飞行的女飞行员时,乘坐的洛克希德·伊莱克特拉号(Lockheed Electra)的残骸。虽然这架飞机自坠毁后到被划入公约的适用范围之间足足有20年,但是确定的是它具有伟大的历史意义。

而,如同《瓦莱塔公约》一样,事实上对于史前时期的物品或事实上任何的物质遗存,源于史前时期本身不足以代表它属于公约的适用范围。它必须代表人类生存的遗迹,或构成这种遗迹环境的一部分^㉜。因此,史前时期的自然物质,如沉积物、泥炭、动植物化石,只存在涉及与人类存在的证据直接相关的范畴^㉝。在与联合国教科文组织磋商期间,一些国家提出了更广范围的包括史前景观或自然遗址的可能性^㉞。然而,这些想法似乎没有被采纳,因为为公约适用范畴内的物质所设想的管理制度,未必能够对这些领域提供适当的保护^㉟。

第 1 条第 1(b)款和第(c)款包含两项关于公约适用范围的特定例外:一项是关于管道和电缆的,另一项关于更普遍的使用装置的。海床上有大量,且急速增多的人造设备,这些设备有各种用途,而将这些物质排除在公约的适用范围之外几乎是一项必不可少的环节。并非所有这些设备都能够通过不满足 100 年的时间条件而被排除,因此需要在这方面做出一些具体规定。从表面上看,似乎不清楚为什么公约一方面要区分管道和电缆;另一方面要区分其他装置。公约明确排除前者,不论其是否正在使用中;但是对于后者仅排除仍在使用中的装置。然而,管道和电缆行业已经习惯于在《国际海洋法》^㊱规定下就其基础设施和活动享有的特权地位,特别是电缆行业似乎热衷于继续拥有拆除其旧设施的控制权^㊲。除管道和电缆外,其他海床上存在的装置可能具有军事性质,或与勘探或开采自然资源有关,或与海洋科学研究有关^㊳。虽然大多数这样的装置使用期限不足 100

㉜ 事实上第 1 条第 1(a)款第(iii)项没有像第(i)项和第(ii)项一样,明确包含"及其有考古价值的环境和自然环境"。

㉝ 详见 2.3.2.3 节。

㉞ 有关第 1 条,参见 1998 年联合国教科文组织《水遗公约》草案的解释性报告,其构成了联合国教科文组织 1998 年文件 CLT‐96/Conf. 202/2 号的一部分(由德罗姆古尔和加斯克尔于附录中再版,《1998 年联合国教科文组织保护水下文化遗产公约草案》)。

㉟ 同上注。

㊱ 早在 1884 年国际条约法就为海底电缆提供了保护,并且《海洋法公约》为管道和电缆提供了特权。

㊲ 奥基夫,《沉船遗产》,第 45 页。一些电缆是由铜制成的,这是有商业价值的。

㊳ "装置"一词不是公约定义的。《海洋法公约》规定的是电缆、管道和装置,但是它也指"构造"和"设备"。根据瓦格林,"结构"一词可以被看作是"装置"的同义词,并且"设备"一词隐含着用于特定用途并且可拆卸的东西,与此相反的是"安装",其指的是永久或至少持续一段时间安置于某处:参见瓦格林(Wegelein),《海洋科学调查》(*Marine Scientific Research*),第 138 页。

年,但是有些可能超过100年,也并非不可想象。第1条第1(c)款明确它们不受公约的影响。另一方面,如果它们不再被使用的时候,他们就属于水下文化遗产的适用范围中。

2.4.2　选择标准

至少从表面上来看,联合国教科文组织第1条第1款定义的水下文化遗产包括两个选择标准。一个是基于物品是否满足100年的客观标准;另一个是遗迹是否具有"文化、历史或考古价值"的主观标准[99]。

2.4.2.1　时间标准

联合国教科文组织《水遗公约》对遗迹的适用范围采纳了100年的时间标准。这与欧洲理事会1985年公约草案做法一致,而上述公约草案则遵循《第848号倡议》(1978年)和其他国家的法律。然而,不同于欧洲公约草案的是,联合国教科文组织的公约没有规定任何使得缔约国包括小于100年时间限度的遗存的条款[100];同样也没有规定能够让缔约国排除适用超过100年时间限度的遗存的条款[101]。

采用100年的时间分界点对于公约的适用来说是非常重要的限制。它把大量具有潜在历史和考古意义的物品排除在公约的框架之外。特别是,虽然第一次世界大战中的遗迹属于公约的适用范围,但是第二次世界大战中的遗迹要比第一次世界大战的遗迹晚几十年才能被公约予以保护。奇怪的是,在联合国教科文组织的谈判过程中,似乎并没有大量讨论有关时间标准的问题[102]。因此很难判断时间界限是否就是对打捞产业的一种务实性的妥协,而不是如一些迹象表明的那样,原则上,20世纪的遗存在某种程度上不值得保护。显然,某些国家提出的时

---

[99] 早期公约草案遵循美国1987年《遗弃沉船法案》使用了遗弃作为选择标准。然而这个方法之后没有被采纳。见第3章第3.3.2.1节。

[100] 根据加拉贝洛的观点,这是因为对最近军用飞行器残骸是否适用于公约的关注所引起的,参见加拉贝洛,《水遗公约的谈判史》,第105页,注释31。

[101] 相关讨论见第2.4.2.2节。

[102] 加拉贝洛,《水遗公约的谈判史》,第105页。

间限制短于 100 年。例如,波兰认为所有 1945 年之前的残骸都应被包括[103],美国提出的时间限制为 50 年[104]。

对于条约制度适用来说,100 年似乎确实是一个合适的时间界限(不仅对于那些打捞者,也对于可辨认的物主来说)。毫无疑问,存在水下不到 100 年且考古学家会对其感兴趣的遗存,与存在处于水下超过 100 年的而受到商业人士青睐的遗存的情况是一样的[105]。此外,很多相对现代的残骸,在除文化或商业性质之外的其他方面引起了一些关注。例如,很多人葬身海底,但他们的近亲属可能还在世;很多战舰残骸可能在某些方面存在危害。设立 100 年的时间限制意味着谈判者可以避免卷入这些问题中[106]。

2.4.2.2 特征标准

为达到联合国教科文组织《水遗公约》的目的,不仅要求遗迹必须在水下存在至少 100 年,也要求它必须具有"文化、历史和考古的价值"。在谈判进入后期,这一选择标准才被加入文本中[107]。

关于水下文化遗产的定义中,是否应该包括基于遗迹价值的标准,在谈判过程中引起了很大的争议,并且这点也确实是达成整体共识的障碍之一。按照传统,一方面,普通法系国家通常采取有选择性的方式保护遗产,有选择性地保护那些被认为具有特殊意义的资产;另一方面,大陆法系国家倾向于采取一种更具扩张性的保护主义手段,即保护主义方法,为所有满足一定年限的遗迹、或被认定为

---

[103] 有关 1998 年联合国教科文组织《水遗公约》草案第 2 条的解释性评论,参见,1998 年 4 月联合国教科文组织第 CLT - 96/Conf. 202/2 号文件(由德罗姆古尔和加斯克尔于附录中再版,《1998 年联合国教科文组织保护水下文化遗产公约草案》)。

[104] 参见法梅尔《美国》,第 107 页。美国建议(英国也支持)把时间界限和重要的标准结合起来:详见第 2. 4. 2. 2 节。

[105] 例如,代表私人利益的伦敦海难救助协会(the Salvage Association of London),对于 1960 年的海上伤亡人员留有记录并且持有兴趣。详见,第 3 章第 3. 2. 2 节。

[106] 公约并没有预见属于其适用范围内的遗产可能存在危害。然而,大部分的沉船所处环境和其他威胁可追溯到 20 世纪,事实上,船只沉没的时间早于这些威胁形成的时间并不意味着就不会存在危害。此外,随着时间的流逝,越来越多的 20 世纪沉船属于公约框架的适用范围。关于此问题,详见,第 4 章结论性评述。

[107] 关于此问题的讨论细节,参见加拉贝洛,《水遗公约的谈判史》,第 106 - 109 页。

"古物"或"古迹"的资产提供保护⑩。然而,在水下文化遗产的特定背景下,基于所谓的"概括式"保护的制度在国际上得到越来越多的支持,甚至现在被一些普通法系国家所采用(特别是澳大利亚)。概括式保护制度的一个重要的优点是在一个新的遗迹被发现之前,法律就已经就位了;相反,如果采纳一种针对特定遗迹的制度,那么在一个新的遗迹得到法律保护之前,势必要对其进行评估。评估需要时间和物理干预,甚至极可能必须是大范围的⑩。时间标准和意义标准一并引入,可能会削弱概括式保护的优势。并且它还将引入主观因素,从而开辟了不同国家会以截然不同的方式来解释定义的可能性,从而危及通用标准的总体目标。

从表面上来看,符合公约中水下文化遗产的遗迹,需要至少在水下存在 100年且具有"文化、历史和考古价值",这表明意义标准的支持者们赢得了这场争论。然而,"特征"(character)一词(最早是为了在此问题上找到一种妥协方法),比起"意义性"(significance)或者通常使用的替换词,如"重要性"(importance)、"价值"(value)或"利益"(interest),还是跟"性质"(nature)一词(在《海洋法公约》第149 条和第 303 条使用)有更多的共同之处。奥基夫认为,特征标准是否在 100 年时间限制的基础上起到限制定义范围的作用,是值得怀疑的,因为事实上任何处于水下超过 100 年的物质都可能被称为是具有文化、历史或考古价值⑩。因此,特征标准的引入在实践中似乎没有赋予各缔约国任何将超过 100 年遗迹排除在适用公约机制之外的自由裁量权,因为他们认为这几乎没有什么意义⑪。

对重要性这一问题持有异议的是美国和英国。对美国来说,最终文本中的"特征"规则似乎是一种可以被接受的折衷方式,"作为另一个广泛适用的、一揽子

---

⑩ 参见上文第 2.2 节。

⑩ 这似乎就是 1994 年《国际法协会草案》中不包含重要性标准的原因,参见奥基夫,《国际法协会编写的关于保护水下文化遗产的布宜诺斯艾利斯公约草案》,第 97 页。虽然很可能需要一些措施来确定水下遗迹存在的时间,但很可能少于确定重要性的所需时间。

⑩ 奥基夫,《沉船遗产》,第 43 页。

⑪ 即使在一个适用概括性保护制度的地方,海洋遗产管理者很可能在决定遗迹保护与管理的时候考虑其重要性。例如,遗址的重要程度可能决定了是否允许潜水爱好者进入,或者或允许业余考古学家在现场进行任何考古活动。在公约附件规则下适用这种差别化管理策略有一定的余地,但相对有限。

条约的一部分"⑫。造成这种情况的主要原因是美国相关的国内立法(虽然是围绕重要性概念而制定的)是以这样的一种方式适用的,即在事实上假设至少存在50年的遗产是具有历史重要性的⑬。出于这样或那样的原因,就其实质性适用范围而言,并未考虑到立法需要修缮以符合条约的情形⑭。

英国的立场并不是那么直截了当。英国在谈判结束时的正式投票声明中概述了未能投票赞成公约的原因,并做了以下评论:

> 文本要求缔约国采用相同的高标准,以保护所有水下 100 年以上的考古遗产。估计英国领海内海床上可能有大约 10 000 个沉船地点,对所有的沉船地点提供法律保护,既不可能,也不可取。英国认为最好将资源集中在那些最重要和独一无二的水下文化遗产上。附件规则不可能简单地在数千个沉船地点中的每一处都能适用⑮。

从声明中可以清楚地得知,在英国看来,"特征"标准对于 100 年的时间标准并没有任何限制。显然,英国主要关切的是,其是否有能力履行公约对缔约国的义务,确保公约所附规则适用于在领海内的针对水下文化遗产开展的活动⑯。根据 1973 年英国《沉船保护法案》,在英国领海有大约 60 个沉船遗骸遗址,因为它们具有"历史的、考古的或艺术的重要性"而被保护,并且少数其他的水下文化遗产的遗址也根据其他立法得到了保护。英国的问题不仅是彻底改革立法⑰,(考

---

⑫ 布隆伯格,《水下文化遗产的国际保护》,第 498 页,注释 23。

⑬ 参见法梅尔,《美国》(第 2 版),第 374 - 376 页。

⑭ 同上注。

⑮ 参见英国的投票声明,卡马达和斯科奇瓦奇再版,《水下文化遗产的保护》,第 432 - 433 页。英国一位代表的早期声明中,似乎提到了,英国海岸附近的沉船地点可能达到 500 000 处,参见加拉贝洛,《水遗公约的谈判史》,第 108 页,注释 37。

⑯ 第 7 条第 2 款。

⑰ 英国领海水域中的沉船密度被认为"很可能是世界上最高的",参见罗伯特和特罗(Roberts and Trow),《到水里去》(*Taking to the Water*),第 5 页。就多样性而言,资源可能也是"没有任何地方能够与之相比的潜力",参见奥克斯利,《淹没的历史环境的研究途径》(*Making the Submerged Historic Environment Accessible*),第 87 页。

虑到英国沿海水域中沉船数量的巨大）而是要对 100 多年前的所有水下文化遗产的遗址进行保护成本较高⑱。

2.5　结论性评述

"水下文化遗产"现在为国际上通行的表述，用以指代海域中历史和考古的物品。通常在使用上并没有特定的时间限制。为达成 2001 年联合国教科文组织《水遗公约》的目的，该表述仅适用于在水下至少存在 100 年的物品。超过这一标准的所有的遗迹都属于公约的适用范围，但似乎仅对英国来说可能存在一些问题⑲。然而，事实上公约不适用未达 100 年时间标准的遗迹，这意味着许多具有历史和考古意义的遗迹不在制度保护范围内⑳。特别是第二次世界大战中的物质遗产，将在今后几年内被排除在外。纯粹从实用主义的角度出发，这可能是一个明智的结果；但是从原则的角度来看，它可能与现代遗产思想的整体方法和一般的国家实践严重脱节。

---

⑱ 这些担忧可能是基于对概括性保护概念的误解，并且是可以得到缓解的。主要参见，弗斯，《英国的水下文化遗产》(*Underwater Cultural Heritage Off England*)；也参见德罗姆古尔，《关于主要海洋强国就 2001 联合国教科文组织〈保护水下文化遗产公约〉的立场的思考》(*Reflections on the Position of the Major Maritime Powers with Respect to the UNESCO Convention on the Protection of the Underwater Cultural Heritage* 2001)，第 7 页。

⑲ 然而应当指出的是，一些其他司法管辖区的私人商业利益同样也对重要性标准的缺失而感到不快，参见下文，第 5 章第 5.4.4 节。

⑳ 各国对个人或集体采取行动保护未满足时间标准的遗迹，持开放态度。然而，在国际水域，根据一般国际法可以采取的行动时有限的。国家间的协议可能提供了一种可能性，比如就泰坦尼克号达成的协议。公约第 6 条明确鼓励此类规定，详见下文，第 10 章第 10.2 节。

3

水下文化遗产的所有权及其他权益

3.1　导言

　　所有权被认为是"在成熟法律体系下所承认的最大可能利益"①,所有权人的利益是合法的,且在此意义上其执行是有法律保障的。在文化遗产保护领域,所有权与文化遗产管理的要求存在冲突,而水下文化遗产领域亦不例外。法律的作用在于达到所有权人的权利与保护遗产价值的必要性之间的适当平衡。传统上,普通法系国家倾向于对所有权人的私人权利予以特别多关注,并就其可以实施的保护性措施采取一种更具限制性的方法;而大陆法系国家则倾向于认为维护公共(文化)利益优于私人利益,并总体上采取一种更具保护主义特征的方法②。的确,大陆法系通常规定认为构成文化遗产组成部分的资产应收归国有,并认为这是对其予以保护的最好方式。

　　所有权概念的复杂性的事实,体现在不同国家对这一含义有着根本不同的态度和方法,因而肩负起草文化遗产保护领域国际条约的人员会发现所有权问题尤为具有挑战性。有时,这些国家会得出结论,与其由该国单独适用其国内

---

① 所有权,第108页(原文里强调)。所谓"物"就是财产。根据普通法系,财产主要有两类:个人财产和不动产(土地)。新近的大陆法系区分动产和不动产的(对于水下文化遗产适用的这些术语,见第2章第2.3.1节)。所有权必须从占有中区分出来。拥有财产的一方对该财产具有占有权,从而具有可执行的法律利益。然而,这种利益是有限的,必须从所有权人的完整所有权区别开来。占有权的一个例子是由一个救助者获得的,对所拥有的一个沉船遗址的权利。参见第5章第5.2.1节。
② 参见,第2章第2.2节。

法,最好的选择是避而不谈。同时,考虑到该等条约条文的主体并不仅仅是"财产",同时也是"遗产",条文可能使得某些利益获得正式承认,该种正式承认要比所有权利益更为广泛,或者是与所有权利益截然不同的利益。相较于陆上考古遗产的语境,所有权的问题在水下文化遗产的语境下,总体上具有更为重要的现实意义,在某国的某些偶发事件并未被全然了解的情况下,相关国际法亦明确认可一些其他权利和利益。此外,问题还可能是由于国家在法律上强制执行的程度引起的,还可能其出现在何种程度上能够通过法律强制执行的问题,以及在这种权利继续存在的情况下,其与可辨明物主享有权利的互动关系。

本章分为三部分。第一部分在水下文化遗产的语境下考虑所有权,探究该权利如何依据国内法取得、合法设立及丧失。第二部分考察《海洋法公约》及联合国教科文组织2001《水遗公约》对所有权所采取的方法。第三部分考虑上述两个条约认可的其他类型利益,探求这些利益与可辨明物主的所有权之间的关系。

3.2 所有权

在普通法下,所有权有时被称为赋予了所有权人对所涉财产的"一揽子权利"的疑问。这些权利包括管控的权利,包括排他权、处分权(即出售或以其他方式转让所有权)、开发利用权以及消灭权。上述每一项权利均可能与遗产管理的理念相冲突,其中两条中心原则为:相关发现应系列收集且完好无损地保存,研究人员和一般公众都应能够接触到该系列。因此,国内法通常限制所有权以确保遗产价值得到保护;在一些情形下,这些权利甚至可能被剥夺。

在水下文化遗产的语境下,所有权问题主要显现于沉船。所有权产生疑问并非仅仅是船舶(船体及固定附着物和装置)本身的,还包括船上载的货物、乘客及船员的个人物件③。沉船中最具商业价值的部分通常是货物，在一些极为特殊的情况中，所涉及的价值是（或至少可能是）巨大的④。这一因素使水下文化遗产所有权的问题显得至关重要，并且有时显得颇具争议⑤。若排除沉船，则水下文化遗产的所有权问题相对极少发生，原因在于遗留物过于古老导致无法追溯其所有权，和/或其并没有商业价值或其他确认所有权主张的价值。出于这些原因，下面的讨论将围绕沉船展开⑥。

3.2.1　所有权的取得

取得沉船和相关物体所有权的方式是多种多样的。对于散失时间更为古老的沉船残骸，取得所有权的一种方式是从原物主处继承。通过这种方式继承权利的主体，可以是个人⑦，也可以是法人⑧。所有权也可以通过购买或捐赠的方式取得⑨。打捞沉船有时也可以取得所有权，不是凭借按照规定的形式进行打捞奖励，就是通过打捞物法的适用⑩。另一个重要的团体所有权人是保险人。在海上

---

③ 原则上，在沉船上的人类遗骸也涉及所有权的问题。遗体能否构成财产备受争议：例如，参见马格努森（Magnusson），《人体组织财产权利》(*Proprietary Rights in Human Tissue*)，第 27 - 34 页。在沉船背景下，将人体遗骸当作具备拥有其权能所能带来的影响和思考，参见德罗姆古尔和加斯克尔《沉船利益》，第 159 - 160 页。

④ 从西班牙护卫舰梅赛德斯号上发现的估计价值在 3 亿英镑左右的 50 万枚金币：例如，参见《寻宝者被勒令交出从沉船而来的亿元英镑赃物》("Treasure Hunters Ordered to Hand over £300 m Booty from Sunken Ship")，《时代》周刊(The Times)，2009 年 6 月 5 日。然而，这种估计的标准有时也显得过于宽泛(参见下述中美洲号案例)。报纸有关沉没的英国皇家海军萨塞克斯号(HMS Sussex)和英国皇家海军胜利号各搭载价值 10 亿英镑甚至以上货物的报道，仍有待证实。

⑤ 虽然陆地上不时有重大商业价值的发现，如 2012 年海峡群岛由探测器爱好者们发现的大量罗马和凯尔特金币［参见《泽西发现价值高至 1 000 万英镑的罗马与凯尔特硬币贮藏》("Roman and Celtic Coin Hoard Worth up to £10m Found in Jersey")，载于 BBC 线上新闻，2012 年］，不过大体上这些发现都属古代，且无法追踪其所有权。

⑥ 在文化遗产法、政策和实践的背景下，将来有关沉的航空器和相关物体所有权的问题将愈发频繁出现。基本上，沉船适用相同的原则。

⑦ 例如，似乎第一台机械驱动潜水艇复活号(Resurgam)残骸的所有权，可由原物主的直系血统继承人主张权利，弗莱切-托门尼斯(Fletcher-Tomenius)和威廉姆斯，1973 年《沉船保护法案》，第 626 页。复活号坐落于威尔士北海岸(并根据英国 1973 年《沉船保护法案》被指定保护)。关于该权利的设立，见下文第 3.2.2 节。

⑧ 例如，假设白星航运的公司继承人(泰坦尼克号的最初船主)有权对轮船的船体及其固定附着物和装置主张所有权：参见下文，第 3.2.2 节。

⑨ 英国防卫部曾在数个场合代表王室将历史上重要的沉没战舰的权属捐赠给慈善信托。例如，英国皇家海军尼尔森海军上将舰的前身胜利号于 2012 年被捐赠给某信托。

⑩ 关于对取得所有权方式的解释，见第 5 章。需指出，救助者取得所有权一般较为罕见，这应当与较为常见的救助者仅获得占有权的情形加以区别。

保险法下,在支付全部损失的过程中,保险人有权取得所有权人享受的利益,或投保主述事项所覆盖的其他利益⑪。

值得注意的是,海上保险正式创设于 17 世纪早期,自该时期起,作为财产的船舶和货物的所有权是否投保成为一个重要的因素⑫。

正如个人和公司能够对船舶和货物残骸取得所有权,国家也能够取得,国家同样可能拥有继承权利。一系列海洋国家主张,对沉没的战舰享有的所有权(除非在战争中被俘获或降获⑬)应存续直至该项权利被明确遗弃⑭,其中一些国家甚至对数百年之前的船舶也主张权利。例如,英国最近就英国皇家海军萨塞克斯号(1694 年失踪)和英国皇家海军胜利号(1744 年失踪)主张权利⑮,而西班牙同样就梅赛德斯号主张权利(见下)。国家也可能从对公司享有的继承权中受益,其中一个突出的例子就是荷兰政府对荷兰东印度公司的资产(包括沉船在内)的所有权⑯。另一种国家可能获得沉船及其货物所有权的方式是通过战争险。第一次和第二次世界大战中许多商用沉船的损失都由购买了战争险的国家拥有所有权。例如,英国运输部对将近 5 000 艘受损船舶行使所有权⑰。

---

⑪ 参见,如英国 1960 年《海洋保险法案》(the UK Marine Insurance Act 1906)第 79(1)部分。海洋保险法复杂晦涩,而创设保险人权利又是一项慎之又慎的事宜。就保险人对沉没船舶和货物的权利的具体探讨,参见德罗姆古尔和加斯克尔,《沉船利益》,第 168 - 178 页。

⑫ 伦敦劳合社(Lloyd)一个特别著名的早期伤亡案例是卢廷号护卫舰(HMS Lutine),它于 1799 年沉没,船上有 100 多万英镑的物种。详情参阅同上,第 171 页。

⑬ 卢廷号作为船舶被主张为战利品的一个例子(两次);参见同上,第 156 页。劳合社(作为保险人)与荷兰政府(其主张为缴获对象)之间就船上硬币合法所有权之争最终得以解决。参见同上,第 156 - 157 页。

⑭ 参见,下文第 3.2.3 节。关于沉没国家船舶和航空器的内容,主要参见第 4 章。

⑮ 在英国皇家海军萨塞克斯号的案例中,英国政府与美国海洋开发及沉船打捞公司奥德赛海洋勘探公司签订了,颇具争议的旨在打捞传闻中满载 10 吨金币的沉船的"合作协议"。在英国皇家海军胜利号案例中,政府就遗址发现的两门加农炮向奥德赛公司支付了一笔救助奖金。关于对这些残骸的深入探讨,参见第 6 章第 6.2.2.2 节和第 6.4.3 节。

⑯ 例如荷兰王国的前身,巴达维亚共和国,于 1975 年在清算时接管了荷兰东印度公司(Dutch East India Company)其资产和责任;进一步参见玛莱福德,《荷兰》(The Netherlands),第 163 - 165 页。尽管印度和巴基斯坦对该等所有权存在争议,英国政府可能同样对东印度公司的船舶拥有所有权,参见德罗姆古尔和加斯克尔,《沉船利益》,第 155 - 156 页。

⑰ 2009 年,英国政府在美国联邦海事法院启动的《打捞法》诉讼中递交了权益声明书,就这些沉船中的两艘,即英国皇家邮轮拉科尼亚号(RMS Laconia)和经禧号(SS Cairnhill)主张权利,这两艘船舶均为第一次世界大战中失踪的英国商用船舶。近年,英国与奥德赛公司订立救助合同,以打捞另外两艘战时商船所载的银锭上岸,这两艘船舶为 1941 年失踪的加尔索帕号(SS Gairsoppa)汽船和 1917 年失踪的曼特拉号(SS Mantola)汽船。这两艘沉船在位于爱尔兰海峡附近的深海之中(2012 年 7 月,OME 报告其从加尔索帕号汽船打捞了大约 48 吨的银)。

其中涉及的问题之一是前殖民地权利与其前殖民统治者权利的博弈。这个问题最近出现在1804年沉没的西班牙海军护卫舰梅赛德斯号案例上。奥德赛海洋勘探公司(OME),一家从事海洋开发和沉船打捞的公司,2007年从距直布罗陀海峡以西100海里之处将大约59.4万(主要是银币)钱币和其他制品打捞上岸。此后,由奥德赛海洋勘探公司(OME)在美国区法院(由第十一上诉法庭最终裁决)启动的沉船打捞诉讼程序中,西班牙对船舶及包括钱币等在内的装载物主张权利,理由是梅赛德斯号是一艘西班牙国有船舶,当适用主权豁免[18]。秘鲁出于斡旋的目的援引所有权、共同所有权或衡平法上的份额为基础,主张国家继承概念具有争议性[19]。其认为,这些钱币的矿址和铸造地皆位于现今秘鲁领土之内[20]。西班牙则反驳,主张真正的关键在于独立时所做出的明确同意转让条款,而这就不包括嗣后位于秘鲁领土之外的财产(包括海上沉没的财产)[21]。

国内遗产立法有时规定,国家获得沉船所有权需在其沿岸水域。立法可能为那些确实是或看似是无主沉船的取得提供了相关规定。例如,在1994年的爱尔兰《国家遗址法案》(修正案)规定,国家所有权适用于"本国发现的任何考古物件……在发现时,该对象不知其所有权人"[22]。挪威在1978年的《文化遗产法案》规定,国家对具有100年历史以上的船舶享有所有权,同时也对船上货物及相关对象享有所有权,前提是"显然在上述情况下不存在发现所有权人的合理可能性,

---

[18] 奥德赛海洋勘探公司诉身份不明的失事船舶案,《联邦判例补遗汇编》第2辑第675卷,始于第1126页(佛罗里达州地方法院,2009年12月22日);维持原判,《联邦判例汇编》第3辑657卷,始于第1159页[第十一巡回法院(佛罗里达州),2011年9月21日];驳回调卷令,《最高法院判例汇编》第132卷,始于第2379页(美国,2010年5月14日)。此案将在下述主权豁免的主张内容中更加细致的讨论,即第4章第4.2.3.2节。

[19] 除此之外,秘鲁援引有待生效的1983年《关于国家对国家财产、档案和债务继承的维也纳公约》,该条约主张适用国家的继承概念,故具有深远的政治冲突,《秘鲁共和国对西班牙共和国提出的解除起诉动议或简易判决》(The Republic of Peru's Response to the Kingdom of Spain's Motion to Dismiss or for Summary Judgment),2008年11月17日,第27-28页。除西班牙和秘鲁外,还有25名个人也提出主张他们是梅赛德斯号上携带货物乘客的后代。

[20] 参见《联邦判例汇编》第2辑第675卷,始于第1126页,第1146页,注释24。

[21] 关于本案例进一步讨论,参见第4.1.2节。

[22] 关于具体讨论,参见奥康纳,《爱尔兰》(第2版),第134页及以下。奥康纳指出:"'考古物'的定义……非常宽泛,且包含所有时期的物品。"同上,第135页。参见,隆(Long),《海洋资源法》(Marine Resources Law),第559-560页。

或不存在发现谁是所有权人的合理可能性"㉓。更罕见的是,立法在本质上是征收性的。1999 年南非《国家遗产资源法案》声明,"全部考古对象……都是国家财产"㉔,所述考古物被定义为包括具有 60 年以上历史的或者国家遗产局认定具有保护价值的船舶残骸和航空器残骸,以及与之相关的货物和其他物品㉕。如福莱斯特指出的那样,成文法并未阐明优先所有权问题,并据此似乎将淡化这一问题,此状况是存在问题的㉖。另外,还可能出现赔偿支付的问题㉗。南非立法的不寻常之处还在于,该国似乎不仅在其本国领海内,还在其毗邻区内,就被发现的相关物品主张所有权㉘。

国内法出于其他原因而并非为了保护文化价值,规定来自沉船的残骸或物品的所有权归于本国,也是较为常见的。例如,英国 1995 年《商船法案》规定,皇室对未被宣称所有权的沉船享有权利,有效地使传统普通法的君主优先权法典化㉙。虽然条款最初的意图在于为英国财政部提供收入,然而,近期皇室却放弃了对具有历史重要性对象享有的任何财产利益㉚。同样的,在其他司法辖区,最初颁布的海商法亦非出于文化遗产保护的目的,海商法规定上的国家所有权,越来越趋向于以能够协助文化利益保护的方式进行。例如,开曼群岛 1966 年颁布的《遗弃沉船法》将沉于海底 50 年以上沉船的所有权规定赋予国家,并规定了救助者和开曼群岛政府就该沉船的价值进行分配。然而,似乎多年来政府已经否决

㉓ 科瓦尔和马斯特兰德,《挪威》,第 221－222 页。

㉔ 南非《国家遗产资源法案》,第 35 条第 2 款。

㉕ 南非《国家遗产资源法案》,第 2 条第ⅱ(c)款。

㉖ 福莱斯特,《南非》,第 260 页。

㉗ 详见下文第 3.2.4 节。

㉘ 如布洛特和奥基夫指出的,在国家领土内,包括领海内,国家有权力"将所有权赋予任何法人、个体,包括……国家本身":欧洲理事会会议大会,《水下文化遗产:委员会关于文化和教育的报告》(报告起草人:约翰·罗柏先生),文件 4200－E,斯特拉斯堡,1978 年,第 55 页。国家是否有权干涉毗连区内被发现的对象的所有权,这是一个更具争议性的问题,参见下文,第 7 章第 7.3.3 节和第 7.3.5 节。

㉙ 参见下文,德罗姆古尔和加斯克尔,《沉船利益》,第 178－182 页。关于沉船和救助,1995 年法案大部分重新制定了 1894 年该同名法案的第九部分。就皇室或发现人是否对从国际水域发现的未被主张的沉船享有所有权的问题,已经确定是对发现者是有利的,参见卢西塔尼亚号(1986 年)英国高等法院王座法庭案例第 384 号。

㉚ 详见下文,德罗姆古尔,《英国》,第 320 页。

了来自寻宝者的打捞申请[31]。

3.2.2 所有权的确立

从以上讨论可以看出,财产沉没至海底并不意味着物主即丧失其权利[32]。的确,即便船舶沉没在海底长达几百年之久,一般而言也不存在失去所有权的假设。除非财产受到特定形式的合法征收[33],或被物主遗弃[34],否则所有权将继续存在。

关于沉船所有权是否具有特定的文化意义这一问题,频繁地出现于美国联邦海事法院(the federal admiralty courts)审理的宝藏打捞诉讼的情境中[35]。若任何人,无论国家、公司或个人,意欲主张诉讼中打捞财产的所有权,则其将需要接受庭审。要使其主张成立,须清除数个障碍。这些障碍包括确立原物主身份、证明该方与主张人具有直系继承关系[36]。还可能包括处理所有权是否在某时点丧失的问题,例如通过特定形式的转让或遗弃。若权利主张者为保险人,很可能还需要克服更多的障碍,其他如,有必要确立原保险人行使其从被保险的财产处获得的利益的权利[37]。

即使在几起较近期的伤亡事故中,要成功清除这些障碍也是极度困难的。1912年沉没的泰坦尼克号即阐明了可能面临的问题。船体、固定装置和设备投保金额为一百万英镑,并且对实际全部损失提出的保险索赔已全额赔付[38]。然

---

[31] 参见乐施卡-丹顿和露娜·厄尔古瑞娜(Luna Erreguerena),《拉丁美洲和加勒比海的水下和海洋考古》(*Underwater and Maritime Archaeology in Latin America and the Caribbean*),第222-223页。一个以遗产倡议为基础的新倡议代替了那个似乎失去了动力的1966年《遗弃沉船法》,同佩姬·乐施卡-丹顿的私人通信,2012年8月5日。

[32] 布洛特和奥基夫认为:"可以确切地说,当船舶沉没时,船舶所有权人在任何司法管辖区均不会失去所有权。"参见布洛特和奥基夫,《法律和文化遗产》,第1卷,第318页。

[33] 关于征收问题,见下述第3.2.4节。

[34] 关于放弃,见下述第3.2.3节。

[35] 关于这些案件多现于美国法庭的原因,以及对打捞法和相关打捞物法在水下文化遗产的适用的详细讨论,参见第5章。

[36] 关于建立私人个体权利继承的问题,参见下文。

[37] 参见德罗姆古尔和加斯克尔,《沉船利益》,第168-170页。

[38] 参见德罗姆古尔和加斯克尔,《沉船利益》,第172-173页。

而,劳合社的保险单上有多处签字,即使在保险单的范围内可以解读,其代表的大多数利益已无法辨认。同时还存在对泰坦尼克号享有的权利是否已经被保险人所取得的问题,假定确实已经被保险人取得,则不论船舶是否保额不足,在这种情况下原物主白星邮轮公司(White Star Line)的权利继承者可能保有一些权利[39]。另一涉及该问题的案例是中美洲号。1857年,这艘侧轮拖缆汽船在从巴拿马向纽约运输黄金的途中,在南卡罗来纳海域沉没。1989年该船被找到后,救助者哥伦布-美国发现集团启动了救助诉讼。有关船上所载黄金价值可能高达10亿美元的报道[40],导致许多保险公司和相关保险利益的代表们争相主张他们已经赔付了货物保险保单。然而,他们很难证明其主张,原因在于他们只能依据当时的新闻报道而非官方记录,而宣称他们对承保了该等货物并进行了保险理赔[41]。

伦敦救助行业协会保存了上溯至1860年全世界海上损失的详细记录,并在这些事故中体现了私有利益。而在上述年份之前的船舶及其货物的案例,一般而言只有国家而非私有实体才能克服所面临的障碍,提出所有权主张。近些年,西班牙数次介入到涉及历史船舶和货物的打捞诉讼中,动机是维护其文化遗产和水下墓地的神圣不可侵犯。第一次,其对海军护卫舰朱诺号(Juno)(1802年失踪)和拉加尔加号(La Galga)(1750年失踪)的所有权主张在2000年获得

---

[39] 这一系列的继承似乎指向嘉年华公司(Carnival Corporation)[通过克瓦纳集团公司(Kvaerner)、特拉法格置业公司(Trafalgar House)和冠达(Cunard)]。在美国联邦海事法院(参见下文,第5章第5.3.4.3节)进行的关于泰坦尼克号长期救助诉讼中,没有人对船体主张所有权。

[40] 参见凯拉姆(Kellam J.)法官:哥伦布-美国发现集团诉不明身份的失事和遗弃船舶案,《万律数据库》第580900号,始于第15页(弗吉尼亚州东区法院,1993年11月18日)。最终金条价值大约在21000000美金,然而打捞公司(获得90%的奖励)负担的成本几乎达到30000000美金。

[41] 哥伦布-美国发现集团诉大西洋保险公司案,《联邦判例汇编》第2辑第974卷,始于第450页(第四巡回法院,1992年)。虽没有官方记录,第四巡回法院认为,一些保险人中的一些未放弃其利益。在发回区法院后,法院认为救助者有权获得出售收益大约90%,而剩余的归属能够证明权属的保险人。主要参见,奥શ夫,《黄金、放弃和救助》(Gold, Abandonment and Salvage)。关于保险人权利,以及其是否放弃该等权利,亦可参见更近的育空打捞有限公司案。

了第四巡回法院的支持（海洋搜寻案），该判决具有里程碑意义[42]。2011年，第十一巡回法院支持了西班牙对梅赛德斯号护卫舰（1804年失踪）及其所载钱币的权利主张[43]。上述案例的结果显示，坚持国家权利是保护文化利益的一种有效方式。

所有权主张最好是在有关沉船身份的所有事实完全得到确定之前（而支持所有权本身的案例更是如此）。总之，在所有权被确立之前，沉没船舶的身份必须得以确定。在一些情况下相对容易[44]。例如，某战舰可能已知携带了非常与众不同的加农炮，而这些大炮中的一门或多门被发现[45]。不过，在其他情况下，身份的确认将会更难。例如，在战火中爆炸的船舶，如梅赛德斯号[46]。主张所有权人面临的一个难点在于，沉船现场的物理性证据通常处于打捞者的全面控制之下，而确认沉船身份可能并不符合打捞者的利益。打捞者向法庭披露信息的程度会受到质疑。

私人由于继承权而对船舶、货物或个人对象主张所有权的案例较为罕见，并且似乎还没有法院正式对此类案件进行立案[47]。权利主张人系原物主直接后裔

---

[42] 海上搜寻公司诉身份不明的沉船或船舶案，《联邦判例补遗汇编》第2辑第47卷，始于第678页（弗吉尼亚州地方法院，1999年），部分支持、部分驳回，《联邦判例汇编》第3辑第221卷，始于第634页（第四巡回法院，2000年），驳回调令令，《美国判例汇编》第531卷，始于第1144页（2001年）。参见下文，第3.2.3节。

[43] 奥德赛海洋勘探公司诉身份不明的失事船舶案，《联邦判例补遗汇编》第2辑第675卷，始于第1126页（美国佛罗里达州地方法院，2009年12月22日）；维持原则，《联邦判例汇编》第3辑第657卷，始于第1159页〔第十一巡回法院（佛罗里达州），2011年9月21日〕；驳回调卷令，《最高法院判例汇编》第132卷，始于第2379页（美国，2010年5月14日）。关于更进一步的讨论，参见第4章第4.2.3节。

[44] 船舶的身份仅在至少经过一定程度的介入后才能确立，且在许多案例中要求广泛介入。当然在某些案例中，该等身份从未被确立。

[45] 例如，这似乎是（沉没的）英国战舰，英国皇家海军胜利号。虽然沉船所处的位置与之前预期的位置略有些不同，遗址处有两门显眼的铜制加农炮被鉴定出来自舰长约翰·鲍尔钦爵士（Admiral Sir John Balchin）的"第一梯队"（first rate）战舰。

[46] 梅赛德斯号案例中，失事船舶残骸"散落在几个足球场地大小的区域内"，《联邦判例补遗汇编》第2辑第675卷，始于第1126页，至第1136页。虽然救助者辩称，遗址可能代表的是船舶残骸的聚集处，或者根本无法代表沉船，地方法官皮佐（Pizzo）总结道，在遗址出现至少一门或两门显眼的铜制大炮"对船舶身份具有高度的证明作用"，《联邦判例补遗汇编》第2辑第675卷，始于第1126页，至第1135页，注释8。第十一巡回法院考虑全部事实条件，同意了该遗址为梅赛德斯号的结论，《联邦判例汇编》第3辑第657卷，始于第1159页。

[47] 在梅赛德斯号案例中，那些个人对船上所载某些私人物品的所有权主张，但在美国联邦诉讼中未获确认。参见下文，第4章第4.2.3.2节。

的事实(有的甚至只是血缘最接近的,或仅是知晓事件的后代),并不意味着他们必将继承该等财产:这几乎是法院必然会进行审查的一个问题⑱。

3.2.3　所有权抛弃

似乎达成了这样一个普遍共识:所有权的丧失并不仅仅因为船舶沉没;反之,若所有权人要丧失其所有权,必须表明其转让了所有权,例如通过签订割让条约,或放弃该所有权⑲。若要发生抛弃行为,仅物理的抛弃(典型的是船员在紧急状况下弃船)并不足够⑳,相反,拥有者抛弃所有权的积极意图必须具备一定形式。该等意愿可以是明示的,或可以从情境中推断出。

困难在于,一个在多大程度上可以通过仅仅是时间的流逝和没有采取行动来确定放弃的意图。若沉船置于沙滩上经年无人管理,那么便可以得出结论:该船的所有权已被放弃。若主张权利人就在这种情形下提出主张,则可能发现依照这种情况下的证据,难以反驳其放弃意图。另一方面,若船舶沉没在远海深水处,且其沉没地点仅在近期被发现,或无法救助,或经济上不可行,那就真的能够说所有权人不采取行动是证明其有放弃所有权的积极意图吗?虽然不同司法管辖区对此问题采取不同的方法,然而显而易见的是,在没有明示放弃的情况下,不能轻易推定为放弃。

在沉没的战舰和其他执行公务的国有船舶案件中,所有权放弃的立场与普通商船所有权放弃稍有不同。一些海洋强国,包括法国、德国、日本、俄罗斯、西班牙、英国和美国等皆采取坚定的立场,认为该等船舶的所有权是不能

---

⑱ 作者未发现,在英国 1995 年《商船法案》第 239 条第 1 款或其他司法管辖区的相应规定下,有任何"符合接收人"的主张被确立之案例。总之,仅具所有权继承的资格,不可能满足英国沉船接受人的要求,他们需要对所有权具有"令人信服"的证据:与艾莉森·肯塔克(Alison Kentuck)的私人通信,《沉船接收人》(*Receiver of Wreck*),2012年 7 月 31 日。

⑲ 所有权放弃的问题与责任放弃的问题全然不同,例如环境污染。主要参见,德罗姆古尔和福莱斯特,2007 年《关于沉船清除的内罗毕国际公约》和危险历史沉船)。

⑳ 无论如何,在打捞法下,国家仅有形地抛弃确实是有些意义的,参见下文,第 5 章第 5.2.1 节。

被放弃的,除非有明示抛弃:在此之前,他们坚持认为这些沉船是属于船旗国的财产[51]。明示放弃所有权可通过条约产生。例如,在海洋搜寻案中,关于西班牙是否根据由法国、英国和西班牙1763年签订的《最终和平条约》而放弃其所有权的问题,其争议点就在西班牙护卫舰拉加尔加号的所有权[52]。

在美国关于历史沉船救助的诉讼中,放弃问题经常成为决定救助权利的核心。联邦海事法院曾证明其自身不愿做出放弃的裁决,尤其是在所有权人(甚至更具体的,一个主权国家)主动提出权利主张时。自20世纪70年代以来,大量有关放弃问题的判例法开始发展。最初时,救助者倾向于辩称沉船已经被放弃,以便于其能够依据打捞物法主张所有权[53]。然而,在美国1987年《遗弃沉船法案》(ASA)实施后,在适用该法案的案例中,打捞者变更其诉讼战略为辩称沉船并未被放弃,而打捞可以依据《打捞法》获得奖励[54]。在标杆性案例"海洋搜寻案"中,在开庭前所需要确定的核心问题是西班牙是否放弃了其对两艘帆船吉诺号和拉加尔加号的所有权。通常,对于有关美国1987年《遗弃沉船法案》的案件而言,打捞公司才是需要寻求依靠放弃的一方[55]。西班牙在庭前主张其权利,这给第四上诉巡回法院留下了深刻的印象,法院并对此事实进行特殊的考虑。西班牙认为,

---

[51] 参见,对此影响的正式声明,《联邦公报》第69卷第24篇,2004年2月5日,相关讨论见下文第4章第4.2.2节。关于对沉没的国有船舶(及航空器)的详细讨论,主要参见第4章。

[52] 海上搜寻公司诉身份不明的沉船或船舶案,《联邦判例补遗汇编》第2辑第47卷,起始于第678页,第688-690页(弗吉尼亚州东区法院,1999年)。原审法官对根据1763年条约作出加拿号明示抛弃的裁决,被第四巡回法院撤销,《联邦判例汇编》第3辑第221卷,第634页(第四巡回法院,2000年)。第四巡回法院强调需要有"明确、可信"的证据证明明示放弃行为,认为条约措辞不够明确。关于该案,参见下文,第4章第4.2.3.2节。关于沉船是否通过该条约让与的问题也已经在沉没于加拿大海岸附近的法国船舶案中得到考虑,参见乐古润,《法国》(第2版),第93-94页。

[53] 该路径在标杆性案例宝藏救助案中证明是成功的,该案系关于西班牙宝藏大型帆船阿托查号(Atocha)。参见宝藏救助公司诉身份不明的失事和遗弃船舶案,《联邦判例汇编》第2辑第569卷,始于第330页(第五巡回法院,1978年)。西班牙在本案中并未主张权利。参见下文,第5章第5.3.4.1节。

[54] 依照美国1987年《遗弃沉船法案》,美国对一州的水下陆地,或水下陆地之上,或包含在水下陆地上的,或被认为能够包含在内的任何沉船所有权。该权利随后自动转让给相关州。沉船被认为是"被抛弃的",该属于并没有被美国1987年《遗弃沉船法案》做定义,据此,沉船变成公共财产,而非归属发现人的财产。参见下文,第5章第5.3.4.2节。

[55] 在该案中,弗吉尼亚州已经主张依照美国1987年《遗弃沉船法案》对被放弃的沉船所有权,向救助者海上搜寻公司核发救助物件的许可。该许可含有该州与海上搜寻公司分享任何收益的条款。参见下文,第4章第4.2.3.2节。

前所有权人对遗失已久的财产且是在非自愿的情况下脱离其控制的,则法律对该认定放弃持"犹豫"态度[56]。若物主主动提出放弃必须通过明示的方式才丧失其权利。也就是说,这反映了海商法长久以来的规则:当物在海上遗失时,所有权仍保留。同时,虽然第四巡回法院强调权利主张人是主权国家,并且其行动是出于保护军事墓地神圣性,但在判决中却丝毫未体现出这些事实具有决定性作用。因此,似乎在非主权国家的案件中,法院会采纳类似的立场。当然,法院的依据是哥伦布-美国发现集团案例,其中涉及私人权利主张人[57]。第四巡回法院肯定"推定放弃仅在没有物主出现时方被准许"[58]。同时,法院确认了西班牙、美国和其他国家所采纳的立场,即在军舰和其他国家船舶的案例中,明示放弃是必备要件[59]。

关于何时可推断为放弃的问题,一个有趣的案例是育空打捞有限公司诉某被确定放弃财产案(2000 年)[60]。该案例涉及的问题是,两个打捞者中的哪一个对1901 年沉船所载的黄金享有排他的打捞权。"纯粹的打捞者"在该遗址寻求排他权利,其辩称,与之竞争的"合同打捞者"不享有任何权利,因为保险公司在于与"合同打捞者"订立合同前已经放弃了权利[61]。第九巡回法院总结认为,"极度原始但有独创性"的技术在 1934 年已经具备,完全可用于打捞三分之二的船体,即使保险公司没有使用该技术打捞上述黄金,也不意味着保险公司已经放弃其对黄

---

[56] 《联邦判例汇编》第 3 辑第 221 卷,始于第 634 页,第 641 页(第四巡回法院 2000 年),援引哥伦布-美国发现集团诉大西洋保险公司案,《联邦判例汇编》第 2 辑第 974 卷,始于第 450 页,第 467 - 468 页[第四巡回法院(弗吉尼亚州),1992 年 8 月 26 日]。

[57] 参见第 3.2.2 节。

[58] 《联邦判例汇编》第 3 辑第 221 卷,始于第 634 页,第 641 页,援引哥伦布-美国发现集团诉大西洋保险公司案,《联邦判例汇编》第 2 辑第 974 卷,始于第 450 页,第 465 页。

[59] 《联邦判例汇编》第 3 辑第 221 卷,始于第 634 页,第 641 页。同年,但仅在第四巡回法院对海上搜寻公司案件做出判决之前,在踩躏者号(TBD - 1)的案例中,第十一巡回法院也表明其不接受放弃的证据,1943 年,一家美军鱼类轰炸机在试飞过程中在佛罗里达州海岸坠毁,国际飞行器打捞有限公司公司诉身份不明的沉船和遗弃飞行器案,《联邦判例汇编》第 3 辑第 218 卷,始于第 1255 页(第十一巡回法院,2000 年),驳回调卷令,《最高法院判例汇编》第 121 卷,始于第 1079 页(2004 年)。有关该架飞机从海军服役飞机库存中已经被移出的证据,并不足以确立为放弃。

[60] 育空打捞有限公司诉某被确定放弃财产案,《联邦判例汇编》第 3 辑第 205 卷,始于第 1189 页[第九巡回法院(阿拉斯加州),2000 年];驳回调卷令,《美国判例汇编》第 531 卷,始于第 820 页,《最高法院判例汇编》第 121 卷,始于第 62 页(2000 年)。

[61] 根据合同,打捞行为可以为或不为。"纯粹救助者"指那些不根据合同开展救助活动的主体。就此,竞争救助者的问题,参见下文,第 5 章第 5.2.1 节。

金的权利。相反,法院总结认为,"正是通过现代技术的不断进步才使得当前的打捞行动成为可能"⑫。

什么方式能构成财产被放弃? 我们可以了解两条明显不同的方法。在某些司法管辖区,通过主权特权或成文法,被放弃财产可以成为国家财产。在其他司法管辖区,那些被放弃财产将成为无主物,即无物主,并将在发现人将其变为他或她的个人财产之前保持无主状态⑬。前一种方法有时被称为"英国"规则,而后一种被称为"美国"规则(根据之前《遗弃沉船法案》的立场,放弃沉船的权利由发现人享有,该立场仍然适用于非《遗弃沉船法案》类型案件)。在两种方法之间,以"英国"规则为基础的体系,从文化遗产保护的立场可能更加有利,因为该规则避免了"发现人即保管人"原则的运用。

虽然国内立法规定国家取得被放弃财产的所有权,这从文化遗产角度来看有时是有利的,但是这样的立法从财产的角度来看,可能导致其他国家享有或者至少主张所有权权益的问题。例如,根据芬兰古物法,沉船位于芬兰领土范围内且沉没超过 100 年的,如果可以从外部情况推断它已被船主遗弃,则该沉船属于芬兰共和国所有⑭。1999 年,在图尔库(Turku)外部的群岛发现了玛丽女士号沉船。这艘荷兰商船于 1771 年在从阿姆斯特丹前往圣彼得堡途中沉没,普遍认为她装载着代表凯瑟琳大帝竞拍所得的贵重艺术品。2005 年,在发现人发起的打捞诉讼中,图尔库上诉法院认为,沉船显然已经被放弃,它属于芬兰共和国⑮。然而在2008 年据报道,俄罗斯作为俄罗斯帝国的所有权继承人,对其中的画作,包括凯瑟琳大帝竞拍所得的高价值贵重艺术品,显示出了兴趣⑯。如此案中,似乎达

---

⑫ 《联邦判例汇编》第 3 辑第 205 卷,始于第 1189 页,至第 1194 页。

⑬ 关于打捞物法的法律,参见第 5 章。

⑭ 关于芬兰立法的具体情况,参见马迪卡,《芬兰》,第 47 页及其后。

⑮ 关于该诉讼的具体情况,参见同上,第 52 - 54 页。亦参见,第 5 章第 5.3.3 节(做出决定后,发现人将本案提交至欧洲人权法院。关于此争议点的讨论,参见第 5 章第 5.3.3 节)。

⑯ 这些艺术品可能已经被包装在蜡封的铅灰色集装箱内,集装箱内的艺术品处于较好的保存状况中,参见《俄罗斯拟打捞装有凯瑟琳大帝宝藏的沉船》("Russia to Raise Shipwreck Containing Catherine the Great's Treasures"),《每日电讯报》,2008 年 11 月 18 日。

成了以下这样的结论,最好的推进方式是寻求在未来沉船管理工作的合作中达成一致,这些冲突最终只能通过外交和合作得到解决[57]。

澳大利亚和荷兰的做法就是成功地解决这类冲突的一个例子,例如位于西澳大利亚海岸的四艘荷兰东印度公司沉船案的方法。在发现这些沉船后,澳大利亚和荷兰之间由于沉船的所有权而引起了政治紧张的局势。荷兰基于其作为荷兰东印度公司权属继承人而主张所有权,但是澳大利亚则认为沉船的所有权随着流逝的时间和不作为已经被默认为放弃[58]。最终,该争议通过两国签订双边协议得以解决,该协议规定了遗址打捞文物的处理。荷兰与澳大利亚就签订的《荷兰与澳大利亚关于荷兰古代沉船的协议》规定,荷兰对沉船享有"全部权利、所有权和权益"的转让权,规定了文物可在荷兰、澳大利亚和西澳大利亚州之间进行共享[59]。协定承认荷兰是荷兰东印度公司的"财产及资产的权属继承人",但是荷兰不享有沉船的所有权。相反,协定指的是荷兰就其本国打捞物享有"持续利益,尤其是出于历史和其他文化的目的"[70]。

3.2.4　通过遗产立法对所有权划定界限或征收

当私人所有权存续的情形下,许多潜在的冲突将在所有权人就其财产和其目标之间,以及遗产立法之间产生。该可能性冲突在近年的一个案例中得以佐证,该案例是英国皇家邮轮卢西塔尼亚号(RMS Lusitania)。在遭受一艘德国 U 型(U-boat)潜艇袭击后,这艘班轮于 1915 年在爱尔兰沿海沉没,船体及船属附

---

[57] 截至 2010 年年末,仍需要达成一正式协定,但所有享有利益的国家,包括芬兰、俄罗斯、荷兰和瑞典(最后一个国家是因为其保有相关历史档案),在政治层面上展开商讨,参见与马迪卡的私人通信,2010 年 12 月 21 日。

[58] 奥基夫,《沉船遗产》,第 68 页。

[59] 该协定载录在附表 1 澳大利亚 1976 年《历史沉船法案》。附表 2 列明了 4 艘船舶:巴塔维亚号(Batavia)、费居德·德雷克/镀金龙号(Vergulde Draeck)、祖多朴号(Zuytdorp)以及泽维克号(Zeewyk)。尽管过去以来,对提取的物品的分配是根据物理上对收藏品类型而实施,并且存放在不同的地点,然而在 2010 年,荷兰将其所持份藏品返还给澳大利亚。将来收藏将通过在线数据库的方式进行,参见下文,第 9 章,注释 46。

[70] 关于协定,参见下文,第 10 章第 10.2 节。亦可参见布洛特和奥基夫,《法律和文化遗产》,第 1 卷,第 318－319 页;杰弗里,《澳大利亚》(第 1 版),第 3－5 页。根据玛莱福德,协定本身"只不过是共享利益条件下的所有权转让契约",然而却在数十年中成了残骸管理合作的基础,参见玛莱福德,《荷兰》,第 165 页,包括注释 24。

属物的所有权在1967年被一群私人个体从战争险承保人处购得。这群人之一的比密斯(Bemis),之后向他的共有人购买了全部份额。1995年,依照爱尔兰国家历史文物的立法,沉船遗址被指定为限制区域,2001年比密斯依据该立法提出申请,对沉船进行侵入性调查。2007年,爱尔兰最高法院初审判决,认为爱尔兰文化部拒绝向比密斯授予许可证是越权的,且自始无效⑦。虽然该案涉及一些成文法的解释和程序问题,但是案件似乎确实得到了接受(至少初审法官和文化部接受了),在决定许可申请结果过程中,申请人的财产权是一个相关的考虑因素⑦。

　　尽管所有权已经被纳入考虑以决定是否签发许可证,但该事实并不一定意味着许可证必定被签发,或者任何已经签发了的许可证都不能因此剥夺所有权人的权利。爱尔兰最高法院关于一藏宝地点的早前决定,确认了这样一个原则,即国家有权为出于源于文化遗产保护的"公共利益"目的,对私人财产权进行监管⑦。尽管该决定基于其他原因被认为是爱尔兰法律中的里程碑式的⑦,然而,该决定中的"公共利益"原则是国际法根本原则的"任何人不应被恣意剥夺其财产"的一种延伸⑦。各国在文化遗产保护利益方面限制所有权人的财产权的做法是常见的⑦,换而言之,限制所有权人充分行使所有权权限的能力,包括排他权、转让权以及消灭权。重要的是,这种行为并非恣意做出,而是需要在公共利益和私人利

---

⑦ 比密斯诉艺术、遗产、爱尔兰语地区部长和岛屿案(2007年),《爱尔兰案例汇编》第3卷,始于第255页。

⑦ 关于对该有趣初审判决,参见比密斯诉艺术、遗产、爱尔兰语地区部长和岛屿案,《爱尔兰高等法院案例汇编》,始于第207页。尽管最高法院的三位法官中的一位同意所有权是一个相关考虑因素[参见芬耐利·J.(Fennelly J.)法官,第260页],然而关于该点的多数意见是法院不应在此事项上发声。

⑦ 韦伯诉爱尔兰(1988年),《爱尔兰案例汇编》,始于第353页。

⑦ 普通法上确立了一项原则是即国家,但不是发现人,其属于考古的发现者但并非所有权人。该原则之后被编入1994年《国家遗址法案》(修正案)(参见第3.2.1节)。参见奥康纳,《爱尔兰》(第2版),第131-134页。

⑦ 《世界人权宣言》,第17条第2款,重点增补。亦可参见《欧洲人权公约》,第一议定书(the European Convention on Human Rights, First Protocol),第1条。该事项再度被考虑,在救助者和发现人的占有权的段落中,第5章第5.3.3节。

⑦ 关于此,参见布洛特和奥基夫,《"文化遗产"还是"文化财产"?》,第310页。

益的冲突下取得恰当的平衡⑦。

　　偶尔(例如,根据 1999 年南非《国家遗产资源法案》的案例)⑧,遗产立法可能达到国家占有财产的程度,换而言之,就是剥夺所有权。合法的占有或征收,合理的赔偿很可能是必要的⑨。然而,在遗产立法中更为普遍的情形是,规定在特定一段时间过后如不主张该权利则视为放弃,似乎在大多数情况下,这种规定通常仅仅被视为对放弃概念的一种解释,而非接受⑩。

3.3　国际法对所有权的处理

　　在起草水下文化遗产保护的国际法律文件的过程中,起草者所面临的最棘手的问题之一是为水下文化遗产提供保护时,需要决定如何解决现有所有权。显然,在所有权人(特别是,但不一定是私人所有权人)和文化遗产保护需求之间或许会出现大量潜在冲突。

　　从表面上看,避免任何潜在冲突最直截了当的方式是找到一种完全剥夺所有权的方法。就水下文化遗产而言,有一种选择是在水下超过 100 年视为被放弃的这种方法。然而,鉴于某些可追溯到 1860 年的沉船具有商业价值,仍留有记录并有迹可查的事实,这种方法很可能在政治上无法令在传统上支持私人利益的国家接受。另一替代性的方法为,对抛弃物的保护性措施限定范围。然而,除非法律文件明确地对抛弃做了界定,美国根据《遗弃沉船法案》的经验表

---

⑦ 在具体的适用《欧洲人权公约》第一议定书第 1 条的段落中,对所有权人权利的限制和由此限制而产生的公共利益之间必须符合比例原则,这似乎是关键因素。关于该规定,参见下文,第 5 章第 5.3.3 节。当削减权利太过,达到剥夺所有权的程度的情况下,将需要支付赔偿。

⑧ 参见第 3.2.1 节。

⑨ 对占有的补偿很可能必须依据国内宪法性法律规定。若涉及外国人的财产,国际公法要求"快速、充分并有效的"进行赔偿,参见布朗利,《国际公法原理》,第 533 页。在某些情况下,占有外国人的财产亦会产生国际私法上的问题。关于对占有问题的一般讨论,参见布洛特和奥基夫,《法律和文化遗产》,第 3 卷,第 8 章。

⑩ 参见,例如,布洛特和奥基夫:《法律和文化遗产》,第 1 卷,第 193 页;《欧洲理事会文件》4200 - E,1978 年,第 55 页,第 68 页。但亦参见第 3.3.2.1 节。

明,还是会引起问题;同样的,明确对放弃进行定义也有可能会给定义本身带来棘手问题[31]。若遵循上述任何一种方法,则还是会出现有关被放弃财产状态的问题。显而易见,"美国"规则,即发现人即保管人,是不妥当的,但若适用"英国"规则,被放弃财产成为公众的所有权物则同样面临困难。一些国家对国家所有权的概念存有政治和哲学方面的反对意见,许多国家担心可能由此会引起的政治责任[32]。同时,还会出现以下问题,如果由于适用于域外水域的法律文书导致大量潜在不同情形出现,那么哪一特殊国家能够成为所有权人呢? 对财产的概念,私人财产权和公众利益的平衡在不同国家有不同的方法,由此导致诸如此类的问题使达成国际共识异常艰难。

3.3.1　所有权与 1982 年《海洋法公约》

《海洋法公约》中有两条涉及水下文化遗产,仅其中一条明确涉及所有权问题。第 303 条第 3 款规定:

> 本条的任何规定不影响可辨认的物主的权利、《打捞法》或其他海事法规则,也不影响关于文化交流的法律和惯例[33]。

该条款的具体影响则难以确定。当然,在相关国家执行该适用的条款时,并非试图排除或废除可辨认的物主的权利;同样,亦未规定国家必须认可所有权,或要求其优先于遗产保护的宗旨。

第 303 条第 3 款规定适用于第 303 条其他款项:即第 1 款,其规定各国负有保护海洋发现的水下文化遗产的义务,并应为此目的进行合作,第 2 款对在毗连

---

[31] 亦参见第 3.3.2.1 节。

[32] 例如,当沉船为航行或环境污染造成危险的情形下。关于这些公害的具体讨论,参见德罗姆古尔和福莱斯特,2007 年《〈关于沉船清除的内罗毕国际公约〉和危险历史沉船》。

[33] 重点增补。

区发现的水下文化遗产做了具体的规定㉞。这似乎适用于第149条,即《海洋法公约》中针对水下文化遗产做出的另一条规定。如第1章指出,第303条位于第16部分(标题为"一般条款"),除第2段所述例外,第303条规定一般被认为适用于所有海洋区域㉟。有鉴于此,事实上,第149条的规定倾向于被当作是第303条第1款中所规定的保护义务的具体适用㊱。

第303条第3款中的保留内容表明,第1段所述义务及第2段所述管控机制,就其本身而言,并不能对可辨认的所有权人产生干预或征收的效力㊲。相反,在上述条款适用的情形下,所有权问题将由所适用的国内法决定。由上可知,上述方法可以通过不同的方式解决该等所有权的问题㊳。就第303条第3款对第149条产生的影响而言,需要考虑的一个因素是条文对水下文化遗产中其他利益的认可。这些利益和潜在所有权之间的相互作用则需要予以考虑㊴。

一个不时出现的问题是,第303条第3款可能在多大程度上影响和约束后续该领域的国际协议。可争辩的是,任何试图签订后续有关水下文化遗产条约都是第303条第1款保护义务的具体适用,因此,也要适用第303条第3款。这可能意味着,后续条约本身不应介入所有权,而是应将问题交由国内法予以决定。然而还必须考虑第303条第4款,其规定:

本条不妨害关于保护考古和历史性文物的其他国际协议和国际法规则。

假定如大多数评论者所述,本段的"其他国际协议和国际法规则"不仅包括在

㉞ 与第303条第4款所述"不受影响"条款无关。

㉟ 参见第1章第1.2.1.2节。有趣的是,第149条的初期草案明确地认可了所有权。参见下文,第3.4.1.1节。

㊱ 参见下文,第7章第7.3.5节。

㊲ 关于这些条款适用的具体讨论,参见第7章第7.3.1节和第7.3.3节。就"打捞法和其他海事规则"而言,参见第5章第5.3.1节。

㊳ 南非就毗连区的立场尤令人关注。关于此,参见下文,第7章第7.3.3节。

㊴ 参见下文,第3.4.1节。

《海洋法公约》之后所缔结的条约,还包括在其之前所缔结的条约,则第303条第3款似乎对谈判人就水下文化遗产制定一部特定主题的条约时不产生影响,他们无论以任何其认为合适的方式处置所有权均是完全自由的。

3.3.2 所有权与2001年联合国教科文组织《保护水下文化遗产公约》

3.3.2.1 脉络

1978年,当时的两位法律顾问布洛特-加龙省和奥基夫,被任命向欧洲理事会下的欧洲文化和教育委员会就制定国内水下文化遗产法推荐最低规定要求,两位专家鼓吹水下沉没超过100年的全部物品均归国家所有[90]。他们认为这将使遗产监管当局得以毫无迟延和疑虑地确定这些物品的命运[91]。然而,这一提议却未被最终纳入《第848号倡议》项下最低规定要求中。1985年欧洲公约草案同样未通过国家所有权以干涉私人所有权的规定,相反地,采纳了《海洋法公约》第303条第3款的保留条款[92]。

联合国教科文组织的2001年《水遗公约》草案早期阶段是由国际法协会和联合国教科文组织依次推行的,遵循的是美国的《遗弃沉船法案》的做法,《水遗公约》仅适用于被抛弃的物品[93]。然而,公约并未明确界定抛弃的定义,导致美国法院面临大量不确定性和诉讼,因而各方认识到,为"稳定预期"的目的[94],公约需要做出界定。

1998年《联合国教科文组织草案》采纳的定义遵循的是1994年《国际法协会草案》的定义,具体规定了当放弃行为被"视为"已经发生时,有两种前提:第一,

---

[90] 《欧洲理事会文件》4200-E,1978年,第68页。

[91] 同上。

[92] 1984年解密版第2条第7款(最终文本中包含了相同的条款,但是条文不同)。就所有权而言,本条与《海洋法公约》第303条第3款的唯一区别在于,虽然第303条第3款规定,本条的任何内容不影响可确认所有权人的权利,1985年条款明确,《海洋法公约》的任何内容不影响该等权利。

[93] 1994年《国际法协会草案》同样适用于"遗失"的水下文化遗产,参见第2条第1款。"遗失"一词具有高度模糊性,也正是因此而导致之后不被采用。

[94] 奥基夫和纳夫茨格,《报告》,第406页,援引对1994年《国际法协会草案》的评述。

若所有权人就其财产未在科技允许采取行动的二十五年内提出诉讼;第二,若该等技术条件不具备,则所有权人最后一次主张权益起已经过五十年⑤。上述定义对一系列不同理由的批评持开放的态度⑥。其中最重要的理由之一是,所有权人可以争辩的是:它在一段时间内的地位是根据当时盛行的国内法采取的。近期对抛弃行为的法律适用修订了准则,适用该法,则意味着抛弃行为者据此可追溯其财产权利,对此,其将有权主张赔偿。该条款本意是要稳定预期,却似乎起到了恰恰相反的作用:扰乱了本已在过去数年前就已经创设的预期。

除了在拟定一个明确和可行的放弃行为定义时面临的困难,另一个严重阻碍国际法协会和联合国教科文组织最初方法的因素是《水遗公约》引起的公约对主权船舶及航空器的适用性的问题。如上所述,美国和一系列其他海洋国家对上述该等船舶和航空器的所有权问题上采取了强硬的立场,该等航行器的所有权仅能通过明示转让而丧失。早期草稿即认识到,对上述这些国家而言,条约中任何条款对上述原则的影响都是不能接受的,因此早期草案在适用范围上排除了这类船舶和航空器⑦。然而,这种排除的后果是直接导致大量且重要的水下文化遗产不受条约保护性机制的约束。早期草案同样也没有对被视为放弃的财产的状态提供指引:究竟是适用均存在问题的"英国"或"美国"规则之一,还是考虑到该倡议的全体利益,物品将以全体人类利益的方式得以占有? 上述后一结果,虽然在某些程度上重视原则,却无法与国内法的财产方法一并适用,最终,任何问题均需要通过国内法解决。考虑到上述所有的这些难题,将该法律文件仅适用于被抛弃的水下文化遗产的尝试,在 1999 年召开的第二次政府专家会议上被否决了。

3.3.2.2 联合国教科文组织《保护水下文化遗产公约》的路径及其启示

考虑到从"正面"解决该问题的困难性,联合国教科文组织《水遗公约》丝毫未

---

⑤ 1998 年《联合国教科文组织草案》第 1 条第 2 款。亦参见 1994 年《国际法协会草案》第 1 条第 2 款。

⑥ 参见德罗默古尔和加斯克尔,《1998 年联合国教科文组织保护水下文化遗产公约草案》,第 180 - 183 页。亦参见贝德曼(Bederman),《联合国教科文组织保护水下文化遗产公约草案》,第 334 - 338 页。

⑦ 1994 年《国际法协会草案》第 2 条第 2 款;1998 年《联合国教科文组织草案》第 2 条第 2 款。

提及所有权。由于条约未提供任何指导，必定是假设所有权将继续存在于《水遗公约》的实质适用范围内，除非适用的国内法做出相反规定。

将所有权作为问题交由国内法确定是实现这一目标务实的途径。这不仅促进了军舰纳入《水遗公约》，同时推进了整体的磋商过程。这一方法意味着，最终各国遗产管理机构及国内法院须解决属于《水遗公约》定义下的物品所引起的任何有关所有权主张。

所有权人的权利和公共利益之间的平衡，如《水遗公约》原则和保护框架为代表的，将与公约前所采取的立法框架非常相似。然而此外，条约框架的实行还要求将就地保护作为第一选择；任何与水下文化遗产直接有关的活动只能在有限的理由下进行，且须符合附属规章；且任何打捞物必须集中在一起，像收藏品一样完好无损，以满足可供专业和公众查阅的方式进行；条约框架的实施必然会导致对所有权人权利的干扰。与某些国内法所采立场不同的是，《水遗公约》几乎没有考虑所有权人意愿的空间。若介入的程度达到了对权利剥夺的程度，则极可能需要支付损害赔偿，且国家一方似乎无法避免该赔偿。若公约规定的有关物件扣押条款被触发适用，则各国需面对一些特别的问题[98]。

必须牢记，只有沉没水底至少 100 年的水下文化遗产才属于公约的调整范围。这一门槛被视为是遗产保护利益与物主利益之间的让步[99]。尽管如此，根据打捞协会可追溯至 1860 年的沉没事故记录，私人权益者很有可能对《水遗公约》适用范围内的那些具有商业价值的货物主张所有权，随着时间的推移，更多有记载的沉没船将达到上述 100 年的标准，这些主张将很可能越来越普遍。

英国政府近年来多次在不同场合表示[100]，各国同样可能对具有商业价值的沉船货物有兴趣主张所有权。鉴于各国有可能对 19 世纪中叶以前的水下文化遗产

[98] 参见第 18 条。关于讨论，参见第 9 章第 9.5.1 节。
[99] 参见第 2 章第 2.4.2.1 节。
[100] 参见注释 15 和注释 17。

设立所有权权益,因而公约机制下的国家所有权问题显得尤为重要。从根本上说,国家所有权和私人所有权并无种类上的差别。然而,各国还有更广泛的主张其权利的动机:有时是出于经济利益的目的,有时是为了保护原址的文化价值,或其作为遗址的神圣性。基于上述显著的原因,在《水遗公约》方案之间协调一致所面临的困境最可能出现在最初阶段⑩。若国家所有权人批准了《水遗公约》,则其当然有义务遵守条约中的原则,并与他国合作。因而,正是由于上述情形,尤其可能发生非政府缔约国主张所有权的困境。尽管如此,这些国家将需要考虑根据《海洋法公约》第303条第1款保护水下文化遗产并为该目的进行合作的义务的本质和程度。多数国家是《海洋法公约》缔约国,即便并非条约缔约方,这些国家即使为根据习惯国际法,也应考虑《海洋法公约》第303条第1款所代表立场的义务⑩。最后,正如目前的情况,在大多数情况下争端都将通过外交途径解决。

3.4　国际法承认的其他利益

《海洋法公约》和联合国教科文组织2001年《水遗公约》就水下文化遗产,均正式承认除物主享有的权利外,还存在其他种类的利益。

3.4.1　1982年《联合国海洋法公约》承认的利益

《海洋法公约》第149条规定:

> 在"区域"内发现的一切考古和历史文物,应为全人类的利益予以保
>
> 存或处置,但应特别顾及来源国,或文化上的发源国,或历史和考古上的

---

⑩ 关于国家对其沉没财产享有的非经济利益问题与《水遗公约》原则和规则问题之间的调和,参见第4章第4.3.3节。关于国家进行商业开发问题的讨论,参见第6章第6.3.4部分。

⑩ 参见下文,第7章第7.3.1节。还应指出的是,许多国家对《水遗公约》的基本原则表达了支持,尤其是附件《规章》,即便这些国家对《水遗公约》的其他方面做出保留。

来源国的优先权利⑬。

本条位于条约第11部分,仅适用于超过国家管辖范围外的深海海床发现的
物品⑭。该条明示提及了两种利益:"全人类"的利益和由于是"来源地"而拥有
"优先权"的联合国家(或集权国家)的利益。

3.4.1.1 人类利益

第149条规定"在'区域'内发现的一切考古和历史文物,应为全人类的利益
予以保存或处置",这究竟意味着什么?

第11部分规定的"区域"的法律框架规定"'区域'内全部资源属于人类的共
同继承财产"⑮,以及"'区域'内活动应依本部分的明确规定为全人类的利益而进
行……"⑯。总之,就《海洋法公约》的宗旨而言,"区域"内"资源"仅包括"区域"内
的矿物资源⑰,"区域"内的活动仅与这些矿产资源的开发利用有关⑱。因此,在深
海海底处发现的文物,虽然在事实上具备"区域"内资源的特征,却并不属于第11
部分所载的"人类的共同继承财产"概念。尽管如此,第149条表达的理想目标是
毫无疑问的,即区域内发现的水下文化遗产为全人类共同利益而加以处置,在一
定程度上受到第11部分对矿物资源所采取措施的影响。

关于人类的共同继承财产概念的论著颇多⑲。这常常出现在未被任何国家
或实体侵占的区域或空间里,此一概念需具备某些基本因素⑩。这些因素中最根
本的一点是该空间及空间内资源不应受制于任何公共或私人实体的支配。共享

---

⑬ 重点增补。

⑭ 《海洋法公约》,第1条第1款。

⑮ 《海洋法公约》,第136条。重点增补。

⑯ 《海洋法公约》,第140条。

⑰ 《海洋法公约》,第133条第(a)款。

⑱ 《海洋法公约》,第1条第(1)、第(3)款。

⑲ 为取得较好起步,参见巴士拉(Baslar),《国际法中的人类共同继承财产概念》(*The Concept of the Common Heritage of Mankind in International Law*)。

⑩ 参见乔尔纳(Joyner),《人类共同继承财产概念的法律影响》(*Legal Implications of the Concept of the Common Heritage of Mankind*),第191-192页。

利益通常是经济利益,由所有权人共同享有,不仅是有权进入该区域并开发资源的人。第三个因素是对空间及其资源的管理由代表人类的某种特定机构开展。人类共同继承财产概念最初受到国际上的关注是在 1967 年⑪,迄今为止最为具体的阐释见 1979 年《月球条约》⑫及《海洋法公约》。在《海洋法公约》中,根据第 11 部分建立的机制旨在规定位于深海海床之上或外部的多金属结核和其他矿物的经济利益分享。第 11 部分规定"区域"内的活动将由国际海底管理局代表全人类开展管理⑬。

在第三次联合国海洋法会议时,人类共同继承财产概念相关的含义也渐渐开始在文化遗产语境下显现。1954 年海牙《关于武装冲突时保护文化财产的海牙公约》明确对文化财产的破坏被视为是"对全人类文化遗产的破坏"⑭,1972 年《世界遗产公约》规定,"具有特殊普世价值"的文化以及自然遗产需要作为"全体人类的世界遗产"的一部分被保存⑮。这些条约中对相关用语的变化以及之后的遗产法律文件,表明,各国采纳的遗产的概念比人类共同继承财产更为宽泛⑯,不过两者特征大体相似。然而,这个概念不是设想分享经济利益,而是设想人类分享保护措施中所产生的更广泛的非经济的利益,以及分担责任,以确保尽管国家间和区域间在经济和技术上存在差距,这些措施还是得以实施。资源是可继承的遗产,为后代而保护,此一观点在这一文本中起到突出的作用,随着人类共同继承财产概念再一次更加正式化,可能会出现为人类利益行为的某种形式代理人,其通常具备管理人或监管人的特征。例如,在《世界遗产公约》的例子中,这一机构为

---

⑪ 1967 年 11 月 1 日,马耳他驻联合国大使阿维德·帕尔多(Avid Pardo),在一次著名的讲话中向联合国大会提议,深海海床资源超越国家管辖权的限制,应被适用于"人类利益"服务,参见丘吉尔和罗威,《海洋法》,第 226 页。

⑫ 更为正式为人所知的是 1979 年《关于各国在月球和其他天体上活动的协议》。

⑬ 《海洋法公约》,第 137 条第 2 款。

⑭ 1954 年《关于武装冲突时保护文化财产的海牙公约》前言。见奥基夫《武装冲突中的文化遗产保护》(The Protection of Cultural Property in Armed Conflict),第 94 - 95 页。

⑮ 1972 年《世界遗产公约》序言。参见下文,弗朗西欧尼(Francioni),1972 年《世界遗产公约》,第 15 - 16 页。

⑯ 当然,其带来较轻的哲学负担。参见乔尔纳就新国际经济秩序(NIEO)对人类共同继承财产概念影响的讨论,《人类共同继承财产概念的法律影响》,第 192 - 193 页。

世界遗产委员会⑪。

第149条表明了水下文化遗产问题是公共利益问题的观点,第149条假定全体人类对所有此类文物都有共同利益。为此,该条款采取"国际主义者"(internationalist)而非"国家主义者"(nationalist)的视角⑱:"区域"内发现的水下文化遗产无论其来源,均被认为由所有国家和全人类享有共同利益,而并非简单归属于与来源有关的地点。本条的目的在于,人类作为一个整体应从其保存或处置中获益。然而,第149条的严重不足在于没有规定代表全人类执行的管理者,从而实现该条的目的。

如前文所提到的⑲,第149条的措辞("物品"应予以"保存或处置"的事实)暗示了《水遗公约》并未预料到水下文化遗产将"就地保存",而仅预料到了在文物发现之后将被复原或打捞上岸的情形。若被打捞上来的物品应为全人类保存,则最初人们就可能假设,打捞出水的文物应被保存在公众可进入的博物馆,或类似的机构里。然而,第149条一奇特之处在于囊括"或被处置",由此至少似乎暗示了并非所有的出水物品都属于需要永久保存的范围。该条所指的处置所涉的范围可能包括出售和分置,这似乎与管理和继承的观念背道而驰。再说,若所有权能够存续(第303条第3款似乎适用于第149条的事实显示正是如此)⑳,这些权利将如何与人类利益互相作用呢? 第149条规定"在'区域'内发现的一切考古和历史文物,应为全人类的利益予以保存或处置"㉑,这一事实当然表示所有权,至少这些由私人所有的所有权利益应从属于公共利益㉒,并受公共利益的限制。就其

---

⑪ 更具体的规定在《世界遗产公约》委员会条款,第8-14条。

⑱ 马理曼(Merryman),区分了文化物品的两条路径,并使用了"文化国家主义"和"文化国际主义"两个术语用以指出这两种路径,参见马理曼,《思考文化财产的两种方式以及文化财产国际化》,马理曼论文再版,《思考埃尔金大理石雕》(*Thinking about the Elgin Marbles*),第3章及第4章。

⑲ 参见,第2章第2.3.1节。

⑳ 参见,第3.3.1节。最终成为第149条的早期草案规定曾含有如下一段:"对'区域'内发现的超过50年的沉船以及其他物品进行打捞及处置,应遵照管理当局的监管,且不影响其物主的权利",第19条,第1段。重点增补。虽然该措辞未被纳入,但或许能够在此方面向我们提供起草人们的原意的暗示。

㉑ 重点增补。

㉒ 关于国家的权利,参见第3.4.1.2节。

本身而言,这仅仅反映了多数国内遗产立法的立场。然而,若该限制等同索取,一个显而易见的问题是:谁来支付赔偿?

3.4.1.2　来源国的优先权

尽管人类共同继承财产概念本身没有隐含主权,但在第 149 条阐明位于"区域"的水下文化遗产的法律制度时,提到某些国家的"优先权",并要求在确定这些物品的命运时必须"特别注意"其权利。

第 149 条提出国家享有三种不同类别的国家优先权,即"来源国""文化发源国"及"历史与考古的来源国",但这并不意味着这些术语是互不相关的选项。该条款的谈判历史表明,这些术语的意思相互重叠,并且不具备排他性[13]。三种情况并存的现状意味着国家在主张优先权时具有广泛的基础,可能包括各种各样可能的情境,包括一国继承了另一国,或几个国家共享,或过去曾共享同种文化。如奥基夫指出,提及"国家"(country)说明一个事实:国家(state)与发源(origin)的概念更接近[14],也能够帮助处理一些国家分裂的情况。水下文化遗产来源于某一特定地方的事实(例如船舶在某国建造、起航或悬挂其船旗),并不意味着该国是或曾经是物主。另一方面,来源国同样可能根据情况对船舶或货物享有所有权。依据第 149 条,有权主张优先权国家的范围,将据此比有权主张所有权的主体更广泛,但似乎也可能囊括全部该类国家。

第 149 条是否还设想了不止一国能够对任何特定物件享有优先权?当然,第 149 条规定了三种不同要素使国家适格,增加了不止一国有权主张优先权的潜在可能。阿伦德(Arend)提出了一艘公元 200 年建造于北非的罗马船舶的案例,认为意大利可能主张成为文化上的发源国,但同时也指出利比亚可能主张由于其目前占有该船舶最初建造所处的领土而作为发源国[15]。若两国均享有"特别关注"

---

⑬　参见斯特拉蒂,《水下文化遗产的保护》,第 308 页。

⑭　奥基夫,《沉船遗产》,第 19 页。

⑮　阿伦德,《考古与历史物品》(*Archaeological and Historical Objects*),第 800 页,注释 106。

的优先权,那么何者优先呢? 在沉船遗存系由不同部分组成的情况下,当在一些案件中许多国家都能够主张其为发源国,上述优先权的地位问题在此将变得更加复杂。显然在不同的主张者之间可能会产生许多争议的空间,对附带的物品的期待最后也可能化为乌有。

各国争相援引第149条支持己方的主张显示,此条款已不仅仅只是一种假设。在梅赛德斯号的案例中,秘鲁认为其对船上银币所享有的权利优先于西班牙,因为"该财产本质上、文化上和历史上都起源于秘鲁"[⑱]。在提出这一主张过程中,秘鲁根据第149条(虽然秘鲁承认其并非《海洋法公约》的缔约国,且梅赛德斯号亦并非位于该地区)存储了上述银币[⑰]。西班牙方面则认为自己(并非秘鲁)之所以能适格成为第149条所述发源国,原因在于该物品"起源"时所处的领土在当时还是属于西班牙的一部分[⑱]。

第149条提及"权利"的本质究竟是什么? 该条是否假设该等权利事先存在,或是否该条款创设新的权利,这些均是不明确的,但是在任何情况下,该条将利益作为"权利",这表明了这种利益具备法律上的可执行性。

然而,这种权利的必要构成要件是什么? 发源国被赋予优先权的地位,发源国的权利需要给予特别的关注,表明这些权利至少在某些方面上优先于第149条认可的其他利益[⑲]。因此,虽然第149条采取国际主义路径认可人类利益,但如果

[⑱] 《联邦判例补遗汇编》第2辑第675卷,始于第1126页,至第1145页(佛罗里达州中区法院,2009年12月22日)。

[⑰] 《联邦判例补遗汇编》第2辑第675卷,始于第1126页,至第1146页。

[⑱] 西班牙共和国答复主张人秘鲁共和国对西班牙提出的解除起诉动议或进行简易判决的回应,2009年1月26日,第8页。出于一些原因,地方法官皮佐认为,秘鲁的辩论意见不具有"说服力":《联邦判例补遗汇编》第2辑第675卷始于第1126页,至第1147页。他的结论是,决定两个主权国家之间的争议超越了法庭的管辖权,且该争议"最好能够通过两国直接谈判解决,而不是在法庭这个场所解决",《联邦判例补遗汇编》第2辑第675卷第始于第1126页,至第1148页。地区法官马理多·J.(Merryday J.)采纳了皮佐(Pizzo)法官的报告和建议,同意法庭对两国之间主张货物的争讼无管辖权。然而同时,他亦称赞了弗吉尼亚法学院法律系教约翰·诺顿·莫尔(John Norton Moore),秘鲁主张的陈述人向法院做出的陈述,清晰地表达了秘鲁的诉求,认可了"在解决秘鲁与西班牙之间争议过程中,莫尔教授提出的法律原则的请求,以及这些原则对正义考虑的回应",《联邦判例补遗汇编》第2辑第675卷,始于第1126页,至第1129页。

[⑲] "优先权"的概念在国际海洋法律的文本关于沿海国的捕鱼优先权中被采纳,早于《海洋法公约》,参见斯特拉蒂,《水下文化遗产的保护》,第305页(提及1974年渔业管辖权案)。在文中,"将沿海国家权利特征化为优先,暗示了特定的优先性",参见,同上。

把第 149 条作为一个整体来看,民族主义倾向可能会占上风。上述倾向的影响可能在于:如果发源国有意想要的话,则打捞出水的物品将返还给发源国,但是在这种可能的情形下,该国在后续决定如何"保存或处置"该物品时应当注意人类整体的利益。通常,人们认为这意味着该物品应被保存在公共机构中。这意味着,有关国家的国民在进入方面显然会受到优待,但原则上是全人类均可以获得实质性的接触。文物需被保存在某处,现代技术,尤其是互联网,将促进全球范围的"虚拟进入",并在多个国家就考古遗存部分主张优先权的情况下,也会协助文物找到适当的存放地点。

鉴于赋予发源国的优先地位,发源国的权益也很有可能优先于无法主张该等地位的所有权人的权益。由于享有所有权的国家似乎可能不具备发源国的资格,因此这样的所有权人很可能是私人实体企业。一旦物主被有效剥夺所有权,则涉及支付赔偿,显然,此情形下支付赔偿的主体将是主张权利的国家。

3.4.2　联合国教科文组织《保护水下文化遗产公约》认可的利益

在联合国教科文组织《水遗公约》的序言中,认可了广泛的个人和组织,包括考古学家、潜水员、科学及专业组织,以及"一般公众",均对水下文化遗产表示关心,若水下文化遗产需被合理保护,则这些组织的合作是极为重要的[130]。《水遗公约》继而认可了两类特定利益群体,他们可被视为是那些更加特定团体和实体的代表。如上所述[131],《水遗公约》并未提及所有权,因此必须假定其存续,除非适用的国内法做出相反规定。

3.4.2.1　人类的利益

联合国教科文组织《水遗公约》的核心基本原则和目标载明于第 2 条第 3 款:

---

[130] 参见序言第 10 条。这个条款的早期草案涉及了打捞者,但之后被移除。参见下文,第 6 章第 6.4.1 部分。
[131] 参见第 3.3.2 节。

缔约国应根据本公约的各项规定为全人类的利益保护水下文化遗产[132]。

　　与《海洋法公约》的等效原则仅适用于"区域"内发现的资料不同,《水遗公约》可适用于范围内所有的水下文化遗产,无论该文物所处位置。

　　第2条第3款载明的原则由《水遗公约》序言中的一系列条款得以加强。这些条款表明人们是如何看待人类利益的:

　　　　认识到水下文化遗产的重要性,它是人类文化遗产的组成部分,也是各国人民和各民族的历史及其在共同遗产方面的关系史上极为重要的一个内容。

　　　　……

　　　　注意到公众对水下文化遗产日益关心和重视,

　　　　……

　　　　深信公众只要以负责的和非闯入的方式进入仍在水下的水下文化遗产,就有权从中获得教育和娱乐,也深信公众接受的教育有助于他们认识、欣赏和保护这份遗产。

　　　　考虑到联合国教科文组织《保护水下文化遗产公约》的核心考古原则在于就地保护,该条与《联合国海洋法公约》第149条相反,此处强调致力于促进公众进入、欣赏和享受海底就地保护的水下文化遗产[133]。

　　如上所述,"共同遗产"概念的特征之一在于,通常存在一个某种能够代表人

---

[132] 重点增补。在1994年《国际法协会草案》和1998年《联合国教科文组织草案》中,仅有那些同等条款(提及"人类利益")才被赋予与"一般原则"等同的地位,参见两个文件中的第3条。
[133] 关于对公众进入原地海底水下文化遗产的讨论,参见第9章第9.4节。

类行为的"管理人"。联合国教科文组织《水遗公约》颇受争议的一个方面在于其并未为此目的设立具体机构。然而，《水遗公约》框架规定，缔约国的合作行动共同扮演了这一角色[⑬]。联合国教科文组织《水遗公约》采纳了国际主义立场，将人类利益作为核心原则。为履行《水遗公约》规定的义务，各缔约国必须为人类整体利益而行动，而并不仅仅包括其自身国民[⑬]。尽管如此，如《海洋法公约》第149条，联合国教科文组织《水遗公约》认识到，一国或多国的国民与水下文化遗产的特定组成部分可能比与一般的意义上的人类具有更为重要的联系，如确实如此，则他们可能在《水遗公约》保护性机制下所得出的结果中享有特别利益（见下文）。如果所有权依适用的国内法而持续存在，则在《水遗公约》框架下的"人类"利益将不可避免的处于优先地位[⑬]。

3.4.2.2 可证实联系的国家的利益

联合国教科文组织《水遗公约》引入了一种新型的水下文化遗产利益方：与该水下文化遗产确有联系的一方，"尤其是文化、历史或考古方面的联系"。公约文本在多个情境下使用了这一概念，其中赋予一些相关缔约国可以选择参与所涉水下文化遗产的相关条约的决策和保护。

对于"联系"国这一概念的启发（如其与"发源"国概念相异），可能源于欧洲理事会1985年《欧洲公约》草案，该文件提及了具有"特殊利益"的国家[⑬]。1994年《国际法协会草案》及1998年《联合国教科文组织草案》均在序言中提及，"一国或多国……具有历史或文化联系"将与遗产有关，虽然序言中提及的见解之后未被采纳。"联系"国的概念相较于《海洋法公约》第149条所载的"来源"国概念更具广泛性和包

---

⑬ 例如，第2条第3款。主要亦参见，第8～10章。

⑬ 一般而言，监管水下文化遗产的国内遗产立法不区分来源于管辖区内的或别处的水下文化遗产。而中国立法是一个例外，主要参见，傅崐成：中国（含台湾），特别是第36-37页。傅崐成认为，若中国批准《水遗公约》，则中国在此问题的立场可能符合"可证实联系"的观点，以下讨论。

⑬ 参见第3.3.2节。

⑬ 解密草案第9条（关于此，参见第1章第1.2.2.2节）。在《欧洲公约》草案中决定包括该参考内容，反过来可能是受到了《荷兰与澳大利亚关于荷兰古代沉船的协议》的影响。条款中提及荷兰对打捞自澳大利亚海岸附近沉没的四艘东印度帆船享有的"持续利益"，特别是出于历史和其他文化目的，参见以上，第3.2.3节。

容性,对一国而言,证实存在适格联系应比证明狭隘和模糊的"发源国"概念更为容易⑱。例如,在泰坦尼克号案例中,英国、法国、爱尔兰和美国似乎都能够确立其与历史沉船船体部分具有可证实的联系⑲,尽管美国,甚至法国和爱尔兰可能会发觉其比英国更难确认他们是发源国。《公约》中使用的可证实联系概念的精确提法是表明,一国至少有可能辩称其具备文化、历史或考古之外的适格和可证实"联系"⑳。

原则上,对水下文化遗产确立的利益应采取相对宽泛的标准,以便允许一国加入水下文化遗产未来的决策中,这似乎是适当的。本质上,该标准应能覆盖对特定遗址或出水对象具有强烈的认同感的全部国家。与第 149 条所述优先权不同,毫无疑问,联合国教科文组织《水遗公约》构想的是不止一个国家可能对任何特定场地或能够凭此反应当时历史和政治现状的物件具备可证实联系。一方面,如梅赛德斯号案例所揭示,"发源国"这一观念可能具有高度分裂性,特别是在涉及前殖民关系的情况下。另一方面,西班牙或秘鲁不可能均未能对梅赛德斯号及其所载金币建立起可证实的联系,事实上(如下文所述),对缔约国而言,彼此并不存在动力相互竞争以主张该等地位,或者,也不存在理由以可能损害主要考古对象整体性的方式来割裂考所有考古遗存的构成。

那么,在什么情况下国家必须被要求具备"联系",其要件是什么?《水遗公

---

⑱ 然而,并非所有权人都持相同观点。可证实联系概念被援引为希腊选择放弃支持《公约》的原因之一:参见斯特拉蒂,《希腊》(第 2 版),第 119 页。斯特拉蒂评论:"希腊的观点是,该术语……并不比第 149 条采取的模糊不清的路径更有帮助。"同上,第 125 – 126 页。

⑲ 泰坦尼克号是英国建造并悬挂英国旗帜;她在一次英国和美国之间航行时失踪。英国和美国因而对该船舶具有最强的历史联系。然而,该班轮在爱尔兰科克郡(County Cork)停靠,且一些丧生的人是爱尔兰人;她还在法国瑟堡(Cherbourg)停靠,并且一个法国政府出资的组织法国海洋开发研究所(IFREMER),亦涉及其打捞工作。

⑳ 对"可证实联系,尤其是文化、历史或考古联系"的精确表述在《水遗公约》中被连续使用(参见第 6 条第 2 款、第 7 条第 3 款、第 9 条第 5 款、第 11 条第 4 款、第 18 条第 3 款和 18 条第 4 款)。除非存在其他种类的联系,否则难以理解为何未使用"可证实文化、历史或考古联系"的表述。奥基夫辩驳道:"文化和历史方面的联系始终是任何试图建立'可证实联系'的核心。"但是他也表明可能有"连接因素"作用于该联系,参见奥基夫,《沉船遗产》,第 70 页。参见下文,同上。按理说,某种情感联系之于水下文化遗产具备的论证,仅是最起码的要求。例如,若沉船对其海岸线或其他利益造成了侵害,或仅是沉没于其大体靠近地理边界的位置,则一国似乎不可能据此主张"可证实联系"。

约》在五个特别情境下提出了具备可证实联系的缔约国：

（ⅰ）该等缔约国可能为保护水下文化遗产，被邀请加入双边、地区或其他多边协议⑭。

（ⅱ）在一缔约方的领海或群岛水域发现了可辨明缔约国的船舶及航空器，应通知该等缔约国⑭。

（ⅲ）任何具备该等联系的缔约国，可以宣称其就位于另一缔约国专属经济区或大陆架的水下文化遗产获得咨询的权益⑭。

（ⅳ）任何具备该等联系的缔约国，可以向联合国教科文组织总干事宣称其就"区域"内发现的水下文化遗产获得咨询的权益⑭。

（ⅴ）具备该等联系的缔约国应被缔约国通知，若其扣押了用违反《保护水下文化遗产公约》规定的方式打捞的水下文化遗产⑭。扣押国必须将各种因素考虑在内，包括具备可证实联系缔约国的利益，来决定如何处置扣押的水下文化遗产⑭。

与第 149 条的一处重要对比在于，具备可认证联系缔约国的利益从未被称为"权利"。考虑上述特定情景时，《水遗公约》显然选择了"软性"语言，且几乎未赋予"联系"国任何可执行的权利。具有可证实联系国家就特别的遗址是无权加入关于遗址的国家间协议，虽然其对遗址享有利益；其只是简单的、"可能"会受到邀请参与该协议⑭。该国无权获知在另一国领海或群岛水域发现战舰或其他国有

---

⑭ 第 6 条第 2 款。
⑫ 第 7 条第 3 款。
⑬ 第 9 条第 5 款。第 10 条第 3 款对沿海国设定了义务，即一旦沿海国被通知，需在某些指定条件下进行磋商。
⑭ 第 11 条第 4 款。第 12 条第 2 款规定，总干事应邀请全部该等国家进行磋商。
⑮ 第 18 条第 3 款。
⑯ 第 18 条第 4 款。
⑰ 第 6 条第 2 款。

航行器⑭；至于其他水域的发现，就连该等有限通知也没有，该国仅仅"应该"被通知该等发现。"强硬"语言仅在扣押的情境下被使用：若一国对水下文化遗产享有利益，则"应当"通知其被扣押⑭。然而，即便如此，知情权亦仅产生在扣押国决定水下文化遗产处置时须考虑其利益的效果。扣押国有权力决定这种处置，任何联系国的利益仅是其在执行处置时必须考虑的因素之一。

值得注意的是，一方面，在上述（ⅰ）、（ⅱ）和（ⅴ）情况下，相关条文的措辞表明，非国家缔约方主张可证实联系状态而从上述条款获益是不存在障碍的。在（ⅲ）和（ⅳ）的条款中，另一方面，仅《水遗公约》缔约国有机会获益。其区别的理由之一似乎要根据（ⅲ）和（ⅳ）条规定情形而定，可设想具备可证实联系的国家将不会仅被"咨询"所涉水下文化遗产未来的问题，还可能直接参与到公约管理机制中。显然，非国家缔约方的参与将是很不恰当的。主张国，无论是缔约国或其他缔约方需要多大的"可证实"联系的程度，以及由哪方来决定"可证实"联系是不清晰的。然而，主张不太可能被经常质疑，尤其是缔约国提出要求的情况下，因为全部缔约国都有义务进行合作。当非国家缔约国宣称具备可证实联系，表达的观点涉及遗址命运时，或者处理沉积的遗址文档时，都有可能引起争议，因为这种观点不符合既得利益国家的利益。尽管国家具备可证实联系的事实并未赋予其优先地位，然而若其观点与《水遗公约》的原则和规章冲突，则这些观点将不可避免地被忽略。

如第 149 条认可的优先权一样，似乎一国可以主张具备可证实联——但无法证实所有权。同样，很难想象，一个具有所有权的国家却不符合国家应具备可证实联系的情形。因而，就《水遗公约》而言，一国可能会发现在其拥有历史沉船，但沉船不符合"国家船舶"（或"国家航空器"）的情况下，上述观点是有用的⑮。若一

---

⑭ 第 7 条第 3 款。
⑭ 第 18 条第 3 款。
⑮ 参见第 1 条第 8 款。参见下文，第 4 章第 4.3.2 节。

国在过去某时间点,可能是几十年甚至几百年前,明示放弃所有权,是否该国不能再主张存有可证实联系,这是一个有趣的问题。按理说,这并不应影响其主张:对历史沉船存有的认同将仍存在[150]。

《水遗公约》赋予具备可证实联系的缔约国非常有限的权利,原因在于缔约国宣告的联系在很大程度上依靠的是缔约国履行其合作义务保护水下文化遗产的程度[151]。然而,考虑到合作是《水遗公约》整体精神的中心,且合作对《水遗公约》监管框架的有效运行是至关重要的,因而合作应当是随时准备就绪的。实践中,国家在处理被发现的水下文化遗产时,可能会产生国家间的紧张局势,可证实联系的概念能够成为缓解政治和历史紧张局势的有力工具[153]。任何与特定遗址有联系的国家(至少是任何国家缔约方),无论在何种情形下,均应对其所持观点有合理期待,而不是与另一国竞争进而主张最多的法律利益。在公约框架下,没有理由确定哪个国家在技术上为所有权人,或者是由任何国家承认另一个国家所有权。这种做法反映在现今许多案例中,其中共享(或相互)遗产的概念正日益获得基础并形成协议和协作的基础[154]。

相较于《海洋法公约》第149条认可的联合国家或发源国的优先权,具备可证实联系国家的概念,实际上是关于各国对遗产所需承担的责任,而并非对遗产主张的权利。特别是,通过发言和宣称对位于大陆架上、专属经济区或"区域"内的水下文化遗产享有权益,缔约国将承担特定的共同责任,以确保《水遗公约》保护性框架得以良好的实施。当然,在《水遗公约》下,这些海洋区域的监管框架强烈依赖于承担该等责任的国家[155],且这

---

[150] 虽然澳大利亚认为,荷兰已经放弃(默示)其对位于澳大利亚附近东印度帆船享有的所有权,但是,认可荷兰仍享有两国之间1972年《荷兰与澳大利亚关于荷兰古代沉船的协议》所述的"持续利益"。考虑到私人所有权人的放弃是否将导致该所有权人的国籍国丧失主张可证实联系的可能性,奥基夫认为:"更有优势的观点可能是,联系不应受到私人方面行为的影响。"参见奥基夫,《沉船遗产》,第70页。

[152] 在此方面,需要指出联合国教科文组织《水遗公约》的缔约国不仅有义务与其他缔约国开展合作,并且依照《海洋法公约》第303条第1款的规定,还有义务与非国家缔约方开展合作。

[153] 例如,该等紧张可能出现的特别领域是关于在领海内发现的水下文化遗产,参见下文,第4章第4.2.2节。

[154] 参见下文,第4章第4.3.3节。

[155] 玛莱福德已经警示过:"遗址所包含的联系网太过复杂,……以至于可能是极端广泛的,该概念将危及变成、人人有责,无人担责'的情况。"参见玛莱福德,《戏剧、地点和可证实联系》(*Drama*, *Place and Verifiable Link*),第105页。

种情况将变得愈发明显⑯。

3.4.2.3　文化、历史和考古来源国的优先权利

联合国教科文组织《水遗公约》的起草人热衷于确保该公约第 11 条和第 12 条列明的"区域"的条款，能够尽可能地与《海洋法公约》第 149 条相契合⑰。这些条款所载的机制考虑了第 149 条提及的优先权。依照第 11 条第 4 款，任何具备可证实联系的缔约国有权宣称其对就"区域"内发现的水下文化遗产享有接受磋商的权益，即"文化、历史以及考古的来源国的优先权受到特别关注"。根据第 12 条第 2 款，所有宣称根据第 11 条第 4 款利益的缔约国将参与如何最大限度地保护好遗址的磋商，然而，根据第 12 条第 6 款，"文化、历史以及考古的来源国的优先权应受到特别关注"。

联合国教科文组织《水遗公约》关于"区域"的机制将在第 8 章中探讨⑱。尽管如此，在该阶段存在可指出的各种问题。第一，各国将采取一种不同但却更为简单的优先权方案。第二，国家基于其为来源国的身份而享有优先权的利益必须得到"特殊关注"，这一事实表明他们在《海洋法公约》第 149 条项下享有等同程度的优先权。第三，第 12 条第 6 款明确，联合国教科文组织《水遗公约》承认非国家缔约方的优先权。

3.5　结论性评述

虽然联合国教科文组织 2001 年《水遗公约》采取了国际主义的立场，其根本目的在于为全体人类的整体利益保护水下文化遗产，公约对缔约国创设了新概念

---

⑯ 参见下文，第 8 章第 8.3.4 节。

⑰ 第 11 条第 1 款规定，缔约国有义务为保护区域内水下文化遗产遵守本《水遗公约》和《海洋法公约》第 149 条的规定。重点增补。

⑱ 参见第 8 章第 8.3.5 节。

"可证实联系",并将某些可能会与特殊的水下文化遗产产生强烈的联系的人道条款也考虑在内,希望后者将来也能纳入管理。可证实联系胜过所有权的概念,并且帮助确保水下文化遗产被视为"遗产",据此,依照国际公认的考古原则,可证实联系并非仅仅是所有权人可选择自由处置的"财产"。通过宣称与位于《水遗公约》所重点关注的地理区域内的水下文化遗产具有联系的缔约国,就本质上而言,将承担有关代表人类全体的水下文化遗产的管理工作;地理区域是指大陆架上、专属经济区及"区域"。"联系"国是一个强有力的概念,它将远远突破 2001 年《水遗公约》边界的可能性。当然,"联系"已经得到更为广泛的接受,特别是考古学家们,当各国主张并相互竞争排他性法律权利时,它被视为克服随之而来的现实困境的方式⑲。尽管如此,各国态度本质上是为了考虑其国家自身利益,因此可以设想,这是《水遗公约》中特别有可能引起争端的领域之一。

从私人所有权看,虽然仅有在极为个别的情况下才属于公约确立的水下文化遗产私有权的范围,但就各国内遗产法的经验表明,总体上,这还不算是太严重的问题。

---

⑲ 主要参见玛莱福德,《戏剧、地点和可证实联系》,以及《海洋悖论:国际遗产存在吗?》(*The Maritime Paradox: Does International Heritage Exist?*)。

4

沉没军舰和其他国家船舶和飞行器

4.1　导言

相当一部分水下文化遗产，包括战争期间沉没的军舰或为其国家提供公共服务的船舶和飞行器。特别是军舰，因其本身的特征，很可能在历史事件中起到非常重要（或者决定性）的作用，并且其残骸地点可能有重要的国家象征意义或纪念意义。因此，他们具有特殊的文化意义。除了如瓦萨号、英国皇家海军战舰胜利号和梅赛德斯号等 20 世纪前的战船残骸外，还有一些具有历史的和考古意义的著名 20 世纪战舰，如美国海军战舰亚利桑那号（USS Arizona）、战列巡洋舰胡德号（HMS Hood）和战列舰俾斯麦号（Bismarck），以及数以千计的遗失在第一次和第二次世界大战期间的其他军事战舰和军用飞行器，都愈来愈得到人们的认可。

对沉没军舰和其他国家船舶的干预是一个政治敏感性很强的问题[①]。在许多情况下，这类船舶失事会造成很多人的死亡，国家首要关切的往往是维护遗址的神圣性，并且确保任何人类遗骸都得到妥善安置。无论该损失是否由战争造成，这些遗迹都代表了那些为了效忠他们的祖国而失去生命的人的埋葬地。一些军舰也可能运载了一些具有商业价值的货物，这些货物可能被视为潜在可

① "国家船舶"是一种美国的惯用表达，在本章节和本书其他部分中用以表示在为其国家提供服务期间失事的船舶和飞行器（甚至可能是航天器）。

回收的经济资产。在最近的几个沉船事件中,船载物或设备可能具有敏感性,或是未爆炸军火、武器,石油,或是其他应妥善处理的物料。越来越多的船旗国也认识到(并在寻求保护),其沉没的国家船舶中的历史与考古价值,特别是那些 20 世纪之前的船舶。还有一个有时会被忽略的问题,就是对沉没军舰的利益主张,无论他们属于哪个时代,都是船旗国在其军事战舰中加强主权的一种手段。

鉴于这种利益的存在,那些在世界各地拥有(或曾经拥有)数量庞大海军战舰的国家关心的是:在没有他们明确授权的情况下,确保没人能够干预其沉没的国家船舶。包括私有打捞公司和潜水员,以及其他国家的潜在干预[2]。为了确保这一目标的实现,这些国家就他们沉没的船舶提出了两项主张。首先,他们主张一直拥有船舶的权利,除非明确表示放弃[3]。其次,他们认为这些船舶享有主权豁免,因此必须受到船旗国的专属管辖。仔细区分这两种主张是非常重要的:前者涉及所有权问题;后者涉及管辖权问题。尽管如此,它们仍是紧密相关的。特别是第二项主张可能取决于第一项[4]。

打捞沉没军舰遵循一套不同于适用私有商船的规则体系,最强烈提出该观点的国家是美国[5]。然而,其他一些国家,包括俄罗斯、日本、法国、德国、西班牙和英国,也采取了相似的立场。这些国家在这一点采取坚定态度是那些为保护水下文化遗产而制定国际文件的起草者必须考虑的方面。

本章分为两部分。第一部分考察了沉没的国家船舶在一般国际法下的地位;

---

② 据目前证据判断,未经授权的其他国家的干预行为似乎非常罕见。其中最著名的是 1974 年,美国格罗玛勘探公司的深水打捞船于国际水域打捞了部分苏联潜艇的事件。另一个是最近才进入公共视野的,中国在文化大革命(the Cultural Revolution)期间秘密打捞了英国皇家海军潜艇海神号(HMS Poseidon);《中国承认秘密打捞英国皇家潜艇海神号》("China Admits Secretly Salvaging British Submarine HMS Poseidon"),《每日电讯报》,2009 年 11 月 14 日。2002 年,有报道称美国和以色列海军以联合行动的方式试图在以色列港口城市海法港,打捞一艘第二次世界大战时期的意大利潜水艇,参见加拉贝洛,《地中海的沉没军舰》(Sunken Warships in the Mediterranean),第 185 页。无论如何,美国和以色列认为这个行为是偶然的。实践中,私有打捞公司和潜水员的干预行为更为常见。

③ 另见,第 3 章第 3.2.3 节。

④ 另见,第 4.2.1 节。应当指出的是,一个国家在不享有豁免的船只上拥有所有权。参见下文,第 4.2.1 节。

⑤ 商船的打捞受制于救助的普通规则,主要参见第 5 章。

第二部分探讨了联合国教科文组织 2001 年《水遗公约》对这些船舶的处理方式。

4.2 沉没的国家船舶：一般国际法和国家实践

美国和其他船旗国就其沉没的国家船舶所持立场，在多大程度上反映一般国际法？为解决这个问题，有必要考虑条约法下沉没军舰的地位，并考虑现代国家就此类船舶问题的相关实践。

4.2.1 沉没的国家船舶以及主权豁免原则

这是一个存在已久的国际法规则，现在被制定于 1982 年《海洋法公约》第 95 条和第 96 条之中，在公海上航行时[6]，军舰和"由一国所有或经营并专用于政府非商业性服务的[7]"其他船舶有"不受船旗国以外任何其他国家管辖的完全豁免权[8]"。这个原则也可以延伸，适用于那些在其他国家的专属经济区上航行的军舰和其他船舶，"只要与 1982 年《海洋法公约》第 5 部分专属经济区相关条款不相抵触"[9]，并且似乎也适用于在领海航行，但须遵守无害通行规则[10]。米廖里诺（Migliorino）认为，豁免的作用是船舶"航行不会被中断、不会被扣留、不会被拘押，或不会以任何方式受到外国船舶的侵犯"[11]。根据这种豁免，这些船舶通常排除在《国际海事公约》的适用范围外，其中也包括 1989 年《国际救助公约》[12]。豁免

---

[6] 也可参见 1958 年《日内瓦公海公约》第 8 条第 1 款和第 9 条。又见 1926 年《关于统一国家船舶豁免若干规则的布鲁塞尔公约》(the Brussels Convention for the Unification of Certain Rules Concerning the Immunity of State-Owned Ships 1926)，以及 1934 年的附加协议。还可见于 2004 年《联合国国家及其财产管辖豁免公约》(尚未生效)。

[7] 1982 年《海洋法公约》，第 96 条。

[8] 1982 年《海洋法公约》，第 96 条。

[9] 1982 年《海洋法公约》，第 58 条第 2 款。

[10] 参见 1982 年《海洋法公约》，第 32 条。参见，奥克斯曼，《联合国海洋法公约下的军舰制度》(*The Regime of Warships under the United Nations Convention on the Law of the Sea*)，第 818 页。

[11] 米廖里诺，《国际法中沉没军舰的打捞》(*The Recovery of Sunken Warships in International Law*)，第 250 页。

[12] 1989 年《国际救助公约》，第 4 条第 1 款。也可参见第 25 条关于国有船载货物的部分。1989 年《国际救助公约》关于沉船的一般适用问题，参见第 5 章第 5.3.2 节。

原则也适用于国家的飞行器和航天器⑬。根据主权豁免的"限制性理论",豁免仅限于国家行使国家行为的情况,仅适用于那些从事非商业性服务的国家船舶⑭。从事商业经营的国有船舶,在此问题上与私有商船不做区别对待。

主权豁免原则是否在国家船舶沉没之后仍能适用,是一个极有争议性的问题。在《水遗公约》之前的条约法(包括1982年《海洋法公约》),并没有处理这个问题⑮。事实上,1982年《海洋法公约》中一个公认的漏洞是一般关于沉船的地位问题。一些学术评论家认为军舰沉没以后就不能继续享有豁免权。他们论点的基础是,一旦沉没以后,军舰不再是军舰,船舶也不再是船舶⑯。因此,它们不再受船旗国管辖,进而不再持续享有豁免权。这一观点推导出作为船旗国⑰,不能禁止另一国或私有运营者对该船舶进行打捞。然而,斯特拉蒂指出,还有一个"学派"认为沉没的船舶仍拥有与航行时相同的地位⑱。这种说法最主要的问题在于主权豁免将在所有沉没的船舶中不做区分地适用,无论是否为非商业性用途,结果就是所有公海上的沉船都持续享有专属管辖权⑲。后果是船旗国(以其身份)能够禁止公海上任何打捞其沉船的行为,无论该沉船是否为国家船舶。从文化遗产保护的角度来看,这会是控制不利的打捞活动的宝贵机制。然而,这种观点无

---

⑬ 参见福克斯(Fox),《国家豁免法》(*The Law of State Immunity*),第181-184页。也可参见2004年《联合国国家及其财产管辖豁免公约》(尚未生效)第3条第3款。

⑭ 关于国家主权豁免的限制性原则,参见,福克斯,《国家豁免法》,第9章。

⑮ 1982年《海洋法公约》并没有在具体条款中提出关于沉船打捞的正式建议,相关细节,参见米廖里诺,《国际法中沉没军舰的打捞》,第246-249页。2004年《联合国国家及其财产管辖豁免公约》(尚未生效)也未能解决这一问题。

⑯ 之所以不认为是船舶,其原因是船舶沉没以后,就不适航了。特别就军舰而言,通常参考1982年《海洋法公约》的第29条,"军舰"必须为"正式委任"并且"配备船员的船舶",这只能在航行时才能满足。参见,卡弗林施《水下文物和国际海洋法》,第22页,注释74;米廖里诺,《国际法中沉没军舰的打捞》,第251页。又参见斯特拉蒂,《水下文化遗产的保护》,第235页,注释28。

⑰ 如船旗国也是船舶的所有权人,它可以所有者的名义禁止打捞。参见下文,第4.2.3.2节。

⑱ 斯特拉蒂,《水下文化遗产的保护》,第220页。

⑲ 这种后果是由苏联在第三次联合国海洋法会议中提出的,但未被采纳,参见米廖里诺,《国际法中沉没军舰的打捞》,第247页。公海上船旗国管辖权的正当性,是一个国家需要对其在公海中行驶的船舶享有管辖权,很显然这个国家是船旗国。如果一艘船沉没了,且再也不能航行了,至少从传统的观点上看,任何人都不再对它有管辖权。但是与过去不一样的情况是深海打捞的可行性。

法被普遍接受⑳。出于这个原因,持有国家船舶沉没之后仍享有豁免的观点基础,是此类船舶仍拥有与航行时相同的地位,这是不能令人信服的。

另一个更为可靠的主张沉没的国家船舶仍然享有豁免权的方法是将通过此类船舶为国家财产的事实进行论证。如上所述,各国对军舰和其他船舶沉没的关注,其背后很多原因,并且他们关注的范围不限于近期沉没的事件。因此有合法的理由给予这种财产无限期的豁免。这一论点有学术上的支持,并且据现有证据可知㉑,这也是船旗国主张豁免的依据㉒。然而,在此基础上认为沉没船舶享有主权豁免并非完全没有任何问题。例如,福莱斯特关于豁免是否适用于长期遗失的船舶提出了质疑,其认为这些船舶不再履行政府职能㉓。此外,这种豁免的理由不能解释有些国家的主张,即在沉没时为非国家所有但提供公共服务的船舶,仍享有主权豁免㉔。

4.2.2　沉没的国家船舶问题的国家实践

20 世纪 70 年代和 80 年代初,数件引人注目的事件使得沉没军舰的问题引起了国际社会的关注㉕。然而,最近水下技术的发展,以及出于文化价值,各国对他们沉船的关注与日俱增,导致在这些沉船问题上出现了相当多的国家做法。

英国可能是第一个对沉没的国家船舶进行专门立法保护的国家,其于 1986 年颁布了《军事遗骸保护法案》。1982 年马尔维纳斯群岛战役后,公众对海上战

---

⑳ 一般介绍,在联合国教科文组织的谈判中,这个问题没有任何争议。

㉑ 其中有说服力的分析参见尤斯蒂斯三世(Eustis Ⅲ),《格罗玛勘探事件》(*The Glomar Explorer Incident*),第 178 -181 页。也可参见鲁宾(Rubin),《沉没的苏联潜艇和中央情报局》(*Sunken Soviet Submarines and Central Intelligence*)。

㉒ 另见下文,第 4.2.2 节。

㉓ 福莱斯特,《国家沉船作为水下文化遗产的国际视野》(*An International Perspective on Sunken State Vessels as Underwater Cultural Heritage*),第 45 页。

㉔ 另见下文,第 4.2.2 节。

㉕ 第一个就是 1974 年的格罗玛勘探公司(the Glomar Explorer)事件。第二个事件发生在 1980 年,导致日本和苏联之间外交关系紧张,即一个日本公司试图打捞纳希莫夫海军上将号,一艘沙皇巡洋舰,参见阿斯纳尔-戈麦斯,《沉船的法律地位》(*Legal Status of Sunken Warships*),第 73 页。

争坟墓的神圣性日益关切，催生了这一法令的颁布。虽然该法案的主要目的是保护军事墓地的神圣性，但是制定标准中（非法定的）也包括了历史性。这项复杂的法案对"军事服役"期间失事的船舶和飞行器提供了保护，为在军事服役期间的坠毁的任何飞行器提供了自动保护，并且规定了沉没船舶和飞行器具体残骸地，以及指定船舶的命名[26]。位于英国领海和国际水域中的船舶均受保护[27]。出于国际礼让原则的考虑，该法案对其他国家的军事船舶也提供了保护，几艘位于英国领海的德国 U 型潜艇也被指定于其中[28]。

当某国的军事船舶残骸于另一国的领海中被发现，最容易产生政治敏感的问题。沿海国对其领海的主权，与沉船主权豁免理念下船旗国的专属管辖权之间存在着明显的紧张关系[29]。虽然船旗国拒绝承认（至少在公开场合如此），在这些情形中沉船主权豁免的程度存在一些疑问，但是他们似乎承认最终有控制权的是沿海国[30]。然而在进行干预之前，船旗国在何种程度上有权提前得到通知或商议，甚至禁止这种干涉，这是一个极有争议的问题。

在许多例子中，毫无疑问的，沿海国家已经开始与船旗国就其领海内沉没军舰的问题进行交涉[31]。通常这种联系是处于沿海国家希望就沉船采取一些行动的情形下。这些行动通常包括，仅仅根据其遗产立法提供保护，发放发掘或打捞许可证，或在沉船造成障碍或威胁的时候直接进行干预。这种交涉仅仅是通知船

---

[26] 后一条规定在船舶所在地不明的情况下使用。对此法案的进一步细节，参见德罗姆古尔，《英国》，第 329 – 335 页。

[27] 关于法令在国际水域中的适用，参见下文，第 7 章第 7.2.2 节。

[28] 关于所有指定的沉船及地点的清单，参见 1986 年《军事遗骸保护法案》（指定沉船及控制点）第 2012 号令（2012，No. 1110）。

[29] 根据 1982 年《海洋法公约》第 2 条第 3 款，沿海国的主权"受制于本公约和其他国际法规则"。这主要是对条约第 2 部分的无害通过原则的参考。然而，很难说沉船属于无害通过，正如下文所讨论的"国际法的其他规则"所指的也许是不确定的。

[30] 例如，参见罗奇和史密斯（Roach and Smith），《美国对过分海事主张的回应》（*United States Responses to Excessive Maritime Claims*），第 475 – 476 页。同样参见尼兰（Neyland），《美国海军沉没军舰的主权豁免和管理》（*Sovereign Immunity and the Management of United States Naval Shipwrecks*），第 3 页。

[31] 例如，在 2005 年，英国外交部在海事部门的要求下，与德国政府进行联络，就第一次世界大战中的 U-潜艇 UB38 号"建议移除的可能性"，该潜艇已对多佛海峡的航行造成了一定的威胁。德国政府以积极的态度并用但书的形式予以回应"U-潜艇不会浮于水面并且不会毁坏"。最近的几个例子，参见米廖里诺，《国际法中沉没军舰的打捞》，第 253 – 254 页。

旗国一些信息,或者使该国参与决策。很难看出其中有任何实践的一致性,而且每一种交涉背后的动机都难免有不清楚的地方:人们可能认为,与船旗国联系是一种法律上的义务;另一方面,这也可能仅仅是出于外交礼节的原因,或者是因为国际法律地位的不确定性。

实践中,问题通常通过外交方式解决,有时通过交换意见、谅解备忘录,或其他正式协议的方式结束[32]。这些协议所采取的承认船旗国和沿海国各自权利的处理方式各不相同。早年一个有意思的例子是,英国与意大利于 1952 年签署了这种协议,有关 1944 年沉没在意大利安齐奥湾的英国皇家海军斯巴达人号(HMS Spartan)。该协议使得意大利当局有权拆卸船舶残骸,但是规定了向英国移交各项物品,包括文件、密码、密码机、现金,以及人类遗骸。协议的条款就两个国家各自的权利做出了非常明确的规定:

> 当清除(处于毗邻意大利领海海域的)英国军舰的残骸属于必要行动时,意大利政府应于开始打捞作业之前通知英联邦政府,以避免英国联邦政府意图在经意大利海事局确认的限度和条件下,自行进行此类操作[33]。

因此,意大利政府承诺在干预发生之前通知英国政府,但是就英国政府将进行的打捞活动而言,英国政府认可其行动受制于意大利[34]。

另一个近期的,有关英国军舰的例子是,英国跟加拿大之间于 1997 年达成的

---

[32] 这些协议的法律地位各有不同,只有一些具有法律约束力。参见,奥斯特,《现代条约法与实践》,第 3 章。

[33] 《大不列颠及北爱尔兰联合王国政府和意大利政府就救助英国皇家海军战舰斯巴达人号的换文》,构成了一项协议,罗马,1952 年 11 月,第 6 条。

[34] 意大利对沉船的所有权和主权豁免的观点,似乎与英国和其他船旗国所持的观点相似。例如在 2005 年,针对媒体报道的回应,克罗地亚文化主管部门参与探索两艘位于克罗地亚领海的意大利军舰,帕莱斯特罗号(Palestro)和雷德意大利亚号(Re d'Italia),通过外交渠道主张其权利。两艘船在 1866 年奥匈帝国与意大利之间的维斯战役中失踪(作者感谢斯特拉蒂提供了这些信息)。

谅解备忘录,即关于 1847 年在探索西北航道的探险中失踪的由约翰富兰克林爵士(Sir John Franklin)带领的英国皇家海军幽冥号(HMS Erebus)和英国皇家海军恐怖号(HMS Terror)所达成的谅解备忘录。其包括以下内容:

> 作为沉船的所有权人,英国特此将沉船及船载物的监管和控制权转让予加拿大政府……此行为不能视为英国放弃所有权及主权豁免……但是接受任何沉船地点勘探,发掘或打捞……将处于加拿大政府的控制下……[35]。

看起来该谅解备忘录是由加拿大文化遗产当局发起的,他们原本计划搜寻船舶的残骸[36]。相较英国先前与南非关于英国皇家海军伯肯黑德号(HMS Birkenhead)[37]的谅解备忘录,英、加之间的谅解备忘录规定了,双方应虔诚地对待人类遗骸,加拿大向英国提供文物,以及两国政府平等分享打捞上来的黄金(不属于私人所有)。

另外两个协议是法国和美国之间就其沉没的国家船舶——阿拉巴马号(CCS Alabama)和拉贝尔号(La Belle)谈判达成的。这些协议明确承认这些遗址具有历史和考古意义,并且就其保护和科学研究方面的合作做了规定。最初,1984 年发现的阿拉巴马号沉船是 1864 年在瑟堡附近沉没的。这个事件导致法国与美国之间的关系非常紧张,经过几年的谈判才得以解决[38]。在 1989 年最终达成的协议

---

[35] 《大不列颠政府与加拿大政府关于皇家海军幽冥号以及恐怖号沉船谅解备忘录》(1997 年 8 月 5 日,8 月 8 日),加拉贝洛和斯科瓦奇再版,《水下文化遗产的保护》,第 263 - 264 页。

[36] 寻找富兰克林爵士(Sir John Franklin)的船,北方新公园杂志社,1998 年 3 月。自该谅解备忘录达成一来,尽管加拿大政府多次尝试找到幽冥号和恐怖号,但是始终没有发现。

[37] 《大不列颠与北爱尔兰联合王国政府和南非共和国政府之间关于打捞英国皇家巡洋舰伯肯黑德号残骸议定条款的规则的换文》,即有关救助英国皇家海军伯肯黑德号的解决规则,比勒陀利亚(Pretoria),1989 年 9 月 22 日,加拉贝洛和斯科瓦奇再版,《水下文化遗产的保护》,第 259 - 260 页。

[38] 奥基夫,《沉船遗产》,第 77 页。另见罗奇,《法国承认美国拥有阿拉巴马号的所有权》(France Concedes United States Has Title to CSS Alabama)。

中,有这样一项规定:"未经另一方同意,任何一方不得采取对沉船或其相关文物有不利影响的措施"㊴。2003 年法国和美国就 1686 年在得克萨斯沉没的法国海军辅助舰拉贝尔号达成互惠协议。协议规定"法兰西共和国还没有放弃或转移拉贝尔号沉船的所有权,并且继续保留所有权"㊵。美国国务院发表的宣布该协议的媒体声明陈述如下:

> 该协议……强调美国-法国之间的共同利益,包括所有权、研究、沉没军舰的保护与展示,以及将我们的共同历史向后辈的有效传承等方面㊶。

在签订第二次协议的时候,人们清楚地认识到,对沉没地点的合作管理是最有建设性的方式㊷。

最近又有两个关于英国军舰的事件。第一个是英国皇家海军幽灵号(HMS Fantome)。据报道,这艘船载着英国军队从白宫洗劫的物品,于 1814 年在加南大海岸附近沉没。2005 年,媒体报道一家私营打捞公司从加拿大新斯科舍省(Nova Scotian)政府获得了某遗迹的发掘许可,该遗迹被认为是幽灵号的沉没地,由此引起了英国对加拿大的抗议㊸。因为英国的介入,新斯科舍省当局拒绝了该打捞公司更新许可的申请,理由是,如果许可证导致对另一个主权国家对沉没军

㊴ 重点增补。《美利坚合众国政府和法兰西共和国政府关于阿拉巴马号残骸的协议》(巴黎,1989 年 10 月 3 日),加拉贝洛和斯科瓦奇再版,《水下文化遗产的保护》,第 261 - 262 页。

㊵ 《美利坚合众国政府与法兰西共和国政府关于拉贝尔号沉船的协议》(华盛顿,2003 年 3 月 31 日),加拉贝洛和斯科瓦奇再版,《水下文化遗产的保护》,第 265 - 266 页。关于这些协议,另见第 10 章第 10.2 节。有趣的是法国政府成立了一个委员会,对在外国水域发现的法国军舰进行个案初步审议,其结果会被国防部、文化部和外交部的决策中采纳。

㊶ 《美国-法国签署了"拉贝尔"协议》("US-France 'La Belle' Agreement Signed"),美国国务院媒体简报,华盛顿特区,2003 年 4 月 1 日。

㊷ 拉贝尔协议之后,2004 年 2 月 12 日,美国和日本之间就一艘于 2002 年在珍珠港发现的日式迷你潜水艇的事件互换了外交照会。除其他事项外,达成了美国保护该沉船上"日本政府及其公民的利益"的共识。

㊸ 美国国务院也对此做出抗议。

舰进行干预,且未经该国明示同意,则他们不能够签发许可。第二个例子是英国皇家海军萨塞克斯号,一艘 17 世纪的英国军舰,据说沉没时载有 10 吨金币。人们认为英国皇家海军萨塞克斯号的遗址位于直布罗陀海峡附近有争议的水域之中。2002 年,英国与奥德赛海洋勘探公司(以下简称奥德赛公司)就黄金的打捞达成了一项有争议的协议㊹。然而,由于西班牙文化遗产当局的干预,打捞行动被搁置。英国政府对这两艘有历史意义的战舰采取的截然不同的措施令人震惊。英国皇家海军萨塞克斯号提供了一个不寻常的例子,即在面临沿海国依据保护遗址文化价值而反对的情形中,船旗国希望由其自身进行这种干预,而非希望排除他方的干预。

美国关于沉没的国家船舶的政策已正式制定并多次重申。特别值得注意的是一项有关 2001 年保护沉没军舰的美国政策的总统声明,这是对沉没船舶日益增长的寻宝者和打捞者的回应(也可能因为或部分因为受联合国教科文组织关于水下文化遗产正在进行的谈判的促进)。这项声明代表美国的政策,并且其实质内容值得全面引用:

> 美国无疑对其沉没的国家船舶保留所有权,除非所有权以国会授权或指示的方式被放弃或转让。美国承认相关国际法规则,即外国沉没的国家船舶仅能依据外国船旗国的法律转让或放弃。
>
> 此外,美国承认美国或外国沉没的国家船舶,无论在何地、何时在海上失踪,其所有权都不会因为时间的推移而消失。
>
> 国际法鼓励各国为公众利益维护其散落在各处的海洋遗产。
>
> 那些从事未经授权的以沉没国家船舶为目标的活动的人们被告知,如果没有国家主权的明确许可,不得对船舶进行干扰或打捞。并且只能

㊹ 关于此协议,另见第 6 章第 6.2.2.2 节。

按照专业的科学标准进行相关活动，以及最大限度地尊重任何人类的遗骸。

美国将利用其授权保护美国和其他国家的沉没国家船舶，无论其在美国水域、外国水域或国际水域内。

此声明中有几点值得注意。第一，没有明确提及主权豁免原则；第二，该声明的目的或部分目的是使打捞者认识到必须得到主权、即所有权人的明确许可，才能干扰这些地方。第三，该声明适用于任何时代的国家船舶，并试图强调这样一种观点，无论船舶在何时消失，其所有权并不会因时间的流逝而消失[45]。第四，美国明确表示将"利用其授权"（可能意味着根据国际法可获得的任何授权）保护任何地方沉没的国家船舶，包括其他国家的船舶。第五，该声明陈述了对沉船的遗产价值认同，无论其年限。通过提及"国际法鼓励各国保护其散落在世界各地的海洋遗产"，它似乎在间接提及 1982 年《海洋法公约》的第 149 条和第 303 条。

2001 年的总统声明的条款被编纂于美国 2004 年《军事沉船法案》（SMCA）之中[46]。除了重申此前关于所有权的政策规定外[47]，《军事沉船法案》对无论在何处的美国沉没军用船舶[48]和在美国内水、领海和毗连区内的外国沉没军用船舶都提供保护[49]。它还鼓励对此类船舶制定双边或多边的协议[50]。这项法令的三个基本

---

[45] 有意思的是，这代表了早期政策的变化，这一政策区分了在近期和遥远的过去沉没的军舰。直到最近 1980 年，美国区分了"在不久的过去"（以第二次世界大战为例）和遥远的过去的船舶（以 17 世纪和 18 世纪为例），对后者的解释"当然仍然取决于对该时期放弃的更传统的解释"，参见美国国务院给海事局的信函，1980 年 12 月 30 日，转载于美国国务院，《美国国际法实务文摘》，第 8 卷，第 1004 页，始于第 999 页。事实上，政策的变化已经在美国大使大卫·巴尔顿（David Balton）提交的支持梅赛德斯号的文件中被证实。

[46] 《国际公法》，第 108 - 375 号。

[47] 参见 2004 年《军事沉船法案》，第 1401 节。

[48] 为该法案的目的，"沉没的军用船舶"这一术语包括沉没的军事船舶、飞行器、航天器以及其他相关内容，参见 2004 年《军事沉船法案》，第 1408 节第 3 段。

[49] 根据法梅尔，《军事沉船法案》的规定最大程度上扩大了美国的管辖权，与主权船舶拥有主权地位，并且沿海国可以管理其内水的活动的概念一致，法梅尔，《美国》，第 369 页。

[50] 2004 年《军事沉船法案》，第 1407 节。

目标似乎是：①防止未经授权的干扰；②为潜在打捞者和其他人提供政策和实践的明确通知；③鼓励对位于其他国家水域的美国国家船舶享有互惠待遇。同样地，其重点在于所有权，而不是豁免的概念。

2004 年，美国和其他船旗国的政策在《美国联邦公报》（the US Federal Register）上正式发表。所有声明的共同特点是，它们坚持未经明确同意不得对沉没的国家船舶进行干涉。法国、德国和英国的声明——同样都提到所有权——都明确表示沉没的国家船舶享有主权豁免；在另一方面，日本、俄罗斯、西班牙和美国，不提及豁免的概念，并坚持所有权的持续性。这是否反映了观点的真正分歧，是值得商榷的。强调所有权的持续性这一事实，可以简单地反映一个集体观点：沉没国家船舶的豁免来源于此种船舶属于国家财产的事实。正如福莱斯特所指出的那样：

> 如果国家确实仍拥有该船舶，豁免仅能适用于国家船舶……如果国家放弃国家船舶的所有权，主权豁免的原则将不再适用[51]。

然而，令人奇怪的是，提到主权豁免的三个声明也是唯一明确地涉及在沉没时"拥有或运营"该船舶的声明[52]。还不清楚对于那些沉没时提供非商业化服务，但又不是国家所有的船舶，主张主权豁免的正当理由是什么[53]。

4.2.3　美国联邦海事法院对国家的沉没船舶的处理

目前，一个有一定意义的国家实践领域是美国联邦海事法院在涉及打捞国

---

[51] 福莱斯特，《国家沉船作为水下文化遗产的国际视野》，第 42 页。

[52] 重点增补。

[53] 有意思的是与清单一起的会议报告中的评论成了 2004 年《军事沉船法案》中的条款，该法案规定"沉没时享有主权豁免的船舶，在船旗国正式放弃之前仍属于船旗国的财产"，重点增补。也可参见美国国务院顾问律师罗伯特·布隆伯格的评论，2004 年《军事沉船法案》澄清了美国水域内的（美国和外国所有的）沉没军舰和航空器，如果没有明示放弃，仍属于船旗国财产并享有主权豁免，《水下文化遗产的国际保护》，第 500 页。重点增补。

家的沉没船舶的决策。当一个国家来到这些法院在此类船舶上维护自己的权利时,这些权利得到了一贯的支持㊷。特别值得注意的是(部分原因是它们是由两个不同的美国联邦巡回法院裁决的)最近发生的两起案件,涉及西班牙历史悠久的军舰,它们现在被视为标杆判例。在两个案例中,西班牙王国的主张(有美国政府的支持声明)得到了支持。在一个案件中,是基于绝对所有权的主张;另一个是基于主权豁免。根据阿斯纳尔-戈麦斯,这些案件有效地"关闭"了使美国海事法院对那些打捞者对未被放弃的国家沉没船舶主张权利㊸。

4.2.3.1 朱诺号和拉加尔加号(海上搜寻公司 2000 年)

这个案件有关两艘西班牙海军护卫舰,西班牙护卫舰拉加尔加号和朱诺号。两艘军舰在弗吉尼亚海岸遭遇飓风后失事,前者沉没于 1750 年,后者沉没于 1802 年。在西班牙护卫舰拉加尔加号案中,大部分的船员和乘客都得以生还;朱诺号中至少有 413 人失踪。商业打捞经营商海上搜寻公司,获得了由弗吉尼亚州颁发的许可,以搜寻沉没船舶,当船舶被发现的时候,弗吉尼亚州又根据美国 1987 年《遗弃沉船法案》对其主张了所有权㊹。当西班牙获悉商业开发的许可证被授予时,西班牙还发出了外交照会以示抗议㊺。尽管有这种抗议,但对沉船地点的干预仍在进行,海上搜寻公司在诺福克(Norfolk)地方法院提起了"对物打捞诉讼"

㊷ 参见哈特勒斯公司诉美国海军哈特勒斯号案,《美国海事判例汇编》第 1984 卷,始于第 1094 页(德州南区法院,1981 年),维持原判,《联邦判例汇编》第 2 辑 698 卷,始于第 1215 页(第五巡回法院,1982 年);美国诉斯坦梅茨案,《联邦判例补遗汇编》第 763 卷,始于第 1293 页(新泽西州地区法院,1991 年),维持原判,《联邦判例汇编》第 2 辑第 973 卷,始于第 212 页(第三巡回法院,1992 年),驳回调卷令,《最高法院判例汇编》第 113 卷,始于第 1578 页(1993 年);国际飞行器打捞有限公司诉身份不明的沉船和遗弃飞行器案,《联邦判例汇编》第 3 辑第 218 卷,始 1255 页(第十一巡回法院,2000 年),驳回调卷令,《最高法院判例汇编》第 121 卷,始于第 1079 页(2001 年)。关于更多最近的案例,另见下文。

㊸ 阿斯纳尔-戈麦斯,《寻宝者、国家沉船以及联合国教科文组织保护水下文化遗产公约》(*Treasure Hunters*, *Sunken State Vessels and the 2001 UNESCO Convention on the Protection of Underwater Cultural Heritage*),第 218 页。

㊹ 根据美国 1987 年《遗弃沉船法案》,美国对任何嵌入一国被淹没的土地或者存于其上的,且被列入或有资格列入国家历史遗迹登记册的被遗弃船舶享有所有权。所有权随之转移到相关国家。参见《美国法典》第 43 卷,第 2105 节(a)段及(c)段。救助许可将在海上搜寻公司和弗吉尼亚之间产生分歧,见《西班牙获得保护沉没船舶的权利》("Spain Wins Right to Protect Sunken Vessels"),卡温顿和柏林新闻稿(Covington and Burling Press Release),2000 年 8 月 9 日。

㊺ 参见《西班牙获得保护沉没船舶的权利》,卡温顿和柏林新闻稿,2000 年 8 月 9 日。

(in rem salvage action)㊳。

在打捞是不必要的情况下，案件转向了所有权和所有权人权利的问题。打捞者认为，船舶一直处于被所有者遗弃的状态，并且他们拥有弗吉尼亚州颁发的许可，有权进行打捞活动。第四巡回法院在两艘船舶的问题上均倾向于西班牙㊴。它强调明示放弃是控制标准，因为船舶的所有者西班牙已经对其主张过所有权㊵。它还认为，西班牙没有明确放弃两艘船舶的所有权，推翻了地方法院关于西班牙在 1763 年签署法国、英国和西班牙之间的《最后和平条约》(the 1763 Definitive Treaty of Peace)时就已经明示放弃西班牙护卫舰拉加尔加号所有权的判决。在那个条约中，西班牙把大部分新世界的领土都转让给了英国。然而，在条约的转让条款中，没有有关船舶或沉船的明确规定。美国第四巡回法院认为条约的条款没有提供有关明示放弃所有权的"明确且令人信服的证据"。其进而认为，西班牙作为所有者有权利禁止未经授权的打捞㊶，并要求打捞者将该遗址中出水的物品归还西班牙。

三个具体的实际情况给第四巡回法院留下了深刻印象，但似乎都没有起到决定性的作用。首先，西班牙意图保护海上墓地的神圣性㊷；其次，根据 1902 年美国和西班牙之间的《友好条约和一般关系条约》(the 1902 Treaty of Friendship and General Relations)，认为明示放弃标准是合适的㊸；最后，此案中主权国家提出的

㊳ 海上搜寻公司诉身份不明的沉船或船舶案，《联邦判例补遗汇编》第 2 辑第 47 卷，始于第 678 页(弗吉尼亚州东区法院，1999 年)，部分维持原判、部分撤销，《联邦判例汇编》第 3 辑第 221 卷，始于第 634 页(第四巡回法院，2000年)，驳回调卷令，《美国判例汇编》第 531 卷，始于第 1144 页(2001 年).

㊴ 《联邦判例汇编》第 3 辑第 221 卷，始于第 634 页。

㊵ 《联邦判例汇编》第 3 辑第 221 卷，始于第 634 页，第 640 – 641 页。另见第 3 章第 3.2.3 节。

㊶ 第四巡回法院支持了地方法院的一审结果，即"船舶所有人有权拒绝不必要的救助"，参见《联邦判例汇编》第 3 辑第 221 卷，始于第 634 页，第 647 页，注释 2。事实上，法院似乎也认为这是不够的，打捞者在诉讼前知道船舶享有主权，主权国家"可能"提出所有权要求并拒绝打捞，参见《联邦判例汇编》第 3 辑第 221 卷，始于第 634 页，第 647 页，注释 2。

㊷ 事实上，仅有朱诺号是重要的墓地。

㊸ 具体来说，公约的第 10 条规定"在海上损毁或强行安置海中的沉船，一方应将船舶提供给另一方……在类似情况下也可给予本国船只豁免"，参见《联邦判例汇编》第 3 辑第 221 卷，始于第 634 页，第 642 页。该条约明确提到沉船的贸易和航行，这在美国友好条约中似乎是独特的存在，美国国务院权益声明，1998 年 12 月 18 日，第 13 节。

所有权主张,得到了其他主权国家的正式支持㉔,这一事实也具有重要意义。然而,没有证据表明所有者对朱诺号和西班牙护卫舰拉加尔加号的主权地位在任何情况下的决定意义,事实上,适用明示放弃标准的主要支持来自哥伦布-美国发现集团案,该案涉及的是私人主张者㉕。因此,这项决定似乎具有广泛的应用潜力。

该案结果部分是由美国 2004 年通过的《军事沉船法案》所决定的㉖。这项联邦成文法案的制定目的之一是确保联邦法院系统统一应用这项由此案产生的原则,特别是关于沉没军事船舶的明示放弃标准,以及主权所有者可以拒绝打捞的概念㉗。在其他方面,法案通过明确任何人不得对此类船舶从事或企图从事未经授权的活动,以保护处于 24 海里毗邻区内的外国国家沉没船舶㉘。

4.2.3.2 梅赛德斯号(2011 年)

2007 年,美国海洋探险和沉船打捞公司奥德赛公司在直布罗陀海峡(the Straits of Gibraltar)以西约 100 海里的国际水域内,发现了一艘沉船。该沉船代号为"黑天鹅"(Black Swan)。打捞地点中发现了约 594,000 枚钱币,大多是银制的,还有一定数量的小件文物,该案归于美国佛罗里达州坦帕地方法院管辖;奥德赛公司随后提起了对物打捞诉讼㉙。西班牙王国主张该船舶是西班牙海军

㉔ 除了美国的支持,作为法庭之友的英国也发出外交照会支持西班牙的主张,1763 年条约的条款不可被解读为对西班牙护卫舰拉加尔加号的明示放弃,参见《西班牙获得保护沉没船舶的权利》,卡温顿和柏林新闻稿,2000 年 8 月 9 日。

㉕ 参见第 5 章第 5.2.3 节。

㉖ 另一个意义重大的案例,几乎在同一时间作出的判决,是国际飞行器打捞有限公司诉身份不明的沉船和遗弃飞行器案,《联邦判例汇编》第 3 辑 218 卷,始于第 1255 页(第十一巡回法院,2000 年),驳回调卷令,《最高法院判例汇编》第 121 卷,始于第 1079 页(2001 年)。另见第 5 章第 5.3.4.4 节。

㉗ 参见美国海军部,《关于沉没的军事船舶法案的要点》,2009 年 3 月 28 日(可在此链接获得相关信息:www. history. navy. mil)。

㉘ 2004 年《军事沉船法案》第 1402 节(a)段。关于此类沉船的案件中,任何情况都不适用打捞物法,并且未经外国明确许可不可从事打捞权利活动或者奖励行为,参见 2004 年《军事沉船法案》第 1406 节(c)段和(d)段。

㉙ 奥德赛海洋勘探公司诉身份不明的失事船舶案,《联邦判例补遗汇编》第 2 辑 675 卷,始于第 1126 页(佛罗里达州地方法院,2009 年 12 月 22 日);维持原判,《联邦判例汇编》第 3 辑 657 卷,始于第 1159 页[第十一巡回法院(佛罗里达州),2011 年 9 月 21 日];驳回调卷令,《最高法院判例汇编》第 132 卷,始于 2379 页(美国,2010 年 5 月 14 日)。

护卫舰梅赛德斯号,它在 1804 年的一次"关键"行动中被英国舰队击沉,损失巨大⑩。由此,西班牙主张该船是一艘享有主权豁免的西班牙战舰,因此法院没有管辖权,该案件应被驳回。

2009 年,地方法官马克·皮佐发布了支持西班牙的报告和建议。皮佐法官在平衡证据后认为,该沉船确为梅赛德斯号⑪,因此"毫无疑问地"属于西班牙的财产⑫。美国 1976 年《外国主权豁免法案》(FSIA)为美国法院对外国的管辖权奠定了基础,除例外适用的情况,外国国家及其财产推定不受美国法院的管辖⑬。皮佐法官认为,奥德赛公司没有提出任何例外适用的情况,因此,法院"没有判决西班牙财产的管辖权"⑭。他建议奥德赛公司将打捞的物品返还给西班牙⑮。同一年,报告和建议都被地区法官史蒂文·麦瑞迪(District Judge, Steven Merryday)采纳。奥德赛公司立即宣布将上诉到第十一巡回法院⑯。2011 年,第十一巡回法院维持了地方法院的裁定,即地方法院根据证据认为该沉船是梅赛德斯号;因此,其免于扣留;并且地方法院下令将打捞的物品返还给西班牙管理并未做错⑰。

与海上搜寻公司的案件相反,西班牙提出这一案件并非纯粹出于所有权,而是基于此沉船豁免诉讼。根据皮佐法官的观点,打捞者对物诉讼的主张,成功与

---

⑩ 《联邦判例补遗汇编》第 2 辑第 675 卷,始于第 1126 页,第 1130 页这场行动被称为圣玛丽角战役(the Battle of Cape Saint Mary),是"重要的"行动,因为该战役导致(或部分导致)西班牙宣布对英作战,并作为法国的盟友参与拿破仑战争,《联邦判例汇编》第 3 辑第 657 卷,始于第 1159 页,第 1173 页。梅赛德斯号的详细历史大纲请见《联邦判例汇编》第 3 辑第 657 卷,始于第 1159 页,第 1171–1173 页。

⑪ 关于船舶识别的问题,另见第 3 章第 3.2.2 节。

⑫ 《联邦判例补遗汇编》第 2 辑第 675 卷,始于第 1126 页,第 1139 页。

⑬ 《外国主权豁免法案》的第 1609 段:"受制于现行的国际法协议,美国是该法案颁布的缔约国,除第 1610 和 1611 段另有规定外,在美国的外国国家财产不受扣押和执行的影响。"

⑭ 《联邦判例补遗汇编》第 2 辑第 675 卷,始于第 1126 页,第 1130 页。关于为何不适用第 1610 和 1611 段规定的例外,参见《联邦判例补遗汇编》第 2 辑第 675 卷,始于第 1126 页,第 1140 页,注释 17。在海上搜寻公司的案例中,1902 年美国和西班牙之间的《友好条约和一般关系条约》被引用,以支持《外国主权豁免法案》规定的豁免的适用,《联邦判例补遗汇编》第 2 辑第 675 卷,始于第 1126 页,第 1143 页。

⑮ 西班牙不是唯一一个对该物主张权利的当事方。秘鲁共和国和 25 个在梅赛德斯号上运输货物的乘客的后代也主张了权利。法院拒绝受理了这些竞争要求。

⑯ 奥德赛公司新闻发布稿,2009 年 12 月 23 日。

⑰ 《联邦判例汇编》第 3 辑第 657 卷,始于第 1159 页。

否取决于"沉船的身份或者其缺乏任何明显的身份"⑦⑧：一旦沉船被确认为另一个主权国家的军舰,法院"管辖权的缆绳"就被切断了⑦⑨。除其他事项外,该案表明相较于仅基于所有权的干预,基于主权豁免的干预具有程序性优势：特别是它是一个快速的程序,因为法院没有管辖权,可能会立即导致打捞者的对物诉讼被立即驳回。打捞主张不仅涉及法院管辖权问题,而且涉及秘鲁和一部分私人货主的后代的问题⑧⓪。

梅赛德斯案引起了两个具体问题,这些问题在沉没国家船舶豁免的情况中具有普遍意义,这两个问题构成了上诉理由的一部分。首先,梅赛德斯号在沉没时提供的是否是非商业的服务。除了为西班牙国王运送钱币外,它还运送一些私人商业货物以换取运费和一些乘客的费用。因此,奥德赛公司认为梅赛德斯号提供的是商业服务。然而,西班牙在向美国提交的论据的支持下认为该船"在战争或受到战争威胁期间"⑧①出于西班牙的利益和财产,提供了安全通道,包括其所服务的主体,这构成当时海军的普遍功能。由此,其属承担公共服务。第十一巡回法院表示赞同,认为"虽然梅赛德斯号确实为西班牙国民运送私人货物并收取费用,但是这种运输是带有主权性质的"⑧②;"因为西班牙的行动带有主权性质,并不是市场上的私人行为,我们认为梅赛德斯号没有进行商业活动,并且根据 1976 年美国《外国主权豁免法案》享有主权豁免"⑧③。

虽然关注的焦点往往是沉船主权豁免的问题,商业打捞者通常对货物感兴趣,而不是船舶自身。就梅赛德斯号,奥德赛公司试图解决其对沉船上钱币享有

---

⑦⑧ 《联邦判例补遗汇编》第 2 辑第 675 卷,始于第 1126 页,第 1146 页。
⑦⑨ 《联邦判例补遗汇编》第 2 辑第 675 卷,始于第 1126 页,第 1146 页。
⑧⓪ 参见第 3 章第 3.4.1.2 节。
⑧① 2009 年 6 月 3 日西班牙国王就奥德赛公司以及私人索赔者向地方法官提出的报告和建议,2009 年 8 月 31 日,第 10 页。
⑧② 《联邦判例汇编》第 3 辑第 657 卷,始于第 1159 页,第 1177 页。
⑧③ 《联邦判例汇编》第 3 辑第 657 卷,始于第 1159 页,第 1178 页。事实上,奥德赛公司认为《外国主权豁免法案》第 1609 段规定的例外情形,第十一巡回法院认为奥德赛公司提出的争辩是不存在的,参见《联邦判例汇编》第 3 辑第 657 卷,始于第 1159 页,第 1176 页。

的潜在权利。第二个问题是,享有主权豁免的船舶的船载物,是否被该豁免船舶本身所"覆盖着"。考虑到秘鲁和私人货主后代的主张,梅赛德斯号所载钱币的所有权显然是一个存在争议的问题㉞。因此奥德赛公司认为货物和船舶应该被分别对待:事实上一艘享有主权豁免的船舶上载有货物并不意味着货物享有主权豁免。然而,地方法官皮佐拒绝将货物从船舶中分离,并认为它们是"密不可分的"㉟。他认为,将它们分开对待会损害西班牙的主权利益,背离"传统的海事规戒"㊱。第十一巡回法院得出了同样的结论,其原因有二。第一个出于联邦立法如2004年《军事沉船法案》和美国1987年《遗弃沉船法案》的立法目的,货物被视为沉船的一部分;第二个出于国际礼让原则,考虑到如果将货物从梅赛德斯号中分离,并且支持对享有主权豁免的军舰上发现的货物进行扣押和打捞,那么"不可否认地将会给西班牙的利益造成损害"㊲。事实上,即使纯粹从实际的角度来看,从沉船中将货物分离出来不可避免地会对船舶本身造成干扰,并且可能会对该地点的人类遗骸造成侵扰㊳。

4.2.4 国际习惯法下的地位评估

如上所述,未经船旗国同意就不应对沉没的国家船舶进行干扰,这是基于两种主张:第一种是船旗国的所有权即便随时间流逝仍然存在,并且仅能通过明示放弃而失去;第二种是这种船舶享有主权豁免。如海上搜寻公司案和梅赛德斯号案两个标杆判例所示,如果一国介入在美国联邦海事法院审理的打捞诉讼,简单

㉞ 根据第十一巡回法院,"虽然多方都对发现的财产提出了部分主张,甚至连奥德赛公司都承认,通过衡量价值,大概25%的货物属于西班牙政府的财产",参见《联邦判例汇编》第3辑第657卷,始于第1159页,第1182页。

㉟ 《联邦判例补遗汇编》第2辑第675卷,始于第1126页,第1142页。

㊱ 同上注。

㊲ 《联邦判例汇编》第3辑第657卷,始于第1159页,第1182页。第十一巡回法院清楚地表明,其并不认为发现的钱币是西班牙的财产,但是沉船的主权豁免适用于任何装载的货物。出于这个原因,秘鲁和个人主张者被禁止在美国法院主张权利。参见《联邦判例汇编》第3辑第657卷,始于第1159页,第1182页。

㊳ 梅赛德斯号沉没的地点非常不同寻常,因为船舶在水面爆炸,然后沉入1100米深的海洋,其海床上散落的碎片范围非常广。虽然在沉没地点发现了使用于船舶外壳的铜板,但是船体的残骸很少。然而,即使未干扰船舶和人类遗骸的前提下,在沉没地点打捞上来钱币和其他贵重物品,沉没地点作为埋葬地的神圣性仍会被干扰。

主张其是沉船的所有者，并且没有明确授权打捞；或者替代性的，主张沉船是主权国家拥有的并享有主权豁免，在这两种情况下最终结果可能会让打捞者失望。自从 2004 年《军事沉船法案》出台，关于此方面的立场有所加强。

美国和其他船旗国认为，他们主张所依据的这两种论断反映了国际法规则。然而，尽管美国近年来做出了相当大的努力以鼓励一贯的国家实践，但是这是值得怀疑的[89]。对这个问题持续的不确定性，不仅从是否有足够一致和广泛的国家实践、出于法律责任的动机、等同于习惯法这几个方面涌现，而且对于船旗国和沿海国在领海内的军舰豁免的基础以及各自的权利，仍然存在混淆和怀疑。为了他们各自的利益，船旗国需要更清楚和充分地阐明他们在这些问题上的立场。然而，考虑到新的沉船地点被发现的速度越来越快，以及各国采取行动保护沉没国家船舶的文化价值的意愿越来越高[90]，很有可能此类实践在未来会继续增长并趋于一致。总有一天，对沉没国家船舶干预要求船旗国明示同意——在他们所处的任何水域是可能的，这也许会形成一项国际习惯法规则[91]。

4.3　沉没的国家船舶与联合国教科文组织 2001 年《保护水下文化遗产公约》

4.3.1　背景

考虑到沉没军舰和其他国家船舶在国际法下地位的不确定状态，不可避免

---

[89] 关于此问题最近的学术观点，参见福莱斯特，《南非》，第 260 - 261 页；加拉贝洛，《地中海的沉没军舰》，第 183 页；奥基夫，《沉船遗产》，第 52 页；斯特拉蒂，《水下文化遗产的保护》，第 48 - 49 页，注释 56。阿斯纳尔-戈麦斯，《寻宝者、国家沉船以及联合国教科文组织保护水下文化遗产公约》，第 223 页。

[90] 西班牙对海上搜寻公司案的干预似乎是其第一次对沉没军舰主张权利。西班牙过去不承认殖民时期船舶的所有权，法梅尔认为可能是由于西班牙不愿"受外国地方海事法院的管辖"，也可能是因为对大帆船上宝藏的由来感到敏感，参见法梅尔，《美国》，第 369 页。他还认为由于美国的一些推动作用，促使西班牙对海上搜寻公司案进行了干预。同样参见阿斯纳尔-戈麦斯，《西班牙》，第 272 - 274 页。

[91] 如下所示，该进程受到联合国教科文组织 2001 年《水遗公约》提供的一些便利。在沉船可能造成危险的情况下，关于沿海国的干预权力需要作出警告，这取决于这些干预权可适用于沉船状态的船舶的程度。关于这些权力的讨论，参见德罗姆古尔和福莱斯特，2007 年《〈关于沉船清除的内罗毕国际公约〉和危险历史沉船》。

的,如何对其进行处理是《水遗公约》的起草者面临的最棘手的问题之一。无论国际法是否支持海洋国家关于此类船舶的立场,这些国家对这一立场的坚定维护意味着,如果有可能制定一份他们认为可以接受的条约文本,这一立场就需要被采纳。如前所述[52],1994 年《国际法协会草案》以及 1998 年联合国教科文组织《水遗公约》草案选择按照海事条约的做法处理这一问题,将此类船舶排除在其适用范围之外。然而,鉴于相当大一部分的水下文化遗产将在公约保护框架之外,公约起草者们很快认识到,这将严重损害该公约发起的目的。一旦这些沉船在某些情况下"视为"被放弃的条款而被抛弃,国家船舶就自然有机会出现在公约的适用范围内。

从美国和其他志同道合的船旗国的角度上来看,理想的结果应该是将他们有关明示放弃和豁免的立场"编纂"到公约中,在所有涉及对沉没国家船舶的干扰活动中,船旗国的明示同意都是必需的[53]。然而从一开始就很清楚,这是一个不切实际的目标,需要找到一个折中的方案以满足其他国家的利益。特别是对一些拉丁美洲和加勒比国家来说,沉没军舰的地位是高度敏感的,他们拒绝承认在他们沿海内船旗国对殖民时代的船只的所有权[54]。也正是如此,在沉没军舰的问题上向船旗国做出的让步越大,则那些恳切希望公约规定沿海国家对全部位于大陆架上或专属经济区内的水下文化遗产享有充分和直接管辖权的国家的不满就会越大。

尽管为维护船旗国的利益做出了不懈的努力,并且在谈判的最后几个小时仍在继续[55],但是在最后的文本中,关于沉没的国家船舶的制度对大多数国家来说都是不可接受的[56]。

---

[52] 参见第 3 章第 3. 3. 2. 1 节。

[53] 参见布隆伯格,《水下文化遗产的国际保护》,第 496 页。

[54] 参见加拉贝洛,《地中海的沉没军舰》,第 175 页,注释 14;阿斯纳尔-戈麦斯,《寻宝者、国家沉船以及联合国教科文组织保护水下文化遗产公约》,第 230 页,注释 89。

[55] 参见奥基夫,《沉船遗产》,第 30 - 31 页。

[56] 关于例外情况,参见下文第 4. 3. 3 节。

4.3.2 《保护水下文化遗产公约》下沉没的国家船舶制度

联合国教科文组织 2001 年《水遗公约》第 1 条第 8 款中"国家船舶和飞行器"指的是：

> 属于某国或由其使用，且在沉没时仅限于政府使用而非商用，并经确定属实又符合水下文化遗产的定义的军舰和其他船只或飞行器。

这个定义与其他条约规定的一致，包括 1982 年《海洋法公约》和 1989 年《国际救助公约》[97]。它排除了从事贸易或其他私人服务的国有船舶，这意味着那些荷兰东印度帆船（如荷兰东印度公司的商船现在由荷兰政府享有所有权[98]）受制于公约的标准条款，而不是国家船舶的特殊制度。同样值得注意的是，第 1 条第 8 款中适用于运营的船舶，而不是沉没的船舶，导致的结果是即便船舶和飞行器的所有权在沉没、放弃或其他情况下丧失了，也会被定义所涵盖[99]。

须注意的是，根据第 1 条第 8 款有资格成为国家船舶或飞行器，必须满足公约对水下文化遗产的定义，即满足 100 年时间条件。这意味着第一次世界大战期间的沉船很快会被包含到公约框架内，而第二次世界大战期间的沉船还需要一段时间。至于 20 世纪之前的沉船，奥基夫认为越老的沉船，越难确认它是否符合国家沉船的标准[100]。如梅赛德斯号案揭示的那样，在古老沉船是否提供公共服务的问题上存在争议，并且判断一艘船舶是否专门从事公共服务非常困难[101]。此外，第 1 条第 8 款的定义仅适用于被确定为"此类"的军舰和其他国家船舶。在此类

---

[97] 参见《海洋法公约》第 32 条；1989 年《国际救助公约》第 4 条第 1 款。

[98] 另见，第 3 章第 3.2.1 节。

[99] 这意味着，原则上，像英国皇家海军伯肯黑德号这类的船舶，将受公约关于沉没国家船舶特殊制度的约束，尽管事实上沉船已经在沉没后被海军代理卖掉了，参见格里布尔（Gribble），《英国皇家海军伯肯黑德号和南非水域的不列颠沉船》（*HMS Birkenhead and the British Warship Wrecks in South African Waters*）。

[100] 奥基夫，《沉船遗产》，第 46 页。

[101] 例如，武装民船（过去几个世纪海战中的共同参加者）是否有资格，是有疑问的。然而，经过国家授权（通过私掠许可）以在战时攻击外国船舶，但是国家可能无法控制这些船舶，因此它们很有可能不被定义所涵盖。

船舶的制度被适用之前，一个沉船地点必须被识别为国家船舶沉没地，似乎只有这样才是符合逻辑的；但是正如梅赛德斯号案所表明的那样[102]，对沉船的肯定认可可能是有问题的[103]。但是，很显然，关于此问题的举证责任以及根据1条第8款提出的其他要求在于船旗国（仍存有怀疑），将适用一般的常规制度。因此福莱斯特(Forrest)所建议的沉没国家船舶的"特殊"制度很可能只适用于例外情况，至少在20世纪前的船舶上是这样[104]。

《水遗公约》中对沉没国家船舶的规定实质上是"一揽子"条款，包括对此类船舶根据其所在海域作的一些具体规定，以及一项重要的"保留"条款。

4.3.2.1　个别海域的具体制度

如上所述，领海中沉没的国家船舶的立场在政治上可能是一个特别棘手的问题。因此有必要就此和沿海国家主权下的其他海域的问题进行微妙的妥协。这一妥协载于第7条第3款：

> 缔约国在其群岛水域和领海内行使其主权时，根据国与国之间的通行做法，为了在保护国家船只和飞行器的最佳办法方面进行合作，要向是本公约缔约国的船旗国，并根据情况通知与该水下文化遗产确有联系，尤其是文化、历史或考古方面有联系的其他国家发现可识别国籍的船只和飞行器的情况[105]。

该条款是整个公约中最具争议的条款之一[106]。困难在于"应当通知"，这显然远低于船旗国的理想结果。然而，规定仅仅是"通知"船旗国，显然不是一个必要

---

[102] 参见第3章第3.2.2节。

[103] 识别船舶所进行的干预活动，可能违反了公约管理制度中的就地保护原则。

[104] 福莱斯特，《沉没国家船舶作为水下文化遗产的国际视野》，第50页。即使该制度不能适用，船旗国也将与该水下文化遗产有切实的联系，由此其利益将在传统制度下给予认可，参见第3章第3.4.2.2节。

[105] 重点增补。

[106] 关于协商进程的讨论，参见《水遗产公约的谈判史》，第134−136页。

条件,即任何干涉之前都必须要有船旗国的同意,但是向船旗国发出了通知的义务(加上这样做是为了"合作")也被船旗国所接受。可是在第7条第3款中,并未使用强制性的词汇"必须"(shall),而是建议性的词汇"应当"(should)。并没有把通知船旗国作为一项义务,这是该条款被反对的根源。另一个没那么严重的问题是,不像第7条其他条款那样,第3款没有提及内水。美国代表团主席布隆伯格认为,这一疏忽"造成了一种消极的含义,即船旗国在这些水域对它们的船舶没有任何权利"[107]。

乍一看,沉没国家船舶在专属经济区和大陆架的条款,从船旗国可能接受的角度来看更有希望。第10条第7款:

> 根据本条第2款和第4款所指的情况外,未经船旗国的同意和协调国的合作,不得对国家船只和飞行器采取任何行动。

该条款与船旗国立场相一致的程度取决于第10条其他两个条款所指的内容。核心问题再次涉及沿海国被赋予的控制程度,包括其可能作为协调国的角色[108]。第10条第2款赋予缔约国为保护其主权权利和管辖权不受干涉,有权禁止或授权本国专属经济区内或大陆架上的针对水下文化遗产的任何互动。至少,如果在该条适用于不属于经济区的大陆架区域,它很可能被视为是沿海国权利的延伸,超出了1982年《海洋法公约》所规定的范围。第10条第4款也被认为是如此[109]。根据该款规定,协调国(实践中很有可能是沿海国)被赋予权力采取单边措施,事先协商,以防止任何原因引起的水下文化遗产的"紧急危险"。这似乎又是

---

[107] 布隆伯格,《水下文化遗产的国际保护》,第506页,注释22。
[108] 关于协调国家的概念,参见第1章第1.3.2节。
[109] 某种程度上涉及专属经济区的规定,它不能被视为对一般国际法的立场的任何改变。这是由于《海洋法公约》第58条第2款。这表明"第88条至第115条以及其他相关的国际法规则(重点增补)适用于专属经济区",在某种程度上它们与沿海国在该区域内的权利和管辖权并不矛盾。(关于此规定的条款包括第95条和第96条,其规定了军舰和由一国所有或经营并专用于政府非商业性服务的船舶,在公海上应有不受船旗国以外任何其他国家管辖的完全豁免权。)

沿海国权利的延伸。第 10 条第 7 款的另一个难点是,它要求协调国在对国家船舶采取任何活动之前进行协作。这可能让人觉得,沿海国或其他协调国可以阻止船旗国决定其拥有的专属经济区或大陆架内的沉没船舶的命运,并且在这个意义上,可以看作是超出 1982 年《海洋法公约》规定的进一步延伸,扩大了沿海国关于水下文化遗产的权利[⑩]。

《水遗公约》中最后关于特定水域内沉没的国家船舶的条款是第 12 条第 7 款。其涉及国家管辖权以外的深海海床上的国家船舶:

> 任何缔约国未经船旗国的许可,不得对"区域"内的国家船只或飞行
> 器采取任何行动。

这一条款维护船旗国关于许可的立场,似乎是没有争议的。为什么第 12 条第 7 款采用的是"许可"一词,而不是第 10 条第 7 款所使用的"同意"一词,这点是不清楚的。然而,在条款的上下文中,很难看到这些词除了相同的意思之外还有什么其他的含义。

奇怪的是,虽然第 10 条第 7 款和第 12 条第 7 款似乎要求船旗国,无论是否为公约缔约国,都要同意或许可对国家船舶和飞行器采取的活动,但是第 7 条第 3 款规定应向"本公约缔约国的船旗国"通知此类船舶的发现情况[⑪]。考虑到特别是第 7 条第 3 款规定向"与该水下文化遗产确有联系的"国家,包括非缔约国,通知发现船舶的情况,这似乎并没有合乎逻辑的解释为何第 7 条第 3 款要求船旗国在被通知沉船发现之前,成为《公约》的缔约国[⑫]。

---

⑩ 布隆伯格,《水下文化遗产的国际保护》,第 507 页,注释 22。
⑪ 重点增补。
⑫ 关于公约对"有实际联系"的国家的立场,参见第 3 章第 3.4.2.2 节。

4.3.2.2 现行国际法的保留

在他们看来,至少在某些情况下,第 7 条第 3 款和第 10 条第 7 款似乎使沿海国家有权在未经船旗国同意的情况下对沉没的国家船舶采取行动,从而削弱了"未经同意船舶免受干扰"的概念。然而,在对这些观点做出全面评估之前,需要考虑的另一项重要规定是第 2 条第 8 款。该条规定:

> 本公约须与各国的惯例和包括《联合国海洋法公约》在内的国际法相一致,任何条款均不对有关主权豁免的国际法和国家惯例的规定的修正,也不改变任何国家对本国的船只和飞行器拥有的权利。

这种保留有何影响? 答案当然取决于保留了什么。

奇怪的是,这项规定不仅涉及有关沉没国家船舶的"国际法规则"(the rules of international law),而且还涉及"国家惯例"(state practice)。如前所述[13],在这方面有相当多并持续增长的国家惯例。然而,必须肯定的是第 2 条第 8 款的国家惯例必须符合国际习惯法(即国际法规则),才有实际意义,否则很难看出它是否有可能被公约"修改"。因此,虽然明确提出国家惯例可能为船旗国提供了安慰,但实际上并没有带来任何好处。

第 2 条第 8 款被包含进公约之中,目的在于透过在第 7 条第 3 款和第 10 条第 7 款的解释中引入一定程度的灵活性,给船旗国提供一些保证。很难理解为什么它不能成功地提供这种保证。虽然,国际法规则"关于主权豁免"以及"国家对其国家沉船和飞行器的权利"的规定仍不确定,但那些对这个问题特别关切的船旗国似乎坚定地认为,他们的政策和惯例就是国际法的反映。如果他们是正确的(事实上,即使他们不是),第 2 条第 8 款可以用来进一步强调他们的主张,即在所有情况下

---

[13] 参见第 4.2.2 节。

都需要许可⑭。

4.3.3 解决疑虑的可能性

事实表明,关于船旗国关切的问题(即《水遗公约》中关于沉没军舰的处理方式)是有可能解决的,这一点在 2001 年投票赞成《水遗公约》的 7 个国家中得到了证实。2004 年,这 7 个国家就其沉船问题发表了正式声明⑮。这七个国家就包含西班牙和日本⑯。虽然日本尚未批准该公约⑰,但西班牙是最早批准该公约的国家之一。法国最初也援引公约中关于沉没国家船舶的处理方式,作为 2001 年弃权投票的原因⑱,现在看来似乎在准备交存批准文件⑲。

不可避免的,支持和批准此类复杂条约的决定都是基于权衡条约提供的利益是否比某一国家不喜欢的因素更有价值。在这种情况下,关于公约对沉没军舰的处理问题上的技术性异议(以及关于更一般的管辖权问题),需要权衡一下它的保护制度能给水下文化遗产(也包括特定的国家船舶)带来的好处。假定一个国家关心其沉没军舰(至少那些符合公约规定的水下文化遗产的船舶)是出于对这些遗址文化价值的保护(值得注意的是,包括那些因在提供公共服务时失去生命的人们葬身之地而具有的象征地位),公约为此类船舶提供的保护相当大。公约的首要目的是保护这些地点免受未经授权活动的干扰。在传统制度中,就地保护原则是首选的管理方式;任何授权的干涉性活动必须按照附件所列的标准进行;《打捞法》和《打捞物法》的适用受到严格的限制⑳;以及缔约国必须确保对所有人类

---

⑭ 也应注意国际法的一般保留条款,包括《海洋法公约》,第 3 条;另见第 8 章第 8.2 节。
⑮ 参见上文第 4.2.2 节。
⑯ 其他国家是法国、德国、俄罗斯、英国和美国。
⑰ 事实上,日本对该公约投赞成票是很奇怪的。不知道是不是日本对水下文化遗产有什么特别的兴趣,还是当时联合国教科文组织总干事是日本人,因此日本觉得有义务投赞成票支持公约。看起来在不久的将来批准公约不太可能。关于日本的投票声明,参见卡马达和斯科瓦奇,《水下文化遗产的保护》,第 423 - 424 页。
⑱ 参见关于法国投票的正式声明,由卡马达和斯科瓦奇整理,《水下文化遗产的保护》,第 427 页。
⑲ 2009 年,法国文化部宣布法国打算批准该公约。另见本书后记。
⑳ 参见第 4 条。关于此另见第 5 章第 5.4.2 节。

遗骸给予适当的尊重⑫。船旗国很可能会认识到，只有在希望利用遗址潜在的经济价值的时候，公约的一般条款才会与其利益发生冲突。鉴于大多数的船旗国对《水遗公约》处理沉没船舶的方式表示关切，并且他们已经明确表示，坚决支持公约的基本原则和目标⑫，必须假定他们已接受在公约范围内对水下文化遗产进行商业开发是不合适的⑬。

虽然《水遗公约》没有将船旗国的理想结果编纂入法，它确实使得沉没船舶的立场与其他水下文化遗产有所区分，并且没有试图剥夺所有者的所有权⑭。公约为此类船舶提供的特殊制度——被制定于第 1 条第 8 款，第 2 条第 8 款，第 7 条第 3 款，第 10 条第 7 款以及第 12 条第 7 款之中——必须在整个公约范围内审阅。特别是，必须考虑到公约的制定基石是合作原则。第 2 条第 2 款规定：

> 缔约国应在水下文化遗产方面进行合作⑮。这项义务适用于缔约国为执行《保护水下文化遗产公约》所采取的一切活动，包括第 7 条第 3 款和第 10 条第 7 款中关于沉没国家船舶的有争议的规定。

如上所述，第 7 条第 3 款的主要反对意见是它规定沿海国"应当"（should）告知，而不是"必须"（shall）告知船旗国在沿海国的领海或群岛水域发现的国家船舶。鉴于合作是整个条约框架的基础，根据第 2 条第 2 款的规定，缔约国的首要义务是相互合作。无论第 7 条第 3 款的措辞如何，"为了在保护国家船只和飞行器的最佳

---

⑫ 参见第 2 条第 9 款和附件第 5 条。关于这些条款，另见第 9 章第 9.4.4 节。联合国教科文组织《水遗公约》给予海洋墓地一致的对待，无论是为国家提供服务的军人还是其他人。由于几个方面的强烈反对，谈判过程中还提出了军事海洋墓地的建议。例如，加拉贝洛提出反对，以非洲国家为例，大量的奴隶死于非洲到美洲的航线上，他们认为所有死于海洋的人都应得到一视同仁的对待，参见加拉贝洛，《地中海的沉没军舰》，第 187 页。玛莱福德以越南为例，他认为那里有很多没有军籍的战争受害者，参见玛莱福德，《国际良好惯例及评论》（*International Good Practice or a Few Comments Upon Them*），第 65 页。

⑫ 参见第 1 章第 1.3.1.2 节。

⑬ 话虽如此，英国皇家海军萨塞克斯号的案例（参见上文第 4.2.2 节）表明有些国家不愿放弃商业开发的选择。

⑭ 另见第 3 章第 3.3.2 节。

⑮ 重点增补。

办法方面进行合作"㉖，一个缔约国未能与是本公约缔约国的船旗国取得联系，这是不可想象的。一般来讲，各国在其主权下处理水域中发现的国家船舶表现出相当大的敏感性㉗，并且只有当各国根据公约行事时，这种合作精神才可能得到加强㉘。还需指出的是，目前国内立法一般没有对船旗国发现军舰要通知的规定；然而，执行公约之立法作出该等规定可能成为标准实践，并因而加强船旗国的地位。船旗国已经认识到，沿海国拥有最终控制权，并且互相合作是务实的前进方式；因此，船旗国不会根据条约单独控制沉船遗迹的命运，这仅仅反映了目前的法律和政治现实㉙。

就船旗国对《水遗公约》对沉没国家船舶处理方式所持异议的考虑，往往集中于第 7 条第 3 款的措辞。这是因为他们对这项规定所察觉的困难完全可以理解。然而，技术上来讲第 10 条第 7 款似乎更损害他们的利益。如上所述，它使沿海国有权在协商前的两种情况中采取行动，两者都是沿海国对位于大陆上架水下文化遗产方面管辖能力的超越《海洋法公约》之延伸。然而应再次牢记，采取的任何行动都是为了根据《水遗公约》之原则，保护该地免受未经授权的活动的干扰。因此，难以看到作为公约缔约国的船旗国认为这一行动令人反感，或违背其利益。在这里显然需要在两者，即违反这一规定可能引起其关于许可的总体政策目标的

㉖ 第 7 条第 3 款。

㉗ 例如，主要参见伍尔弗汉普顿大学/英国遗产文献，《共同遗产：管理英国海外军事沉船的共同责任》（"Shared Heritage: Joint Responsibilities in the Management of British Warship Wrecks Overseas"），国际研讨会议，2008 年 7 月 8 日（可在以下链接中获得：www. englishheritage. org. uk）。1982 年在阿根廷海岸发现的英国皇家海军斯威夫特号（HMS Swift）提供了一个有趣的例子。虽然阿根廷不太可能承认英国对该船舶的所有权，但是阿根廷的遗产机构将该沉船视为"共同遗产"，并且就其管理问题向英国几个部门咨询过，参见埃尔金（Elkin），《案例研究：英国皇家海军斯威夫特号——阿根廷》（"Case Study: HMS Swift — Argentina"）（埃尔金认为在该沉船地点中发现的人类遗骸促使最初与英国当局进行的"共同决策"）。

㉘ 有趣的是，拟定保护地中海水下文化遗产区域协定的初步草案，起草于 2003 年，规定了缔约国必须船旗国（也是缔约国）通报在其领海（及内水）发现的可识别的船舶和飞行器的情况。看起来它选择了"必须"，而不是"应当"这个词，来鼓励沿海国家称为该协定的缔约国，即使他们对联合国教科文组织《水遗公约》中有关船舶和飞行器的规定感到不安，参见加拉贝洛，《地中海的沉没军舰》，第 197-199 页。关于该区域倡议和与联合国教科文组织 2001 年《水遗公约》的关系，参见第 10 章第 10.2 节。

㉙ 船旗国应该被提醒，根据《海洋法公约》第 303 条第 1 款，也许他们已经有义务就任何地方的水下文化遗产进行合作。另见第 7 章第 7.3.1 节。

偏见(应该说这是一场更为普遍的对抗逐步扩大管辖权的斗争),以及从整个公约中可能获得潜在利益之间作出权衡。

船旗国也应注意《水遗公约》下的国家沉没船舶位于毗连区的情况。第8条对该区域作出了规定,但并没有具体提及沉没军舰。然而,第8条是"在不违背第9、10两条的情况下,并在此两条之外"。因此,须得出结论第10条第7款是适用于毗连区的。这是对船旗国有益的说明。在预先存在的条件下,沿海国有权根据《海洋法公约》第303条第2款控制该区域内的水下文化遗产的清除,与领海的情况一样,不确定的是,是否必须寻求船旗国对沉没国家船舶的在先许可[130]。根据第10条第7款,除例外情况外,这种许可是必要的。

另一个重要的问题是,船旗国似乎忽略了(或可能简单被忽略)沉没军舰或其他国家船舶的权利,即该船舶可能对沿海国有重要的文化意义。事实上,在一些情况中,文化意义之于沿海国可能,即便不重要于,亦相当于船旗国。一个典型的案件是1787年离开大不列颠第一帝国舰队(First Fleet)的英国皇家海军天狼星号(Sirius),在澳大利亚博特尼湾(Botany Bay)建立了流放地。斯坦尼福思(Staniforth)认为,虽然沉船是"对所有澳大利亚人极为重要的",但是它对于不列颠的利益是有限的[131]。在许多情况下,船旗国和沿海国之间有共同或共享的利益,以确保对沉没地点采取适当的措施和进行适当的管理,显然最好通过合作的方式来完成。通过第7条第3款和10条第7款建立合作的框架,因此反映了这种情况中可能的文化现实情况。公约还明确鼓励制定此类情况下经常使用的双边或其他国家间协议,因此可以设想这种协议将会继续被使用,作为

---

[130] 例如,尼兰建议毗邻区的地位本质上与领海相同,参见尼兰,《美国海军沉没军舰的主权豁免和管理》,第3页。

[131] 斯坦尼福思,《澳大利亚对待共同遗产的方法》(*Australian Approaches to Shared Heritage: Royal Navy Vessels in Australian Waters*):在澳大利亚水域中的皇家海军船舶,第22页。斯坦尼福思把天狼星号之于澳大利亚的意义比做五月花号(the Mayflower)之于美国人的意义。门迪号(the SS Mendi)案表现出了潜在的更大的意义,即沉船对于国家的意义,而不是对船旗国的意义。门迪号1917年失踪时作为英国政府雇佣的兵船,当时将南非本土劳工团运往西方战线。大约600名劳工失去了他们的生命。根据格里布尔所说,这艘沉船是南非的国家象征,是第一次世界大战期间南非黑人为战争所作的贡献和牺牲,参见格里布尔,《英国皇家海军伯肯黑德号和南非水域的不列颠沉船》,第41页。不像其他英国的运输船,门迪号在英国的怀特岛沉没,而不是在南非的海域中。

解决特定困难的一种方式⑫。如此,它们可以规定更高水平的保护⑬。公约规定向那些与领海⑭、专属经济区以及大陆架上的水下文化遗产确有联系的国家进行通知和协商⑮,在产生某遗址是否属于第 1 条第 8 款定义范围之问题的情形下,船旗国也将直接受益。

公约第 2 条第 8 款的保留,似乎帮助西班牙克服了其对沉没国家船舶的处理上的担忧⑯。就法国而言,想法的改变可能是受到了其可以在批准公约后作出正式声明之可能性的促使,同时强调 2 条第 8 款的意义、对"国际法规则和国家惯例"的理解,以及根据这一理解对第 7 条第 3 款的解读⑰。可以预见,在公约制度下发展国家惯例将会加强船旗国的地位,并随着时间发展,提高第 2 条第 8 款的价值。

4.4 结论性评述

在 1990 年代末,联合国教科文组织进行谈判时选择 100 年作为公约适用的时间标准,这意味着第一次世界大战和第二次世界大战期间的损失被排除在制度之外。然而,时间很快过去,第一次世界大战期间的船舶将很快被公约涵盖。这可能促使一些海洋国家审视《水遗公约》为保护这些遗迹免受那些难以监管的干扰而提供的潜在利益,若非如此则该等干扰难以避免⑱。可论证的是,公约项下此类船舶的法律地位并不比一般国际法下的法律地位差,而且可能会更好。

---

⑫ 联合国教科文组织 2001 年《水遗公约》,第 6 条,另见第 10 章第 10.2 节。

⑬ 例如,船旗国应注意与沉没军舰有关的地中海地区的协定草案的条款,参见加拉贝洛,《地中海的沉没军舰》,第 198 页。关于此协定,另见第 10 章第 10.2 节。

⑭ 参见第 7 条第 3 款。

⑮ 参见第 9 条第 5 款和 10 条第 3 款。

⑯ 参见阿斯纳尔-戈麦斯,西班牙立场的启发性讨论,《西班牙》,第 286–287 页。

⑰ 似乎法国主要对第 7 条第 3 款的措辞提出了反对意见,参见《关于联合国教科文组织 2001 年〈水遗公约〉的工作会议》(Working Meeting on the 2001 UNESCO Convention on the Protection of the Underwater Cultural Heritage),伦敦,2008 年 7 月 9 日,最终报告,第 2 页。关于法国的观点,另见本书后记。

⑱ 另见本书后记。

事实上,公约设计并没有考虑 20 世纪战时的情况,这可能有助于解释为什么公约没有试图解决如下问题,即这些或其他属公约调整范围内的沉船可能造成的危害。虽然,国际海事组织的《内罗毕国际沉船残骸清除公约》专门制定以处理有危害的船舶,像其他海事条约一样,其排除适用军舰,并且其对于任何条约生效前的沉船的适用性值得怀疑[139]。对第一次世界大战和第二次世界大战期间的海洋遗产的处理,以及对更早时期的有潜在危险的沉船的处理,是国际社会应紧急处理的问题。为了确保任何危害被适当地"移除"或减轻,需要达成微妙的平衡,同时,对这些沉船可能具有的文化价值保护提供应有的关注。联合国教科文组织《水遗公约》所彰显的原则,至少应为这些目的提供一些有价值的指导。

---

[139] 另见德罗姆古尔和福莱斯特,2007 年《〈关于沉船清除的内罗毕国际公约〉和危险历史沉船》。《船舶残骸清除公约》尚未生效。

5

《打捞法》与《打捞物法》的适用

5.1 导言

通常从事水下文化遗产保护和管理的人们认为《打捞法》与文化遗产保护是对立的，并且水下文化遗产中应避免适用《打捞法》。反对的核心因为《打捞法》是鼓励打捞物品，因此违背了现在已经稳固确立的考古学原则，即有正当理由采取干预活动之前，应该适用推定就地保护原则。《打捞物法》也是如此，有时也适用于水下文化遗产，且一般被认为比《打捞法》更不合适，因为其适用的潜在结果是使"发现者"变成了"保管人"，这将不可避免地成为寻宝者的动机。尽管论证这两种法律都适用于处理水下文化遗产很难令人信服，但试图使具备水下文化遗产性质的物品从（尤其是）《打捞法》中脱离出来的尝试，却遇到了强烈的阻力。阻力不仅来自宝藏救助行业，也来自商业海事界的传统部门。

本章首先对《打捞法》及《打捞物法》进行概括介绍，包括对这些领域的法律在多大程度上受国际条约法管制的一些考虑。然后，探讨了这些法律在水下文化遗产的特定背景下的适用性，审视联合国教科文组织 2001 年《水遗公约》之前条约法所持的立场，以及在一些国内法律制度所采取的做法。鉴于美国历史上几个有利的解决案例，美国联邦法成为许多沉船救助者的首选并一直受到特别的关注。最后一个部分中，通过联合国教科文组织 2001 年《水遗公约》思考了《打捞法》和《打捞物法》的处理方式。

5.2 《打捞法》与《打捞物法》的介绍

《打捞法》和《打捞物法》本质上是私法,是关于私人关系的法律,而不是涉及国家事务的法律。它们主要受国内法管辖,但《打捞法》也受国际条约法的制约。在水下文化遗产语境中,《打捞物法》被视为《打捞法》的附属物,虽然事实上它们属于不同的法律领域,但却有着不同的先例。

5.2.1 《打捞法》的基本原则

《打捞法》起源久远。其基础是为了公共政策的原因,应鼓励海员援助危险海域中的其他人的财产①。提供有价值的公共服务者被认为是"救助者",且他们的行为(可能要花费时间、金钱,并且是危险的)应该要得到慷慨的奖赏。在 19 世纪和 20 世纪,专业的救助行业发展了起来,他们为遇险船舶提供了重要的服务。因此《打捞法》属于商业海商法的一般范畴。国际上,对于沉船财产能否被救助存在着分歧,有的国家认为沉船打捞不属于救助的范围。一般来说,《打捞法》是由普通法司法管辖区内的海事法院对沉船适用的法律,因此,下面的总结是基于英国判例法的普通法原则上的。

《打捞法》包括一系列基础特征,包括其适用的前提条件。传统意义上,它关乎"海洋财产"的打捞,特别是海上的船舶及其所载货物;就这些目的而言,"海洋"指涉全部有通航(就英国普通法而言,包括潮汐所及处)的海域②。确切地说,在不同的司法管辖区之间,组成并且可适用被救助的海洋财产各有不同,并且,在很多时候其定义已扩展到飞行器③。海洋财产必须从危险中解救出来,并且不同的

---

① 没有所谓的陆上打捞法,一般不求自来的服务的报酬不会被承认,参见加斯克尔,英国 1995 年《商船法案》,附表 11,第 21 - 374 页。
② 在 1989 年《国际救助公约》适用的情况下,《打捞法》的适用范围和地理区域更广,参见下文,第 5.3.2 节。
③ 例如,参见英国 1982 年《民用航空法》(the UK Civil Aviation Act 1982),第 87 条第 1 款。

司法管辖区对于"危险"的概念及其构成各有不同的处理方法。有一种假定,即该财产存在所有者,并且以被打捞的方式向所有者提供服务。因此《打捞法》规定由所有者向救助者支付报酬。报酬是被打捞财产经评估的商业价值的一部分,且不能超过其价值。为获得报酬,救助服务必须成功(整体或部分成功),因此救助是一项"无效果则无报酬"的活动。另一个需要注意的地方是,救助可能或也可能不按照合同进行。然而,现代普通商业救助中,根据合同行事是很常见的,救助者(无论是"合同救助者"或者"纯粹的救助者")都必须是自愿的。换言之,其服务并非履行先前已经存在的合同或其他法律义务。

从积极的角度来看待救助服务,救助者被授予广泛的法律权利。他们受益于一个法律保全机制,即对所捞财产享有"海上留置权",这意味着救助者的主张被这些可以被法院扣押的财产作担保,并且最终以可满足该主张的条件出售④。救助者也可以在救助过程中对未出水的财产以占有权的形式获取额外的担保。救助者是否可以获得这种占有的权利,取决于船舶是否在船主的占有和控制之下。在"弃船"的情况下,也就是说船主不再占有船舶时⑤,先占有船舶的救助者将获得从事救助活动的排他性权利,条件是该救助者显示出能够成功地从事救助活动。在这种情况下,救助者被称为"占有中救助"⑥。

在沉船救助中,救助作业可能要花费几个月甚至几年的时间,一旦沉船被找到并且被救助者占有,救助者很有可能通过海事法院申请扣押沉船,以保护自身利益,扣押意味着对物诉讼的开始,换句话说就是对财产本身的法律诉讼(即所谓的对物诉讼)⑦。假设救助者能够证明占有(参见下文"特班沙号汽船"的案例)并

---

④ 关于海上留置权,参见下文,德罗姆古尔与加斯克尔,《沉船利益》,第 188 - 189 页。

⑤ 一艘弃船在具体上是被船东和船员放弃的船,并且其没有修复或重新恢复的意图,同上,第 189 页。区分所有权人这种仅放弃占有的意图的具体放弃行为,或者放弃所有权的意图,相当重要。关于所有权的放弃,参见第 3 章第 3.3.2 节。

⑥ 救助者的占有权是一项财产权。救助者对财产的占有权利,是具有强制执行性的法律权利。然而,区分救助者的占有权以及所有权人的完全所有权是非常重要的(关于此,参见第 3 章第 3.2 节)。

⑦ 参阅,对人诉讼,即对法人提起的诉讼。

且表明其正以负责任的方式进行救助活动,则法院可能会宣布救助者对沉船地点有排他的权利,并且会通过发布禁令的方式保护其免于其他救助者对这些权利的竞争。最终,当救助行为完成时,法院在考虑若干因素后会决定救助报酬。这些因素包括救助者的技能和付出的努力,以及涉及的风险和成本。除非救助者有不正当行为,一般情况下总能得到丰厚的奖励。一般来说,出水财产将被司法拍卖,救助者的报酬会以拍卖收入支付,剩余部分则归所有者持有。

英国《打捞法》中最著名的案件之一,是一个涉及沉船的案件,案件表明了打捞法的原则,以及对救助者活动的典型司法态度。这就是特班沙号汽船案。特班沙号汽船是一艘荷兰的蒸汽船,被认为载有价值 200 万英镑的黄金,在 1916 年被德国的鱼雷击中后,在北海 100 英尺(1 英尺 = 0.304 8 米)深的水中沉没。1922 年,救助者确定了该沉船的方位,1922 年和 1923 年期间,在适宜潜水的季节并且天气和潮汐情况允许时,他们就在沉船地点开始工作。他们划定沉船的区域,并借助浮标系泊设备将沉船固定在沉船地点上方。1923 年,一个有竞争关系的救助公司抵达打捞现场,并且干预了第一家救助者的行动。法院所面临的问题是:第一家救助者是否有充分的占有(或管理)该遗址的理由,从而提供给他们排他性权利。考虑到沉船的深度以及在沉没地点工作的时间和天数不可避免地受到限制的事实,尽管论证这种状态的占有很有难度,但是主审法官仍同情第一家救助者的境况:

> 必须要说的是,就因为原告潜水员每次下水只有一组人,所以老是招致长时间的中断,且因为进入特班沙号汽船常常被恶劣天气阻止,所以船只及其货物就不能被其占有吗? 救助公司在作业时需要付出勇气且成本高昂的代价,在我看来,上述这个具有重要的公共意义的结论真是不幸,这非常令人沮丧。我不敢苟同[8]。

---

[8] 特班沙号汽船(1924 年),《太平洋判例汇编》第 78 卷,第 90 页。

结论是第一家救助者已经证明占有事实和排除他人的占有意图，并且没有任何证据显示他们不能胜任，法官通过了禁止令用以限定其他竞争救助者在特班沙号汽船上或者附近的行动，排除后来者可能对第一家救助者的救助作业产生影响。

在战后环境下，有必要鼓励这种沉船打捞工作。无论如何，该案中第一家救助者的活动受到了青睐，被认为是海事法院在处理一般救助案件中的指导性方法。该案也表明了占有概念在打捞法中的重要性，以及在深水沉船中论证占有的难度⑨。

特班沙号汽船案件中还有另外两个引起人们关注的方面，这也是特班沙号汽船臭名昭著的原因。首先，似乎有一个假定，尽管特班沙号汽船已经在海底存在了六年，但它仍然处于危险之中。其次，尽管它处于距离英国海岸五十海里的国际水域中，但法官并不质疑法院在沉船上的管辖权。这两个问题对水下文化遗产是非常重要的，将在本章后文部分予以介绍。

5.2.2 《打捞物法》的基本原则

虽然大多数法律都有处理发现财产的规则，但本章主要涉及普通法规则。与《打捞法》原则一样，《打捞物法》的普通法原则来源自英国判例法。然而，与《打捞法》相比，《打捞物法》是一般财产法的一部分，而不是海事法的专门领域，这些原则来源于陆上有价值的个人财产的发现⑩。

---

⑨ 显然，建立实际占有的要件可能随着沉船的深度越深，而越复杂，并且存在打捞者是否能够执行"能够使用和管领该沉船"，参见特班沙号汽船案（1924 年），《太平洋判例汇编》第 78 卷，第 90 页。在哥伦布-美国发现集团的诉讼中，涉及一艘超过潜水员能力范围之外的深海沉船，美国地方法院认为占有的要件是"远程占有"或是"远程监控"，换句话说，通过沉船的实时成像或装置，在沉船及沉船附近有能力遥控或者使用操作机器人进行操作，参见哥伦布-美国发现集团诉不明身份的失事及遗弃船舶案，中美洲号案（1989 年），《美国海事判例汇编》，始于第 1955 页，在第 1958 页（弗吉尼亚州东区法院，1989 年 6 月 30 日）。译者注：中美洲号汽船所载黄金有一部分已于 2014 年被奥德赛公司打捞走，这次打捞由俄亥俄州法院批准。

⑩ 应当指出的是，有些法律体系（包括英国法）制定了不同的规则（所谓无主宝藏）用以处理发现珍贵物品的事宜。根据这些规则，主权国家对发现物可获得其所有权，并且获得报酬。英国（不包括苏格兰），1996 年的《财宝法案》（the Treasure Act 1996）取消了无主宝藏，取而代之的是一个新的处理宝藏的系统。根据该法案，如果一个物体被英国 1995 年《商船法案》第九部分确定为"沉船"（wreck），那么它就不构成财宝法定义中的宝藏（1996 年英国《财宝法案》第 3 段第 7 款）。

《打捞物法》可能适用于遗失或者被放弃的财产。凡财产仅由所有权人遗失的，第一个占有的发现人才可能获得财产的所有权，并且能够对抗真正所有权人之外的任何人。另一方面，对于所有权人放弃的财产，则占有发现人可以承继真正所有人的地位。此外，如同救助者可以获得排他占有权一样，只是发现财产并不足以获得占有权：需要有对标的物的实际管理或控制，并且有排他的意图。如果陆地财产有除了发现者以外的所有权人以及占有人时，就会遇到难题；在特定情形下，所有权人或占有人可能获得优于发现者的所有权。例如，如果该财产依附于或埋藏于土地中，则可以确定土地所有权人或者占有人的权利优先于发现人，因为对土地的占有附带着对土地依附物或者土地埋藏物的占有。

5.2.3 国际打捞法规则

虽然打捞物法是在一国领土内发现财产的背景下发展起来的，但是打捞法始终有明确的国际性。在所有海域中，任何国籍的船舶都可能是救助对象。因此，在 20 世纪初，国际海事委员会[11]试图建立统一的法律规则来管理救助事宜，使得适用的法律制度具有确定性和可预见性。其结果是促成了 1910 年的《布鲁塞尔公约》[12]，后来它被 1989 年《国际救助公约》所取代。1989 年《国际救助公约》最初由国际海事委员会起草，后由国际海事组织[13]通过。1989 年《国际救助公约》规则的更新反映了时代的需要，特别是鼓励打捞经营者防止或尽量减少对海洋环境的损害。与其他海事条约一样，1989 年的《国际救助公约》不适用于军舰或其他非商业性质的船舶[14]，但对国家所有的货物（非商业性质）且通过普通商船运输的情况进行了特殊规定[15]。

---

[11] 国际海事委员会是促进海商法统一的非政府间国际组织。

[12] 全称是《关于统一海上协助与打捞若干法律规定的布鲁塞尔公约》(布鲁塞尔，1910 年)。

[13] 国际海事组织是联合国的专门机构，其主要职责是创建和维持一项全面的国际航运监管制度。

[14] 参见第 4 条第 1 款。

[15] 参见第 25 条，关于此条款，参见加斯克尔，英国 1995 年《商船法案》，表 11，第 21 - 429 页。

1989 年的《国际救助公约》于 1996 年在国际上正式生效，并且成为目前主要的国际救助制度。公约的缔约方包括美国，英国以及一些其他普通法系（和其他法系）国家⑯。

5.3 《打捞法》与《打捞物法》在水下文化遗产中的适用

20 世纪 60 年代和 70 年代，人们越来越认识到沉船潜在的历史和考古价值，用《打捞法》处理具备文化重要性的海洋财产的相关问题时，很快就显现了它的不适性。

英国皇家海军舰艇联合号（HMS Association）案件论证了，在纯粹传统的打捞法规定监管的情况下，沉船遗址考古的完整性能够被破坏到何种程度。1707年，这艘满载黄金和银币的帝国军舰从地中海战役中返航，在锡利群岛（the Scilly Isles）搁浅并沉没。作为一艘英国海军舰艇，所有权被推定归属于"皇室"，并且在早期的水肺潜水的时代，英国国防部与三个互相有竞争关系的潜水队签发了救助合同⑰。1967 年沉船被发现以后，国内外的潜水员互相争夺该沉船遗址，数以千计的文物被拍卖（因此这些文物以不可挽回的方式散落在世界的各个角落）用以支付打捞报酬。虽然这个事件引起了 1973 年《沉船保护法案》的出台⑱，但是由于粗鲁的打捞方式（包括炸药的使用）对联合号造成的损害至极，船体已不成形，以至于其不适用成文法保护。

1963 年在澳大利亚，四艘载有银锭的荷兰东印度公司商船的第一艘被发现，

---

⑯ 截至 2012 年 7 月 31 日，《国际救助公约》有 62 个缔约国。完整名单，参见国际海事组织，"关于国际海事组织或其秘书长执行委托或其他职能在多边公约及法律文件的地位"（可在链接中查看：www. imo. org/conventions）关于公约在美国法中的适用，参见下文，第 5.3.4 节。译者注：现为 173 个缔约国，原书中的链接 http://www. imo. org/en/About/Membership/Pages/Default. aspx 已失效，完整名单可另参见：http://www. imo. org/en/About/Membership/Pages/MemberStates. aspx。

⑰ 相关细节，参见德罗姆古尔，《历史沉船的保护》（*Protection of Historic Wreck*），第 36 页。

⑱ 参见第 2 章第 2.2 节。

遂而引起了澳大利亚高等法院的诉讼^⑲。关于长期遗失物的《打捞法》适用的若干问题：① 在海床上存在几十年甚至几百年的财产，是否真的处于危险之中；② 纯粹出于个人利益而非为所有权人提供服务而实施的打捞行为，是否构成救助；③ 当岁月的痕迹不复存在，长时间的海洋腐蚀已使船舶仅存散落的残余，被珊瑚和其他水生物包裹，加之海床未完全覆盖，实难区分船只与其覆盖物。在这样的情况下占有沉船是否有可能^⑳。审理此案的六位法官未能就这些问题达成一致意见^㉑。

尽管《打捞法》与早期的遗产保护概念之间存在着明显的紧张关系，但是即便是现在，许多司法管辖区仍然将《打捞法》应用于水下文化遗产中。虽然有时候它是以变通或修改的方式适用于水下文化遗产中，但是《打捞法》的定义特征仍然是困难的来源。如果船舶已经在海床中存在了一段时间，那么造成船舶下沉的直接威胁显然已经不在了。从自然规律的角度上来看，它并非处于危险之中，实际上还可能处于相对安全的状态，而对安全最直接的威胁来自对沉船地点的直接人为干扰^㉒。考古学家的传统观念是"发掘等于破坏"：一旦遗址被打捞或者发掘，它就成了不再有用的考古资源。正因如此，就地保护已成为考古学家的首选管理方案。就地保存并不意味着适用于所有考古遗址；而是在有正当理由进行干预活动之前，应支持这种就地保护的推定。这可能是因为某个遗址正在受到某种威胁，或者因为适当的干预活动将有助于解答当前的科学问题^㉓。根据《打捞法》，在救助行动开始之前，遗产主管当局没有机会去思考这些顾虑。一旦救助作业开始，

---

⑲ 罗宾逊诉西澳大利亚博物馆案(1977年)，《澳大利亚法律期刊汇编》，第51卷，始于第806页。

⑳ 罗宾逊诉西澳大利亚博物馆案(1977年)，《澳大利亚法律期刊汇编》，第51卷，始于第806页。依照吉布斯法官(Gibbs J.)，第812页。

㉑ 关于此案的讨论，参见布洛特和奥基夫，《法律和文化遗产》，第1卷，第118-122页。

㉒ 法梅尔很好地总结了这点："随着时间的推移，沉船成了海洋的一部分。一旦沉船嵌入海床之中，由于缺氧的环境，致使船舶腐坏的程度变得非常缓慢。沉船会处于被保存的状态，反而不会受到海洋的危害。与此相反，任何对这个阶段遗址的发掘都会将水下文化遗产暴露在海水和氧气之中，威胁到遗址的稳定性。"参见法梅尔，《反对"打捞"文化遗产》(*The Case Against the "Salvage" of the Cultural Heritage*)，第280-281页。

㉓ 关于联合国教科文组织2001年《水遗公约》中的就地保存原则，参见下文，第9章第9.3.2节。

救助报酬仅限于所打捞物的商业价值,这就怂恿了人们仅救助沉船遗址的船载货物和其他有价值的物品。沉船中那些考古学家最感兴趣的部分(譬如说船体、固定装置和配件等)很可能在这种打捞过程中遭到损坏甚至摧毁。此外,救助作业费用高昂,必须尽最大限度迅速且低成本地取得最大化的利润;相比之下,按照考古学的方法进行打捞是一个缓慢而艰苦的过程,需要详细记录文物所处的环境及其相互之间的关系。救助过程的通常结果——对打捞物品进行司法拍卖,会导致与该沉船遗存不可复原地失散,这就会违背了考古学的原理,即所有发掘的文物应当一起被保存。

虽然不及《打捞法》应用那么广泛,但是当在没有已知的或可识别的物主,或者可识别物主被确认已经放弃所有权的情形下时,《打捞物法》可能适用于水下文化遗产。在有文化意义中的物品中运用《打捞物法》可能比《打捞法》的结果更不恰当。《打捞法》至少了考虑船主提出索赔的可能性,在某些制度中(通过沉船或类似的法律),救助上来的、无人认领的物品可能会归属于皇室。如第3章所述,从文化遗产的角度来看,国家成为所有权人的结果(要么作为所有权人的继承人,要么因为物品无人认领而享有的"剩余无主物权利")可能有所帮助。另一方面,《打捞物法》使得发现者成了"保管人",因此不可避免地促进了寻宝活动。

5.3.1 1982年《联合国海洋法公约》中的方法

我们需要再次回忆起20世纪70年代至80年代早期谈判中关于1982年《海洋法公约》的相关条款,在当时对于什么构成水下文化遗产,以及此类物品的适当处置的理解尚属原始阶段。因此,几乎没有什么理由去干涉适用私人海商法中根深蒂固的原则,也就不足为奇了。

第303条第3款规定:

> 本条的任何规定不影响可辨认的物主的权利、打捞法或其他海事法

规则,也不影响关于文化交流的法律和惯例㉔。

如前所述㉕,第 303 条第 3 款适用于 303 条的前两款,根据引用也同样可能适用于第 149 条。《海洋法公约》的谈判历史表明,第 303 条第 3 款中的"打捞法或其他海事法规则"应理解为"海商法"的意思㉖。可以推定,这包括根据英国商船立法所制定的沉船法,以及就打捞物法被美国联邦海事法院等商业海事法院所适用而言,也包括打捞物法㉗。

在试图将第 303 条第 3 款跟第 303 条其他条款,以及第 149 条进行协调的时候,斯特拉蒂(Strati)认为第 303 条第 3 款中的"打捞法或其他海事法规则"的规定,可能只适用于不足一百年的物品;她认为更古老的物品符合"具备考古和历史性的物品",并且不属于打捞法的制度范畴㉘。当时斯特拉蒂正在写关于"为了 1982 年《海洋法公约》条款的目的,时间必须作为能否符合具有考古和历史性物品的标准",这种观点仍然很有争议。随着国家实践的发展,很显然,这个术语不再限于非常古老的物品,或者超过一百年的物品,而是可以解释为涵盖不超过五十年的物品㉙。并且随着时间的推移,第 303 条第 3 款的影响也被认为比一些人之前预期的要小。为了执行第 303 条的目的(或者是第 149 条),事实上,不需要通过适用一个明确的(并且难免是武断的)分界线来区分打捞法中的"考古和历史性"物品的界限。第 303 条第 3 款的影响仅仅是第 303 条中的前两款以及第 149 条,其本身不妨碍打捞法或其他海事法规则的适用;换句话说,条款本身不能假定这些法律不适用于有考古价值和历史性的物品。取而代之,这些事项被交由国家

㉔ 重点增补。
㉕ 第 3 章第 3.3.1 节。
㉖ 参见诺德奎斯特、罗森和索恩,1982 年《联合国海洋法公约》,第 5 卷,第 160 页。
㉗ 参见下文,第 5.3.4 节。
㉘ 斯特拉蒂,《水下文化遗产的保护》,第 173 页。
㉙ 参见第 2 章第 2.3.1 节。

法律系统去定夺㉚。

5.3.2 1989 年《国际救助公约》的做法

1989 年《国际救助公约》彰显了救助的基本原则（在某些情况下，稍做更改）。其主要关注的问题是，确保在现代商业救助中支付给救助者足够的报酬㉛。

在水下文化遗产的背景下，有两个问题需要得到解答：

①《国际救助公约》在多大程度上适用于可能构成水下文化遗产的物品的打捞；②在何种程度上考虑那些构成水下文化遗产的物品，需要与普通的海洋遗产进行区分处理？

《国际救助公约》将"救助作业"定义为：

> 在可航水域或其他任何水域中，援救处于危险中的船舶或任何其他
> 财产的行为或活动㉜。

接着《国际救助公约》定义了"船舶"，即"任何船只、艇筏或任何能够航行的构造物"，又定义了"财产"，即系指"非永久性和非有意地依附于岸线的任何财产，包括有风险的运费"㉝。但危险的概念却未被定义。

由于"船舶"和"财产"（实际上公约作为一个整体）的定义没有明确提及沉船和其他沉没财产，引发的问题是这些财产在公约制度下是否可被救助。根据

㉚ 关于一些司法区域如何处理这种问题，参见下文第 5.3.3 节。

㉛ 有两个理由认为这是必要的：防止商业救助业的衰落，以及在某种程度上鼓励救助者在操作活动时防止或减少对环境的损害。参见下文，加斯克尔，《1989 年〈国际救助公约〉以及 1990 年劳合社开放式救助协议》，第 5-7 页。

㉜ 第 1(a)条。重点增补。在提及"其他任何水域"时，《国际救助公约》规定了从事救助的水域的性质，其范围可能比传统国内法范围更广。《国际救助公约》的缔约国可以在内陆水域保留不适用公约条款的权利，即该水域内所有内陆航行的船舶或者不涉及船舶的情况[第 30 条第 1(a)款和第 30 条第 1(b)款]。

㉝ 参见第 1 条第(b)和(c)款。运费是指为货物运输而赚取的钱，通常在目的地付款。

加斯克尔(作为出席制定《国际救助公约》的外交会议的观察员)的观点:

> 在整个谈判过程中,关于为有价值的沉没船舶及其船载物提供服务
> 的概念的性质,一直存在着误解或分歧(有时两者都有)㉞。

鉴于各国对这一问题采取不同的态度,似乎有些国家认为救助沉没的财产和
其他的财产不太可能——主要是普通法系国家有这种想法㉟。经过深入分析,加
斯克尔认为"从英语措辞的自然含义,以及 1989 年外交会议的谅解来看,沉没财
产是可以被救助的"㊱。

不过,他接着指出"由国家法院来决定财产是否处于危险之中,这将是一个问
题"㊲。看来作为一个原则问题,《国际救助公约》确实适用于沉没财产,但是其国
家法院运用条约时,能够以自由的、严格的方式来定义"危险"的概念,并且以其排
除沉没财产或长期处于海床上财产的适用性。根据这种可能性,看起来有文化价
值的沉船属于公约的一般范围内。此外,该公约事实上对"财产"采取了非常广泛
的定义,这意味着"财产"相较于在这种情况下传统的"海洋遗产"的适用范围,有
可能更适用于范围宽泛得多的水下文化遗产㊳。

《国际救助公约》的总体框架对于公约范围内可能会构成水下文化遗产之物
等事实并没有作出规定㊴。然而,法国建议具有文化价值的物品应该被明确地排
除在公约的范围之外,虽然该提议被拒绝了,但是确实造成了一项对加入"海洋文

㉞ 加斯克尔,英国 1995 年《商船法案》,表 11,第 21 - 376。

㉟ 同上注。

㊱ 同上注,第 21 - 377 页。

㊲ 同上注。

㊳ 根据《国际救助公约》的局限性,它需要的不仅是"永久的、有意的依附于岸线",而且是构成财产的东西。打捞法
对于古老遗迹中的应用(如中石器时代的燧石斧)会出于各种原因而不适宜,但是在这些物品从海床上被打捞
后,就会出现关于权利的问题。除了燧石斧是否构成公约目的的财产,另一个在这种情况中可对于公约应用的
可能的限制是,《国际救助公约》是否适用于无商业价值的财产,这是值得商榷的。

㊴ 这种情况是否依然存在是不确定的。参见下文,第 5.4.4 节。

化财产"的保留⑩。

根据第 30 条第 1(d) 款，任何国家可以保留不适用公约以下规定的权利："有关财产为位于海床上的具有史前的、考古的或历史价值的海上文化财产。"⑪因此公约认识到缔约国希望将一种不同于打捞法的制度适用于构成水下文化遗产的物品，而这种制度让这一意愿得以实现。根据第 30 条第 1(d) 款作出的"保留"，本身并不意味着一个缔约国有权将"海洋文化遗产"排除在《打捞法》的适用范围之外，它只不过赋予了他们这样做的权利⑫。然而，正如奥基夫指出的那样⑬，事实上《国际救助公约》包括第 30 条第 1(d) 款中的保留，提供了强有力的证据表明《海洋法公约》第 303 条第 3 款并没有阻碍缔约国将水下文化遗产排除在《打捞法》的框架之外。

5.3.3 国内法的做法

《国际救助公约》的谈判过程表明，国际上对沉没财产的打捞行为是否构成救助的看法基本上是一分为二的。将《打捞法》适用于沉没船舶似乎主要集中在普通法系司法管辖区范围内。因此，在很大程度上，只有在这种司法管辖区内，《打捞法》与保护文化遗产的公共利益之间才会出现紧张的关系。在某些情况下，这些紧张局势通过不同方式得到了改善；在其他地方，人们已通过把水下文化遗产从《打捞法》的制度中移除而得到了有效解决。

---

⑩ 加斯克尔，1995 年《商船法案》，表 11，第 21-377 页。根据加斯克尔的观点，关于这个问题的保留的概念是"没怎么讨论就被接受了"。

⑪ "海洋文化财产"没有被公约进一步规定。乐古润指出该条款违背了法国的原意。在《国际救助公约》的谈判中，一项新的法国的法律（现行有效）正在通过的过程中，使用了"海洋文化财产"的术语。参见第 2 章第 2.2 节。

⑫ 目前公约的 62 个缔约国中，有 22 个已经订立这种保留。参见国际海事组织，关于国际海事组织或其秘书长执行委托或其他职能在多边公约及法律文件的地位，2012 年 7 月 31 日，第 443-449 页（可在链接中查看：www.imo.org/conventions），第 30 条第 1(d) 款中的保留，必须在签署、正式批准、接受、核准或加入公约，参见第 30 条第 1 款。亦参见下文，第 5.4.3 节。

⑬ 奥基夫，《沉船遗产》，第 19 页。

1995 年英国《商船法案》将 1989 年的《国际救助公约》纳入英国法律中。虽然英国在批准《国际救助公约》时对海洋文化财产进行了保留,但英国尚未行使其在该保留项下的权利:将《打捞法》不予适用于此类财产。除其他事项外,这意味着该《商船法案》第九部分关于沉船和救助的规定适用于所有时间段的物品,包括那些来源于依照 1973 年《沉船保护法案》规定的"历史的、考古的和艺术意义的"而被指定的地点。英国 1995 年《商船法案》第九部分的规定(源自同一名称的 1894 项法令)旨在处理遇险船舶或近期失事船只的财产保管和处置,其初衷有三个方面:使物主重新找到遗失物;为发现者提供打捞报酬;以及通过向皇室提供无人认领沉船的权利,为英国财政部提供额外的收入来源[44]。在娱乐性的水肺潜水活动即将到来之际,将这些条款适用于有文化价值的物品,引起了一些人们极不愿看到的后果[45]。然而,自从 20 世纪 90 年代开始,沉船接管当局的控制者开始在法定制度框架允许的范围内审慎处理这些物品。皇室现在有效地丧失了在无主沉船上的经济利益,并且为了将发现物捐赠给博物馆,发现者被鼓励放弃他们的法定救助权利。然而,这个体系是如此的,即所有者和救助者对具有文化重要性物品的私有权利最终凌驾于其公共利益之上[46]。

英国之外,在一些其他司法管辖区,包括澳大利亚、爱尔兰、南非和新西兰,沉船接管或者类似的制度继续以某种形式存在。然而,该制度体系在多大程度上仍能调整文化物品却各不相同。在爱尔兰和新西兰,这种制度仍然有一些适用的情况[47],而在澳大利亚和南非,历史沉船已经从这项制度中移除了[48]。

取消一个以经济利益刺激物品打捞的制度,几乎不可避免地会引起如下问题,即是否有必要建立一种制度以鼓励发现者报告他们的发现。这种类型的最先进的

---

[44] 参见第 3 章第 3.2.1 节。

[45] 参见德罗姆古尔,《历史沉船的保护》,第 35－36 页。

[46] 参见德罗姆古尔,《英国》,第 316－320 页。

[47] 参见奥康纳,《爱尔兰》(第 2 版),第 129－134 页;戴维斯和迈伯勒(Davies and Myburgh),《新西兰》,第 199－201 页。

[48] 参见福莱斯特和格里布尔,《南半球的观点》(*Perspectives from the Southern Hemisphere*),第 30－31 页。

制度可能在澳大利亚。关于这种制度的评论,福莱斯特和格里布尔认为:

> 虽然这显然是为了鼓励人们遵守法案(需要报告水下文化遗产),但在某种程度上,(它)最初是为了补偿那些丧失沉船救助能力的发现者。这样的奖励不是"基于正当的权利",而是在考虑它的经济价值的同时,更加注重考虑到发现的遗存的遗产价值。这种奖励本身不必是经济上的,也可以通过授予发现者一枚勋章或者纪念章、船只或者文物的模型或者复制品,或者实际授予历史文物来实现[49]。

报告水下文化遗产的发现者是否应该因报告发现水下文化遗产而被奖励(特别是经济上的奖励),是一个有争议的问题,即使在澳大利亚,该问题仍在讨论之中[50]。在南非,虽然对发现者不是提供奖励,但是发现者可获得一种参与任何后续打捞机会的形式激励[51]。

两个最近的案例(一个在爱尔兰,一个在芬兰)表明[52],法院仍在努力(但最终取得了成功)处理《打捞法》和遗产之间的紧张关系。1994 年,爱尔兰最高法院审理关于三艘在 1588 年于斯莱戈郡失事的西班牙无敌舰队(Spanish Armada)的船舰——拉维亚号、朱丽安娜号和圣玛利亚号。主审法官认为根据《打捞法》,发现者对沉船不享有权利:

> 在我看来,自船舶最初损失后已经过去了很长一段时间,所有权以及附随的补偿问题,已失其现实意义并且融入历史中了,那么,沉船已从

---

[49] 参见福莱斯特和格里布尔,《南半球的观点》,第 32 页,注释 11。

[50] 澳大利亚政府,《澳大利亚的海洋遗产》(Australia's Maritime Heritage),讨论稿,2009 年 6 月,第 12 页。

[51] 福莱斯特和格里布尔,《南半球的观点》,第 32 页。

[52] 与其他北欧国家一样,芬兰的法律制度与普通法系和大陆法系都不同。

商业领域的海洋打捞法进入了考古学法律的领域㉝。

在这个案件中,原所有权人下落不明㉞。爱尔兰最高法院先前曾作出一项判决,认为就未知所有权人的土地上的考古发现㉟,所有权属于国家㊱。

关于 1771 年沉没在芬兰西南群岛的玛丽女士号(Vrouw Maria)的诉讼,同样也引起了一些有趣的问题。这艘沉船被发现于 1999 年,据说当时运送着属于凯瑟琳大帝(Catherine the Great)的艺术品。作为一艘超过 100 年历史的船舶,它具备受芬兰文物立法保护的适格性,并且该立法也规定了国家所有权。然而,发现该沉船的潜水员协会则声称他们拥有该沉船遗址的占有权,并且根据海事立法有权进行全部的打捞并享有打捞报酬。他们同时声称,根据发现物相关法律,他们基于沉船被原来的所有权者遗弃的事实,享有沉船的所有权㊲。2004 年,图尔库海事法院(the Turku Maritime Court)在一审时认为,在本案中,古迹立法优先于海事立法,并且有排除相关打捞条款的效力。2005 年对判决上诉时,图尔库上诉法院(the Turku Court of Appeal)裁定古迹立法并没有取代海事立法,两项立法都适用于此案。然而,它坚持认为国家凭借古迹立法享有沉船遗迹的所有权,并且根据海事立法作为所有权人,有权根据船舶未面临"具体危险"的理由禁止救助。此外,由于沉船在基于古迹立法的保护之下,未经授权不得对沉船进行干预活动,因此,发现者无法获得沉船"事实上的管理"(de facto dominion)和占有,潜

㉝ 金和查普曼诉所有者和所有对"拉维亚号""朱丽安娜号",以及"圣玛利亚号"主张权益者案,1986 年第 11076 号、第 11077 号、第 11078 号(打印本)(爱尔兰高等法院,1994 年),第 34 页。

㉞ 看起来船舶一直处于私有及西班牙腓力二世的征用下,参见 1986 年第 11076 号、第 11077 号、第 11078 号(打印本)(爱尔兰高等法院,1994 年),第 3 页。

㉟ 韦伯诉爱尔兰(1988 年)《爱尔兰案例汇编》,始于案 353 页。另见第 3 章第 3. 2. 4 节。

㊱ 关于诉请的问题,尽管诉请被允许在另一个问题上进行,但这些发现物未受影响。关于帆船"拉维亚号""朱丽安娜号"以及"圣玛利亚号",参见金和查普曼诉所有者和所有对"拉维亚号""朱丽安娜号"以及"圣玛利亚号"主张权益者案,(1996 年)《爱尔兰法律汇编月刊》第 1 卷,始于第 194 页(爱尔兰高等法院)。爱尔兰是《国际救助公约》的缔约国,但没有对第 30 条第 1(d)款进行保留。如加斯克尔所述,爱尔兰法院就西班牙无敌舰队的沉船所采取的做法,"可能是另一种没有危险的说法",参见加斯克尔,1995 年《商船法案》,表 11。

㊲ 关于玛丽女士号遗弃的问题,参见第 3 章第 3. 2. 3 节。

水员协会无法获得发现者的权利[58]。

玛丽女士号的案例也引起了另一个冲突,即根据《打捞法》或《打捞物法》主张权利,与遗产保护的需要之间的冲突。图尔库上诉法院在2005年作出决定之后,该沉船的发现者向欧洲人权法院提交申请,其特别理由乃是基于根据《欧洲人权公约》第一议定书第1条及其他相关事项,芬兰侵犯了他们的权利。第一议定书第1条如下:

> 任何自然人或法人都有权和平享有其财产。除出于公共利益并按法律和国际法普遍原则规定的条件外,任何人不得剥夺其财产。
>
> 但是上述规定不得以任何方式损害国家下述权利,即执行其认为必要的法律,为了控制财产使用以符合一般利益,或者征缴税款以及其他捐款或罚金。

虽然申请人承认他们没有占有该沉船遗址,原因是芬兰古迹立法阻止了这种占有的发生,但是他们声称,作为"第一救助者"(一直是"第一个在现场,准备并愿意提供救助"),他们获得了执行救助的权利,并且要求获得救助奖励[59]。有鉴于此,他们主张第1条所保护的,等同于"资产"的专有权益的期待的可能性。在2010年作出的裁决中,欧洲人权法院认为申请人未能满足芬兰海事立法规定的取得报酬的条件,因为在本案的情况下,国家作为所有权人有权禁止救助[60]。

虽然在玛丽女士号的个案中,欧洲人权法院的裁决十分特别,但是它却引起人们对一个更普遍的观点的关注。考虑到适当的情况下,沉船的救助者或者发现者会取得该遗迹的占有权利。这些权利如果是为了遗产保护的目的而受到国家

---

[58] 参见马迪卡,《芬兰》,第52-54页。
[59] 科伊伍萨里以及其他人诉芬兰案,第20690/06号,2010年2月23日,第10页。
[60] 同上注,第12页。

的干涉,那么根据第一议定书第1条有行动的风险(假定该国是协议的缔约国)。对于英国这样的司法管辖区来说,这尤其是个问题,因为英国遗产立法是以个别遗址的指定为基础的,而不是以概括性保护为基础的⑥。在这种情况下,遗址需在沉船发现之后才能被指定,那么发现者在指定之前获得占有遗址的权利明显是存在风险的。如果发现者或因指定、或因指定后的要求而没有获得遗址的占有权,他们有可能会试图争辩这是违反第一议定书的第1条的⑥。从这一点看来,概括性保护的制度优势就在于很可能在任何占有权利出现之前,保护就已经就位了。

5.3.4　美国联邦海事法

"宝藏救助"⑥是第二次世界大战后佛罗里达州出现的一种商业形式。随着水下装备的普及,在西印度群岛和欧洲之间靠近佛罗里达海岸线,西班牙舰队行驶的航线不可避免地吸引着人们的关注。在随后的几十年,发现了1622年、1715年和1733年被风暴击沉的船舶,以及其他殖民时期的沉船,引起了一系列海事判例法的发展,并确定了打捞者的权利。多数情况下,美国联邦海事法院对宝藏救助企业与从事更传统的遇险船舶打捞企业一视同仁并大力支持,这体现在对其慷慨的奖励上。因此,无论救助活动是否发生在美国海岸或者更远的地方,美国联邦法院系统中某些地方法院和巡回法院⑥已成为宝藏救助者的首选司法管辖区。

虽然宝藏救助的立法并不总是可预测的,但对某些基本问题还是采取了相当一致的做法。通常来说,联邦海事法院已经将沉船(包括那些遗失很长时间的沉

---

⑥ 参见第2章第2.2节,以及第2.4.2.2节。

⑥ 关于这种争论的解决,参见第3章第3.2.4节。关于出现问题的特定情况,参见弗莱切-托门尼斯和威廉姆斯,1973年《沉船保护法案》。

⑥ "宝藏救助"(或者有时被称为"历史救助")是一个术语,通常用来指根据《打捞法》,打捞海床上存在一段时间的沉船中有价值的财产。

⑥ 在联邦法院系统下,初审法院是位于一州之内的地方法院(一些大的州不止一个地方法院)。地方法院的上诉由美国上诉法院审理,上诉法院分为各单独的巡回法院。部分的案件,进一步上诉可能由美国最高法院终审。

船)视为救助的对象。尽管如某个著名的评论专家提出的关于美国海商法那样，海床上存在几百年的沉船的"海洋危险的概念被延伸到极限"[65]，然而，法院一般从经济而非遗产的角度来看待该问题：处于海底之时，无论对于所有者还是全世界而言，沉船被视为已丧失商业价值或者商业价值已固化；因此执行"救助"所构成的公共服务，能使这些沉船回到"主流商业"的领域。关于动机方面，尤其是宝藏救助者，很可能纯粹是出于自身利益的事实，这一点是通常未被考虑到的。当沉船被作为遗弃物对待，且被船东抛弃的情况下，联邦海事法院也适用普通打捞物法。事实上，在《打捞法》和《打捞物法》于何种程度上可替代使用和对待的问题上，可从《打捞物法》已经纳入《美国海事法》（US Admiralty Law）的说法看出端倪[66]。无论最终适用的法律是《打捞法》还是《打捞物法》，打捞者似乎都可获得丰厚的报酬：或获得自由救助的奖赏（可能占打捞物品商业价值的 90% 甚至 100%）[67]，或授予作为"发现者"的权利。

5.3.4.1 早期宝藏救助案例

宝藏救助初期的特点是救助者与联邦政府或州政府进行竞争有关沉船残骸的权利。最有代表性的是有关西班牙宝藏大型帆船阿托卡夫人号（Nuestra Señora de Atocha）的"宝藏救助者"案件[68]（Treasure Salvors）。这艘大型帆船是 1622 年西班牙珍宝船队（Spanish Plate Fleet）的其中一艘，在 1971 年佛罗里达海岸大约 4 海里处被发现。

此案涉及政府当局和发现者之间对沉船及其船载物的相互竞争和主张。发现者（宝藏救助公司）认为沉船及其船载物已经被遗弃，其根据《打捞物》法，公司

---

[65] 朔恩鲍姆（Schoenbaum），《海事和海洋法》（Admiralty and Maritime Law），第 833 - 834 页。

[66] 麦奎恩（McQuown），《关于处理历史沉船不适用海事法的考古论证》（An Archaeological Argument for the Inapplicability of Admiralty Law in the Disposition of Historic Shipwreck），第 299 页。

[67] 参见下文，第 5.3.4.3 节。

[68] 宝藏救助公司诉身份不明的失事和遗弃船舶案，《联邦判例补遗汇编》第 408 卷，始于第 907 页（佛罗里达州地区法院，1976 年），维持原判，《联邦判例汇编》第 2 辑第 569 卷，始于第 330 页（第五巡回法院，1978 年）（被称为宝藏救助者 I）。

对该财产享有权利。佛罗里达州则认为,基于西班牙宝藏大型帆船阿托卡夫人号的淹没地点属于佛罗里达州而主张拥有所有权,然而在确认残骸系位于佛罗里达州水域以外的大陆架上之后,这一主张被驳回⑥。随后联邦政府介入,主张该所有权的理由是其继承了英国主权特权,并基于该特权对该公海上无人认领并被冲至岸边的沉船享有权利⑦。由于无充分证据证明美国联邦政府继承了特权,这一主张仍未被采纳。第五巡回法院认为西班牙宝藏大型帆船阿托卡夫人号无疑是"一艘被遗弃的船舶",所以地方法院适用《打捞物法》⑦。在对这些结论发表评论时,第五巡回法院认为:

> 在极为特殊的情况下,例如本案,财产遗失或被遗弃已经有很长一段时间……海事《打捞物法》补充了通常给予救助者的占有权益,发现者就通过占有该发现遗弃财产而取得了该权利⑦。

这个决定随后被地方法院的一个判决遵循,即佛罗里达州南区法院的科布钱币案。再次,州政府所有权的主张未被采纳,且所有打捞上来的物品作为"最佳救助服务的奖励"奖励给救助者⑦。

虽然当时美国判例法的总趋势是古沉船发现者成为"保管者",但是一些判决

---

⑥ 《联邦判例汇编》第 2 辑第 569 卷,始于第 330 页,第 333 页。西班牙宝藏大型帆船阿托卡夫人号位于州水域之外,也在美国领海之外,当时领海的宽度为 3 海里(美国的领海于 1988 年拓宽到 12 海里)。

⑦ 有意思的是,在 1986 年英国海事法院裁定中,无人认领的沉船上的英国君主特权并没有延伸到领海以外的沉船,卢西塔尼亚号案(1986 年),《女王分庭》(高等法院),始于第 384 页。英国王室是否曾经有过这样的权利是值得商榷的,参见德罗姆古尔与加斯克尔,《沉船利益》,第 181-182 页。

⑦ 《联邦判例汇编》第 2 辑第 569 卷,始于第 330 页,第 336 页。

⑦ 《联邦判例汇编》第 2 辑第 640 卷,始于第 560 页,第 567 页(第五巡回法院,1981 年)。

⑦ 科布钱币公司诉不明身份的失事和遗弃船舶案,《联邦判例补遗汇编》第 549 卷,始于 540 页,第 561 页(佛罗里达南区法院,1982 年)。在本案中,打捞者被给予财产或部分财产的奖励,代替金钱的奖励,被称为"钱币奖励"。在此案中,地方法院以"打捞财产的独特性和内在价值远远超出其货币价值"为由证明该奖励的正当性,《联邦判例补遗汇编》第 549 卷,始于第 540 页,第 560 页。然而,根据另一个地方法院在后来钱斯案(Chance)中,做出的关于钱币形式的打捞奖励:"因打捞假定动产遗存归属于所有权人,可能违背潜在的打捞法原则",参见《联邦判例补遗汇编》第 606 卷,始于 801 页,第 808 页(乔治亚州地区法院,1985 年)。一般在打捞法中,钱币奖励很少发生,并且通常只发生在奖励超出打捞物财产价值的情况,因此节省了销售成本。关于钱币奖励,参见下文,第 5.3.4.3 节。

仍支持了《打捞法》的适用。在克莱因（Klein）[74]和钱斯[75]的两个案件中，联邦政府和州政府对所有权的主张得到了支持，属于《打捞物法》的例外情况[76]。此外，基于沉船未处于危险之中的原因，救助报酬的主张也因此被拒绝。在克莱因案中，第十一巡回法院重申了地方法院的观点"不科学地清除文物更容易产生而非消除危害"[77]。在钱斯案中，地方法院认定了专家的证言，即一段时间过后，沉船会达到一种平静的状态，且将会一直处于这种状态直至再次受到干扰。考虑到文物从沉船遗址中被迁移会造成对文物的干扰，并且文物现因被迁移以致"受侵蚀程度比留在河底要大得多"，法院因此得出的结论是：对该救助报酬的主张应予以否认[78]。

5.3.4.2 《遗弃沉船法案》的介绍

美国 1987 年《遗弃沉船法案》在宝藏救助者案的结论中被直接引用，并且实际上也可见于克莱因和钱斯两案的结论中[79]。这项联邦法令既适用于沉船应当是被放弃的，还适用于：①沉船淹没于一个州所属的水域中；②淹没于水域中的受该州保护的珊瑚丛中；③淹没于该州所属水域，并且列入或者有资格列入国家历史遗迹登记册[80]。美国联邦政府对任何符合这些标准的船舶都主张所有权；随后所有权会自动转移到沉船所在地的州[81]。美国 1987 年《遗弃沉船法案》使得《打捞法》和《打捞物法》不再适用那些属于其范围内的沉船[82]。在美国 1987 年《遗弃

---

[74] 克莱因诉不明身份的失事和遗弃船舶案，《联邦判例补遗汇编》第 568 卷，始于第 1562 页（佛罗里达州南区法院，1983 年）；克莱因诉不明身份的失事和遗弃船舶案，《联邦判例汇编》第 2 辑第 758 卷，始于第 560 页，第 1511 页（第十一巡回法院，1985 年）。

[75] 钱斯诉纳什维尔的发现和打捞文物案，《联邦判例补遗汇编》第 606 卷，始于 801 页（乔治亚州地区法院，1985 年）。

[76] 《打捞物法》一般规则的两个例外，即发现者将被授予被遗弃沉船的所有权的两个例外是：① 如果沉船埋在联邦政府或者州政府所辖的土地上，沉船的所有权将落到政府手中；② 联邦政府或州政府被发现对沉船有推定的占有，那么发现者不能够证明其有统领或控制的权利。关于这些例外情况，参见麦奎恩，《关于处理历史沉船不适用海事法的考古论证》，第 301 页。

[77] 《联邦判例汇编》第 2 辑第 758 卷，始于第 1511 页，第 1515 页。

[78] 《联邦判例补遗汇编》第 606 卷，始于第 801 页，第 809 页．

[79] 法梅尔，《美国》，第 355 页和第 357 页。

[80] 《美国法典》第 43 卷第 2105 节（a）段。

[81] 《美国法典》第 43 卷第 2105 节（a）段及（c）段。被淹没的陆地通常延伸到距离海岸 3 海里的地方。

[82] 《美国法典》第 43 卷第 2106 节（a）段。

沉船法案》的立法历史中,国会众议院海商和渔业委员会(the Congressional House Committee on Merchant Marine and and Fisheries)明确表示:其不认为那些被法案覆盖的被遗弃沉船"处于海洋危险之中,不需要救助公司进行救助";此外,亦不认为《打捞法》和《打捞物法》能"很好地保护我们国家的海洋遗产":

> 这些遗产最好是各州通过与联邦政府指引一致的历史保护项目开
> 展行动以进行保护㊿。

在该领域具专业能力而被要求起草《遗弃沉船法案》的吉塞克(Giesecke)认为:

> 美国 1987 年的《遗弃沉船法案》明确声明,美国作为特定遗弃沉船
> 的所有权人,正将这些沉船置于联邦海事法院的管辖范围之外㊼。

虽然美国 1987 年《遗弃沉船法案》的制定减少了这一领域的诉讼数量,但是它仅部分实现了其目标。如法梅尔指出,由于该法案没有将美国 1987 年《遗弃沉船法案》之前的判例法中的一些推定编撰入法,例如在宝藏救助者案中,长期沉没的船只由于时间流逝且无任何所有权主张,确实已经被放弃;在《遗弃沉船法案》的案例中,司法机构则"倾向于假定存在所有者,并要求各州证明沉船已被放弃,以此作为其论点的组成部分"。故而,宝藏救助者简单地改变了他们的策略㊽:不是去准备一个强有力的观点,即沉船被遗弃适用《打捞物法》,而是去论证不应轻易剥夺现有所有者的权利,以将就《打捞法》的适用以及因此而产生的慷慨奖励。

与其他司法管辖区的水下文化遗产立法相比,美国 1987 年的《遗弃沉船法

㊿ 参见(1988 年)《众议院汇编》,第 100 - 514 号,第 2 部分,第 8 页。

㊼ 吉塞克,《遗弃沉船法案——以起草人为视角》(*The Abandoned Shipwreck Act Through the Eyes of its Drafter*),第 171 页。

㊽ 法梅尔,《美国》,第 357 页。

案》有些不同。这是因为它采用了一种独特的多用途管理制度,其中包括私人部门在许可使用中的打捞。根据法梅尔的观点,该法案有利于就地保存㊱,并且根据该法案,沉船遗迹可用于一系列目的,包括非侵入式研究、教育、娱乐和旅游㊲。然而,在制定该法案的执行政策时,除此以外各州必须"考虑那些与历史价值保护相一致、适当的公众和私人部门对沉船进行打捞"㊳。根据美国1987年《遗弃沉船法案》作出的准则㊴,承认打捞活动(无论是公共的还是私人的)都有可能破坏沉船遗址,因而对允许打捞的情况进行了详细的规定。然而,这些准则对各州并没有约束力,因此没有统一被遵守。有些州继续允许对私人部门打捞进行补偿㊵。

5.3.4.3　修订美国联邦打捞法以符合考古价值

在不属于美国1987年《遗弃沉船法案》及其他联邦立法范围之外的情况中㊶,沉船打捞继续仅受到联邦海事法院通过打捞和发现物法等一般法律的调整。尽管"尚未成为规范"㊷,联邦司法却在某些地方做出努力以考虑一些沉船的历史和考古的价值,并修订传统的打捞法以适应这种价值。两艘沉船都位于国际深水域的中美洲号和泰坦尼克号的诉讼,有助于说明相关的发展。这两个案件都属于美国弗吉尼亚东区法院(诺福克分院)[the US District Court for the Eastern District of Virginia(Norfolk Division)]和第四巡回法院的管辖范围㊸。

㊱ 法梅尔,《文化遗产"救助"不利的案例》(*The Case Against the "Salvage" of the Cultural Heritage*),第283页。

㊲ 同上注,第288页。

㊳ 《美国法典》第42卷第2103节(a)段第2条(c)款。

㊴ 《遗弃沉船法案指南》(Abandoned Shipwreck Act Guidelines),《联邦法典》第55卷第50116段(1990年)。

㊵ 例如,根据弗吉尼亚州法律给海洋狩猎打捞公司关于朱诺号和西班牙护卫舰拉加尔加号签发的许可,规定了打捞收益的25%归弗吉尼亚州,74%归海洋狩猎打捞公司。参见下文,康(Kang),《美国领海中发现的历史沉船保护图表》(*Charting Through Protection for Historic Shipwrecks Found in US Territorial Waters*),第106-111页。关于海洋狩猎打捞公司的案例,参见下文第5.3.4.4节。

㊶ 关于相关立法的详情,参见法梅尔,《美国》,第355-374页。

㊷ 法梅尔,《反对"打捞"文化遗产》,第297页。

㊸ 美国联邦法院的巡回法院体系意味着仅在巡回法院之间才能产生先例。此外,如法梅尔所述,一直"全国的海事法院中……各区之间……没有统一的应用……"同上注,第300页。

在中美洲号案件中㉞,哥伦布-美国发现集团花费 13 年从事有关沉船及船载黄金的理论研究,在经济上和精力上都进行了大量的投入了,用以定位这些沉船。1987 年,哥伦布-美国发现集团向诺福克地方法院提出索赔,要求作为发现者获得沉船的权利或者优厚的救助报酬。针对地方法院曾决定采用《打捞物法》作出的这一裁决的上诉,第四巡回法院明确表示《打捞法》比《打捞物法》更加适用㉟,并且需要支付给哥伦布-美国发现集团优厚的报酬。它重申了救助的奖励:

> 通常远远超过工作和劳动的报酬——这是根据健全的公共政策原则制定的,不仅作为给特定的救助者的奖酬,还可以激励他人提供类似的服务㊱。

虽然人们认识到哥伦布-美国发现集团提供的救助服务是出于自身的经济利的考虑㊲,但是这种努力也被视为"美国主动精神、独创性和决心的典范"㊳。

传统上来讲,美国法院在确定救助报酬数额时考虑了六个因素。这几个因素在第一个案件中被提出后,就被称为布莱克沃尔因素(Blackwall factors)㊴。包括救助者提供的劳动;救助行为所表现出的及时性、技巧和精神;救助者使用的工具的价值以及所面对的危险;救助行为产生的风险;打捞财产的价值;以及该打捞财产的危险程度。随后,在结合了两个较早的案例中所采取的方法,加入考古方面

㉞ 哥伦布-美国发现集团诉不明身份的失事和遗弃船舶案,《联邦判例补遗汇编》第 742 卷,始于第 1327 页(弗吉尼亚州东区法院,1990 年 8 月 14 日);撤销判决,哥伦布-美国发现集团诉大西洋保险公司案,《联邦判例汇编》第 2 辑第 974 卷,始于第 450 页[第四巡回法院(弗吉尼亚州),1992 年 8 月 26 日];发回重审,哥伦布-美国发现集团诉不明身份的失事和遗弃船舶案,1993 年《万律数据库》第 580900 号(弗吉尼亚州东区法院,1993 年 11 月 18 日);撤销判决,哥伦布-美国发现集团撤诉大西洋保险公司案,《联邦判例汇编》第 3 辑第 56 卷,始于第 556 页[第四巡回法院(弗吉尼亚州),1995 年 6 月 14 日]。关于此案,参见第 3 章第 3.2.2 和 3.2.3 节。

㉟ 《联邦判例汇编》第 2 辑第 974 卷,始于第 450 页,第 464 页。

㊱ 《联邦判例汇编》第 2 辑第 974 卷,始于第 450 页,第 468 页,引自马威,《沉船打捞法论述》(*A Treatise on the Law of Wreck and Salvage*),第 97 段,第 105 页(1858 年)。

㊲ 《联邦判例汇编》第 2 辑第 974 卷,始于第 450 页,第 458 页。

㊳ 《联邦判例汇编》第 3 辑第 56 卷,始于 556 页,第 576 页。

㊴ 布莱克沃尔案,《美国判例汇编》第 77 卷,始于第 1 页,在第 13‐14 页(1869 年)。

的考量⑩，第四巡回法院又增加了第七个因素："救助者在何种程度上能够保护沉船和打捞物的历史和考古的价值"⑩。其结论是，没有任何证据能够反驳地方法院的观点，即"对沉船遗址和文物的保护，在任何情况下都不能相比"⑩。第四巡回法院也得出结论，虽然奖金丰厚，占打捞黄金价值的 90%，但是在此情况中不能说是"超出报酬的范围"⑩。其认为钱币奖励在这个案件中是"恰当的"，并援引了早期案件中的推理，即当打捞的物品是"独一无二的，且其内在价值超出金钱的价值，那么以钱币作为奖励是更适合的"⑩。

泰坦尼克号极其持久的救助行动（必须要说的是这种救助无特别的代表性），被称为"美国海事法院皇冠上的明珠，以此试图表现出他们对历史沉船考古来源的关注和保护能力"⑩。实际上，诺福克地方法院和第四巡回法院，为保护这艘特殊沉船上的公众利益所做的准备是非常值得称赞的。

这个案件的不同寻常之处是救助方泰坦尼克号公司从一开始就向法院保证不打算出售从遗址中打捞的文物，而是将它们收集到一起，作为面向公众的付费性展览。此外，从一开始，人们就认识到维护这样一个与众不同的历史沉船的考

---

⑩ 科布钱币公司诉不明身份的失事和遗弃船舶案，《联邦判例补遗汇编》第 525 卷，始于第 186 页，第 208 页（佛罗里达州南区法院，1981 年）；MDM 打捞公司诉不明身份的失事和遗弃船舶案，《联邦判例补遗汇编》第 631 卷，始于第 308 页，第 310 页（佛罗里达州南区法院，1986 年）。

⑩ 《联邦判例汇编》第 2 辑第 974 卷，始于第 450 页，第 468 页。

⑩ 《联邦判例汇编》第 3 辑第 56 卷，始于 556 页，第 573 页。在此方面的努力似乎集中在处理和保存打捞的文物，以及公共传播该打捞项目的方面，参见《联邦判例汇编》第 3 辑第 56 卷，始于 556 页，第 573 页。

⑩ 《联邦判例汇编》第 3 辑第 56 卷，始于 556 页，第 573 页。

⑩ 《联邦判例汇编》第 2 辑第 974 卷，始于第 450 页，第 469 页。这个更早的案例是科布钱币案，《联邦判例补遗汇编》第 525 卷，始于第 186 页，第 198 页。

⑩ 弗莱切-托门尼斯、奥基夫及威廉姆斯，1973 年《救助者的占有》，第 289 页。对物诉讼于 1993 年开始，目前仍在进行中。泰坦尼克号公司诉失事和遗弃的船舶案，924 F. Supp. 714（ED Va. May 10），该讨论的主要参考资料如下：泰坦尼克号公司诉失事和遗弃的船舶案，《联邦判例补遗汇编》第 924 卷，始于第 714 页（弗吉尼亚州东区法院，1996 年 5 月 10 日）；泰坦尼克号公司诉失事和遗弃的船舶案，《联邦判例补遗汇编》第 2 辑第 9 卷，始于第 624 页（弗吉尼亚州东区法院，1998 年 6 月 23 日）；泰坦尼克号公司诉失事和遗弃的船舶案，《联邦判例汇编》第 3 辑第 286 卷，始于第 194 页［第四巡回法院（弗吉尼亚），2002 年 4 月 12 日］；泰坦尼克号公司诉失事和遗弃的船舶案，《联邦判例汇编》第 3 辑第 435 卷，始于第 521 页［第四巡回法院（弗吉尼亚州），2006 年 1 月 31 日］；泰坦尼克号公司诉失事和遗弃的船舶案，《联邦判例补遗汇编》第 2 辑第 742 卷，始于第 784 页（弗吉尼亚州东区法院，2010 年 8 月 12 日）；泰坦尼克号公司诉失事和遗弃的船舶案，其引擎、用具、覆盖物、设备、船载物等，《联邦判例补遗汇编》第 2 辑第 804 卷，始于第 508 页（弗吉尼亚州东区法院，2011 年 8 月 15 日）。

古完整性是出于公众利益的,并且这种利益是通过确保这些文物被妥善保管,收集到一起作为公众可接触的藏品的这种方式来实现的[106]。

事实上,泰坦尼克号公司表示无意出售这些文物,而是要把它们放在一起作为收藏且面向公众公开展览,这一直都是授予其沉船遗址的排他权利并且随后保护这些权利的重要考虑因素[107]。多年来,为了维护其作为救助者的占有地位,泰坦尼克号公司定期到该遗址进行打捞,并且打捞了数千件文物。泰坦尼克号公司已被要求定期向法院提交报告,以表明其正在努力"以成功为前景"地工作,并尽职尽责地进行。提到尽职调查的问题,法院已经充分考虑到了泰坦尼克号公司在保护沉船遗址以及打捞的文物考古的完整性上所做出的努力[108]。尽管之后的几年中,泰坦尼克号公司发现仅靠展览的收入难以维持深水救助工作所需的巨额资金,但是它已经被法院命令不得出售单个文物(除了煤块)[109],也不得切割船体[110]。

2004年,泰坦尼克号公司要求地方法院根据《打捞物法》,授予迄今为止打捞出水文物的所有权,或者奖励临时救助报酬(理由是公司投入的救助费用超过了出水文物的价值)[111]。地方法院作出初步裁定,认为在本案中不适用《打捞物法》,这项裁定后于2006年被第四巡回法院确认。尼迈耶 C.J.(Niemeyer C.J.)肯定了地方法官作出的裁定,即地方法官比奇·史密斯·J.(Beach Smith J.)认为:"泰坦尼克号公司不能鱼与熊掌兼得"[112]。泰坦尼克号公司接受救助者占有的利益达十年之久,在法院的保护下,其作为救助者对遗址有排他性的占有权利,但它不能转变为发现者从而获得文物的所有权。更通俗地说,尼迈耶认为"从发现

---

[106] 参见,例如《联邦判例补遗汇编》第924卷,始于第714页,第722-723页,及《联邦判例补遗汇编》第9卷,始于第624页,第639-640页。

[107] 参见,例如《联邦判例补遗汇编》第924卷,始于第714页,第718页,第723页。

[108] 参见,例如《联邦判例补遗汇编》第924卷,始于第714页,第722-723页。

[109] 地方法院禁止文物的销售得到了第四巡回法院的肯定,参见《联邦判例汇编》第3辑286卷,始于第194页。

[110] 2000年7月28日的命令。

[111] 《联邦判例汇编》第3辑第435卷,始于第521页,第525页。提及的文物不包括在1987年打捞上来的1800件文物,这1800件文物在法国被单独提起诉讼。

[112] 《联邦判例汇编》第3辑第435卷,始于第521页,第525页。

者自由地转变为保管者的政策,与海上掠夺之间只有一步之遥",法院应该"谨慎地使用"并且"仅在私人或公众利益不受负面影响的前提下"⑬。虽然得出在历史沉船的背景中采用《打捞法》比《打捞物法》更合适一些的结论,但是他认为,在历史沉船中选用《打捞法》是"笨拙的",并给出了如下的解释:

> 因为传统的《打捞法》……牵涉救助者和代表所有权人的法院之间建立的信任关系,将同样的原则(建立救助者和代表公众利益的法院之间的信任关系)用在历史沉船的问题上并不是主要环节,……任何这样的原则仍应让位于能够确立所有权的人⑭。

2010 年 8 月,地方法官比奇·史密斯·J. 认为,以打捞文物的公允市场价值的 100% 作为救助奖励是适当的。在参考了专家论证后,她认为 110 859 200 美金是对该物价值的较合适的预估⑮。在她的裁决中,也将布莱克沃尔因素和第四巡回法院在哥伦布-美国发现集团诉讼案中所提出的第七个因素纳入考虑。无论是在物品的救助或是在它的保存上⑯,她总结救助工作在救助文物以及保存和展览中都展现了"前所未有的技能和献身精神",然而,支付救助报酬的决定又被推迟了一年,原因是法院希望确定是否有可能为这些藏品找到一个合适的买家,并且该买家有能力出于公共利益的考虑来保护这些藏品。

遗憾的是,在随后的几个月里,都没有找到这样的买家。因此在 2011 年 8 月,比奇·史密斯法官裁定泰坦尼克号公司获得钱币奖励⑰。这个奖励的一个显著

---

⑬《联邦判例汇编》第 3 辑第 435 卷,始于第 521 页,第 533 页。

⑭《联邦判例汇编》第 3 辑第 435 卷,始于第 521 页,第 521 页,第 536 页。

⑮《联邦判例补遗汇编》第 2 辑第 742 卷,始于第 784 页,第 797 页。这些文物指的是在 1993 年、1994 年、1996 年、1998 年、2000 年和 2004 年打捞上来的近 4 000 件的文物。法院拒绝对展出这些文物所得的收入作出裁决,接受了泰坦尼克号公司"展览未能取得营业利润"的观点,参见《联邦判例补遗汇编》第 2 辑第 742 卷,始于第 784 页,第 807 页。

⑯《联邦判例补遗汇编》第 2 辑第 742 卷,始于第 784 页,第 808 页。

⑰《联邦判例补遗汇编》第 2 辑第 804 卷,始于第 508 页。

的且前所未有的特征是它受到详尽的条款和条件的约束⑱。这些条款和条件都是在美国联邦政府当局、法院和泰坦尼克号公司三方间广泛的磋商下起草的，目的是确保文物藏品将被完好无损地保存，并且永久地按照行业标准进行管理⑲。

5.3.4.4　美国联邦法律和1989年《国际救助公约》之间的关系

美国联邦法律的一个奇怪的特点是，尽管美国在1991年批准了《国际救助公约》，并且该公约于1996年7月14日在国际上生效，随后也成为美国法律的一部分，但是联邦海事法院对这部公约基本上没有提及。事实上，根据最近的一项调查，《国际救助公约》仅在一项报道的案例中得到了适用⑳。根据调查者戴维斯的观点，该公约被联邦司法机构忽视的全部意图和理由可能因为公约是一个"自动执行"的条约㉑，换言之，不需要立法使其生效。因此，美国法典中根本没有提到它，因为美国法典的目的是促进相关和有效法律的确定。戴维斯认为，这意味着公约是美国法律的一部分这一事实可能被忽略了㉒。因此，联邦法院继续适用一般的海事打捞法，而不是这个公约。

在宝藏救助的背景下，美国联邦海事法院所适用的《国际救助公约》的做法和一般海事打捞法，有两个特定领域值得进行比较。

首先，《国际救助公约》第19条处理了禁止救助的行为。它规定了：

> 不顾船舶所有人、船长或其他处于危险中的不在船上且未曾装过船的财产的所有人的明确而合理的制止而提供的服务，不产生本公约规定

---

⑱　关于这个条款和条件的复印件，参见2010年8月12日地方法院意见附件一。

⑲　在撰写本书之时，这些文物藏品作为整体由一家纽约的拍卖公司进行出售。购买这些藏品必须遵守条款和条件，并且得到美国弗吉尼亚东区地区法院的批准。

⑳　戴维斯，《1989年〈国际救助公约〉发生了什么？》（*Whatever Happened to the Salvage Convention* 1989?），第463页。这个案件并不涉及宝藏救助。

㉑　同上注，第503－504页。

㉒　同上注。

的支付款项。

根据公约的第 19 条,这种禁止必须既明确又合理以便有效执行。在美国联邦法理学中,至少关于历史沉船中,虽然沉船的主权所有者希望保护其海军墓地的意愿是得到支持的,特别是在海上搜寻公司案中[123],但是所有权人在此案以及在其他禁止打捞的案例中提出的理由,并没有受到特别审查。事实上,在国际飞行器打捞案例中,第十一巡回法院(就像海上搜寻公司案中的第四巡回法院一样)强调为维护主权所有者的权利而禁止打捞权利,法院"在拒绝打捞服务的审慎基础上得不出任何结论"[124]。现在,类似的案例将适用美国 2004 年《军事沉船法案》,其明确表示行使打捞权,必须经过主权所有者的明示许可[125]。然而,在超出美国《军事沉船法案》的案件中,从技术上来,任何禁止令的合理性说都应该考虑在内[126]。仅有广泛的文化意义就足够了? 比如为了就地保护考古遗址,是否要求船东在救助方面表现出某种程度的不当行为[127]? 鉴于第 19 条并没有明确提到不当行为,而且迄今为止,美国海事法院似乎全然没有考虑发布禁止令的动机,似乎不太可能会将具备保护目标意图的禁止令认为是不合理的。

如果没有禁止或者禁止是无效时,所产生的另一个问题是如果历史沉船的救助者在其活动中不关心考古规程,那么对其奖励的全部或部分剥夺的程度可以是多少? 在美国联邦宝藏打捞相关法学理论中,沉船救助者小心保护考古的完整性

---

[123] 参见第 4 章第 4.2.3.2 节。

[124] 国际飞行器打捞有限公司诉身份不明的沉船和遗弃飞行器案,《联邦判例汇编》第 3 辑第 218 卷,始于第 1255 页,第 1261 页(第十一巡回法院,2000 年)。第十一巡回法院推翻地方法院支持打捞公司完成其打捞工作的权利,其认为地方法院对"低估了船舶所有权人保护其财产不受干预的权威",参见《联邦判例汇编》第 3 辑第 218 卷,始于第 1255 页,第 1261 页。关于什么是有效禁止的问题,参见国际飞行器打捞有限公司诉身份不明的沉船和遗弃飞行器案,《联邦判例汇编》第 3 辑第 373 卷,始于第 1147 页(第十一巡回法院,2004 年)。

[125] 2004 年《军事沉船法案》第 1406(d) 段,关于这个法令,参见第 4 章第 4.2.2 节。

[126] 这取决于第 19 条是否适用于沉没财产。不但公约作为一个整体适用于沉没财产是否值得商榷(见上文第 5.3.2 节),而且公约第 19 条本身设计与浮船密切相关也值得关注。又见加斯克尔,英国 1995 年《商船法案》,表 11,第 12-422 页。

[127] 根据英国普通法,所有者是否有权禁止明显没有能力的救助者之问题上,存在一些争论的问题,参见德罗姆古尔与加斯克尔,《沉船利益》,第 190 页。

并经过认可,这点会被考虑进去以提高所获奖励的支付⑫,反之,如被认定为不注意考古学规程,从而招致报酬款项被罚没的案例却是非常罕见的⑫。如果《国际救助公约》将其纳入考量,这种做法会有什么不同吗?公约第18条,"救助者不当行为的后果"进行了如下规定:

> 如因救助者的过失或疏忽,或因救助者有欺诈或其他不诚实行为而使救助作业成为必需或更加困难,按本公约规定可剥夺救助者所得的全部或部分支付款项。

可以看出,"不当行为"一词仅在第18条的标题中使用,并且该行为的性质狭义上是由条款定义的,且可能导致付款被剥夺。无论如何,就宝藏救助而言,能够设想该种行为可能归于该条款范围内的情形。特别是,在救助者获得了排他性救助权的基础上,其会采纳一些考古学角度上来说比较敏感的打捞方法,或者像在泰坦尼克号案件中,对打捞的文物进行了特殊的规定,如不这样做就构成了第18条规定下的"不诚实行为"。在泰坦尼克号案件中,比奇·史密斯 J. 法官指出,如果救助者上法庭时没有"干净的双手,没有在善意和诚实的目的下从事打捞的行为",那么其报酬将会被减少或者被全部没收⑬。然而,她似乎不愿考虑这个后果,即泰坦尼克号公司从事不正当的行为可能会令其失去资格,尽管该公司已经计划在其注意的情况下销售这些文物,但是泰坦尼克号公司违反了向法院所作出的保证以及法院的命令⑬。虽然看起来法官视这些计划等同于不正当行为,但实际上签发减少或没收报酬命令

---

⑫ 虽然公约第13条规定了救助补偿标准清单,但是并没有具体提及救助者应注意保存考古完整性的程度,似乎没有理由解释(指的是救助者的技能和努力程度)其标准为何不能包括考古学方面的考虑。

⑫ 关于这些例子的讨论,参见弗莱切-托门尼斯、奥基夫和威廉姆斯,《救助者的占有》,第286-287页。

⑬ 《联邦判例补遗汇编》第2辑第742卷,始于第784页,第803页。

⑬ 《联邦判例补遗汇编》第2辑第742卷,始于第784页,第804页。尽管法院在了解到一次打捞中"打捞文物的损坏率约为21%"表现出了不满,但是这被视是有利于支持提高奖励的因素,因为它强调了打捞的艰巨性,参见《联邦判例补遗汇编》第2辑第742卷,始于第784页,第799页。

所要求的不正当行为被设置了一个高的门槛。如果遵守第 18 条的注意内容,是否需要设立一个较低的门槛,这是值得商榷的。

有意思的是,美国在 1991 年批准《国际救助公约》时并没有对第 30 条第 1(d)款作出保留。根据仅四年前刚颁布的 1987 年《军事沉船法案》的做法,如前文所述料,该法将属于其范围内的沉船排除在救助制度外,这一点似乎有些出人意料。因为美国 1987 年的《军事沉船法案》在《国际救助公约》之前颁布,该法案持续有效地排除某些沉船在《打捞法》制度之外的这种做法似乎没有被质疑[⑫]。然而,事实上美国尚未对此作出保留,这可能至少妨碍美国批准那些有关水下文化遗产且干涉《打捞法》的国际法律文件的能力[⑬]。

5.3.4.5 有待填补的空白

如上文 5.3.4.2 节所述,美国 1987 年《军事沉船法案》将适用联邦海事司法制度私法领域的沉船管辖权移送给了公共监管当局。然而,美国 1987 年《遗弃沉船法案》及其他联邦立法适用范围之外的沉船管辖权,则继续由联邦司法机构行使。涉及这类情形的主要沉船类别之一,是位于国际水域中的沉船。

关于这些沉船,有人可能会问:美国联邦法院如何能够对美国领海以外的财产行使管辖权?显然他们确实行使了这种管辖权,这可以从西班牙宝藏大型帆船阿托卡夫人号、中美洲号和泰坦尼克号的诉讼案中看出,这些沉船(或者在行使管辖权的时候)都位于国际水域中。

在对这些沉船遗址行使域外管辖权时,美国联邦法院制定并适用了一种被称为"对物管辖推定"(constructive in rem jurisdiction)的概念性机制[⑭]。为了使法院可以援引普通的对物管辖权,则该物品必须在法院的领土管辖范围内。"对物

---

⑫ 参见纳夫茨格,《再论历史打捞法》(*Historic Salvage Law Revisited*)第 94 页,注释 68。

⑬ 这种法律文件当然是联合国教科文组织 2001 年《水遗公约》,参见下文,第 5.4.3 节。

⑭ 英国法院没有采纳这种"对物管辖推定"的概念。特班沙号汽船案件中(参见上文第 5.2.1 节),主审法官援引了科明的文摘(Comyn's digest)以及布莱克斯通的评论(Blackstone's commentaries)作为当局的观点,"就不公正行为的诉讼而言,公海无可争议的属于海事法院的管辖范围",1924 年,始于第 78 页,第 86 页。

管辖推定"的基础是,将物品中有代表性的一部分带到法院的地域管辖范围内,法院即可获得整个物品的管辖权。例如,在泰坦尼克号案中,一个酒瓶被带到了法院的管辖范围内。通过这一法律的拟制,法院认为自己有能力对沉船遗址上开展的活动进行控制,即授予排他的救助权利以及发布禁止令保护排他救助权利不受竞争者干扰,直到救助活动成功完成[135]。

在国际水域的沉船上行使域外管辖权的一个理由是,联邦海事法院所适用的是国际法,换言之,是所有国家共有的法律规则[136]。例如,在第 4 章讨论过的梅赛德斯号案例中[137],虽然皮佐法官(Judge Pizzo)认为管辖权的"缆绳"被船舶的主权豁免切断了[138],国际法和对物管辖推定"原则""解释了案件得以在法庭上出现"[139]。在试图解释为什么这两个原则是必要的,他引用了第四巡回法院在泰坦尼克号诉讼中的一个声明:

当各国同意在公海上适用法律时,他们同意适用超出他们主权界限的秩序,尽管他们希望在公海上得到尊重,但只有当人或财产被纳入一

---

⑬ 如纳夫茨格所述,"海事法院管辖权的主题是裁决世界上任何地方发生的案件,但并不意味着有权对其管辖权以外的外国人或船舶的司法判决进行强制执行",参见纳夫茨格,《再论历史打捞法》,第 84 页。应指出的是,在西班牙宝藏大型帆船阿托卡夫人号案件中,使用了不同的司法管辖机制,被称为"准物权司法管辖权"。关于对物权和准物权的区分,参见奥德赛海洋勘探公司诉身份不明的失事和遗弃船舶案,《联邦判例补遗汇编》第 2 辑第 727卷,始于第 1341 页,第 1346 - 1348 页(佛罗里达州中区法院,2010 年 7 月 30 日)。

⑬ 关于此事一个有趣的交换意见,参见纳夫茨格,《关于历史沉船的相关诉讼中海事法院的角色演变》(*The Evolving Role of Admiralty Courts in Litigation Related to Historic Wrecks*),以及尼迈耶,《适用国际法救助国际水域中的泰坦尼克号》(*Applying Jus Gentium to the Salvage of the RMS Titanic in International Waters*)。很显然,本章前面部分讨论《打捞法》和《打捞物法》在美国海事法院的适用并不是对所有国家都很普遍。事实上,在最近一个关于法国 18 世纪私掠船陶奈侯爵号(Le Marquis Tournay),在英吉利海峡中被发现的案例中,有人认为对物管辖推定的原则并没有延伸到打捞物法中正是因为这个原因,参见奥德赛海洋勘探公司诉身份不明的失事和遗弃船舶案,《联邦判例补遗汇编》第 2 辑第 727 卷,始于第 1341 页,第 1346 - 1348 页(佛罗里达州中区法院,2010 年 7 月 30 日)。

⑬ 参见第 4 章第 4.2.3.2 节。

⑬ 奥德赛海洋勘探公司诉身份不明的失事船舶案,《联邦判例补遗汇编》第 2 辑第 675 卷,始于第 1126 页,第 1146页(2010 年 7 月 30 日,佛罗里达州地方法院);维持原判,《联邦判例汇编》第 3 辑第 657 卷,始于第 1159 页[第十一巡回法院(佛罗里达),2011 年 9 月 21 日];驳回调卷令,《最高法院判例汇编》第 132 卷,始于第 2379 页(美国,2010 年 5 月 14 日)。

⑬ 《联邦判例补遗汇编》第 2 辑第 675 卷,始于第 1126 页,第 1136 页。

个国家的权利范围时(国家的主权),才能完全有效地被执行⑩。

事实上,第四巡回法院通过提出"沉船遗址不受法律约束的状态",以证明其对泰坦尼号域外管辖权主张的正当性⑩。这表明对沉船域外管辖权的主张,被联邦法院认为是一种填补国际公法空白的一种手段。

自从美国 1987 年《军事沉船法案》被引用,就历史沉船是否受海事法院的私法管辖,或受公法管辖(就绝大多数而言是受公共遗产当局管理)引起了很大争议。尽管一些评论专家支持提倡海事法院的管辖权,认为这本质上是利伯维尔场(自由市场)的做法,但仍主张考古学价值可以通过修订现行《打捞法》来得到相应的保护⑫。另一些人则持反对意见,主张当关乎公共利益时公共监管才是最适当的⑬。

除了关于公法和私法适当性的争论以外,从现实角度来看,联邦司法机构[关于考古方面的考虑无论可以(或者能够)多么善意且见识广博]在采取措施保护历史沉船的公共利益方面都受到了严重束缚。归根结底,也是其核心,《打捞法》是对打捞进行经济上的激励。即使被视为具有特殊国际文化意义的泰坦尼克号,人们首要(且不可避免)关注的焦点也是关于文物藏品的处理方法,而不是沉船遗址

⑩ 参见泰坦尼克号公司诉哈弗案,《联邦判例汇编》第 3 辑第 171 卷,始于第 943 页,第 966 页。
⑪ 《联邦判例汇编》第 3 辑第 171 卷,始于第 943 页,第 969 页。有意思的是,在第四巡回法院判决宣告时,关于《保护泰坦尼克号国际协定》已经开始谈判。然而,直到 2000 年仍无任何结论。参见下文,第 7 章第 7.4.3 节。
⑫ 参见贝德曼,《历史打捞与海洋法》(*Historic Salvage and the Law of the Sea*),以及《海洋保护法》(*Maritime Preservation Law*);亚历山大(Alexander),《领海外的宝藏打捞》(*Treasure Salvage Beyond the Territorial Sea*);以及多尔西(Dorsey),《历史打捞者、海洋考古学家与联合国教科文组织水下文化遗产公约草案》(*Historic Salvors, Marine Archaeologists, and the UNESCO Draft Convention on the Underwater Cultural Heritage*)。
⑬ 主要参见法梅尔,《反对"打捞"文化遗产》;纳夫茨格,《关于历史沉船的相关诉讼中海事法院的角色演变》;麦奎恩,《关于处理历史沉船不适用海事法的考古论证》。有意思的是,一个地方法院的法官最近认为,可潜在涉及外国的所有者权益(他认为一艘沉船位于美国领海之外时更有可能),沉船的所有权问题是政府行政部门的问题,而不是立法部门的问题,参见奥德赛海洋勘探公司诉身份不明的失事和遗弃船舶案,《联邦判例补遗汇编》第 2 辑第 727 卷,始于第 1341 页,第 1349 页。《联邦判例补遗汇编》第 2 辑(佛罗里达中区法院,2010 年 7 月 30 日)。奇怪的是,他的评论是在讨论向私人沉船发现者授予所有权的"风险"时提出的,并且很可能受到尼迈耶 C. J. 在泰坦尼克号诉讼时的作出的评论所影响,即打捞物法应该"保守适用——只有在没有私人或公众利益受到负面影响时适用",参见上文第 5.3.4.3 节。

本身,并且泰坦尼克号公司的活动被视为是"最大限度地提高沉船的历史价值,将沉船的文物归还给社会,以供全人类的普遍使用和教育"[144]。海事法院可以监督打捞活动,但是他们不能根据《打捞法》和《打捞物法》解决是否应该打捞的问题。实现中,唯一可行的办法是,建立有权公共机构的签发许可或批准的制度[145]。

5.4 联合国教科文组织 2001 年《保护水下文化遗产公约》对《打捞法》和《打捞物法》的处理

《打捞法》和文化遗产保护之间最根本的张弛关系在于为水下文化遗产的保护建立一个国际法律制度。在联合国教科文组织 2001 年《水遗公约》制定的时期内,美国和英国政府收到了来自其强大的海洋产业的意见,他们认为任何新的制度,都不应通过干预《打捞法》而打破现有的海商法传统。因此,不可避免的是,新条约处理打捞法的方式很有可能使"整个谈判破裂"[146]。

5.4.1 背景

第一个专门解决水下文化遗产法问题的国际倡议是欧洲理事会的《第 848 号倡议》(1978 年)[147],它在《打捞法》的问题上采取了明确的立场。理事会成员国被敦促"现有打捞法和沉船法"不适用于《第 848 号倡议》规定的保护制度,换句话说,不适用那些在水下存在超过 100 年的物品[148]。为替代这种法律,他们被鼓励制定一个"诚信报酬"的条款,以鼓励发现者报告他们的发现。另一方面 1985 年《保

---

[144] 《联邦判例汇编》第 3 辑第 435 卷,始于第 521 页,第 536 - 537 页。

[145] 关于《泰坦尼克号协议》的细节,美国联邦政府为泰坦尼克号遗址建立这一体系的倡议,参见第 7 章第 7.4.3 节。

[146] 卡尔杜齐(Carducci),《水下文化遗产的扩大保护》(*The Expanding Protection of the Underwater Cultural Heritage*),第 159 页。

[147] 另见第 1 章第 1.2.2.1 节。

[148] 值得一提的事的是,设想在最近的重要物品的保护制度中纳入了自由裁量权的可能性,以及酌情排除不重要的物品。

护水下文化遗产欧洲公约》草案基本上复制了 1982 年《海洋法公约》第 303 条第 3 款彰显的打捞法和其他海事法规则，以及可辨认的物主权利⑭。

事实上，在起草一个有关水下文化遗产的特定主题的条约时，一个潜在的困难问题是《海洋法公约》和新的条约之间在《打捞法》上的关系。先前条约第 303 条第 3 款是否限制了新条约可采处理《打捞法》问题的方式？国际法协会认为并没有，在其 1994 年的《国际法协会草案》中，公约适用的水下文化遗产，《打捞法》并不适用⑮。在 1996 年 5 月召开的联合国教科文组织专家会议上，对这个问题进行了深入的探讨后，这种排除被弃置，并且在 1998 年公约草案中替换为以下较为含糊的条款：

> 缔约国应规定不适用任何为挖掘和打捞水下文化遗产提供商业奖励的国际法或规则⑮。

这个条款在草案的 12 条第 2 款中被埋没了，其标题为"水下文化遗产的处理"。根据 1998 年公约草案的官方评论，起草该条款是为了避免被认为是适用《打捞法》的"主要障碍"："将国家法律适用于从国家管辖权以外区域冲至岸边的物品，在此情形下这将为挖掘活动提供金钱上的激励"⑮。然而官方评论继续指出，"需要对《打捞法》的其他条款进行审查，以确保它们不违反'宪章'规定的制度"⑮，鉴于《打捞法》的全部目的是提供经济激励以打捞，因此很难看出它的运作范围。

以意大利和希腊为首的一些国家对任何合理排除《打捞法》的形式都感到不

---

⑭ 参见上文 5.3.1 节。

⑮ 1994 年《国际法协会草案》，第 4 条，参见第 1 章，第 1.3.1.1 节。

⑮ 1998 联合国科教文组织公约草案（1998 UNESCO Draft），第 12(2) 条。

⑮ 德罗姆古尔与加斯克尔，1998 年联合国教科文组织《保护水下文化遗产公约草案》，第 202 页。

⑮ 这里的"宪章"指的是《国际古迹遗址理事会保护与管理水下文化遗产宪章》，以联合国教科文组织 2001 年《水遗公约》附件《规章》为基础。

满,除此之外他们认为,《打捞法》和《打捞物法》原则在国际法中没有地位。相反,他们希望看到彻底的排除。在 2001 年 3 月和 4 月,联合国教科文组织第四次会议的第一次谈判中,这些国家代表与美国、英国和爱尔兰的代表进行了非正式讨论,达成了一项折衷的解决办法并以协商一致的方式获得了通过⑭。

5.4.2　《保护水下文化遗产公约》的做法及其启示

《水遗公约》第 4 条规定了:

《打捞法》和《打捞物法》不适用于开发本公约所指的水下文化遗产的活动,除非它:

(a) 得到主管当局的批准,同时

(b) 完全符合本公约的规定,同时又

(c) 确保任何打捞出来的水下文化遗产都能得到最大程度的保护。

在考虑这一条款时,应当想起公约的最后文本在其适用范围内不仅包括早期草案同样的做法,即被遗弃的文物,也包括所有在水下存在至少 100 年的人类生存遗迹。因此,第 4 条适用于与此类物质有关的任何行为⑮。(a)、(b)、(c)这三款明确地与打捞前、打捞期间和打捞后的情况相关联。假如每个条件都被满足,那么救助者似乎就可以主张救助报酬,并且在确定所有权被放弃的情况下,发现人可根据《打捞物法》获得打捞物的所有权。

第 4 条(a)款要求救助活动得到有权主管当局的批准。公约条款明确规定在允许或进行任何开发水下文化遗产的活动之前,国家当局必须考虑将就地保

---

⑭ 参见加拉贝洛,《水遗公约的谈判史》,第 125 - 126 页。也可参见卡尔杜齐,《水下文化遗产的扩大保护》,第 159 页;奥基夫,《沉船遗产》,第 62 - 63 页。

⑮ 如奥基夫所述,因为某些原因第 4 条指任何与水下文化遗产"有关的"活动而不是(如人们所预料的)任何"用于"水下文化遗产的活动,参见奥基夫,《沉船遗产》,第 63 页。然而,这种区别似乎不太可能有任何现实意义。

护原则作为第一选择^⑤，并且只有在出于"科学或保护为目的"且必要时才可以允许打捞^⑤。这些活动是"为保护、理解或提高水下文化遗产目的作出重大贡献的可以获得授权"^⑥，而且水下文化遗产的发掘或打捞"对于科学研究或最终保护是必要的"^⑥。各国家主管当局的不同，当解读原则时也很可能因此而存在着显著的差异。虽然可以想象，遗址的发现者可能会说：正是对遗址的发现使得它变得脆弱，而发掘是保护它的唯一方式。这种论调可能与公约的考古精神背道而驰，因为公约关注的是尽可能限制直接干预以及打捞物品。

假设打捞是经过授权的，并且满足(a)款，那么(b)款就开始发挥作用了。这要求打捞开展必须完全符合公约的规定。除此之外，这意味着打捞必须遵守附件的《规章》，附件中规定了项目资金和设计、项目团队能力、信息记录、打捞物品的保存、遗址管理、发现的报告和传播以及工程档案管理等事项。大多数情况下，这些标准是专业宝藏救助者能够（并且有时候已经）符合的。然而绝不能忘记的是公约对《打捞法》的处理与商业开发的处理方式密切相关。若打捞出于自身的经济利益，该项目可能会违反有关打捞物品销售和项目基金基础的规则。事实上，一般来说，除非"在任何行动前就已经保证"有足够的资金基础，否则在一开始这个项目就不会得到授权^⑥。

在事实上，(c)款可能是《打捞法》和《打捞物法》适用的最大障碍。它规定了任何打捞出来的水下文化遗产都能得到最大限度上的保护。"最大限度上的保护"指的是什么呢？第2条公约的总则和目标指出，必须"为全人类的利益保护水下文化遗产"^⑥，"应以确保长期保存的方式妥善存放、保管及管理"水下文化遗产^⑥，"不得对水下文化遗产进行商业开发"^⑥。如前所述，《打捞法》的适用通常会导致法院

---

⑤ 第2条第5款和附件规则1。
⑤ 序言第13条。
⑥ 规则1。
⑥ 附件，规则4。
⑥ 关于这个问题的进一步讨论，又见第6章第6.4.2节。
⑥ 第2条第3款。
⑥ 第2条第6款。
⑥ 第2条第7款。也可参见附件规则2。

作出销售打捞物品的决定,并用以支付打捞报酬;在涉及宝藏打捞的一些罕见的情况下,也会引起钱币奖励,由此打捞者获得打捞物品的所有权。《打捞物法》的适用很可能导致发现者成为所有者。凡适用本公约在所有这些情况下,都应考虑第33条规则,其规定了"项目档案,包括被移动的任何水下文化遗产……应尽可能以专业和公众访问的方式保存完整性"。同样,遵守这一规则很可能给法院以及那些商业打捞者带来与泰坦尼克号案件中地区法院和泰坦尼克号公司所面临的性质相似的挑战。

第4条规定的适用《打捞法》和《打捞物法》的条件,显然将被证明是高度限制性的。如果适用,就像奥基夫所说的那样,"原来的概念将所剩无几"[164]。因此,对于一个沉船遗址的发现者来说,第4条的影响是几乎没有动力去寻求通过普通法司法管辖区内海事法院的传统路径,而这些法院所在的司法管辖区已成为公约的缔约方。

必须要指出的是,没有什么能够阻止公约的缔约国超越公约第4条,将《打捞法》和《打捞物法》排除在关于水下文化遗产的适用之外。显然,这些国家的习惯法将水下文化遗产排除在《打捞法》的适用范围之外,且很可能继续采取这种方式。这些国家的习惯法考虑在水下文化遗产上适用《打捞法》和《打捞物法》,可能谨慎考虑了清晰且彻底的排除适用的优势。这将避免在《打捞法》和公约义务之间出现任何复杂问题的潜在可能性[165]。

5.4.3 联合国教科文组织 2001 年《保护水下文化遗产公约》和 1989 年《国际救助公约》之间的关系

在一个缔约国根据对《国际救助公约》第 30 条第 1(d)款作出保留的情形下,

---

[164] 奥基夫,《沉船遗产》,第64页。毕晓普(Bishop)认为实质上第4条的确取消了这两个方面,参见毕晓普,《2001年水下文化遗产公约》(*The Underwater Cultural Heritage Convention*, 2001),第18页。关于公约限制商业打捞经营者活动的进一步讨论,参见第6章第6.4.2节。

[165] 虽然,公约中没有规定能够直接妨碍缔约国引入对于沉船发现的经济或其他奖励制度,以鼓励报告这种发现,但是这种做法是有争议的,因为这些可以被看作是鼓励珍宝打捞(从而破坏公约的核心目的)。出于这个原因,这些最好能够避免。

如果该缔约国又决定加入联合国教科文组织的《水遗公约》,单就条约的兼容性而言并没有什么问题。但是如果该缔约国没有作出这种保留,则此两个条约将会产生兼容性的问题。一般来说,如果两个条约涉及同一个主题事项,当两个缔约国都签署了在先的条约,而只有一个缔约国签署了在后的条约,那么在先条约优先于在后条约[166]。

为了遵守联合国教科文组织《水遗公约》,缔约国有两种《打捞法》相关的选择。它可以将水下文化遗产完全排除在《打捞法》的适用范围之外,或者它可以采用公约第 4 条规定的关于《打捞法》的"中转站"条款。如果采取第一种选择,定会出现两个条约规定不兼容的情形:毕竟《国际救助公约》的主要目的是确保向救助者足额支付报酬[167]。如果采用第二个选择,需要考虑的具体问题是,如果《国际救助公约》缔约国的国民不符合联合国教科文组织 2001 年《水遗公约》第 4 条的条件,是否可以拒绝向其提供救助报酬? 根据《国际救助公约》,救助者有权要求报酬,除非他的行为构成不当行为。如前所见[168],根据《国际救助公约》第 18 条,不当行为被限定为:

> 如因救助者的过失或疏忽或因救助者有欺诈或其他不诚实行为而使救助作业成为必需或更加困难,可剥夺救助者按本公约规定所得的全部或部分支付款项。

在救助者方面,"过失"或"疏忽"的引用似乎只适用于能够证明他们导致进行救助操作的必要性,或者是更困难的情况。所以问题似乎成为,那些未经国家主

---

[166] 《维也纳条约法公约》第 30 条第 4(b)款。如果两个国家都签署了先、后两个公约,任何不同的地方,则以后约为准,参见《维也纳条约法公约》第 30 条第 4(a)款。关于这些规则,参见本书绪论部分,第 3.2.1 节。

[167] 参见上文第 5.3.2 节。可能的情况是,法定条款明确表示物品存在于水下至少 100 年,不属于适用《打捞法》中"危险"的情况。

[168] 上文第 5.3.4.4 节。

管当局根据联合国教科文组织《水遗公约》进行授权,或以不符合该制度的方式开展的有关水下文化遗产的活动,是否将被解释为"欺诈"或"不诚实行为"。这种行为通常很难被证明,虽然故意忽视管理制度的证据可能已经非常充分了。

在联合国教科文组织开始审议新的水下文化遗产制度之时,一位国际海事组织的代表指出,这两个条约不兼容的情况是不会发生的,因为"《国际救助公约》的私法、非强制性的性质",这意味着"即使没有明示保留,排除《打捞法》适用的权利也存在"[169]。另一方面,最近国际海事委员会认为,如果《国际救助公约》的缔约国未对第 30 条第 1(d)款进行保留,则其不得不在通过《水遗公约》之前,放弃《国际救助公约》[170]。因此,在这种情况下的国家当然应该需要考虑其是否应该放弃《国际救助公约》,然后(假定其希望这么做)重新批准该公约,与此同时签署保留。

《国际救助公约》对打捞者的占有权只字未提;因此,任何通过联合国教科文组织常规制度的实施对这些权利所进行的干预,并不会造成两个条约的冲突。是否这种干预会引起更普遍的问题那将是另外一个问题[171],但是无论如何,这一问题仅可能在实施公约制度之前该等权利已经积累的情形下造成困难[172]。

5.4.4 国际海事委员会的回应

联合国教科文组织 2001 年《水遗公约》未受专业海事界人士的青睐,这并不奇怪。特别是国际海事委员会和美国海事委员会都对此作出了否定的

---

[169] 参见《保护水下文化遗产专家会议报告》(Report of the Meeting of Experts for the Protection of Underwater Cultural Heritage),联合国教科文组织总部,巴黎(1996 年 5 月 22 日—24 日),UNESCO 文件第 CLT‐96/CONF. 605/6,第 48 段,第 12 页。国际海事组织在谈判结束时改变了其立场,参见加拉贝洛,《水遗公约的谈判史》,第 126‐127 页。

[170] 参见"审议联合国教科文组织保护水下文化遗产公约:国际海事委员会工作组",(2002 年)《国际海事委员会年鉴》,第 156 页。

[171] 参见上文第 5.3.3 节。

[172] 奥基夫,《沉船遗产》,第 64 页。公约制度在国际水域中的特定沉船中被"实施",并不是一件简单的事,特别是当沉船位于"区域"的时候。

回应⑬。尽管公约的特征引起了一些人的不安⑭,但是主要关注的焦点在于它对《打捞法》的潜在影响。在承认需要对符合具有历史和考古意义的物品予以特别考虑的同时,还表达了支持公约整体目标的声音,这些组织的坚定的意见是《打捞法》与这一目标并不兼容。虽然最初国际法协会对于《打捞法》排除适用的意见被第4条所述有条件适用《打捞法》和《打捞物法》所替代,但是这仍然被认为是对传统海事打捞法领域的一种不可接受的侵犯。

作为对联合国教科文组织倡议的回应,之后,打捞法领域的专家英国皇家律师杰弗里·布莱斯(Geoffrey Brice QC)先生,提出一项关于1989年《国际救助公约》协议的建议,其本质上是将某些美国联邦法院已采纳的对《打捞法》的法典化修改⑮。布莱斯制定的草案文本规定了对文化遗产造成损害、未能遵守考古学标准构成违反公约目的的不当行为,并且同样规定将这些列入确定奖励的标准中⑯。在2001年,国际海事委员会表示支持该协议的通过[这就是众所周知的《布莱斯协议》(the Brice Protocol)]⑰。几年之后,这个倡议似乎已经被国际海事委员会遗忘了,但是最近它已成为人们进一步关注的焦点⑱。

就其本身而言,对《打捞法》进行有限的修改将不能为水下文化遗产提供符合

---

⑬ 参见"审议联合国教科文组织保护水下文化遗产公约:国际海事委员会工作组",(2002年)《国际海事委员会年鉴》第154-157页。也可参见美国海事委员会主席金博尔(Kimball)在2001年8月2日向联合国海洋法公约研究组所作的报告,第24条(可在以下链接中查看:www.mlaus.org)。一些在美国和英国海商法领域的著名律师也对公约提出了批评:例如,参见贝德曼,《海洋保护法》;毕晓普,《2001年水下文化遗产公约》;布莱斯,《打捞与水下文化遗产》(*Salvage and the Underwater Cultural Heritage*)以及多尔西《历史打捞者、海洋考古学家与联合国教科文组织水下文化遗产公约草案》。

⑭ 例如,就地保护原则应被视为第一选择;附件规则2中关于销售的规定;水下文化遗产的定义及其参考意义的缺乏以及公约超出《海洋法公约》管辖条款的各个方面。参见"审议联合国教科文组织保护水下文化遗产公约:国际海事委员会工作组",(2002年)《国际海事委员会年鉴》,第154-157页。另一个担忧是关于公约有关附属行为的规定对合法商业活动的影响,参见毕晓普,《2001年水下文化遗产公约》,第20页。

⑮ 布莱斯,《打捞与水下文化遗产》,第342页。

⑯ 关于这个文本,参见(2000年)《国际海事委员会年鉴》,第412-414页。

⑰ 参见,联合国教科文组织关于保护水下文化遗产公约草案的第一次报告(First Report on UNESCO Draft Convention on the Protection of Underwater Cultural Heritage),2001年2月11日—17日,(2001年)《国际海事委员会年鉴》,第254-258页。

⑱ 自2008年以来,国际海事委员会已着手审查1989年《国际救助公约》的各个方面,并且考虑到根据《布莱斯协议》进行修正的可能性,参见"审查国际打捞公约工作组报告:供国际海事委员会会议代表审议,2012北京",2012年5月1日,第18-24页(可在以下链接中查看:www.comitemaritime.org)。

现代考古学良好实践的保护⑰。然而，对《国际救助公约》进行修改，将其总体制度框架与《水遗公约》及其附件达成某种一致，将是一项建设性的进展。特别是，假定美国接受了这种修订内容，并且美国的司法机构也将该修正内容纳入考虑范围，那么这将确保美国司法机构某些部门对《打捞法》的修订将一致贯穿于整个联邦法院体系。虽然这样的做法没有解决根本的问题，但是在美国批准公约前，这将会是一个有用的应对措施。

5.5 结论性评述

《打捞法》的问题，最终并未被证明是联合国教科文组织谈判的"交易破裂因素"。相反，还达成了一项妥协，这看起来至少满足了那些在该问题上持有关切的普通法系国家代表。联合国教科文组织 2001 年《水遗公约》将国内法律体系已经接受的一个概念载入国际法：即《打捞法》领域和《水遗公约》领域之间需要制定一个界限。在公约适用的情况下，属于其适用范围的物品，实际上将被当作"从商事海事打捞法领域进入考古学领域"来处理⑱。根据近几十年来的国家实践，对仅有五十多年历史的沉船遗址进行保护的情况十分常见⑱，谈判者采用 100 年的规定意味着公约提出的有关《打捞法》的总体方案，对国际海事界来说，可能被视为是相较于在联合国教科文组织谈判进程中出现的结果的更好的交易。

然而美国仍在公约的框架之外，与此同时，全世界历史沉船的打捞运营者仍将能够继续选择将打捞物带入美国境内，并且如同美国联邦海事法院那样，寻求

---

⑰ 如上所述，打捞法通常在一些干预行为发生后才生效。然而，下面的评论非常有趣："如果被广泛接受的考古惯例如此规定，并且适当的经济刺激可以用来激励打捞者定位、保护水下财产，我们［国际海事委员会打捞公约工作组（the CMI's International Working Group on Salvage）］看不出有什么理由从原则上为什么就地保护原则不可能是'布莱斯协议'下的结果。"参见联合国教科文组织关于保护水下文化遗产公约草案的第一次报告，国际海事委员会第 37 次会议，新加坡，2001 年 2 月 11 日—17 日，（2001 年）《国际海事委员会年鉴》，第 258 页，第 19 条。重点增补。
⑱ 参见上文法官在拉维亚号、朱丽安娜号和圣玛利亚号案件中的发言。
⑱ 参见第 2 章第 2.3.1 节。

适用《打捞法》和《打捞物法》。然而,就《打捞物法》而言,它的适用很可能会越来越少,并且美国联邦海事法院不可能出于先前的目的而恢复适用《打捞物法》,即确定对海上发现的以前从未归属的物质的权利,如动植物群。就《打捞法》而言,如果《国际救助公约》能够得到适当的修订,那将有助于确保《打捞法》对历史沉船"尴尬适用"的情况被承认,并尽可能在整个联邦海事法院体系中得到协调。

6

水下文化遗产的商业开发

6.1 导言

文化遗产的商业开发可采取多种形式。从广义上讲,文化遗产的商业开发这一表述能包含源于文化遗产的商业开发这一资源的任何形式的营利企业,包括向进入文化遗址的公众收取费用或出售相关纪念品,例如观光手册、DVD 和复制品。从狭义上讲,或是较为普遍的理解,文化遗产的商业开发这一表述还蕴含文化物品的销售。虽然无论是公共、私人还是慈善性质的组织均可以从事商业开发,但是本章主要涉及那些主要(但并不必然是唯一)目的为追求经济利益的实体。

文化遗产的商业开发问题具有很大争议,尤其是通过出售文化物品而使得物品不可追回地从遗址散失出去。若出售的情形导致了该种失散,那么这将违反一条基本的考古原则,即从考古遗址发掘出的物品应整体保存,以便用于公共展示及研究。问题不在出售本身,而在于物品销售后可能导致的无法追回的失散。

个别国家对于文化遗产商业开发问题的态度,与其政治意识形态及其政府监管和市场作用息息相关。同时它还受到国家在处理一般文化遗产方面经验的影响:一些国家,例如希腊和意大利,历年来遭受过大规模文化物件的侵蚀;而另外一些国家,包括美国、英国和荷兰则从文化物品的商业开发、贸易交易中获得过可观的经济利益。值得注意的是,这些国家还是高度活跃的国际文物市场的所在国。通常所谓的"来源"国和"市场"国可能对商业开发商所持的态度较为不同,在对待文化遗产方面,甚至经常持相反的立场。

就水下文化遗产而言,虽然许多位于沿岸水域内的沉船遗址已经被充分发掘或正被开发,但是在领海范围外深海水域内,仍有不少尚未发现的但却具有高价值的沉船遗址①。传统上,通过适用《打捞法》,商业经营者有机会"参与"到这些沉船残骸的打捞活动中。如第5章所述,《打捞法》规定了打捞水下文化遗产的利益性动机,该法的适用通常会导致被打捞对象在公开市场上出售(并因此而散落),以便用以支付"救助者"的奖励。

商业开发的问题引起考古学界一些部门的强烈反应。他们在看待商业经营者时经常怀有不同程度的批判主义和怀疑情结,且偶尔还包含直接敌意。考虑到某些个人和公司的相关活动对水下考古遗址造成了破坏和损毁,尤其是那些纯粹受潜在经济利益驱使的,显然,怀有上述情绪是可以理解的。然而,不少商业经营者声称他们并非只对赚取利益感兴趣,还对开展有益的考古活动感兴趣。他们辩称这是"有益的考古活动与一种商业模式的联姻"②,使其自身和考古学家的利益之间打到一种可能的平衡,如此便可允许开展一些商业活动,作为对考古研究和发掘提供充分资金支持的回报。

是否能让商业介入,这是任一方为监管水下文化遗产救助而起草法律文件时所必须应对的核心问题之一。虽然商业开发问题经常在《打捞法》的范围内被讨论,但水下文化遗产是否应被排除在《打捞法》范围外则又是一个全然不同的问题。美国1987年《遗弃沉船法案》所采取的方法是,就其适用范围内的沉船残骸,

---

① 联合国教科文组织援引的数据指出,全球范围内未被打捞的沉船的数量已"超过三百万",参见联合国教科文组织,《保护水下文化遗产》,详见网址:www. unesco. org。不过,考虑到深水探索和打捞作业的巨大成本及所涉风险,沉船中具有商业关注度的相对较小。斯坦姆,奥德赛海洋勘探公司的联合创立者和首席执行官曾表示,"涉及商业利益的公司低于"联合国教科文组织全球数据的0.03%,参见《戴夫·帕勒姆和格雷格·斯坦姆争论海洋考古学的商业模式》("Dave Parham and Greg Stemm Debate Maritime Archaeology Business Models"),《海上考古学会时事通讯》(Nautical Archaeology Society Newsletter)(2010年夏),第5页。

② 《从沉船中取得宝藏是海盗行为吗?》("Is Taking Treasure from Shipwrecks Piracy?"),《时代》周刊在线(The Times Online),2009年5月21日。

排除使用《打捞法》，但允许对某些受到监管的、私营的沉船打捞适用《打捞法》③，这体现了商业开发并非与《打捞法》相关联，该成文法被当作一种模式，通过此模式商业参与受到政府当局的监管，而非通过司法适用《打捞法》的方式。

本章旨在对"以营利为目的"的组织参与到水下文化遗产运作的问题进行思考，以及探寻联合国教科文组织 2001 年《水遗公约》所建立的监管框架是否允许这种商业化的参与。本章分为三部分。第一部分介绍了一些涵盖一定程度考古理念的商业开发的模式；第二部分思考了一些反对或赞成商业开发的核心论点；第三部分研究了联合国教科文组织 2001 年《水遗公约》对商业开发采取的做法。

6.2　商业开发：部分模式

应该说，起初存在大量这样的案例：从事商业开发但未顾及考古和文化价值进而导致残骸遗址的毁损和物品不可追回的散落，即便不是全部考古资料的损毁，也是绝大部分④。然而其目的是希望在考虑商业开发模型时将考古价值和其他文化价值归为所需考虑的因素，商业开发模型应在某种程度上对考古资料进行保护。

6.2.1　排除文物出售的商业开发

泰坦尼克号公司对泰坦尼克号残骸采取的商业开发方法是一个特殊的例子。自 20 世纪 90 年代以来，该公司为打捞沉船文物对这一遗址开展了一系列的探险和考察，随后将这些文物在全世界向公众有偿展出。自其运作开始，该公司就表

---

③ 参见第 5 章第 5.3.4.2 节。

④ 关于世界范围内特别事件的汇总，参见萨莫拉（Zamora），《商业开发对水下文化遗产保护的影响》（*The Impact of Commercial Exploitation on the Preservation of Underwater Cultural Heritage*），第 24 - 27 页。

示将不会出售任何打捞文物（煤块除外）⑤，相反的，公司尝试通过开展收费性展览、相关媒体和商业活动获取利润，用以支付遗址发掘的相关费用。

当然，泰坦尼克号是一处独一无二的沉船遗址，它声名远扬，足以超乎寻常的激发公众对它的兴趣。然而，基于上述事实，泰坦尼克号公司似乎因逐渐增加的巨额探险考察费用，以及为稳定、保护、记录、贮存和展出上千余件文物所需的相关支出，而难以维持其商业模式⑥。事实上泰坦尼克号公司在1996—2007年间的年度财政收入总计净亏损超过了700万美元⑦。这表明，对于那些鲜为人知的深水沉船，不出售打捞工艺品的商业开发的模式，是不切实际的⑧。

6.2.2 包含文物出售的商业开发

另一家美国商业公司同样尝试了将考古学因素融入该司的商业模式之中，这家公司就是奥德赛公司。该公司认为将最高标准的考古与营利目标结合起来是完全可能的，并且提倡商业经营者应与考古学家协作，共同开发水下文化遗产的商业和文化价值。该公司的模式包含了某些文物的出售以及更宽泛的商业开发形式。

奥德赛公司对共和国号（SS Republic）的开发是一个典型，这艘19世纪的侧轮蒸汽机船于2003年在大西洋被发现。通过运用水下遥控机器人，使得这一深水遗址得以广泛发掘，在深不可测的海底寻得了宝藏，该公司打捞获得了上千枚银币、铜币以及其他文物。这些钱币可供收藏家们购买，而剩余的文物，包括日常

---

⑤ 参见第5章第5.3.4.3部分。

⑥ 关于泰坦尼克号公司就被打捞上来的工艺品采取措施的概述，参见比奇·史密斯·J. 法官在泰坦尼克号公司诉失事和遗弃的船舶案，《联邦判例补遗汇编》第2辑第742卷，始于第784页，第801 - 803页（2010年8月12日，弗吉尼亚州东区法院）。

⑦ 参见泰坦尼克号公司诉失事和遗弃的船舶案，《联邦判例补遗汇编》第2辑第742卷，始于第784页，第806页。该数据是关于1993年与2004年之间的探险考察从遗址中打捞文物的数据。关于该预估的得出，参见判决。

⑧ 至少存在另一商业项目，关于私人船舶维达号（Whydah），该项目通过展出收入而非出售工艺品。然而，该项目与深海遗址无关，因而无须负担深海发掘的成本。

的商业器物,则用于对公众展出和相关研究。该项目得到了广泛营销,并通过出版物及其他媒体方式广泛宣传,奥德赛公司于是认为这是根据最高考古标准开展的打捞活动⑨。

6.2.2.1 专业沉船探险家协会模式

奥德赛公司是美国专业沉船探险家协会(ProSEA)的成员之一。该协会认为沉船残骸勘探和开发是有可能符合伦理标准的,且该协会为其成员制定了一套"伦理准则"(Code of Ethics)。该准则要求其成员"在调查、发掘、打捞或以其他方式利用沉船残骸资源时,建立并保持最高的职业标准"⑩。这一准则为其成员列明了多项具体的行为规则:规定雇佣具有资质的"项目考古学家";规定项目设计和执行需考虑考古的价值;规定文物保护、归类以及贮存的基金。此外,准则还规定:

> 成员在监管任何沉船残骸的探险发现时,有义务确保活动进行的方式尽量与从遗址搜集历史考古数据一样:在最大程度上从遗址获得最多的科学、历史和考古数据。同时,成员们还有义务确保所获数据能及时向公众公开⑪。

这种形式的自我监管若是善意进行的,则能够产生积极作用。然而,协调商业利益和考古利益的难处在于如何处置打捞物。为解决这一问题,专业沉船探险家协会主席格雷格·斯坦姆(同时也是奥德赛公司首席执行官),将沉船残骸物件划分成两类,分别称为"文化性工艺品"和"贸易物品"。斯坦姆表示,"文化性工艺品"应作为项目档案的组成部分予以保存;"贸易物品"则能够被出售。贸易物品

---

⑨ 对所适用标准的一些判断,可能是通过参考相关作业及被打捞物品的报告作出的,发表于斯坦姆和金斯利(Kingsley),《海洋奥德赛》(*Oceans Odyssey*),第1-5章。

⑩ 沉船残骸探险家协会道德准则(详细内容见:www. prosea. org/about/codeethics. html)。

⑪ 同上。

由货物和其他出于贸易目的而运输的物品组成。然而,在斯坦姆的模式下,并非全部物品必然构成贸易物品。他认为应使用三重标准以区分贸易物品:遗址文物复制品的数量、记录或复制文物的难易程度以及考古价值与回归流向商贸价值的衡量[12]。

斯坦姆对上述标准的阐释如下:

(1) 遗址文物复制品数量: 这仅仅是对遗址处发现的特定种类文物的数量的评估……我建议在永久文化藏品中最少维持 5%～10% 的复制品……

(2) 记录或复制文物的难易程度: 专业沉船探险家协会道德准则中提及,那些无法被"以允许未来合理研究和分析的方式被文献记录、拍摄、铸模或复制"的工艺品必须完整保存。一个明显的例子是硬币,硬币能够容易地以高分辨率拍摄、称重、确定尺寸,并由此为需要后续研究的硬币实质上提供所有资料。

一个例外则是对硬币中的金属进行分析,但是金属分析能够在较大程度上通过从永久收藏品中类似硬币的取样得以完成。

(3) 考古价值与回流商贸价值的较量: 这能够通过下述例子予以最好说明。

试想以下情形,从一艘 18 世纪沉船的残骸上打捞获得了 1 000 枚相似的金币。在这种情形下,那些金币的市场价值将轻易达到百万美元。就考古价值而言,许多同样的硬币已经在货币收藏市场上广泛地循环流通,因此几乎无法通过现已存在的记录和资料来更多地了解 18 世纪的文化。若加上硬币以及其照片和证明文件已经四散的典型事例,则这一

---

[12] 斯坦姆,《将差异化沉船文物作为资源管理工具》(*Differentiation of Shipwreck Artifacts as a Resource Management Tool*),第 3 - 4 页。

观点更显正确。在这种情形下,可以得出这样一个合理结论:通过完整保存收藏品可以微量地增加考古知识的价值,但这不能够防止数以百万的美元回归涌向商贸市场。

另一方面,来自地中海青铜时代遗址的大量双耳细颈陶瓶收藏品很可能并不具有重要的内在价值。然而,由于对这一时代的贸易知之甚少,关于双耳细颈陶瓶上的斑纹的细微差别以及从上述容器的遗存中获得的资料,可能无法通过其他方式再进行收集。

在这种情况下,可以得出这样一个合理的结论,收藏品由于商业价值低,不值得拆散⑬。

考古学家当然可能质疑上述一部分或全部说法。另一方面,对于无利益关系的外行人而言,以上归纳的不同之处似乎在一定程度上又言之有理,基本原理似乎为出售问题提供了妥协的基础(该等妥协是否可能,将在下文第 6.3.3 节中进一步探讨)。

6.2.2.2 "合作协议"

英国皇家海军萨塞克斯号于 1694 年在直布罗陀附近沉没,2002 年奥德赛公司与英国政府就打捞其装载货币事宜签订合同。据说,萨塞克斯号沉没时装载着价值超过一百万英镑的金币和(或)银币,根据一些预估,目前那些货币的价值超过 25 亿英镑⑭。经过几年估计高达两百万英镑费用的研究和勘测⑮,奥德赛公司于 2001 年成功定位到了被认为是萨塞克斯号的沉船残骸。英国政府作为船舶及

---

⑬ 斯坦姆,《将差异化沉船文物作为资源管理工具》,第 3 - 4 页。

⑭ 《搜寻英国船舶残骸上的 25 亿英镑金币》("Hunt for £2.5 bn in Gold Coins on British Wreck"),《星期日泰晤士报》(Sunday Times),2003 年 6 月 8 日。

⑮ 《救助者享有 25 亿英镑宝藏》("Salvagers to Keep Share of £2.5 bn Treasure"),《独立报》(Independent),2002 年 10 月 7 日。

其货币所有权人⑯,与奥德赛公司进行长期谈判后,双方达成了协议。该合同被当事方描述为与传统打捞合同在本质截然不同的合同,被称为"合作协议",并被视为一次政府和私人合作的考古遗址发掘。根据英国国防部发布的一篇新闻稿:

由于深海考古凭借公认的考古方法通过从沉船中打捞物品,协议被描述为深海考古"合作"方法发展的重要一步⑰。

新闻稿进而报道:

可以设想考古的工作最终将提供教育和文化材料,目标在于惠及世界范围内的后世研究者、利益团体及一般公众。

奥德赛公司站从自身立场出发表示:

这是历史上首次政府与私人部门因国家战舰的考古发掘缔结协议。

并且,在水面下约 3 000 英尺处,将仅由机器人进行最深的、更广泛的沉船残骸挖掘⑱。

虽然协议的具体条款仍为保密,但公布了"合作协议备忘录"(partnering agreement memorandum)⑲,提纲挈领地列出了主要条款。从备忘录可明确得

⑯ 似乎那些金币原意是被用于贿赂说服萨沃伊公爵(the Duke of Savoy)在与法国路易十四的战争中保持站在英国和大联盟(the Grand Alliance)一边。

⑰ 英国国防部新闻稿,2002 年 10 月 7 日。

⑱ 奥德赛公司:"萨塞克斯项目"(正式名称是"康桥项目")详细内容见 www. shipwreck. net/sussex. html。

⑲ 参见网址 www. shipwreck. net。

知,该协议的基础是奥德赛公司在遗址勘探沉船残骸并打捞物品出水,以此作为交换而共享被捞起的工艺品或其销售所得。协议双方为拟定"项目计划"指定条款,具体规定采用的设备、人员和方法,规定了所捞文物保护以及记录。同时还拟定了关于项目费用、知识产权和商业化利益,以及商业保密的条款[20]。根据备忘录,奥德赛公司的"文物评估价值及(或)文物销售价格"为4 500万美元以下的,奥德赛公司将获得其中80%;为4 500万美元至5 000万美元的,将获得其中50%;为5 000万美元以上的,将获得其中40%。虽然备忘录并未明确其意图是否仅是出售从遗址打捞的硬币,或同时还出售其他种类的对象,然而奥德赛公司做出一项声明宣称,协议对以下内容予以认可:

> 不同种类的文物有不同的考古学重要性,这个分类如同一个机制,允许成立某类文物的销售筹募基金以促进水下文化遗产的管理[21]。
>
> 这表明该协议很可能确实存在着运用斯坦姆阐述的文物与商品的差异的意图。

对于具备海洋传统国家的政府而言,包括英国政府,为从他们本国战舰和船舶打捞高价值货物而签订合同,并非不同寻常。在这些情形下,合同当事方的动机通常是出于金融的目的,这些合同通常也会对商业价值的分配或销售所得进行约定[22]。萨塞克斯号打捞合同的不同之处在于其考虑到了残骸并非仅为主权国家享有的经济资产,同时也是一处考古遗址。然而,尽管约定了保护考古价值的条款,该协议在考古圈内还是遭到了不小的反对。反对的理由从本质上可归纳于

㉑ 关于本协议的具体内容及分析,一般参见,德罗姆古尔,《政府政策的浑水》(*Murky Waters for Government Policy*)。亦可参见,加拉贝洛,《地中海的沉没军舰》,第189页及其后。

㉑ 参见网址 www. shipwreck. net/spa1. html。

㉒ 一个著名的例子是英国政府于1982年为从英国皇家海军爱丁堡号(HMS Edinburgh)打捞价值超过4 000万英镑的金条而订立的合同。该合同约定,救助者将获得苏联和英国之间分割所剩收益的45%,参见德罗姆古尔和加斯克尔,《沉船利益》,第195页。

英国考古委员会(the Council for British Archaeology)的一项声明:

> 通过这场交易,英国政府参与合作了销售古董以用于支撑存疑考古
> 可行性的研究调查,虽然同时它和外资公司的钱袋子也连在了一起㉓。

首要顾虑在于,协议中含有出售来自考古遗址物件的条款。此外,涉及从事考古发掘的机器人技术的适当性、考古监测标准的安排,合同双方当事人是否是受到利益的驱动而合作等方面,也都有顾虑。

6.3　商业开发：所涉争论

对沉船残骸商业开发利弊的争论,尤其当商业开发涉及文物出售的争论,始终未曾停息。在以下两种分论中,作者主要试图简要阐明对商业开发持反对和支持态度两方的核心观点㉔。这些观点设置较为中立,并不代表是作者观点。

6.3.1　反对商业开发的论据

反对商业开发的观点大致按照以下逻辑推进。

> 考古关注的不在于物品本身,而在其所载信息的收集。像沉船残
> 骸这类考古遗址,是人类过去信息的"时间胶囊"。许多信息都蕴含在
> 几乎毫无商业价值的物品中,如船舶的船体、船舶的固定装置和配件以

㉓ 英国考古委员会,新闻稿,2002 年 10 月 8 日。
㉔ 关于该事项更具体的讨论,参见《沉没宝藏:法律、技术与伦理》("Sunken Treasure:Law, Technology and Ethics"),第二次纽波特研讨会(the Second Newport Symposium)论文(1999 年),《海洋法与商业杂志》,第二期。关于更近期的一次"直击主题"的辩论,参见《戴夫·帕罕姆和格雷格·斯坦姆辩论海洋考古商业模式》,《海上考古学会通讯》(2010 年夏),第 4 - 5 页。

及乘客和船员的个人财物。为将从遗址寻回的信息最大化利用,发掘活动必须通过运用适当的考古技巧和技术开展。为此,不仅需要仔细地打捞文物,还需要记录其环境及出处。从遗址发掘的工艺品需要得到恰当的处理和保护。在器物来自水下遗址的情况下,工艺品可能处于被水浸泡、体积庞大的状态,正是因为如此,保护过程可能是花费巨大且漫长的。恰当的考古工作必然是艰辛、费时且成本高昂的。发掘必须是全方位的,并且公开报告。这种类型的工作与营利动机在根本上是不相符的,因为营利目的要求以开支最小化换取回报最大化。如果完全照此逻辑进行,是无法妥善完成工作的,会存在铤而走险的情况。

来自遗址的工艺品,或所谓"采集品",须整体收藏保存,以便将之用于公众教育及科研的目的,无论是在当前还是将来。采集品至少必须以在将来必要的情况下能够重新组装完成的方式保存。任何致使物品不可追回地出售或处置的方式均是不恰当的。逐利的经营者希望通过在工艺品最高价时出售,以达到收益最大化,这种情况通常通过在公开市场上销售个人器物来达成。

遗址发掘和器物提取不应作为第一选择。虽然沉船卧于海床上或在海床内,尤其位于深海,其确实处于一个相对安全的环境。我们可以通过现代非侵害的考古技术,包括遥感技术,准确表明遗址的性质以及遗址所受保护的程度。且在技术被确证为可行的情况下,将来进行非侵害的考古工作可能会拥有更好的工具和技术。发掘遗址等同于毁灭遗址:一旦发掘,其将丧失任何作为考古资源的价值。物理介入应当仅在遗址处于受到威胁(处于任何原因,包括人类介入或自然过程)或处于合法研究的情形下开展。若不存在该等情形,遗址应受到就地保护。

6.3.2 支持商业开发的论据

支持商业开发的观点大致按照以下逻辑推进。

考古活动所需的公共资金总是有限的。与商业经营者合作能够为那些资金紧张的考古项目提供有价值的资金资源。通过共同合作以及将一些经济利润投资于良好的考古作业中,考古学家和商业经营者能够取得两个领域的最优结果。考古学家可以从那些获得了充分资金支持的项目中发掘利润,获得机会搜集新的资料;良好的考古活动将带来商业价值的增强,从而使其商业合作伙伴从中获益。贝德曼说:"简而言之,拥护历史保护的价值对商业而言是有益的。"[25]相反的,毫不顾及考古价值观地开展纯营利项目并不是良好商业感的体现[26]。

在沉船残骸遗址保存、保护全部残骸,简单来说是不现实的。从考古观点出发,贮存诸多的副本将几乎无任何所得。一旦对具有代表性的样本进行研究和记录,代表性样本可被选择性保留,其余的对象可被出售,而用以为未来项目提供资金支持。博物馆通常对从海洋遗址处获得物品毫无兴趣。其中一些体积庞大且保护、贮存成本高昂:船舶木材和样本多的物品,如瓶罐、双耳细颈陶瓶以及陶器就可能属于这一类别。具有商业价值的对象,尤其是金块、银块和货币会引起一些特殊的问题,原因在于与保险、保全相关事宜。相比于保存所有对象或冒所有对象无法得到良好保护的风险或只是简单贮藏在博物馆地下保管库里,还不如精心保存经选择的样品以保证其受到适当的保护,并且是公众能够接触

㉕ 贝德曼,《历史打捞与海洋法》,第 128 页。

㉖ 参见霍格兰(Hoagland),《管理中国海域内的水下文化资源》(*Managing the Underwater Cultural Resources of the China Seas*),第 272 页。

到此样品的展品,后者可能是一种更好的方式。

　　无人知晓将来会发生什么。经济、技术和其他人类条件在将来会比当前更好的结论,只是预想并非已成定局的未来,因此不应假定人类在将来一定会从遗址获取比当前更多的资料。再者,相比于陆地遗址,水下遗址更容易遭受特定的威胁。因此,产生于陆地考古的一项原则,即就地保护,并不必然适合于水下遗址。威胁可能源于自然和人类活动,包括如挖掘和渔猎等意外影响遗址的活动,以及那些潜在的仅因商业利益感兴趣而产生的可能干扰。对寻宝人而言,高价值的沉船残骸尤其容易遭受寻宝活动的侵害,即便寻宝人能够系统性地运用技术搜寻。若不存在激励发现遗址的动机,则不会有任何发现,也不会让众人了解到遗址的价值,包括商业价值和考古价值。除非经发现和打捞,否则遗址"将被埋没并化为乌有"[27]。

6.3.3　妥协空间?

多尔西认为:

　　　　除非任一方改变,另一方面,两组人停止将另一方视为邪恶的化身和知识分子势利小人,否则将不会有妥协[28]。

　　一方面,考古学家和那些支持商业参与沉船打捞的人之间,有时候存在前述这种艰难关系,然而从另一方面看,似乎其中存在一些共同基础的空间。尤其是,似乎一般认为具有考古意义的遗址必须得到适当的对待,任何确实发生的干预活

[27] 布兰恩特(Bryant),《考古上的注意义务》(*The Archaeological Duty of Care*),第 136 页。
[28] 多尔西,《历史打捞者、海洋考古学家与联合国教科文组织水下文化遗产公约草案》,第 47 页。本文撰写时,多尔西时任美国海事法协会主席。

动须依专业的考古标准开展。再者,似乎还接受监管或许是必要的(尽管对监管形式可能存有不同观点),以便确保维持恰当标准。

对非利益关联方而言,争论两方的许多论点很可能都显得很合理。他们或许还显得并非全然不可调和。在较宽泛原则下,似乎没有理由认定一个好的考古项目与一个有营利目的计划联合起来有何不可,尤其是在遗址确实受到威胁的情形下。逐利动机本身并非坏事,公司核心目的即在于营利,公司对其股东和投资者在营利方面负有特定的义务,然而这一事实并不意味着公司不需要在公司商业计划中考虑更广泛的公众利益。这确实构成了企业社会责任观念的基础。再者,在包括英国在内的某些司法管辖区,一些声望较高的考古顾问机构也是以营利为基础运营的。因此,考古标准向营利动机让步并非是不可避免。不过,此处仍存在许多具体困难之处。

第一,有益的考古活动,尤其是发掘活动,是否能在潜水员无法到达的深度开展,这一问题仍有待探讨。虽然技术始终在进步,机器人技术仍相对处于发展的早期阶段[29]。虽然最先进的机器手臂已经超乎寻常的机敏和灵巧,且可以想象当前还是将来,机器人都有能力进行符合专业考古标准的全面考古发掘,然而此类运用仍然处于试验阶段[30],同时费用也极为高昂。

第二,且从后者出发,合乎专业考古标准的深水沉船打捞是否是一种经济上可行的商业模式,尚且存疑。专业设备对打捞工作是必需的,这些专业设备的日租用费率可能高达数万美金,因而保证数月设备用在遗址中,同时要用于开展全

---

[29] 参见韦伯斯特(Webster),《挖掘技术领域的水下机器人的发展》(*The Development of Excavation Technology for Remotely Operated Vehicles*),第41 - 64页,尤见第63页。

[30] 关于从泰坦尼克号的废墟中打捞文物所运用技术的具体情况,参见泰坦尼克号公司诉失事和遗弃的船舶案,《联邦判例补遗汇编》第2辑第742卷,始于第784页,第798 - 799页。2004年期间探险考察所获得文物的"破坏率"记录是在21%左右,"尽管在打捞时进行了严谨的尝试",操作水下机器人的"技术困难"导致打捞一些文物的失败。

面考古发掘活动,这样的成本将是巨大的㉛。一旦发掘本身得以完成,保护、贮存和博物馆场地费用可能高达数百万英镑计㉜。销售价值和其他商业收入将需要达到异乎寻常的高才能覆盖这些成本,实现投资者盈利㉝。

第三,同时也是最根本的问题在于,考古学家是否能够被说服去接受基于出水文物出售的商业模式。乍看之下,这似乎完全不可能。不过,文物重要性的问题为妥协提供可能的空间。在论述考古学家和商业经营者之间开展对话的过程中,哈金森指出,考古遗址具有不同程度的重要性,而每个遗址所获得的待遇应与其考古和历史价值相匹配㉞。她认为:

> 适当性的概念是中心的……"所有自水下遗址打捞上来的对象的最终归属都应与其考古和历史价值相匹配"。
>
> 商业经营者得以通过出售来自历史沉船遗址的发现物来获取收益。就许多具备考古价值的遗址而言,上述观点是不可接受的,但是对于一些次重要的遗址而言,坚持要求采集品原封不动可能就不那么合理了㉟。

"适当性概念"似乎为建立"共享"所有文化资源框架提供了潜在平台,文化资源是基于沉船打捞后,根据沉船事故的年龄、稀有度、状况等因素对沉船的文化资

㉛ 为了在主要考古沉船发掘中提示具体的劳动和所用时间,都铎王朝战舰玛丽玫瑰号(Tudor warship Mary Rose)的发掘持续了四个夏季潜水季,需要 27 381 次潜水到遗址,在海床处达到了 11.8"人工作年"的程度。相关信息可访问 www. maryrose. org。

㉜ 再一次以玛丽玫瑰号项目为例,该计划新建一处主要博物馆场地的成本的数字大约是自遗址打捞而来的 19 000 件文物的价值,计 3 500 万英镑。相关信息可访问 www. historicdockyard. co. uk/news/presspacks/maryrosemuseum。

㉝ 此前,在公开拍卖会上出售的沉船残骸上的器物仅筹集到了相对较少的金额:1 500 万美元来自拍卖海尔德马尔森号(the Geldermalsen)的陶器和金块、700 万美元来自拍卖头顿号的(the Vung Tau)瓷器、300 万美元来自拍卖黛安娜号(the Dian)的瓷器,以及 1 000 万美元来自德星号(the Tek Sing)拍卖瓷器。参见弗莱克,《东南亚道德、政治和海洋考古》(The Ethics, Politics, and Realities of Maritime Archaeology in Southeast Asia),第 12 页。斯坦姆认为,适合奥德赛公司模式的沉船项目潜在数量在"较低的百位左右",参见与作者的私人通信,2010 年 4 月。

㉞ 哈金森,《对水下文化遗产的威胁》(Threats to Underwater Cultural Heritage),第 289 - 290 页。

㉟ 同上,第 289 页。

　　　　　　　　　　6 水下文化遗产的商业开发

源总量及其意义进行评估后做出的精心管理决策㊱。然而，可以设想到的困难之一是某些似乎不太重要的事物可能在将来获得不同的待遇。如果出售导致对象不可挽回地散失，则将失去重新开展评估的机会。

6.3.4 政府参与商业开发

就政府而言，商业开发问题是一个公共政策事项。虽然他们会考虑特定利益集团的立场，但是在最终决定是否交易，或是否参与沉船遗址的商业开发时，决定的做出仍很可能会从什么会被认为是最符合全体公共利益的角度出发。

一些发展中国家可能就开发殖民时期位于沿海水域的沉船，与商业经营者的合作，并视其为一种获得高价值经济利益的手段。此类船舶残骸有时被视为与本土文化几乎无或无任何直接关联，因而从国家视角来看，几乎没有或完全没有文化价值㊲。年复一年，发展中国家与商业经营者合作的例子愈来愈多，其目的仅在于经济收益。例如在 20 世纪 90 年代早期，乌拉圭政府同意将黄金和其他贵重物品出售所得收入拆分，以 50/50 的基准划分给救助者，显然，该政府预计其能够付清该国外债的极大部分㊳。同时这种共识也愈来愈多：经济利益不仅能够通过分享出售对象的收益产生，如上述案例，同时还能够通过其他更广泛的商业开发形式获得潜在收益，包括发展旅游业㊴。

沉船资源的异域性，以及经济上的限制等因素将会限制发展中国家尝试探索

㊱ 该种路径似乎形成了在佛罗里达州凯斯国家海洋保护区中多重使用管理的基础，参见法梅尔，《美国》，第366页。

㊲ 参见默罕·诺尔（Mohd Nor），《马来西亚水下文化遗产保护》（*Protection of Underwater Cultural Heritage in Malaysia*），第21页。

㊳ 霍格兰，《管理中国海域内的水下文化资源》，第272页。霍格兰认为，政府分享拍卖收益最终少于 1 500 000 美元，相较于当时外债34亿美元只不过是沧海一粟。如霍格兰指出，该案例表明"宝藏"可能会引起"过度膨胀的预期"。

㊴ 经济效益的问题是属于国家通过该国和商业经营者在沉船探索方面的合同合作的问题，是由瓦迪（Vadi）发现研究的，他认为，该等利益构成的"投资"是出于国际投资法目的，因此，"投资人"即商业经营者，可以依照该等法律主张特定保护的利益，主要参见瓦迪，《协调水下文化遗产和外商直接投资的挑战》（*The Challenge of Reconciling Underwater Cultural Heritage and Foreign Direct Investment*）。

来自商业经营者在沉船打捞项目上的合作,所产生的更为广泛的文化和社会利益的兴趣。尽管如此,某些政府合同已试图平衡不同的公共利益,即在国家财政营利与本国历史和文化直接相关的特定事务的保护之间寻求平衡。1991年,马来西亚政府与英国某公司就打捞"国家船舶"黛安娜号(Country ship Diana)物品的合同就是一个例子。许多此次打捞的中国青花瓷在拍卖会上被出售,但是同时约定特别重要的物品将由国家保存[40]。在包括马来西亚在内的某些国家,似乎有这样一种意愿将来自特定水下项目的收入再投资到其他被认为是与国家文化利益更直接相关的项目中[41]。

萨塞克斯号案例表明,并非仅有发展中国家对沉船的商业开发有兴趣。发达国家也对打捞载有贵重物品的战舰和其他国有船只所隐藏的潜在利益感兴趣,发达国家也有经济能力规划项目来使项目也能攫取更广阔的文化和社会利益。毫无疑问,沉船打捞能够唤起巨大的公众兴趣。以下事实就证明了这一点:1982年,全世界超过6 000万观众观看了玛丽罗斯号船体打捞的直播[42],瑞典瓦萨号沉船博物馆每年吸引75万名观光客[43]。2007年,具有800年历史的南海一号打捞工作在中国广东展开,其发掘过程全程向公众展示,同样引起了广泛关注。这些项目同时产生了教育和娱乐价值。然而,整体打捞的成本实在太过巨大,以至于通常超出公共财政的承受范围,这也解释了其罕见性的特点。与商业经营者的合作,在某些政府看来可能是难以避免的[44]。

---

[40] 参见瓦迪,《水下文化遗产和国际投资法》(*Underwater Cultural Heritage and International Investment Law*),第 35 页。

[41] 参见默罕·诺尔,《马来西亚水下文化遗产保护》,第 21 页;亦参见弗莱克,《东南亚道德、政治和海洋考古》,第 19 页。

[42] 《玛丽玫瑰号被给予 21 000 000 英镑现金刺激促进》("Mary Rose Given £ 21 m Cash Boost"),BBC 在线新闻,2008 年 1 月 25 日。

[43] 联合国教科文组织,《保护水下文化遗产》,信息库(相关信息访问:www. unesco. org)。

[44] 近期泰坦尼克号案是一个有关公共与私人合作有趣的例子。美国公共机构,包括国家海洋和大气管理局(NOAA),与实际占有的救助者泰坦尼克号公司,出于全面对遗址整体进行测绘以便其未来管理之目的,于2010年对遗址合作开展了一项科学考察。考察目的之一在于使用最先进的制图技术创建三维视觉马赛克,在"视觉上捞起"泰坦尼克号,以便观众能够更好地观赏。泰坦尼克号公司资助。参见网站 www. sanctuaries. noaa. gov/maritime/titanic/2010_expedition. html。

6.4 商业开发与联合国教科文组织 2001 年《保护水下文化遗产公约》

那么联合国教科文组织《水遗公约》对商业开发是如何处理的？下面将介绍《水遗公约》处理该事宜的背景，包括一些早期国际倡议的方法、《水遗公约》中与商业开发相关的特定条款，以及《水遗公约》机制对私有部门介入沉船项目的潜在影响。

6.4.1 背景

欧洲理事会 1987 年《第 848 号倡议》是第一项关于水下文化遗产的倡议，但是其对商业开发事宜只字未提。不过，在上述倡议的附加报告中，理事会的顾问海洋考古学家所持观点毫不含糊：

> 逐利的动机必定激励打捞作业中追求速度和效率，这与对按照考古标准要求的考古遗址的严格记录和受控的调查是矛盾的。没有立法或行政框架是令人满意的[45]，除非有新的立法和行政管理框架能够消除这种运作[46]。

理事会顾问律师布洛特-加龙省和奥基夫的观点似乎更为微妙。在提及对历史沉船适用打捞法的困难时，他们认为：

> 若遗址占有人仅对于打捞物件的经济价值有兴趣，则无法保证遗址

---

[45] 参见第 1 章第 1.2.2.1 节。

[46] 欧洲理事会议会大会，《水下文化遗产：文化教育委员会报告》(报告起草人：约翰·罗柏先生)，文件 4200 - E，斯特拉斯堡，1978 年，第 39 页。

被正当对待。物品的大部分历史和文化价值是由于这些物品的地位，以及其与其他对象的关系所形成的。打捞者一般不会关注这个方面，即便这样的来龙去脉能够增加物品的商业价值[47]。

布洛特-加龙省和奥基夫建议将打捞法和沉船法排除适用于水下沉没超过100年的对象，他们提出了以下观点，"若打捞者有意打捞该等物件，其必须遵守保护机制的要求，满足该机制下的奖励条款"[48]。这些评论显示，在他们看来，商业驱使的参与或许是可以接受的，前提是该参与受到公众监管并符合专业考古标准。

同《第848号倡议》一样，1985年欧洲公约草案，同样也未特别提及商业开发的问题，并且就商业组织在公约机制下是否应被允许任何参与的问题，在很大程度上交由缔约国自身确定。《欧洲公约草案》第5条规定：

（1）缔约国可以规定，对开展调查、发掘或打捞作业的授权可以授予给私人个体或相关的机构。

（2）该等授权可以仅基于科学考虑被授予，也可以考虑特定遗址的特殊性，以及申请者得使用的设施和经济资源，并能够明确和要求申请者具备充分的资质和设备，或禁止特定技术或设备的使用[49]。

在该机制下，缔约国有向私人个体或机构授权运行的权利，如私人个体或机构有这样的意愿。虽然所有超过100年的遗存和物品享有《欧洲公约草案》的保护，对待每个遗址应该是适合其"特殊的性质"，这点是达成共识的。这似乎反映

---

[47] 《水下文化遗产：文化教育委员会报告》，第53页。
[48] 同上，第70页。《第848号倡议》接受了关于打捞法律，沉船残骸法律应被排除的建议，《第848号倡议》规定了通过固定的发现者经济奖励的机制的替代方案，但这并不必然与发现物的商业价值相联系。其还规定，经过妥善研究和记录的不太重要的器物或古董被排除的自由决定权的可能性。参见，第5章第5.4.1节。
[49] 文件 DIR/JUR(84)1，斯特拉斯堡，1984年6月22日。如前几章所述，提及的公约草案版本及说明报告是1984年解密版。关于此处提及的事项，解密文件与最终文本之间无实质性区别。

了哈金森如下观点：在确定遗址的管理方案时，"适当性概念"是"核心的"。同样，就文物的处置而言，制定了下述条款：

> 虽然关于……发掘所得遗存的考古原则，各缔约国应……采取一切适当措施以确保被打捞的水下文化财产保存于有利于考古学家对文化财产研究的环境之下，以确保选择合适的物品向公众展出⑤。

《欧洲公约草案》所附的阐释报告对该条款做了如下评述：

考古发现的原则是指：考古发现物的环境信息应当被搜集，在同一次发掘被打捞的考古发现，作为一般原则，应当被放置在一起，以便考古发现之间的相互关系和考古环境可以被阐释⑤。

《欧洲公约草案》整体重点强调了记录资料的重要性，强调了关于文物处理所建立的程度和范围，似乎再一次允许考虑决定是否将特殊的文物永久保存。

商业开发的问题在之后欧洲理事会后续法律文件的阐释报告中得以解决，即1992年《瓦莱塔公约》⑤。关于《瓦莱塔公约》第3条的评述是需要各缔约国建立一个合适的制度，规范与考古遗产（包括水下文化遗产）有关的考古活动，阐释报告对这一条评述如下：

> 仅出于寻找具有市场价值的贵金属或物品的目的的发掘绝不应得到允许⑤。

上述再一次表明营利组织介入是可行的，前提是挖掘的目的并非仅在于发现

---

⑤ 第10条第1款。
⑤ 解释性报告，第35段。重点增补。
⑤ 另见第1章第1.2.2.3节。
⑤ 解释性报告，第8页。

具有商业价值的对象。

1998年，国际法协会转而开始关注起草水下文化遗产条约的问题时，国际法协会似乎是受到美国成文法模式及《遗弃沉船法案》的强烈影响：在这种影响下是水下文化遗产方面多种利益的认同，私营部门的打捞获得许可，前提是这合乎"历史价值"的保护⑭。奥基夫和纳夫齐格（分别为国际法协会委员会负责制定条约草案的主席和报告起草人）表示：

> 当务之急是确定并考虑所有相关利益，以建立一个既有效又有机会
> 获得国际社会支持的常规制度⑮。

在1994年的《国际法协会草案》中，国际法协会似乎已设想了商业参与的可能性，规定商业参与应受到适当监管，并根据公认的国际考古标准对其进行适当的管理和实施。作为对《遗弃沉船法案》所采方法的回应，《草案》排除了打捞法对其范围内的水下文化遗产的适用⑯，但是在序言中则将"打捞者"纳入缔约方的行列，缔约方的合作需要保护水下文化遗产以确保其不属于"不负责任的活动"范围之内。序言认可了，水下文化遗产的探索、发掘和保护必然要求"适用特别科学的方法、恰当的技术和设备，以及高度专业化"，同时草案规定缔约国应确保相关活动应"至少"符合由国际古迹遗址理事会制定的宪章及《水遗公约》的附件⑰。

联合国教科文组织于20世纪90年代开始关注水下文化遗产保护问题时，新法律机制是否应允许某种程度上的商业参与的问题，并未被列入寻求解决之

---

⑭ 《美国法典》第42卷，第2103节（a）段第2条（C）款。又见，第5章第5.3.4.2节。

⑮ 奥基夫和纳夫齐格，《关于保护水下文化遗产公约草案》(*The Draft Convention on the Protection of the Underwater Cultural Heritage*)，第394页。

⑯ 1994年《国际法协会草案》，第4条。

⑰ 关于《宪章》，又见第1章第1.3.1.3节。

道的最重要问题。如国际法协会一样,联合国教科文组织看到了需要解决的主要问题,包括管辖权、打捞法地位,以及介入水下文化遗产遗址的恰当标准的采纳适用[58]。虽然其发布于 1995 年的可行性研究报告得出了这样一个结论,即适用打捞法促进了基于商业目的将文物从海底转移出来,加剧了水下文化遗产的破坏和损毁[59],然而联合国教科文组织 1998 年《水遗公约草案》就打捞法问题采取了相对矛盾的立场。1994 年《国际法协会草案》后,《水遗公约草案》将救助者纳入缔约方的范围,缔约方的合作对确保水下文化遗产的保护是必要的;而非特别提及打捞法,《水遗公约草案》规定,"不适用任何国内法或者适用对提供发掘或转移水下文化遗产的商业激励有影响的监管"[60]。然而,虽然这一规定并非对打捞法的明示排除,然而似乎也达到了同样的排除目的,只是用了"不同的伪装"手法而已[61],《水遗公约草案》的措辞暗示,最终产生的机制将不可能是商业企业支持的。

在联合国教科文组织的谈判过程中,国家对于商业开发问题的态度不可避免地反映出传统观念,而并非仅在国家与私有部门中对立的立场。虽然各国代表大多存在这样一种强烈的感觉,即《水遗公约》应在原则上采纳"非商业开发"规则,然而特别是美国,获得了一些来自英国的支持,十分积极地确保在公约机制下为一定程度的商业参与留出余地。确实,在某种程度上,似乎对新条约就"接受只要符合公约的科学标准的某种商业活动"便能对新条约"有条件地提供支持"[62]。

数个评论者指出,美国是为数不多的以商业利益作为代表团利益的国家之一,包括奥德赛公司的格雷格·斯坦姆。然而根据奥基夫,历史打捞游说团"并未

58　联合国教科文组织秘书处,《关于为保护水下文化遗产草拟新法律文件的可行性研究》,提交第 146 届联合国教科文组织执行委员会,巴黎,1995 年 3 月 23 日,第 146EX/27 文件,第 22 段。

59　同上,第 32 段。

60　《水遗公约草案》,第 12 条第 2 款。

61　德罗姆古尔与加斯克尔,《1998 年联合国教科文组织保护水下文化遗产公约草案》,第 188 页。又见,第 5 章第 5.4.1 节。

62　纳夫齐格,《再论历史打捞法》,第 88 页。

对美国做出的决定施加重大影响"[63]，当然，美国代表团似乎很可能至少同样受到了本国普通商业海事团体[64]、其国内立法所采多重使用管理方法[65]，以及本国通常政治意识形态顾虑的影响。

6.4.2　《保护水下文化遗产公约》关于商业开发的思路

联合国教科文组织《水遗公约》最终文本序言首先暗示了公约在商业参与问题上采取的方法。不仅对"打捞者"的明确含义从有意向的重要的水下文化遗产的合作的类别中删除，同时，"对水下文化遗产日益频繁的商业开发[66]，且尤其是……旨在水下文化遗产买卖、占有或交换为目的的特定活动"，被认为是"深感忧虑"的事宜[67]。因此，即便还未阅读条约正文，也有足够的证据证明商业经营者不能当作是法律上《水遗公约》范围内的水下文化遗产的"使用人"。

6.4.2.1　基本原则：水下文化遗产不应被商业开发

《水遗公约》第 2 条规定了的目标及一般原则。该条第 7 款规定如下：

> 不得对水下文化遗产进行商业开发。

该等禁止被纳入条约基本原则和目标中，显示出在谈判中对商业开发一般概念的强烈的反对情绪[68]。然而就其本身而言，声明本身相对简单，相较于解答问题，引起的疑问更多。在公约的背景下，商业剥削究竟意味着什么？声明中是否

---

[63] 奥基夫，《沉船遗产》，第 28 页。

[64] 又见第 5 章第 5.4.4 节。值得注意的是，美国海洋法协会关于联合国教科文组织《水遗公约草案》的研究组主席约翰·金博尔(John Kimball)也是代表团成员之一。

[65] 例如，美国似乎更关注公众非入侵式地接触水下文化遗产的问题，这是多使用人路径的一大重要特征。参见奥基夫，《沉船遗产》，第 28 页。

[66] 序言第 10 条。

[67] 序言第 8 条。

[68] 奥基夫，《沉船遗产》，第 50 页。事实上，格雷尼尔将该原则认为是"整个公约的基石"，参见格雷尼尔，《附件》，第 114 页。

包括依靠展出收入、媒介权或者销售等形式的商业开发？任何形式的出售，例如多数复制品或整体收藏的出售，是否均得到允许？更为普遍的是，禁止条款是否为商业经营者参与水下文化遗产机制留有余地？

为回答这些问题，有必要阅读《水遗公约》附件，附件在一定程度上阐明了何为第2条第7款所述"商业开发"。规则2规定：

> 以交易或投机为目的而对水下文化遗产进行的商业性开发，或造成的无法挽救的失散，与保护和妥善管理这一遗产的精神是根本不相容的。水下文化遗产不得作为商品进行交易、买卖和以物换物。[69]

本规则2第1条的头两句话表明，以不涉及出售（或其他交换）方式开展的水下文化遗产商业开发，将不构成对《水遗公约》的违反，除非这些开发导致了物品不可挽回的散失[70]。另一方面，水下文化遗产出售，至少其作为"商品"被出售，似乎将被禁止，尽管在这种情况下文物不一定导致不可挽回的散失。

在这一阶段能够明确的是，那些不导致物品不可挽回散失的商业开发模式，例如通过文物展出向公众收费、通过制作图书、电影和DVD等的媒体开发，或出售前述产品，以及销售非文物纪念品，所有都不受到该条款的约束。因而似乎这些形式的活动并不属于第2条第7款所规定的商业开发禁止的范围内。亦能够明确的是，规则2谨慎地设计了一项妥协标准，这为出售问题留有一些"余地"。

为进一步理解在公约机制下，该条对指向水下文化遗产的商业开发的可能性

---

[69] 重点增补。

[70] 该规定的措辞表明，不可挽回散失其本身无论因何而起，都被认为是与水下文化遗产保护"本质上不兼容"。例如，撒丁岛（Sardinia）一家博物馆与意大利国家粒子物理实验室在20世纪90年代订立了一项协议安排，向实验室转让部分从罗马沉船上而来的铅锭，以便于融化作为在科学实验中用于防护，该安排似乎构成对规则2的违反（物理学家为考古发掘提供资金，这一事实也可能构成这些锭状物品的交易）。参见《罗马铅锭防护粒子探测器》（"Roman Ingots to Shield Particle Detector"），自然新闻在线（Nature News Online），2010年4月15日。

的影响,尤其是可能涉及出售被打捞物品的活动,我们需要先考虑规则2第2条载明的两项附加条款:

> 本条不得解释为禁止下述活动:
>
> (a) 开展性质和目的完全符合本公约的规定,并经主管当局批准的专业考古工作或必要的辅助工作;
>
> (b) 在开展与本公约精神相符的研究项目时,保管打捞的水下文化遗产,条件是这种保管不会损害打捞物的科学或文化价值,无损于其完整性或不会造成无可挽回的失散,而且要符合第33条和第34条的规定并经主管当局的批准。

这些附加条款被加入文本中,至少能够部分缓和国家对《水遗公约》非商业化立场影响程度的顾虑,尤其是美国[⑦]。然而,这些表述到底是什么意思呢?

6.4.2.2 附加条款(a):提供专业考古服务

目前采取的是前期开发的考古评估形式、"救援"作业及其他考古服务,以专业考古服务收取佣金,支付费用的一种普遍做法。如前文提及的,在某些司法管辖区这些服务由营利组织提供。附加条款(a)明确了提供这些服务及其附属服务(包括船舶和其他工具等的条款)不受商业开发禁止条款的影响。

从希望参与沉船打捞作业的商业经营者的视角来看,本附加条款似乎打开了一扇机会之窗。假如考古的服务的本质和目的完全符合《水遗公约》,是在获得监管当局的授权下采取的,就不存在任何阻止营利性组织与政府、私人物主及其他从事考古行管服务的组织订立合同。该等服务包括全面规模考古发掘,前提是其获得适当授权并充分符合附件的《规章》。该等服务可以通过公众或私有资金支

---

⑦ 参见加拉贝洛,《水遗公约的谈判史》,第184-185页。

持及(或)《水遗公约》允许的商业开发方式所产生的收入进行偿付。然而,在制定其计划时,商业经营者及其服务专员需要知晓,除非计划能够证明在初始时已经为"充足的资金基础"的状态,否则项目不可能得到授权[72]。关于全面规模发掘,尤其是深水下发掘的目的,需要的资金将是巨大的,仅寄希望于随项目推进,通过出售媒体权利和商品、捐赠和其他形式取得的收入是不够的[73]。

6.4.2.3 附加条款(b)水下文化遗产的处置

规则2第1条对出售问题的规定是清晰明确的,并且该出售问题依据所述的"商品"在第2条中的附加条款(b)得到了缓和。提及"商品"仅仅旨在明晰水下文化遗产工艺品不能像普通的商品一样被对待,并且在其交易、销售、购买或易货时,必须考虑其特殊性质。附加条款(b)因而可以被视为就如何在《水遗公约》范围内进行这种交换提供了一些指示。

"保管"(deposition)是奇怪的用词,并未在《水遗公约》中有定义。至于"保管"在规则2的上下文中和条约整体而言的通常含义,其似乎意味着将水下文化遗产置于(可能是)安全的境地。然而,附加条款(b)的表述以及《水遗公约》的谈判历史均表明从本质上而言,"保管"完全相同于(或至少包括)博物馆收藏管理语境下使用的"出售或交换博物馆藏品"的概念。不时地且出于各种原因,博物馆可能希望处置其藏品。通常这种处置是受到严格监管。例如,大英博物馆对出售或交换博物馆藏品的政策如下:

受托人无权出售、交换、赠予或以其他形式处置受托人占有的组成

---

[72] 规则17规定:"除非处于需保护水下文化遗产的紧急情况,在任何活动之前必须确保充足资金,以支持完成项目设计的全部阶段、包括被打捞工艺品的保护、文件记录及管理,以及报告制作和传递。"除水下文化遗产的紧急保护外,在开始进行任何开发活动之前,必须有足以完成项目说明中所有阶段所需的基本资金,包括对打捞的文物进行保护,登记造册和保管以及编写和散发报告所需的基本资金。

[73] 规则18规定:"项目说明应表明有足够的能力,如获得一笔保证金,来资助该项目,直至全部完成。"关于该条的评论,奥基夫指出,在项目之初并不一定要有"库存现金";项目的进行获得法律的担保是充分的,参见奥基夫,《沉船遗产》,第171-173页。

藏品的任何物品,除非:

(a) 该物件是数件所拥有藏品的副本,或;

(b) 受托人认为物品不再合适于保存在收藏中,且能够在不侵害公众或学者利益的前提下处置;

(c) 由于损坏、自然消磨或破坏性生物的侵扰,而失去了博物馆的馆藏意义[74]。

规则2的附加条款(b)似乎允许水下文化遗产项目档案管理与藏品管理以相似方法进行管理,在特定情形使得能够出售或交换博物馆藏品[75]。然而,规则2的附加条款(b)严格限定了出售或交换博物馆收藏品或处置博物馆藏品可能发生的情形。规则2的附加条款(b)并未像大英博物馆政策那样列明对特定物件出售或交换出博物馆藏品允许的原因,而是设置了一系列前提条件:

(ⅰ) 处置不得"损害被打捞物品的科学、文化利益或其完整性";

(ⅱ) 处置不得导致被打捞物品不可挽回的散落;

(ⅲ) 处置须依照第33条和第34条[76]关于项目档案管理的规则(根据上下文,最规范的因素似乎是"尽可能"以允许专业和公众能接触的方法,项目管理必须"保存在一起,作为藏品完整保存");以及

---

[74] 大英博物馆关于出售或交换博物馆藏品中的注册物品的政策,大英博物馆受托人于2010年3月4日批准,第3.3段。

[75] 事实上,可能该规定的灵感来自佛罗里达州群岛国家海洋保护区项目中的实践,即允许水下文化遗产资源的授权使用者申请"特殊使用"许可证(似乎也是指"出售或交换博物馆藏品/转让藏品许可证")以便授权使用者转让其管理下的物品,许可机构不再认为这些物品具备考古重要性,参见法梅尔,《美国》,第366页。法梅尔认为,适格转让的物品包括复制品。因而,出售或交换出博物馆藏品被当作是执行哈金森的"适当性"概念的潜在机制。

[76] 规则33规定,尤其是项目档案,包括所有被打捞的水下文化遗产和所有相关的文献资料必须尽量集中在一起,并保持其完好无损,以便专业人员和公众使用和对这些档案的保存。这项工作应当尽快完成,至迟在项目结束之后的十年内完成,因为这符合保存有关水下文化遗产的精神。规则34规定:项目档案应根据国际专业标准加以管理,并由主管当局认可。

（ⅳ）处置必须受到国内有权监管当局的授权。

商业经营人寻求从水下文化遗产出售获得收益的主要难题之一可能是上述前提（ⅱ）。例如，虽然斯坦姆提出的商业模式，即仅出售可能潜在符合"博物馆"的出售或交换出博物馆藏品政策的"商品"，或许能够符合一些博物馆的移除馆藏政策（例如，大英博物馆的政策允许出售副本）⑦，但在公开市场上以将藏品分散给不同的买家似乎是不符合附加条款（b）的处置的方式。然而，出售、交换、赠予或其他对水下文化遗产部分或全部处置，若是以全部均可追踪且在必要时能够重新复原的方式进行，则似乎是可以接受的。鉴于该等处置需要获得国家监管当局的授权，很可能监管当局将提出任何出售均需以提供研究和公众进入为前提的要求⑦。进一步而言，鉴于某些国家在处理文化遗产上所采取的一般态度，某些监管当局可能会将任何形式的出售均认定为是对第 2 条第 7 款彰显的基本原则的违反，尤其是态度导致文化遗产的处置流入私人手中的情况⑦。

商业经营者可能试图寻求一种方式，使其符合附加条款（b）的条件，使得通过出售物品获取利润⑧。然而，如此可能面临极为复杂的程序，其是否可能接受将由相关有权监管当局逐案做出判断。因而其结果是不可预知的，而不可预知性则无法为商业计划提供最好的基础。

---

⑦ 然而应当指出的是，虽然，大英博物馆的出售或交换出博物馆收藏品的政策也规定："处置属于藏品的对象的决定不得根据产生资金的主要目的作出，且任何最终从处置所得的收入必须用于增加藏品。"参见大英博物馆受托人于 2010 年 3 月 4 日同意大英博物馆关于出售或交换博物馆藏品中的注册物品的政策，第 3.3 段。

⑦ 一个有趣的问题是，该规定是否能够通过"虚拟"在线访问提供，而非通过直接物理接触。不同的有权监管当局很可能在此问题上持不同观点。

⑦ 参见就联合国教科文组织《针对水下文化遗产采取活动的手册》规则 2 的讨论。关于该手册，参见第 9 章第 9.3.1 节。

⑧ 例如，参见关于"私人管理者地位"体系的提议，斯坦姆和贝德曼，《虚拟收藏与私人管理者：未来博物馆的模式》(*Virtual Collections and Private Curators：A Model for the Museum of the Future*)。那些负责就泰坦尼克号物件收藏的协约和条款起草者所面临的困难表明了很可能涉及的复杂问题。该案例中，为确保藏品永久地保存在一起、受到恰当保护和管理，且使得公众得以接触到这些藏品，有必要对受托人的义务、保留资金、受托人违约程序、收藏管理、出售或交换出博物馆藏品、破产程序及独立监管等进行详细规定，参见泰坦尼克号公司诉失事和遗弃的船舶案，《联邦判例补遗汇编》第 2 辑第 742 卷，始于第 784 页，附件 A（弗吉尼亚州东区法院，2010 年 8 月 12 日）。

6.4.3 《保护水下文化遗产公约》制度的影响

在《水遗公约》中,若商业经营者有意参与船舶打捞作业,其面临的阻碍还不止第 2 条第 7 款和规则 2 所述条款。《水遗公约》第 1 条第 1(a)款中对水下文化遗产的定义欠缺重要标准,事实上意味着任何在水下超过 100 年的船舶均属于条约机制调整范围内[31]。因而,考古学家与商业经营者基于重要性(至少在整个遗址的层面)而共享超过该年数的水下文化遗产资源几乎是不可能的[32]。因此,若《水遗公约》在将来得到更广泛的接受,那些商业经营者,其经营模式实质上是依赖物品出售将活动范围引向少于 100 年历史的水下遗址[33]。虽然传统的机制为商业经营者参与对水下超过 100 年历史的遗址开展的活动预留了些许空间,即通过规则 2 的但书(a)所述提供考古或其他服务,但此种参与条款亦受到附加条款对规则 2 的但书(b)所作的出售定义的限制、事先的资金支持条款的限制,以及《水遗公约》对就地保护原则强调的限制。考虑到这一原则及支撑该原则的相关规则,全面发掘得到授权的情形是较为有限的,且受制于国家有权监管当局具有完全自由裁量权限之内[34]。因此,总而言之,在《水遗公约》的机制下,为参与到沉船到打捞工作,商业经营人将业务计划依赖于销售对象的余地几乎不存在。除此之外,已经很明确的是考古项目依赖于出售"已经被出售或交换的馆藏"文物而获得资金是几乎不可能被认为是可接受的[35]。

---

[31] 又见,第 2 章第 2.4.2.2 节。

[32] 规则 2 的附加条款(b)可被认为是基于重要性的基础为文物的"分享性质"提供一些空间,但是实践中是不可能如此处理的,参见第 6.4.2.3 节。

[33] 有许多 20 世纪深水沉船再有高价值的货物,如今才有打捞的可能性。例如,2010 年和 2011 年间,英国政府就打捞政府拥有的、第一次世界大战和第二次世界大战时期遇难的两艘深海商船残骸所载的银条货物,与奥德赛公司订立打捞合同,这两艘船即加尔索帕号和曼特拉号。2012 年,奥德赛公司自加尔索帕号打捞获得超过 1 000 根银条,据报道价值大约在 24 000 000 英镑,《价值 24 000 000 英镑银条打捞自爱尔兰海岸附近沉没商船》,《卫报》,2012 年 7 月 18 日。该沉船位于距海面约 4.83 千米处。关于从爱尔兰视角探讨这些沉船的情况,主要参见,西蒙斯(Symmons),《近期与爱尔兰水域相关的离岸宝藏搜寻事件》(*Recent Off-Shore Treasure-Seeking Incidents Relating to Wrecks in Irish Waters*)。

[34] 关于公约下授权机制的具体规则,参见第 9 章第 9.3 节。

[35] 参见缔约国会议科学与技术咨询机构《第 5 号倡议》(Recommendation 5 of the Scientific and Technical Advisory Body to the Meeting of States Parties),2012 年 4 月该咨询机构第三次会议时制作(文件 UCH/12/3. STAB/220/9 REV,2012 年 4 月 20 日,第 9 页)。

梅里曼提及了联合国教科文组织《水遗公约》的"反市场偏见",并表示《水遗公约》的起草工作最初较为缓慢,这或许至少在一定程度上,可归因于"《水遗公约》对商业开发禁止的严谨态度的反应"[86]。然而,尽管相较于"市场"国而言,毫无疑问《水遗公约》在商业开发的思路上更看重"来源"国的开发,不过上述情况无法证明对传统市场国在《水遗公约》所做的决定有任何重要影响。美国归纳其对《水遗公约》反对的声明并未提及商业开发问题[87],也因此须认定规则2列明的方式考虑并解决了其最初的疑虑。荷兰和英国对其弃权做出解释的声明亦未提及商业开发[88]。

虽然似乎没有任何一个国家在此问题上表达疑虑,然而一些选择沉默并批准《水遗公约》的国家,原因可能在于或至少部分原因是《水遗公约》影响了他们从事国有沉船商业开发的能力。可以注意到,英国与奥德赛公司就英国皇家海军萨塞克斯号展开其"合作协议"谈判时,同时也正是其参与联合国教科文组织《水遗公约》谈判的时间。虽然英国声称支持《水遗公约》原则即附件的《规章》[89],其显然在未充分考虑是否符合《水遗公约》文字表述本身(或精神)的情况下订立了该协议[90]。由该协议引起的骚动意味着奥德赛公司2008年发现的另一艘英国沉没的历史战舰,英国皇家海军胜利号[91]可能同样运载大量硬币,这使得英国政府左右为难。最初,英国政府似乎再一次不认真对待与奥德赛公司签订苏塞克斯式协议

---

[86] 马理曼,《思考埃尔金大理石雕》,第130–131页。

[87] 参见美国卡马达和斯科瓦奇再版的美国声明,《水下文化遗产的保护》,第433–434页。亦参见美国代表团负责人布隆伯格做出的更为具体的声明,发布于美国国务院网站(www.state.gov/documents/organization/16676.pdf)。

[88] 关于这些声明,参见卡马达和斯科瓦奇,《水下文化遗产的保护》,第424–425页及432–433页。

[89] 在其关于投票的声明中,英国宣称其能够"支持公约的多数条款,特别是附件的规定"。

[90] 2005年,英国政府继续正式承认附件为海洋考古最好的实践,参见英国议会议事录(Hansard, HC, col. 46W)(2005年1月24日书面答复)。

[91] 胜利号是海军上将纳尔逊旗舰的直系前身,保存于朴次茅斯。这是装有100铤枪炮的一流战舰,属于海军上将舰长约翰·鲍尔钦(Sir John Balchin)的舰队的队列。1774年,其在一次暴风雨中在英吉利海峡西部国际海域沉没,全部船员丧生(超过100人)。同样是作为移除重要的目的,那时期的"一流"英国战舰遗存是非常罕见,该沉船被英国政府认为是"一代人只能有一次的发现"。该船舶以载有高价值的缴获战利品,以及金条等个人货物而闻名。该船舶装载的铜加农炮亦具有重要商业价值,可从政府向奥德赛公司支付的两台从该遗址打捞出来的该时期的大炮的打捞奖励可证明,据报道奖励价值160 000美元,参见英国考古理事会保存(CBA Conservation),《时讯》,2009年10月(详情访问:www.archaeologyuk.org/conservation/marine)。

的可能性。然而,经跨政府商讨及独立意见后,独立意见即同金块和银块以及其他具有金钱价值的资产(大炮除外)一样,不太可能在遗址里,英国政府就沉船未来的管理工作启动了公众征询意见[32]。征询意见文件在三个选项中寻找观点:就地管理、对海床处可见文物进行打捞(包括41门大炮),以及更广泛发掘。作为征询意见的回应,政府宣布其有意针对沉船管理工作采取"阶段式"方式[33]。为了与联合国教科文组织附件保持一致,政府将首先采纳就地管理"作为初步方式,在决定任何进一步物理介入前,暂停对遗址进一步研究"。同时,英国政府宣布支持建立已被提出的慈善信托管理遗址,"前提是要受到恰当考古防护措施的约束"[34]。

6.5　结论性评述

《水遗公约》的中心目标在于"为人类的利益"保护水下文化遗产[35]。"为惠及少数而牺牲多数"的水下文化遗产,打捞显然与这一目标无法兼容[36],因此无法为《水遗公约》所接受。虽然条约机制允许国家管理机构在认为能惠及全人类(依据条约的条款而判断)的情况下打捞水下文化遗产进行,且在这种情形下营利组织参与打捞作业亦未被禁止[37],但是《水遗公约》机制在于(假定被合理解释)一般营利组织除了微利之外,绝不会认为参与这项工作能有所回报。特别是,出售文物

---

[32] 文化、媒体和体育部(现英国数字、文化、媒体和体育部)及国防部,《英国皇家海军胜利号1744:残骸遗址管理的选择》("HMS Victory 1744: Options for the Management of the Wreck Site"),2010年(详情访问:www. culture. gov. uk/consultations/6773. aspx)。

[33] 国防部和文化、媒体与体育部,《就英国皇家海军胜利号的管理或沉船遗址之选择的公众征求意见(1744):报告》[Public Consultation on Options for the Management or the Wreck Site of HMS Victory (1744): Report],第2页(详情访问: www. culture. gov. uk/consultations/6773. aspx)。

[34] 2012年,政府将沉船的所有权及沉船的当时至今的管理责任转移给海洋遗产基金会,详情访问:www. gov. uk/government/news/hms-victory-1744-a-rare-gift-to-foundation。转移后不久,奥德赛公司宣布其与信托机构订立了沉船考古发掘协议,参见《奥德赛海洋勘探公司与海洋遗产基金会就海军上将鲍尔钦的英国皇家海军胜利号沉船签署协议》,奥德赛公司新闻稿,2012年2月2日。

[35] 第2条第3款。

[36] 1996年《国际古迹遗址理事会保护与管理水下文化遗产宪章》,引言(详情访问: http://international. icomos. org/18thapril/18april2003e-charte. htm)。

[37] 除此之外,该组织需要表现出任何参与涉及水下文化遗产活动的个人是有适当能力和资质的,参见下文,第9章第9.4.2节。

的"余地"似乎微乎其微。

一些主要的沉船发掘项目巨大成本,如瓦萨号战舰、玛丽玫瑰号(Marry Rose)以及南海一号(the Nanhai No. 1),这些例子将总是极为罕见的。虽然《水遗公约》就该等项目可获资金支持的方式设定的限制必须被审慎、善意地解释,但是我们仍然希望可以找到一种无论公共或私有或两者皆有的方式来利用资金,使得这些项目能够在将来不断地开展。无论使用数字技术"虚拟打捞"沉船,有可能为公众描绘处出海床上场景,见到"真实物品"的机会可以在更大程度上激起公众兴趣,并且能够为人类提供巨大的福祉。

7

一般国际法下的权利、管辖权和义务

7.1　导言

为了管控海洋环境中对水下文化遗产有不利影响的活动,国家在国际法中必须拥有必备的权利。某些国际法原则在此方面可能会有所帮助,同时,《海洋法公约》也规定了有关海洋方面的具体国际法律架构。在海洋空间和在此空间下发生的活动范围内,此架构确立了各国之间的权利以及管辖范围。如前述章节所清晰表明的那样,《海洋法公约》包含与水下文化遗产有关的条款是非常有限的。

事实上,为了在宝藏搜索或者其他妨碍水下文化遗产活动方面采取措施,某国可能拥有法定的权利或能力,但并不是指该国会必然行使该权利。在实践中,各国可能会在他们自身的国家利益处于显著的危险中时,才会行使该权利,但是更常见于在保护国际社会利益的情况中,可能需要激励机制的推动才会行使该权利。该激励机制可以以国际法义务形式呈现。

本章探讨了国家采取措施保护水下文化遗产的权威性,以及国家在一般国际法下所应履行的义务①。本章主要介绍机制,该机制用于适用商业打捞者,其他有意干扰沉船或其他水下文化遗产领域的人,以及有能力从事远离海岸区域深水遗址活动的人。不过,商业活动的规制仍然是主要考虑的问题,这可能会不经意

---

① 此处使用的"一般国际法"的表述是指除联合国教科文组织《水遗公约》体系下的国际法律架构。2001 年联合国教科文组织《水遗公约》建立了管辖权的框架,可详见第 8 章。

地扰动水下文化遗产,例如,拖网作业、疏浚和重建能源设施。本章用前 3 节进行主要论述。第 7.1 节确认了两个国际法管辖的基本原则,此原则为各国提供一些其可以控制的途径,或者至少能够施加间接影响于他们领土限制范围外的活动。第 7.2 节根据《海洋法公约》制度下的每一个国际公认海域,讨论各国权利、管辖权及义务。最后一节探讨如何充分利用前两节中确定和讨论的管辖机制,为位于领海以外的水下文化遗产提供保护。

部分读者,特别是非律师人群,在阅读本章之前先阅读本书的导论部分将会有所帮助。特别是,第 7.2.2 节介绍了海洋法,概述了海洋法所承认的海域以及其之间的相互关系。第 7.3.1 节可能也很有帮助,简要介绍了主权和管辖权的概念。

7.2 国际管辖权基本原则在水下文化遗产中的运用

一国通过实行对个人和法人的民事和刑事事项的管理,进而使某些国际法管辖权基本原则得到认可[②]。虽然一些原则存在矛盾,但与本章有关的两个原则却是国际习惯法中已经确立的规则。在我们将重点转移至尤其是海洋管辖权原则之前,这两个原则将仅在此阶段被提及。当然,本章后半部分会回到这两个原则。

7.2.1 属地原则

根据属地管辖,就基本原则而言,一国对在其本国引起的一切事项具有立法和执法管辖。通常而言,该国因此有权阻止或者限制其本国领土内的相关活动,不论该活动是由其本国的国民或其他国家的国民所实施的。国家的领土范围包括该国的港口、内水及领海水域。除某些例外情况外,国家不仅可以对在本国领

---

② 就所有原则的一般概述,见布朗利,《国际公法原理》,第 15 章。

土内他国国民的活动进行管理,还能对在本国领土内挂有他国旗帜的船舶进行管理,这些内容将在本章第 7.3.2 节中详细讨论。

通过明确地运用属地原则,一国可能会在该国领土范围外的沉船遗址进行干扰。譬如,通过对其本国港口的限制或禁止,或者在使用前获得事先许可,或者限制船舶的供给线,一国可以使用属地原则阻止外国船舶在国际水域中航行③。一国也可以要求对领土范围之外发现的物品,欲带入其限制的领域内需要进行报告,同时有可能限制或禁止进口来自某些国家的物品。

英国的立法为此提供了相关的事例。一则是 1995 年《商船法案》的知名条款,要求任何人发现或占有任何在英国领水外的历史沉船,并将其带入英国水域中,必须向沉船接收人进行报告④。另一则英国成文法为 2003 年《处理文化物品犯罪法案》,此法案在水下文化遗产文献方面并不那么知名,但却说明了属地原则有助于阻止域外沉船遗址中不当行为的可能性⑤。此法案创设了"处置受损害的文化物品"是违法的规则⑥。但是此处的"处置"必须发生在英国范围内(例如,物品的取得或物品的处置),此处物品的"损害"会在任何地点发生。其中,如果物品从其所在的具有历史或考古性质的沉船遗址中被转移,此转移的行为是英国或其他国家规定的违法行为,那么不论该沉船遗址如何,该物品将会受到"损害"⑦。违法行为的构成要素复杂,但是其范围却相当广泛。仅举一例,可能将包含这样

---

③ 此种的任何限制需要符合港口入境的国际法规则,包括船舶处于危难时有关的估计法规则,详见丘吉尔和罗威,《海洋法》,第 61 - 65 页。

④ 1995 年《商船法案》,第 236(1)条。

⑤ 该成文法的颁布加强了英国实行 1970 年联合国教科文组织《关于文化遗产非法交易的公约》条款的实行(英国稍晚于 2002 年才加入 1970 年联合国教科文组织《关于文化遗产非法交易的公约》)。

⑥ 2003 年《违法处理文化物品法案》,第 1 条。

⑦ 2003 年《违法处理文化物品法案》,第 2 条。

的情形,在未授权的情况下,英国人或外国人获得、处置、进口或者出口从马来西亚王子号舰船或反击号舰船遗迹所获得的物品,因为根据1986年英国《军事遗骸保护法案》的规定,接触或进入这些沉船遗址是被限制的⑧。

利用属地原则谨慎地进行国内立法可为国家提供一个路径,国家可凭此间接地,但是潜移默化非常有效地影响国际水域中的水下文化遗产活动。

7.2.2 国籍原则

另一个管辖权建立的适用基础——国籍原则——在域外遗址的保护方面很有帮助。根据此原则,当一国的国民不在其本国领域内,一国有立法权,且在某些情况下有对本国国民行使执行管辖权的权力⑨。国籍原则不仅延伸适用于本国国民,还延伸适用于在本国登记的船舶,因为该国悬挂的国旗有效地赋予该船舶国籍。因此,一国可以通过立法来规制船旗国的活动以及该船舶上的任何人,包括非本国国民。

虽然,一般而言,国籍原则通常留作解决在外国严重的犯罪行为,例如叛国和谋杀,国籍原则也可被用作控制该国想要规制的其他活动,并且该原则有向国家提供控制水下文化的域外活动的可能性。再者,或许能找到一些立法的证明此观点。

先前讨论的两部法律⑩,1986年英国《军事遗骸保护法案》和2004年美国《军事沉船法案》运用了国籍原则保护位于领海外沉没的军事船舶和航空器。英国的成文法设置了适用于某些国际水域中军事沉船的违法条款,清晰地规定了只有处在由英国控制的船舶之上时,某些人或英国国民实施的行为才能被视为违法行

---

⑧ 在该成文法中,进一步见第4章第4.2.2节。该罪行是否包括此种情形取决于事实上的转移行为是否确实构成1986年《军事遗骸保护法案》中所规定的违法行为。

⑨ 一般而言,一国的立法不可能在其他国家得到执行,参见奥斯特,《国际法手册》(*Handbook of International Law*),第44页。

⑩ 见第4章第4.2.2节。

为⑪。美国的法案中通过了许多禁止条款,这些禁止条款不受任何地理限制,但是却再次明确了禁止条款在非国民方面的适用是受限制的⑫。此类"长臂"条款毫无疑问是有帮助的,尽管该条款有明显的局限性,即不能被用作调整外国船旗船舶和国民⑬。

7.3 联合国海洋法公约下的权利、管辖权和义务

除了国际管辖的一般原则,《海洋法公约》对国家海洋领域的权利和管辖权也设定了一些特殊的规则。

如在第1章所讨论的,鉴于人们所关注的对地中海中水下文化遗产缺乏法律保护,第三次联合国海洋法会议曾提议,对位于大陆架的水下文化遗产,将给予沿海国直接管辖权。这将意味着沿海国不仅可以规制本国的国民和船舶,也可以规制其他国家的国民和船舶,所从事的与水下文化遗产有关的活动。但是,此提议被一些海洋国家拒绝(尤其是美国、英国及荷兰)。

沿海国家在大陆架上的权利和管辖应与自然资源进行捆绑,这些国家认为沿海国家离开之前所在的地位将导致逐步扩大管辖权,最终沿海国家对这些区域主张全部的主权⑭。由此,《海洋法公约》涵盖的有关水下文化遗产的条款有限,沿海国家可以在与其领海毗邻的海洋区域拥有特殊管辖权,并且就位于在本国管辖之外的、深海海床之中的水下文化遗产设定条款。

通常情况下,权利往往与义务并存,《海洋法公约》制定的条款两者皆有。下面讨论《海洋法公约》中,缔约国在水下文化遗产方面的义务。随后的讨论继续考

---

⑪ 1986年《军事遗骸保护法案》,第3条第1款。

⑫ 2004年《军事沉船法案》,第1402条。

⑬ 除了法律在外国船舶和国民方面的实施受到限制外,在实践中该条款对在本国领水界限以外的水域施行时也会遇见困难。

⑭ 见第1章第1.2.1.2节。

虑国家在每个海域内权利和管辖权，以及该等权利对水下文化遗产保护的影响。

7.3.1 第 303 条第 1 款的义务

《海洋法公约》第 303 条第 1 款规定：

> 各国有义务保护在海洋发现的考古和历史性文物，并应为此目的进
> 行合作[15]。

需要注意此条款的若干要点。首先，义务由两部分组成，包含两个相关的义务：保护义务以及合作义务。其次，此条款是指在海洋发现的水下文化遗产（或者，更具体而言，考古和历史性文物）[16]。鉴于第 303 条在公约的第 16 部分，标题为"一般条款"，人们普遍接受第 1 节设定的该义务将适用所有海洋领域。再次，重要的是该条款本质上是"国际性的"，换而言之，需要国家为保护水下文化遗产付诸行动，而不论其来源，事实上一国在水下文化遗产方面没有直接的国家利益是无关紧要的。最后，第二重义务，需要各国出于保护文化遗产的目的进行合作，在水下文化遗产有关的具体的文本中，代表一项存在于国际法下更普遍的义务，在此义务下需要各国为了共同利益而相互合作[17]。在海洋区域，合作的必要性用以确保对活动的有效管制是不言而喻的。进一步而言，考虑到航运和贸易国际化的性质，给予许多水下文化遗产多方面的国际重要性，共同合作的行为显然在决定水下文化遗产应如何保护方面是非常合适的。

当《海洋法公约》还是草稿时，卡弗利施认为，第 303 条第 1 款项下的义务似

---

[15] 为了解该条款的历史发展，见第 1 章第 1.2.1.2 节。

[16] "考古和历史性文物"该句的含义在第 2 章第 2.3.1 节讨论过。如前讨论所证，现代国家的实践通常对表达扩大化，以便能够包括相对近年的文物。有鉴于此，为了简便，本章的大多数部分使用了水下文化遗产条款，认为该条款与 1982 年《海洋法公约》下条款是相同的。

[17] 详见罗威，《海洋法》，第 110－113 页。

乎太过于笼统和模糊以至于不能包含任何重要的规范内容。[18] 近来,布隆伯格认为,第303条第1款仅具有激励性质,因为该条"不可能被解释成,为处于沿海国管辖下的任何地理区域的文化遗产提供特定的监管能力"[19]。毋庸置疑,该条款过于笼统及模糊,并没有为义务的组成提供规制,也没有为义务应当如何履行提供指引[20]。同样正确的是,如布隆伯格所指出的,第303条第1款自身并没有创设特定的监管能力。尽管如此,下述讨论内容会表明,各国能够利用其他能力来保护所有海洋区域的水下文化遗产。可以说,第303条第1款的作用是要求在国际法下,不论该水下文化遗产位于何处,通过个人和各国的集体作用,各国为保护水下文化遗产,有责任积极寻找方法运用路径使各国对此更加开放[21]。

第303条第1款指的是国家,而不是缔约国。在某种程度上,该条可被视为国际习惯法的代表,鉴于该条款的规范性内容的不确定性,因此不可能约束《海洋法公约》非缔约国。显然,许多国家现如今确实采取了一种到另一种方式的行动以保护水下文化遗产,包括那些位于领域外的水下文化遗产,但在某种程度上他们认为这是出于一种法律责任而采取的行动,是有争议的[22]。如上所述,毫无疑

---

[18] 卡弗利施,《水下文物和国际海洋法》,第20页。详见,第1章第2.1.3节。

[19] 布隆伯格,《水下文化遗产的国际保护》,第493页。

[20] 通过比较第303条第1款下保护水下文化遗产的一般义务和第192条保护海洋环境的类似一般义务。与第192条相伴的有许多潜在的具体条款(与第192条一起,组成公约的第12部分),第192条为义务提供具体内容,使得该条在如何履行方面明晰化。该公约并未对第303条第1款提供指导。

[21] 具体的内容和义务的程度,以及上述内容在国际法下的执行力很值得商榷。斯科瓦奇建议"一国故意破坏或者允许水下文化遗产存有破坏的成分应承担违反保护水下文化遗产的义务",参见斯科瓦奇,《水下文化遗产的保护》,第121页。但是,甚至施加义务如同保护文化遗产一样当基本也需要一些要求,将利益为先的情况考虑进去。例如,因古代沉船引起的,和在此过程中引起的严峻的毁损或可能甚至毁坏沉船的威胁,国家可能有必要采取行动解决。在这些情况下实行该义务可能需要保证对沉船的任何毁损需缩减到最小,或者承担在破坏前的援救考古遗迹。在路易莎号商船案,在国际海洋法法庭(ITLOS)前,圣文森特和格林纳丁斯(Saint Vincent and the Grenadines)初步指控西班牙在其留置圣文森特和格林纳丁斯船舶时过度保护水下文化的行为,在西班牙近海海域在其被允许采取海洋科学研究的前提下,以恢复"一些炮弹,陶罐碎片,有洞的石头"的基础上(申请人的原话),这是违法西班牙文化遗产立法的,见在机动船路易莎号商船案,国际海洋法法庭第18号案(引自2010年11月23日,临时措施规定要求,第20-21页)。随后,事实上,申请人确定这不是根据第303条主张实质的权利,而且之前参照的第303条是"印刷错误"。详见第10章第10.4节。

[22] 换言之,建立习惯国际法的两个必要因素之一的法律确信(opinio juris),可能不会出现,见本书绪论,第3.2.2节。在联合国教科文组织的讨论大会,参加成员有九十个国家之多,这可能是最好的证据以证明各国广泛承认水下文化遗产保护是包括个人和全部国家的责任。2001年联合国教科文组织公约的特有存在以及对水下文化遗产保护问题的加强条款将促进各国增强对水下文化遗产保护的法律义务的意识。

问《海洋法公约》的主要非缔约国之一——美国认为第 303 条第 1 款是一项重要的义务㉓。

7.3.2 沿海国家的海洋空间主权

根据《海洋法公约》第 2 条第 1 款：

> 沿海国的主权及于其陆地领土和内水以外邻接的一带海域,群岛国的领海则及于其群岛水域以外邻接的一带海域。

对领海主权行使的依据是《海洋法公约》的条文和其他国际法的规则㉔。尤其是根据所有国家在领海范围内享有的无害通过权㉕。《海洋法公约》建立领海的最大宽度为距离领海基线 12 海里㉖。

领海的近陆限制取决于上述所提到的主权限制,沿海国对所有事务享有专属管辖权。这意味着,在那些限制下,看似合适的任何保护水下文化遗产的立法都是自由的㉗。近海区域可能有许多不同类型的水下文化遗产,因此,这些物品需要得到妥善的保护。如前所讨论的㉘,许多国家已经在该方面行使管辖权,并且人们可能会说,凭借第 303 条第 1 款,他们有义务如此行为。

根据《海洋法公约》第 4 部分,国家有权划定"群岛基线"㉙,这些国家例如印度

㉓ 美国事实上负责包括《海洋法公约》的水下文化遗产的一般义务,见第 1 章第 1.2.1.2 节。如下所示,美国在保护水下文化遗产方面作出巨大贡献,包括位于其领土范围外,在此领域,寻求与其他国家合作。当美国代表西班牙介入梅赛德斯案(见第 4 章第 4.2.3.2 节),该案中所指的是"(国际法下)保护海洋中发现的文化资源义务,与其他国家合作保护海洋中发现的文化资源的义务",参见"美国在法庭之上为支持西班牙王国发表的利益声明和简述"。

㉔ 《海洋法公约》第 2 条第 3 款。

㉕ 《海洋法公约》第 17 条。无害通过权的规则见《海洋法公约》第 2 部分第 3 节。

㉖ 《海洋法公约》第 3 条。

㉗ 卡弗利施已经指出无害通过权与水下文化遗产事宜没有直接的关系,参见卡弗利施,《水下文物和国际海洋法》,第 10 - 11 页。但是,另一个限制与水下文化遗产更有关系是与主权豁免有关的,见第 4 章第 4.2.1 节和第 4.2.2 节。

㉘ 参见,特别是绪论第 1.3 节,以及第 2 章第 2.2 节。

㉙ 见绪论第 2.2.2 节。

尼西亚和菲律宾对群岛水域、领海水域以及内水享有主权㉚。在水下文化遗产保护方面,群岛水域的法律地位很重要,因为群岛水域可以是非常广泛的区域,重要历史贸易路线纵横交错。

7.3.3　毗连区

毗连区的范围为距离领海12海里的海域。关于海洋领域的大致布局,毗连区仅代表相对小的地理区域,但是就水下文化遗产保护而言是重要的,因为根据《海洋法公约》,在此区域发现的水下文化遗产只有沿海国被赋予了管辖权。

《海洋法公约》第303条第2款规定:

> 为了控制这种(考古和历史性的文物)的贩运,沿海国可在适用第33条时推定,未经沿海国许可将这些文物移出该条所指海域的海床,是在其领土或领海内对该条所指法律和规章的违反㉛。

为了理解该条的含义,我们需要将该条与第33条整体一起考虑,该条规定如下:

> (1) 沿海国可在毗连其领海称为毗连区的区域内,行使为下列事项所必要的管制:
>
> (a) 防止在其领土或领海内违反海关、财政、移民或卫生的法律和规章;

㉚　见《海洋法公约》第49条。群岛国家对群岛水域的主权实现是根据公约的第4部分,与外国船舶的无害通过权和群岛海道通过权一致。卡弗利施已经指出无害通过权与水下文化遗产事宜没有直接的关系,参见卡弗利施,《水下文物和国际海洋法》,第10-11页。

㉛　就该条款的历史沿革发展,见第1章第1.2.1.2节。

（b）惩治在其领土或领海内违反上述法律和规章的行为。

（2）毗连区从测算领海宽度的基线量起，不得超过 24 海里[32]。

那么第 303 条第 2 款允许沿海国为哪些行为？这个问题已经成为许多学术研究的主题。此事的不确定性不仅由条款措辞本身引起，该条所指的内容同样在某种程度上也很含糊不清。条款的不确定性也是因为政治上的矛盾引起的。一方面，沿海国根据第 33 条在毗连区上享有的管辖权是受到严格限制的。该条覆盖 4 个范围具体指的是条款中与海关、财政、移民和卫生相关的事宜。另一方面，第 303 条第 2 款是对那些主张大陆架上的水下文化遗产拥有完全管辖权的沿海国家的让步，因此，显然该条旨在为沿海国在毗连区内的活动，至少在某种程度上提供控制权。

根据第 33 条，国家可以在其毗连区内实行适用于本国领土或领海的有关海关、财政、移民和卫生的法律。换而言之，国家被赋予在毗连区中采取措施的权利，防止在其领土或领海的法律所指的侵权行为；国家也可以在其毗连区内采取措施惩罚那些发生了侵权行为的人。沿海国不得根据第 33 条的规定创设有关适用其毗连区有关的法律法规。换而言之，第 33 条没有赋予国家在该区域内的立法管辖权。这就意味着国家不得立法来调整或禁止在其区域内所发生的活动（活动与该条所指的 4 个方面有关）。

虽然第 303 条第 2 款与第 33 条紧密相连，但第 303 条第 2 款是相当不一样的创制。至少在某种程度上，因为该条是在"法律拟制"（legal fiction）的基础上[33]。根据第该条，沿海国有权假设未经沿海国同意，将在毗连区海床上的水下文化遗产移除会违反适用该国领土和领海内与海关、财政、移民和卫生有关事宜的法律法规。该拟制本身事实上有两个方面：首先，在毗连区的违法行为可能会被视为

---

[32] 《海洋法公约》第 33 条是以 1958 年《日内瓦公约》第 24 条中的领海和毗连区的内容为基础的，虽然在 1958 年公约中，毗连区的最大宽度是距离基线 12 海里。

[33] 就法律拟制的含义，见第 1 章第 1.2.1.2 节。

发生在领海中;其次,将水下文化遗产从海床上(即使移动的行为可能发生在该国领海内)移动可能达到违反法律的程度,即便这种可能性很小,但是该行为可被视为是一种违法的行为[34]。为了政治的便利,第303条第2款附加于第33条[35]。但是,其不成功的附加结果是造成了不确定性,即第303条第2款究竟允许一国为哪些行为。最主要的不确定性在于第303条第2款是否和第33条一样,只规定执行管辖,或者第303条第3款更进一步规定了立法管辖。

有一种观点认为,第303条第2款允许国家将那些从毗连区的海床上移动水下文化遗产的行为视为对该国海关、财政、移民和卫生等适用于该领土内的法律的侵犯,该种意见被认为是限制性的观点。第303条第2款具体指从"指定区域"的海床上文物的"移动",第303条第2款无疑为沿海国控制此类移动行为(是指控制文物的"贩运")规定了机制[36]。但是,根据限制性的观点,这类管控应被视为适用其领土法律的执行,而不是通过其对毗连区的立法权来行使[37]。即使根据此限制性的观点,需要注意第303条第2款和第33条轻微但又显著的区别:虽然第33条仅允许沿海国防止或惩罚12海里领海内发生的不法行为,但是第303条第2款允许沿海国采取措施规范此类发生在毗连区内的特定活动[38]。

然而某些评论家就该问题采取的是更开放的观点,第303条第2款可否作为

[34] 遗产的就地保护事宜很大程度上与海关、财政、移民和卫生法律无关。一旦文物从原来位置被移动,试图进口或出口到一国,海关或财政的法规可能就变得相关了。

[35] 见奥克斯曼,《海洋考古学与国际海洋法》,第363页。

[36] 例如,奥斯特认为:"毗连区的沉船和领海发现的沉船一样,沿海国可以要求得到其同意才能移动该沉船。"参见奥斯特,《国际法手册》,第300页。

[37] 根据奥克斯曼,第303条第2款拟制的目的在于避免将"毗连区从沿海国享有有限的执行管辖权变成沿海国享有立法权的区域",参见奥克斯曼,《第三次联合国海洋法会议》,第240页。一些学术评论家支持第303条第2款仅仅规定执行管辖权的观点:例如,参见布朗(Brown),《水下文化遗产保护》(*Protection of the Underwater Cultural Heritage*),第329-330页;隆,《海洋资源法》,第533页。

[38] 就采取的措施的性质,参见布朗,《国际海洋法》(*The International Law of the Sea*),卷Ⅰ,第135页。

国家对毗连区水下文化遗产拥有立法的权力提供依据——换而言之，这些国家可否将其文化遗产法律直接适用于该区域。例如，斯特拉蒂曾建议，正是由于第303条第2款的管辖机制和第303条第1款的保护义务"在本质上"的共同作用，为国家得以适用其本国的遗产法，扩张其本国的遗产法的适用范围至毗连区内[39]。她认为这点使得各国能够建立一个区别于一般毗连区的24英里的"考古区域"[40]。

事实上，以上两个观点仅反映条款中结构上的歧义，其旨在适用不同的观点[41]。不过，如果某国接受第303条第2款允许沿海国管控其毗连区内的活动，该条的措辞当然是某国有责任从事此行为，很难看出，在没有一个合适的法律框架参考的情况下，如何在实践中实现这一点。有关海关、财政、移民以及卫生事务立法的不适性是不证自明的。领海范围下参照遗产法的适用将更为妥当，但是必须牢记于心的是第303条第2款给予的管辖是有限的：目前仅在于移出海床上的文物以及贩运时，国家才可以采取行动。就考古发掘许可体系或其他打捞活动建立许可制度似乎是允许的，但是在其他旨在保护领海的水下文化遗产的立法方面的措施可能会更有问题[42]。

何种程度的更自由的观点将会得到国家实践的支持呢？毗连区并不是自然形成的，而是需要沿海国的宣告[43]。由联合国发布的最新宣称对海洋具有管辖权的列表，显示超过80个国家已经实施了该项权利[44]，但是没有官方整理的该区域

[39] 斯特拉蒂，《水下文化遗产的保护》，第168页。

[40] 斯特拉蒂也认为在适用第303条第2款前，普通的毗连区是不需要宣告的，认为第303条第2款"具有独立的作用，可以进行自治宣告"，同上，第168－169页。

[41] 参见第1章第1.2.1.2节。

[42] 例如，乐古润指出法国毗连区的条款中的避免规定海洋文化财产的国家所有权（文化财产规定在法国领海条款中），因为毗连区有可能"被视为超出第303条第2款规定的机会范围"，参见乐古润，《法国》（第2版），第75－77页。此观点很可能是正确的，因为国家所有权的规定不是一项直接与移动水下文化遗产国家有关的措施（虽然一些国家例如丹麦和南非确实宣称对毗连区的水下文化遗产享有所有权，进一步可见下文）。许多其他典型的遗产保护措施可以通过某种方式联系起来，以防止未经授权地移动或贩运这些物件。例如，乐古润曾指出，如果水下文化遗产的存在是为人所知的，那么控制其贩运相对较容易，在此基础上报告义务能证明是正当的。（有时候，如下是存在争议的，条款设计为仅保护水下文化遗产免受意外损害或干预的条款是不适当的。当然，要记住的是毗连区将属于大陆架和专属经济区的制度内，此类条款可能会根据这些制度获得正当性，而不是根据第303条第2款。详见下文，第7.4节。）

[43] 见本书绪论，第2.2.2节。许多评论家，包括斯特拉蒂认为，在对水下文化遗产方面的管辖之前，国家不需要基于第33条对毗连区进行宣告。见斯特拉蒂，《水下文化遗产的保护》，第168－169页。然而，迄今为止显示出，似乎大多数国家根据第303条第2款实施管辖之前，确实对毗连区进行了宣告。

[44] 海洋事务与海洋法总署海洋管辖权索赔表，2011年7月15日（详情访问：www.un.org/Depts/los/LEGISLATIONANDTREATIES/claims.htm）。

的适用细节。然而,似乎在近年来,在该区域存有水下文化遗产的国家越来越多地开始考虑建立毗连区⑤。

在欧洲,丹麦可能已经成为第一个适用第 303 条第 2 款的国家,1984 年,丹麦因水下遗迹而设置立法条款,规定位于 24 海里内,超过 100 年的沉船,在不受到损害或未在授权的情况下被转移⑥。法国较早期时期在其 1989 年法律中也实施了第 303 条第 2 款⑦。1992 年,西班牙宣告毗连区,并且其遗产法律间接地适用于该国 12 海里至 24 海里的区域⑧。2004 年,挪威也做出了类似的宣告,并且宣布禁止损坏或转移毗连区中的物品,毗连区由适用该区域的领海遗产立法进行保护⑨。同年,意大利没有正式宣告毗连区,意大利引入了适用于 12 海里至 24 海里区域文物的立法措施,用以按照国际通用的考古标准进行处理⑩。2005 年,荷兰建立了毗连区,2007 年,扩展了文物立法的适用,至少部分扩展至毗连区⑪。

除挪威以外,上述国家在毗连区对水下文化遗产主张这样或那样的立法权利。除了欧洲,亦存在其他国家近年来采取行动的事例,并且也表明立法方式是得到支持的。例如,自 1994 年,南非在"海洋文化区域"实施其立法权限,同时扩展其毗连区,明确表示其对该区域内的水下文化遗产与其领海内拥有"相同的权

---

⑤ 本书写就时,英国并没有宣告毗连区。但是,当合适的立法时机出现时,英国似乎是想要进行宣告。有趣的是,我们注意到,2008 年《遗产保护法案》(Heritage Protection Bill of 2008)(草稿,没有颁布)作出规定使得未来在该法案中修正英国水域的定义需将毗连区规定在内。见法案草稿第 226(4) 节。

⑥ 2001 年丹麦《博物馆法案》(修订的)进一步就发现物报告和其国家所有权所及的所有事物报告作出规定。丹麦直到 2005 年才正式宣告毗连区。尽管存在有关于 2005 年《毗连区法》正式建立"遗产保护区"产生的影响的问题(见斯特拉蒂,《水下文化遗产的保护》,第 30 页,包括第 24、第 25 期),但是丹麦该法案的正式文本对此"清晰地"规定,该法仅正式确立了"遗产保护区",并没有对"遗产保护区"的法律影响问题的法条进行修改或废止,参见 2010 年 3 月 17 日,与马莱福德私人通信。

⑦ 1989 年《第 89-874 号法律》,现在合并入 2004 年《遗产法典》(the 2004 Code for Heritage)。当乐古润指出,法国 1996 年在《海洋法公约》修改前实施了第 303 条第 2 款,参见乐古润,《法国》(第 2 版),第 77 页。

⑧ 见阿斯纳尔-戈麦斯,《西班牙》,第 277 页及第 284 页。我们将在下文所见(第 7.4.1 节),西班牙遗产立法明确表示适用于大陆架范围内,因此,间接表示适用于毗连区范围内。立法明确了西班牙国会已经考虑毗连区内文物打捞的条款,参见 2010 年 3 月 23 日,与阿斯纳尔-戈麦斯的私人通信。

⑨ 见科瓦尔和马斯特兰德,《挪威》,第 221 页、第 223 页及第 225 页。

⑩ 立法特指 2001 年联合国教科文组织《水遗公约》的附件《规章》,参见意大利文化法典(《第 42/2004 号立法决定》),2010 年 3 月 10 日,与尼古拉费瑞的私人通信。

⑪ 《考古遗产管理法案》,2007 年 2 月 6 日发布,修正了丹麦 1988 年《遗迹法案》(the Dutch Monuments Act 1988)。对 12 海里至 24 海里的考古发掘,修正案要求报告并取得许可。2010 年 3 月 17 日,与马莱福德人通信,参见玛莱福德,《荷兰》,第 172 页。

利和权力"⑳。在诸多国家中地位最有趣的是美国。1999 年,总统克林顿宣告了毗连区,声明这种延伸是"防止移动自领海基线起 24 海里内发现的文化遗产的重要步骤"㉝。鉴于美国已经为 200 海里以外文化资源的保护制定了立法的事实,其中规定了有关移动或损害此类资源的许可制度㉞,美国认为这一宣告有助于执行先前针对 12 海里至 24 海里毗连区范围内外国船旗船舶和国民的立法㉟。故此,在第 303 条第 2 款的授权下,美国也在该区域实施了立法管辖权。

从可获得的有限信息中可得知,越来越多的国家似乎正转为采用第 303 条第 2 款的机制为其沿海水域中的水下文化遗产提供某种程度的保护,一般而言,他们既主张立法能力,也主张执行能力。有趣的是,这些国家的行为似乎还没有引起抗议。进一步而言,有关国家包括法国、荷兰和美国,这些国家都是逐步扩大管辖权的强烈反对者。当然似乎没有证据证明这种做法导致立法的路径延伸至第 33 条所述事项的程度,对于那些担心逐步扩大管辖权的人来说,这种做法是令人放心的㊱。但是,似乎卡弗利施是有先见之明的,在 1982 年他评论到,第 303 条第 2 款的"实际效果"将在水下古物方面的立法权限延伸至 24 海里㊲。

鉴于第 303 条第 2 款的许可性质,很难认为各国有义务去行使根据第 303 条第 1 款规定的一般义务而赋予他们的管辖权。但是,各国应考虑使用这种管辖工

㉜ 1994 年《海洋区域第 15 号法案》,第 6 节,参见福莱斯特,《南非》,第 256 页。该条包括对所有超过 60 年的沉船进行全面保护,国家声明对此类所有文物都享有所有权,所有考古活动许可制度可能会妨碍、破坏或者毁坏此类文物。具体细节见《南非》,第 267 页及其后所列。

㉝ 1999 年 8 月 2 日,总统宣告第 7219 号:《美国的毗连区》(The Contiguous Zone of the United States),《联邦法规》第 64 卷,始于第 48 页,第 701 页(1999 年 9 月 9 日)。

㉞ 1972 年《海洋、保护、研究和卫生法案》(the Marine, Protection, Research and Sanctuaries Act of 1972)第 3 部分,《美国法典》第 16 卷 1431 节及其后,详见下文第 7.4.2.1 节及第 7.4.2.2 节。

㉟ 与欧采·法梅尔的个人通信,美国国家海洋和环境机构(US National Oceanic and Atmospheric Administration),2010 年 3 月 8 日。进一步细节,见法梅尔,《美国》,第 363 页及第 382－383 页。正如法梅尔指出的,美国炮舰莫尼特号(USS Monitor)位于大约离岸 17 海里处,由此,它是宣告毗连区的直接受益者。

㊱ 事实上就毗连区而言,主要的关注点集中在是否在安全事项中有任何功能性蔓延的迹象,而不是根据第 303 条第 2 款在该区域的应用情况,见罗奇和史密斯,《美国对过分海事主张的回应》,第 166 页。

㊲ 卡弗利施,《水下文物和国际海洋法》,第 24 页。丘吉尔和罗威同时指出,根据《海洋法公约》,毗连区是专属经济区的一部分(假定沿海国宣称了专属经济区),因此,毗连区不再是公海的一部分。先前对沿海国家管辖权的假定被撤销,使其更加容易对管辖权执行和立法的主张进行抗辩。参见丘吉尔和罗威,《海洋法》,第 139 页。

具的好处：即使踏出简单的一步，例如在 1999 年总统克林顿发表的声明发出了一个清晰的信号，即美国致力于保护水下文化遗产，并且充分利用国际法赋予其的权力以保护水下文化遗产。

7.3.4　大陆架和专属经济区

1982 年《海洋法公约》建立的一揽子处理方式的其中一个基本要素是沿海国被赋予主张 200 海里专属经济区的权利，用以补足已经在大陆架上牢固建立的权利。在这两个海域内⊗，沿海国被赋予与自然资源相关的主权权利及管辖区。两个区域放在一起代表了一个非常重要的海洋空间，大约占全部海洋区域的 50%⊗。

《海洋法公约》的第 5 部分规定了专属经济区的制度，第 6 部分规定了大陆架的制度。如前所述⊗，大陆架制度和专属经济区之间的制度尤为错综复杂，正如第 5 部分和第 6 部分。当然，如果各国宣告专属经济区，这两个制度将同时适用于从领海基线量起 200 海里的区域⊗。至于宽边缘国家，第 6 部分制定了外大陆架的规定——换而言之，物理上超过 200 海里的大陆架边缘⊗（正如许多国家确实宣告了专属经济区一样⊗，除有其他情况表明，下列讨论假定两种制度同时适用）。

第 5 部分中的第 56 条规定了专属经济区内沿海国的权利、管辖权和义务。

⊗ 区分沿海国对其大陆架和对专属经济区的"主权权利"与沿海国对其内水、领海和群岛水域享有全部主权是重要的。与源自主权的全部或"充分"的管辖权相比，沿海国在专属经济区和大陆架上的主权权利在功能上受到限制，仅限于《海洋法公约》中规定的相关部分（第 5 部分和第 6 部分）规定的特定目的。

⊗ 这是一份非常初步的估计，基于的数据引自普雷斯科特和斯科菲尔德（Prescott and Schofield），认为该区域（即超出国家管辖权范围外的海床和底土）大约占海洋区域的 50.5%。并且被领海覆盖的海洋表面（该区域不是专属经济区或者大陆架的一部分）可能少于 1%，参见普雷斯科特和斯科菲尔德，《世界海洋政治边界》（*Maritime Political Boundaries of the World*），第 30 页和第 33 页。

⊗ 见绪论，第 2.2.2 节。

⊗ 见《海洋法公约》，第 56 条第 3 款。

⊗ 关于法律上大陆架的定义以及对"宽边缘国家"的说明，见绪论，第 2.2.2 节。

⊗ 见海洋事务与海洋法总署（DOALOS）（联合国），海洋管辖权索赔表，2011 年 7 月 15 日，（详情访问：www.un.org/Depts/los/LEGISLATIONANDTREATIES/claims.htm）。该表阐明不仅仅是联合国际海洋法公约的缔约国宣告了其专属经济区。例如，美国和土耳其都是如此。

第 56 条中关键段落是第 1 段,规定如下:

1. 沿海国在专属经济区内有:

（a）以勘探和开发、养护和管理海床上覆水域和海床及其底土的自然资源(不论为生物或非生物资源)为目的的主权权利,以及关于在该区域内从事经济性开发和勘探,如利用海水、海流和风力生产能等其他活动的主权权利;

（b）本公约有关条款规定的对下列事项的管辖权:

（1）人工岛屿、设施和结构的建造和使用;

（2）海洋科学研究;

（3）海洋环境的保护和保全;

（c）本公约规定的其他权利和义务。

就外大陆架而言,第 6 部分第 77 条规定了沿海国的权利,这对大陆架做出了绝对的规定(换而言之,外大陆架并不与专属经济区共同存在)[64]。第 77 条第 1 款规定:

沿海国出于勘探大陆架和开发其自然资源的目的对大陆架行使主权权利。

就第 77 条规定的自然资源是关于海床上和底土中的自然资源,即矿物资源或其他无生命资源,以及大陆架上固着物种,例如珊瑚、海绵动物、牡蛎和蛤蚌[65]。

---

[64] 第 77 条据此适用于 200 海里范围内,前提是沿海国不宣告专属经济区。
[65] 见《海洋法公约》,第 77 条第 4 款。确切地说什么是固着物种,用"在孕育阶段,除与海床或底土保持连续的物理接触以外,在海床或海床之下固定或不能移动的生物有机体"来解释,这是有争议的。例如,见丘吉尔和罗威,《海洋法》,第 151 - 152 页,及第 156 页,包括注释 36。

下文将更详细地审议沿海国根据第 56 条和第 77 条规定所享有的权利和管辖权⑥⑥。就目前为止,需要注意的是——在 200 海里内,沿海国已经宣告获得了专属经济区的自然资源方面的权利和管辖权,特别是与勘探、开发⑥⑦、保护和管理自然资源有关的权利,和其他与经济开发活动和勘探此类资源的活动有关的权利,以及与此有关的若干事项的管辖权,即建立和使用人工岛屿、设施和建造;从事海洋科学研究;以及对海洋环境的保护和保全⑥⑧。1965 年,国际法委员会明确表示沉船不是自然资源,且此观点之后被广为接受⑥⑨。

《海洋法公约》并未对位于大陆架上或超过 24 海里的专属经济区的水下文化遗产有特别规定。如上所述,给予沿海国此类权利的提议被明确地驳回了。基本国际法律制度就 24 海里以外搜寻和打捞沉船及其他水下文化遗产,因此取决于这些区域内的基本的管辖性质(换而言之就是法律上而言的性质)。就大陆架绝对论者而言,该区域的法律地位是公海⑦⑩。由此,存在一种支持行使公海自由的假设,搜寻和打捞水下文化遗产的行为被视为属于这些自由的范围内⑦⑪。但是,就专属经济区的情况却存在很大的不同。这里专属经济区的管辖地位是特殊的:它既不是公海,也不是沿海国享有主权的区域(该主权理论可以有助于沿海国管辖权的推定)。相反,沿海国的相关权利和国际社会的相关权利作为一个整体,由公约第 5 部分特别条款规定,其中该条规定了专属经济区制度。由于第 5 部分没

---

⑥⑥ 见第 7.4.2 节。

⑥⑦ 虽然第 56 条第 1 款并没有明确表明"就区域内的经济开发和勘探的其他活动"仅限于区域内的自然资源和其他自然特性,但鉴于公约磋商的过程,这被广为接受。引用奥克斯曼的话,(该句)符合"例如"后面的情形,其中涉及到了水、电和风产生的能源……将这些词语解释为包括失事船只或海洋考古是不合理的,参见《海洋考古学和国际海洋法》,第 366 页。亦见斯特拉蒂,《水下文化遗产的保护》,第 264 页。

⑥⑧ 需要注意的是第 56 条第 1(C)款提到了关于"规定在公约中其他权利和义务"似乎参考了《海洋法公约》有关毗连区的条款,涉及紧追权,参见丘吉尔和罗威,《海洋法》,第 169 页。

⑥⑨ 见第 1 章第 1.2.1 节。国际法委员会就该问题的声明将会在本书的末尾被重申。

⑦⑩ 大陆架包括海床和底土,但不包括上面的水层,这些组成公海,同样的,其受到规定在第 7 部分的公海制度管理,见第 86 条。

⑦⑪ 《海洋法公约》第 7 部分规定了公海的制度。该部分第 87 条规定"公海对所有国家开放",接着规定一个自由列表,但该列表与科学研究和水下文化遗产的打捞无关。但是,该列表是非穷尽式的,并且自由规则覆盖任何未另有规定的海洋的用途,进一步见丘吉尔和罗威,《海洋法》,第 205 - 206 页。为了其他国家的利益,自由规则的实施必须以"应有的注意":第 87 条第 2 款。

有将搜寻和打捞水下文化遗产的权利赋予沿海国或其他国家，据此这被认为是"不可赋予"的权利⑫。同样的，任何与这些活动有关的争端，都必须按照第5部分第59条"晦涩"的准则解决⑬。

第59条的准则：

> 考虑到所涉利益分别对有关各方和整个国际社会的重要性，这种冲突应在公平的基础上参照一切有关情况加以解决⑭。

这说明当两个国家间就专属经济区的活动产生争端时，所有相关因素都需要在个案的基础上进行衡量。就水下文化遗产遗址的进入问题，斯特拉蒂曾认为下列因素是有关的：

> （a）所涉文化财产与争端一方存在文化联系；（b）如果沉船相对是近年的，其中一方具有沉船的船旗国资质；（c）在保护和保存水下文化财产方面兼顾国际社会的利益；（d）影响沿岸国和船旗国行使权利的因素⑮。

另一位评论家表示当纠纷与探索和开发自然资源有关时，可能应该以有利于沿海国的方式来解决；另一方面，当纠纷关乎其他问题，那么其他国家的利益或者国际社会的利益将会被作为一个整体得到支持⑯。如果是这样的话，在以水下文化遗产为目标的活动受到沿海国关注的情况下，表明水下文化遗产活动有可能会

---

⑫ 丘吉尔和罗威，《海洋法》，第175页。
⑬ 同上，第461页。
⑭ 《海洋法公约》第59条。可辩驳的是，在专属经济区34海里的范围内，第59条将无法就旨在水下文化遗产有关活动引起的争议进行适用是因为——根据第303条第2款，沿海国有权基于此管理控打捞活动，参见第7.3.3节。
⑮ 斯特拉蒂，《水下文化遗产的保护》，第26页。就第59条有趣且细致的对水下文化遗产的讨论，同上，第265-256页，及第268-269页。
⑯ 诺德奎斯特等人，1982年《联合国海洋法公约》，第2卷，第569页。

对该国区域内的合法的经济利益造成潜在威胁。例如,如果一方开展的活动是搜集专属经济区内的海床和底土大量报告数据[77],那么这些将可能成为有利于沿海国优先考虑的利益的有利因素。即使上述活动将不会造成此种危险,鉴于第303条第1款规定的对国家的义务,即保护所有海洋区域的水下文化遗产,沿海国和国际社会的利益作为整体可能恰好被认为是一致的。此外,这也意味着争端的解决是有利于沿海国的。

显然,《海洋法公约》并没有就专属经济区内和超过24海里外的大陆架下的水下文化遗产的管辖规定。但是,那些单方行使管辖权的国家执行到何种程度,是下一章节将会考虑的问题[78]。

7.3.5 国家管辖权之外

如前所提及的[79],《海洋法公约》的最主要的目的之一是建立深海海床深处矿产资源的制度,以保证矿产资源得到平等地开发,符合全人类的利益。据此,公约建立一个全新的海洋区域,在该"区域"内,公约定义它为国家管辖范围以外的海床和洋底及其底土[80]。还建立了国际机构(国际海底管理局),代表国家方面管理"区域"和"区域"内的资源。

《海洋法公约》第6部分为"区域"做了具体规定[81]。正如简单大陆架论者所主张的,需要记住区域即海床本身及其底土,此概念并不适用于上覆水层的范围。上覆水域保持着公海的地位,属于公约第7部分规定的公海体系的内容[82]。由此,该制度受制于公约第11部分规定的对专属经济区内的矿产资源开发和勘探

---

[77] 就此问题,详见第4.2.2节。

[78] 见下文第7.4.2节。

[79] 见绪论,第2.2.1节。

[80] 《海洋法公约》第1条第1(1)款,国家管辖范围之外是指《海洋法公约》第76条第1款法律上的大陆架之外的范围。

[81] 需要注意的是第14部分实施的是经修改的1994年协议,该协议与1982年12月10日的《海洋法公约》第14部分有关。

[82] 见《海洋法公约》,第86条和第135条。

的具体制度。

第 11 部分第 149 条对区域中的水下文化遗产中做出了具体的规定：

> 在区域内发现的所有考古和历史性质的物品应当予以保存和处置，
> 以造福人类全体利益，特别是应给予来源国或者历史或文化发源国优先权。

本条的若干方面在前述章节已经被讨论过了[33]。在此我们关注的是，各国以及国际海底管理局就国家管辖范围以外的水下文化遗产的权利、管辖权和义务的问题以及国际海底管理局。同样，本讨论下的海洋空间所占的比例很大，大约为 50.5%[34]。

第 149 条近年来多次广泛地受到批驳，这是理所当然的。最严重的批驳是它规定了应做的事情，但没有规定谁应该做，或者他们如何做。根据定义，"区域"是指"国家管辖权范围之外"。第 149 条没有赋予各国任何形式的管辖权和一致的行动，或者要求他们利用国际管辖权的一般原则以促进本条目的的实现。负责保证第 149 条得到执行的最明显的候选人是——国际海底管理局——并没有在第 149 条中规定，并且从第 14 部分的规定可以明确地看出，国际海底管理局只限于管理有关矿物资源的勘探和开发活动[35]。关于将其作用扩大到水下文化遗产的建议没有得到采纳[36]。最终，第 149 条实质上是一个空壳。

---

[33] "考古和历史性质物件"的含义的讨论见第 2 章；"全人类整体"的利益的性质的讨论见第 3 章第 3.4.1 节；该条的发展历史概况见第 1 章第 1.2.1.1 节。

[34] 见普雷斯科特和斯科菲尔德，《世界海洋政治边界》，第 30 页。奥古斯曼认为在第三次联合国海洋会议上，确有"相对轻微的考虑"，大批水下文化遗产在此区域被发现，参见奥古斯曼，《第三次关于海洋法的联合国大会》，第 240 页。但是，在深海床底的沉船的密度可能低于其他海域，但有人认为这些沉船"可能处于良好的保护状态"，参见奥基夫，《沉船遗产》，第 95 页。"区域"被发现的其他形式的水下文化遗产很有可能是飞机残骸和航空器碎片。

[35] 国际海底管理局的作用是限制控制和组织此区域内的活动（第 157 条第 1 款），该条定义为"'区域'内的资源勘探和开发活动"[第 1 条第 1(3) 款]。"区域"内的资源定义为只包括矿物资源[第 133 条第(a) 款]。需要注意的是，除《海洋法公约》明确赋予的权力和职能以外，国际海底管理局还拥有"与《海洋法公约》相一致的附带权力，正如行使这等权利和职能所隐含和必要性一样"，参见第 157 条第 2 款。除此之外，国际海底管理局有义务保护海洋环境，参见见第 145 条。

[36] 就细节而言，见小林，《〈联合国海洋法公约〉下的具有考古和历史性质的物品文物》，第 292－293 页。

那么,就位于"区域"的沉船和其他水下文化遗产而言,目前的情况是什么?由于大陆架的绝对性,有一种假设支持实施公海自由,包括对水下文化遗产的研究和打捞自由。但是,应当牢记,第303条第1款规定各国为保护水下文化遗产并为此目的进行合作的一般义务适用于国家管辖范围以外的地区,如同适用于所有其他海域一样,第149条对这一义务做了一定程度的规定,即此"区域"发现的水下文化遗产,应出于全人类的利益予以保存或处置,并顾及来源国的优先权。据此,为了使各国享有立法管辖权或其他机制使得这些国家能够就此区域内的水下文化遗产发现采取行动,各国必须认可第149条㊲。迄今为止,并没有出现由位于"区域"内的沉船引起的关于该条款适用的问题㊳。

"区域"内的活动可能与不受管制的水下文化遗产活动一样具有潜在的重要性(即使没有更重要),就可能对水下文化造成的损害或破坏而言,不受管制的水下文化遗产可能为深海海底采矿以及与这种采矿有关的作业。

实践中,国际海底管理局扮演了非常有用的角色。当实施第14部分的矿产勘探和开发时,国际海底管理局能够保证承包商在其作业过程中合理地考虑水下文化遗产。

虽然"区域"内矿产资源的商业开发还不太可能马上出现,但是签发了一些勘探许可,并且国际海底管理局正在建立一套矿产开发规章,用以规制此"区域"内的矿产开发。2000年,国际海底管理局在"区域"采用了锰结核探矿和探勘规章,

---

㊲ 各国考虑使用的体系是国籍和属地为原则的,如适用,主张主权豁免和所有权。确实,潜在的适用这些规则保护在区域内的水下文化遗产引起了一些有趣的情形。例如,探索位于"区域"的沉船,在"区域"内该国拥有所有权。有人会争辩道,根据第303条第1款,国家可能之前会有义务主张该国的权利,也就说,美国联邦海事法院在对沉船发起对物救助行动的情况下。假设国家被授予打捞的物料(标志性的判决在朱诺号和西班牙海军护卫舰拉加拉尔号中给出了合理的假设),在第4章第4.2.3.1节讨论过,第149条表明是为了全人类的利益而"保存或处置"。就一个或更多其他的国家可能主张某种形式的优先权而言,特别需要关注这些权利。

㊳ 出于事故的原因,泰坦尼克号恰好沉在加拿大的外大陆架而不是深海床处。如果泰坦尼克号位于"区域"内,149条的潜在含义现今将得到更全面的探索[有趣的是,第149条的条款被称为沉船救助条款,使船舶不位于"区域"内,参见梅赛德斯号(第4章第4.2.3.2节)]。由于"区域"的定义超过任何国家管辖,国内遗产立法通常不涉及"区域"。但是,中国立法是一个例外。中国对起源于中国"区域"内的水下文化遗产主张专属权利。在评论立法的同时,傅崐成根据第149条总结道,中国在此方面是合法的,概述的方面必须给予起源国优先权,参见傅崐成的论述,"中国(包括台湾)",第35页。

该规则需要承包者将其考古发现通知国际海底管理局,并且承包者采取一切合理措施避免文物被干扰⑧。近年来,国际海底管理局确立了一系列的与两个其他矿物资源有关的规章,多金属硫化物和富钴结壳,规章包括水下文化遗产发现的加强条款⑨。

7.4 填补漏洞

诚如在第 1 章所提到的⑨,《海洋法公约》规定的具体条款中地理上的"漏洞"经常被提到,该条款为水下文化遗产提供证明,这个"漏洞"的区域在 24 海里和大陆架向外延伸的外沿之间(这构成可"区域"的边界)。在海洋区域内(最少将有 176 海里宽,甚至更宽)⑫,故意干扰水下文化遗产将受到上述所列的《海洋法公约》中一般规则的限制,但第 303 条第 2 款和第 149 条将不再适用。此外,鉴于公约内没有据第 149 条设置实施保护目标的措施,在实践上,可以从所有超过 24 海里的水域发现管辖的漏洞。

由此产生的问题是:各国如何履行第 303 条第 1 款规定的保护水下文化遗产的义务,并为此目的在很大一部分"漏洞"海域中进行合作? 这个问题越发的重

---

⑧ 见《"区域"内多金属结核探矿和勘探规章》(Regulations on Prospecting and Exploration for Polymetallic Nodules in the Area)第 34 条(访问 www. isa. org. jm)。见条例 8,规定在"区域"内仅勘探金属结核矿的人们也必须将考古发现通知国际海底管理局。

⑨ 见 2010 年《"区域"内多金属硫化物探矿和勘探规章》(Regulations on Prospecting and Exploration for Polymetallic Sulphides in the Area),及 2012 年《"区域"内富钴铁锰结壳探矿和勘探规章》(Regulations on Prospecting and Exploration for Cobalt-Rich Ferromanganese Crusts in the Area),第 8 条及第 37 条(访问 www. isa. org. jm)。这 3 套规章都很重要,与考古文物有关的这两条条款中的第 2 条位于第 5 部分,题目名为"保护海洋环境"(Protection and Preservation of the Marine Environment)。此表明国际海底管理局可能将认为水下文化遗产是与自然海洋资源有如此紧密的联系,以至于国际海底管理局有权根据第 145 条的授权保护海洋环境。(由于国际海底管理局代表的是联合国海洋法公约的各缔约国,也可以认为这是实施第 303 条第 1 款的典型例子)。就文化环境和自然环境紧密实质相连,详见第 7.4.2.1 节。就探矿规章和联合国教科文组织 2001 年《水遗公约》的关系,见第 10 章第 10.3.2 节。

⑨ 见第 1 章第 1.2.1.3 节。

⑫ 由于法律上大陆架的定义规定在第 76 条(见绪论,第 2.2.2 节),"差距"将至少有 176 海里宽。在宽边缘国家,大陆架可能会达到(甚至超过)326 海里(界定外大陆架界限的规则是复杂的,在此情形下大陆架的外边缘超过领海 200 海里的)。

要。不仅仅是现在科学技术能够探索,确定沉船在深水所在的位置,此外许多国际系统性的搜索行动已经于广泛地大陆架区域的运行中发挥作用,几乎毫无疑问,在不久的将来搜索行动将扩展到海床深处[33]。

7.4.1　单方面扩延

在 1999 年发行的逐步扩大管辖权的细节报告中,克维亚特科夫斯卡(Kwiatkowska)报告指出许多国家被要求在移动位于 24 海里之外大陆架上的水下文化遗产前需要获得事先同意,其中有澳大利亚、佛得角、塞浦路斯、爱尔兰、摩洛哥、西班牙和塞舌尔[34]。通常这些单方延伸的管辖优于《海洋法公约》下适用的管辖[35]。注意这种延伸,克维亚特科夫斯卡评论认为:

据此,逐步扩大管辖权的观点不能排除"离岸文化保护区"的概念,甚至与大陆架或 200 海里经济区一起延伸或者上述两者在将来一起获得进一步相互依存[36]。

事实上,近年来确有这种延伸[37],因此,导致国际习惯法中出现一个与专属经济区或大陆架共同延伸的"文化保护区"的前景尚未实现。不过,这些国家中的大多数(即使不是全部),仍在继续就位于 24 海里之外的水下文化遗产主张制定法令。例如,澳大利亚 1976 年《历史沉船法案》适用"沿海国连接的水域",由 1967

---

[33] 美国奥德赛海洋勘探公司的活动解释了现今的能力。近年来,该公司在欧洲沿海几千平方米的海床附近从事了系统性的搜索活动,显然,目的性地发现了包括 18 世纪英国皇家海军胜利号(深度:80 米),17 世纪英国皇家海军萨塞克斯号(深度:1 000 米)以及西班牙殖民时期梅赛德斯号军舰(深度:1 100 米)。2010 年,该公司宣布他们拥有的技术正在准备阶段,今后探勘深度将能达到 6 000 米,参见《美国奥德赛海洋探勘公司宣布 2009 年财政结果》,美国奥德赛海洋探勘公司新闻社发布,2010 年 3 月 10 日(详情访问:www. shipwreck. net)。还需要注意的是,英国皇家海军胜利号的探勘在潜水者使用其专业器材的范围内。

[34] 克维亚特科夫斯卡,《根据 1982 年〈联合国海洋法公约〉和国家实践的超过 200 海里的逐步扩大管辖权》("Creeping Jurisdiction Beyond 200 Miles in the Light of the 1982 Law of the Sea Convention and State Practice"),第 163 页;同时见丘吉尔和罗威,《海洋法》,第 175 页,注释 52。

[35] 具体的部分立法,见布洛特和奥克菲,《法律和文化遗产》,第 1 卷,第 95 - 97 页,第 99 页,第 107 页。

[36] 克维亚特科夫斯卡,《根据 1982 年〈联合国海洋法公约〉和国家实践的超过 200 海里的逐步扩大管辖权》,第 163 页;同时见丘吉尔和罗威,《海洋法》,第 164 页。

[37] 一个例外是多米尼加共和国。该国在 2007 年引进立法,规定了,除此之外,"在专属经济区古代沉船宝藏的救助作业属于国家文化遗产,……国家对此具有优先权"。就此条款的有趣讨论,见柯皮拉(Kopela),《2007 年多米尼加共和国立法》("2007 Archipelagic Legislation of the Dominican Republic"),第 524 - 532 页。然而,早期的扩张似乎不属于异议,柯皮拉指出 2007 年多米尼加共和国法律受到美国和英国的异议,同上,第 524 页。

年《石油(下沉陆地)法案》定义包括与外大陆架边缘对应系列坐标的水域⊛。在爱尔兰,1987年《国家遗迹法案》第3节规定的是沉船和历史文物保护,"1968年大陆架方案适用的第2节第1条在海床或海床下"⊛。1985年6月25日西班牙《第16/1985号法律》要求授权任何针对大陆架的水下文化遗产的活动⑩。然而有趣的是,似乎没有任何实例表明这些国家对外国船旗国船舶和24海里之外的外国人进行立法,并且也没有付出努力⑩。

在许可位于专属经济区和大陆架的自然资源的勘探和开发活动的过程中,这些管辖权单方扩张与国家更加有限的控制是有区别的。这些作业事实上与国际海底管理局在深海床矿产的控制是相似的。希腊和挪威是这些国家中第一批将在离岸工作过程偶然发现的水下文化遗产及其后续处理等事项,纳入报告的国家之一,此后其他国家亦纷纷效仿⑩。实施这种许可证条件,连同考虑到考古因素的事先同意程序,为各国提供有效手段,以防止或减轻在其近海水域造成的无意损害和破坏⑬。然

⊛ 杰弗里,《澳大利亚》(第2版),第3页,1976年法律第28节规定:"根据澳大利亚议案在国家法下的义务……本法律的扩展是根据其对外国人和外国船舶要旨。"因此,认为该法律仅在国际法允许的范围内适用于悬推外国船旗的船舶和侨民。

⊛ 进一步见,奥康纳,《爱尔兰》(第2版),第131页;隆,《海洋资源法》,第547页;西蒙斯,《爱尔兰和海洋法》(Ireland and the Law of the Sea)(第2版),第128-135页。就爱尔兰政府决定的有趣讨论,不是在卡帕西亚号上利用立法替换水下文化遗产规则,卡帕西亚号位于爱尔兰大陆架超过24海里处,见奥康纳,《爱尔兰》(第2版),第142-143页。

⑩ 见埃斯波西托与法拉里,《联合国教科文组织水下文化遗产公约》,第206页,注释22。亦见阿斯纳尔-戈麦斯,《西班牙》,第277页及其后。

⑩ 西班牙机构将立法适用于英国皇家海军萨塞克斯号拟定的活动范围内或许是关键的案例,虽然具体的地点没有被披露,但可能位于领海基线24海里以内。

⑩ 希腊和挪威条款(the Greek and Norwegian provision),可追溯到20世纪70年代,与碳氢化合物的发现和利用有关,参见斯特拉蒂,《水下文化遗产的保护》,第261页。有趣的是,我们注意到关于《碳氢化合物许可的欧共体第94/22号指令》[(1994)OJ L164/3]规定"可出于国家安全、公共安全、公共卫生、交通安全、环境保护、生物资源保护和具有艺术、历史及考古价值持有对宝藏的保护……成员国能将环境和要求及于实践"进行挖掘、开发和利用碳氢化合物活动(第6条第2款重点补充)(关于本指令,详见隆,《海洋资源法》,第350页及其后)。有鉴于此,考古条件下的碳氢化合物许可,至少在欧洲范围内,可能比通常认为得更为普遍。的确有案例显示,埃尔安和荷兰实施该条件。确实,爱尔兰的报告要求在海洋方面广泛进行扩展,例如,包括综合地理调查和疏浚,参见与马莱福德的私人通信,2010年4月24日。此类条款需要与由其他一些国家采取的自愿报告方式进行区分,例如,英国适用的联合航海考古学政策委员会的《海底开发实务守则》(Code of Practice for Seabed Development)(详情访问:www. jnapc. org. uk)。

⑬ 许多欧洲国家批准和执行1992年《瓦莱塔公约》,以及与环境影响评估和战略环境评估有关的若干欧洲联盟指令,有助于触发政府审查考古与发展控制进程之间的关系,包括有关国家管辖范围内的海洋地区的情况[《瓦莱塔公约》第1条第2(ⅲ)款]。关于《瓦莱塔公约》可参见,第1章第1. 2. 2. 3节。

而，在一个国家可能试图对外国经营者实施这些管制的情况下，就产生了这些控制的合法性问题。可以认为，如果沿海国有权勘探和开发这些区域的自然资源，它就能确定这些活动是如何进行的。然而，这一问题可能不像这一情况那样直截了当，因为在这两个区域，必须适当顾及其他国家的利益[104]。不论如何，为保护水下文化遗产而实施合理条件的理由可能是各国根据第 303 条第(1)款的规定，国家有义务对这一问题采取保护措施。鉴于近海海洋环境的商业发展速度，至关重要的是各国能够对水下文化遗产提供这种性质的保护。

7.4.2 充分利用《联合国海洋法公约》的规定

鉴于近几十年来技术的进步，最有可能不受监管的打捞水下文化遗产的海域是地质大陆架[105]。该区域逐渐延伸到约 140 米的深度，使得使用先进的潜水装备潜水员以及潜水器的商业救助者都能够到达。出于这一原因，人们越来越注意到，是否可以利用对各国在其近海地区自然资源方面的权利和管辖权，以便更好地保护这些国家的利益。

7.4.2.1 主权权利的保护

如上所述，根据第 56 条和第 77 条的规定，一国对其专属经济区和大陆架的自然资源拥有主权权利，并有权在必要时采取行动保护这些权利（只要适当顾及其他国家的利益）。在这样做的过程中，该国可能也能够为水下文化遗产提供一定程度的保护。虽然沉船遗址本身不是一种天然资源，但它们往往与这些资源有着千丝万缕的联系，特别是随着时间的推移。在某些情况下，它们可能部分或完全埋入海底沉积物，如沙子和砾石。在许多情况下，它们充当着天然生物资源的磁铁：鱼聚集在沉船遗址周围，各种动植物物种附着在沉船外面。因此沉船可能形成人为礁石，提供一个吸引动物群和植物群的栖所。近年来的

---

[104] 见第 56 条第 2 款、78 条第 2 款及 87 条第 2 款。
[105] 关于地质大陆架与法律大陆架的关系，见绪论第 2.2.2 节，含注释 41。

研究表明,沉船遗址与海洋生物之间存在着密切的关系,这些遗址具有相当的生态价值[106]。在某种程度上,干扰或从沉船中打捞物品几乎不可避免地会扰乱或破坏水层生物资源和海底的生物资源[107]。某些海难打捞方法也有可能损坏矿物资源,例如使用冲刷支柱导向器(prop-wash deflectors)[108]或炸药。因此,对沉船遗址的实际干预可能会影响沿海国的主权权利[109]。

利用沉船和生活资源之间的密切关系,向24海里以外的地方提供间接保护,这不是一个新的想法。在1984年,奥康纳说:

> 立法者有……一个简单的武器来控制海洋考古学家在大陆架上的活动,那就是规制这种对海底的侵扰。因此,埋在珊瑚中的沉船遗址可以通过禁止对珊瑚的侵扰来获得豁免,珊瑚是大陆架的"天然资源"[110]。

有趣的是,这个想法得到了《海洋法公约》制度最坚定的拥护者之一的支持:此公约是一个牢牢地与专属经济区和大陆架的自然资源挂钩的控制机制,这意味着它得到了美国国务院的积极推动[111]。可能在这方面国家实践的最佳范例是1972年美国《国家海洋禁猎法案》(NMSA)[112]。本规约规定海洋环境区域的划定

---

[106] 见关于威塞克斯考古学会（Wessex Archaeology）所编撰的沉船和生态学的报告（详情访问:www.wessexarch.co.uk/tags/coastal-and-marine）。

[107] 在专属经济区内,沿海国拥有对所有生物资源的主权权利。简单大陆架论者认为,干预需要与海底固着物种碰触。对于固着物种的定义,见本章注释66。

[108] 据法梅尔,"冲刷支柱导向器"（或"信箱"）可以在30英尺深的海底和几英尺深的充满沉淀物的海里于15秒内打孔,参见法梅尔,《美国》,第361页。

[109] 当然,就对所需的生活资源的干扰程度方面出现的问题。在某些情况下,可能会产生明显的不利影响（见布隆伯格,《水下文化遗产的国际保护》,第495页）;在其他方面的影响可能是假想的。然而,正如奥克菲所指出的那样,任何国家都不太可能对另一国就采取的保护其主权权利的行动提出异议,参见奥基夫,《沉船遗产》,第90页。

[110] 奥康内尔,《国际海洋法》,第2卷,第918页。

[111] 例如,参见布隆伯格,《水下文化遗产的国际保护》,第495页。布隆伯格率领美国代表团出席了联合国教科文组织的谈判。

[112] 1972年《海洋、保护、研究和卫生法案》第三部分,《美国法典》第16卷,第1431节及以下（2000年11月,经公法106-513修订）。

为"国家海洋保护区"至离岸 200 海里⑬。每个保护区的活动都由一套量身定制的条例所管辖,这些规定旨在保护保护区的特殊"资源",其中可能包括"历史""文化"和"考古"资源⑭。据法梅尔⑮,所有保护区条例所禁止的两项活动,特别是在保护水下文化遗产方面都是为了免于保护区资源损害和海床的改变⑯。

7.4.2.2 管辖权的利用

除了向沿海国提供大陆架和专属经济区自然资源的主权权利外,1982 年《海洋法公约》还为与这些资源有关的特殊目的提供管辖权。这些管辖权能在多大程度上有利于水下文化遗产?

现已确定了两个特定的潜在机制来控制针对该水下文化遗产保护的活动⑰。首先,第 81 条规定:

> 沿海国有授权和管理出于一切目的在大陆架上进行钻探(drilling)的专属权利。⑱

"钻探"一词不是由《海洋法公约》定义的,它可能涵盖挖掘和其他针对该项目的活动,其程度尚不清楚⑲。然而,广义地认为它可以包括任何探测或扰乱海床的活动,包括挖掘或吹气、使用冲刷支柱导向器和其他类似装置,甚至可能使用炸药。

---

⑬ 海洋环境的区域内"有保护、娱乐、生态、历史、科学、教育、文化、考古或审美素质,使其具有特殊的民族性,在某些情况下具有国际意义"被选定,参见 1972 年《美国法典》(《海洋、保护、研究和卫生法案》第 3 部分),第 16 卷,第 1431 节(a)段第(2)条及以下,重点增补。目前有 13 个指定的避难所,其中最大的是近 35.7 万平方千米。有关详细信息,可以访问:www. sanctuaries. noaa. gov。

⑭ 《美国法典》第 16 卷,第 1432 节第 8 条。沉船和其他的水下文化遗产在某种程度被视为不可分割的重要的保护区资源显然通过(详情访问:www. sanctuaries. noaa. gov)。

⑮ 见法梅尔,《美国》,第 363 页。

⑯ 关于美国《国家海洋禁猎法案》的运作情况的详细讨论,包括执行对外国国旗船只和国民的条例的问题,见法梅尔,《美国》,第 359 - 366 页。

⑰ 例如,见奥克斯曼,《海洋考古学和国际海洋法》,第 369 - 370 页;布隆伯格,《水下文化遗产的国际保护》,第 495 - 496 页;法梅尔,《从大西洋彼岸的角度出发》(A Perspective from Across the Atlantic),第 25 页。

⑱ 重点增补。

⑲ 布隆伯格,《水下文化遗产的国际保护》,第 496 页。

其次,根据第 60 条第 1 款:

沿海国在专属经济区内应有专属权利建造并授权和管理建造、操作和使用:

(a) 人工岛屿;

(b) 出于第 56 条所规定的目的和其他经济目的的设施和结构;

(c) 可能干扰沿海国在区内行使权利的设施和结构。

根据第 80 条,本条还比照适用于大陆架上的人造岛屿、设施和结构[120]。就那些以水下文化遗产为目标的国家,使用工具进行"设施"或"结构"建造时,无论出于经济目的还是干扰沿海国在专属经济区或大陆架上行使其权利的行为似乎也属于沿海国的监管范围[121]。

奥克斯曼提出,至少在某些情况下,这些机制的影响加在一起,可能是如此重大,以致沿海国家将处于一个有效的位置,以确定是否可能(如果是,在什么条件下)发生海洋考古[122]。事实上,到目前为止,似乎美国可能是最充分利用这些选择的国家,使其能够在其国家海洋保护区方案下保护历史、文化和考古资源。根据法梅尔的观点,任何涉及改变海床、在海底放置结构、钻探或挖掘的活动,都将被视为违反对外国救助者执行的美国《国家海洋禁猎法案》的规定[123]。

---

[120] 此外,《海洋法公约》也未对这些条款加以界定。然而,有人争辩说,构筑物包括移动和固定设备,这可能是人控的或无人操作的,参见瓦格林,《海洋科学调查》,第 135 页及以下。主要的区别是与船有关的,船能航海。可能出现的问题是,永久停泊的船舶不再是船舶,并成为装置。答案将取决于船舶的航行能力,尽管系泊,也就是说,如果系泊可以被拆除,而不会立即失去船舶,船舶将仍是船舶,即使没有实际航行,同上,第 140 页。

[121] 在第 60 条第 1(b)款提到"其他经济目的"是值得怀疑的项包括为商业利益而收回的经济增长,参见斯特拉蒂,《水下文化遗产的保护》,第 267 页。

[122] 奥克斯曼,《海洋考古学与国际海洋法》,第 369 页。

[123] 法梅尔,《美国》,第 363 页。法梅尔认为,任何救助活动都可能涉及其中一项罪行,参见《海洋考古学与国际海洋法》。在英国,大陆架上类似性质的活动可能需要根据 2009 年《海洋和海岸使用法案》获得许可证。在这一相对新的法规下,考古学家和其他参与调查或挖掘的其他人通常进行的活动在多大程度上可能需要被许可,对外籍船旗的船舶和侨民的违法行为可强制执行程度是由海洋管理组织(the Marine Management Organisation)规定的,该组织是为管理许可制度而设立的公共机构。

正如美国经验所显示的，运用《海洋法公约》的第 60 条、第 80 条和第 81 条，无疑对水下文化遗产的保护是有益的，但这些机制确实存在缺点。例如，它们只能在特定情况下使用，需要对正在进行的活动的性质进行密切调查，而且只有在救助操作员开始对某一特定地点进行昂贵的投资之后才能加以利用。

另一个潜在的、但更具争议性的控制机制将会避免这些弊端，那就是将这些操作者和其他以水下文化遗产为目标的经营者进行的某些活动视为海洋科学研究。这一活动受专属经济区和大陆架的直接沿海国控制[124]。与"钻探""安装""建造"等术语一样，"海洋科学研究"是未被《海洋法公约》定义的术语。然而，很明显的是，它包括针对自然海洋环境的科学研究，而不仅仅在海洋环境中进行的研究[125]。普遍接受的立场是，考古发掘或其他类型的直接和蓄意对水下文化遗产的干预不符合海洋科学研究的范围——尽管在许多情况下，这类工作利用了科学方法论——这些是针对人类，而不是自然环境[126]。然而，有争议的是，直接干预愈显普遍——利用远程探测深海海床和底土，使用测深声呐、测深仪和相关技术——至少在某些情况下，可以作为海洋科学研究手段。这种调查活动的对象是海底和底土，是自然海洋环境的组成部分。重要的是，在系统性地广泛进行这些活动的情况下，收集的数据对自然资源的勘探和开发具有直接的意义。因此，沿海国对此种资源的主权权利和管辖权可能会受到损害，除非沿海国有权能够控制这一活动[127]。

任何形式的调查活动是否构成海洋科学研究的问题本身都是有争议的，这可

---

[124] 见《海洋法公约》，第 56 条第 1(b)款第(ⅱ)项，尤其注意，第 246 条。

[125] 见德罗姆古尔，《重新审视海洋科学研究与水下文化遗产之间的关系》("Revisiting the Relationship between Marine Scientific Research and the Underwater Cultural Heritage")，第 43 页。有关活动将包括理化海洋学、海洋生物、海洋地质学和地球物理学，参见松斯(Soons)，《海洋科学研究和海洋法》(Marine Scientific Research and the Law of the Sea)，第 6 页、第 124 页。

[126] 虽然这在过去可能是正确的，但越来越多的考古研究是为了了解人类过去可能发现的物质残留环境。因此，很难在考古学和自然科学的学科之间形成有说服力的区别。

[127] 关于这一论点的详细分析，一般而言，参见德罗姆古尔，《重新审视海洋科学研究与水下文化遗产之间的关系》。一些更复杂的海洋勘探公司参与了沉船打捞，可能对自然资源勘探有直接的兴趣。即使不是这样，调查信息可作为市场上的商品。

能是对所提出的论点广泛接受的最大障碍⑫。然而,海洋科学研究较之于其他方案所具有的相当大的优势是,海洋科学研究将使沿海国能够在任何干预进行之前就采取管制措施,从而避免潜在不稳定的地点、其他管制方法的证据问题,以及避免任何为某一特定行动耗费大量时间和资源的打捞方,在法律上为其行为强而有力的狡辩。

人们会问的最后一个问题是:向沿海国提供保护和保全专属经济区海洋环境的管辖权,是否可以间接受益于水下文化遗产? 虽然《海洋法公约》并没有界定"海洋环境",但似乎毋庸置疑这是指自然海洋环境⑫。然而,如上所述,在实践中,自然与人类(或"历史性的")环境之间存在着密切的关系,针对某项的保护措施可能有益于其他环境保护。话虽如此,需要牢记的是第56条第1款为保护和保全海洋环境而向沿海国提供的管辖权不是一般性质的,而是"《海洋法公约》相关的规定"即第12部分⑬。这些规定旨在解决非常具体的污染威胁。然而,在这些条款下采取的行动可能会使水下文化遗产产生一些间接效益⑬。

7.4.3　充分利用国际管辖权的领土和国籍原则

上文所述的讨论涉及沿海国对其近海水域所给予的管辖权。因此,为上文所述的这一问题提供好处的潜在手段不应超过法律上的大陆架的外部界限以外的海洋,因为这标志着其国家管辖权的界限。不过,应当指出的是国际司法管辖权

---

⑫ 话虽如此,根据隆:"国家实践……似乎支持该种观点,即专属经济区内的水文测量是在沿海国管辖权范围之内的,且必须在开始调查活动之前进行。"参见隆,《海洋资源法》,第695-696页。针对此见解最激烈的反对意见来自美国,意见是调查的操作过程构成海洋科学研究:例如,见罗奇和史密斯,《美国对过分海事主张的回应》,第446-449页。

⑫ 例如,见诺德奎斯特等人,1982年《联合国海洋法公约》,第4卷,第42-43页。

⑬ 丘吉尔和罗威,《海洋法》,第169页。

⑬ 有趣的是,根据这些条文所采取的行动对水下文化遗产所产生的影响可能要比对防止污染物质的损害采取的间接保护的潜在好处更大。在水下文化遗产考遗址,古学家和其他涉及物理性干预的活动可能会污染海洋环境,因此他们将受到监管。例如,如果大量的沉积物从一个遗址点转移,并在海底的其他地方沉积,它可能构成倾倒。根据《海洋法公约》第210条,"在领海和专属经济区内或大陆架上的倾倒,未经沿海国事先明示批准,不得进行"。考虑将物料存放于海床上的活动的缔约各方可能需要根据英国2009年《海洋和海岸使用法案》等国内立法获得许可证。

的一些一般原则可在保护水下文化遗产的情况下发挥作用。如上文所述，这些原则可由各国单独采取行动，对国际水域内的活动产生影响，包括"区域"。然而，在实践中，利用这些原则的最有效的方法是两个或两个以上的国家协调它们的使用。

协调适用这些原则的一个很好的例子是 2000 年为保护皇家邮轮泰坦尼克号而缔结的国际协议⑬。1985 年，泰坦尼克号在加拿大大陆架外缘被发现，对国际社会构成了挑战：如何为世界上最著名的沉船提供法律保护？美国政府在 1997 年做了相当大的努力后⑬，在一些与沉船有密切联系的国家（历史上或地理上）开始了正式谈判，具体指美国、英国、法国和加拿大。这些谈判的结果是一份协议案文，于 2000 年定稿⑬。协议所规定的管理框架（在这里可以指出的是，根据教科文组织《水遗公约》的附件，采取了严格的标准）⑬，其依据是协议缔约国充分和有效行使国籍和属地原则。协议规定，每一缔约方就其国民和悬挂其国旗的船只应采取必要措施，通过项目授权的制度⑬来规范其在该遗址上的活动，每一缔约方应采取适当行动，禁止在其领土内的活动，包括其海港、领海和离岸码头进行不符合协议规定的活动⑬。如果（似乎是最终的意图）在沉船的普遍地理区域内，所有这些国家连同所有那些拥有技术可以进入沉船的国家成了该协议的缔约国，它所采用的管辖机制可以在未来非常有效地规范监管遗址活动⑬。

⑬ 关于该协定的详细讨论，见德罗姆古尔，《保护泰坦尼克号国际协定：问题与前景》（"The International Agreement for the Protection of the Titanic：Problems and Prospects"）。
⑬ 在 1985 年发现泰坦尼克号之后，美国国会通过了 1986 年的《英国皇家邮轮海事纪念法案》[《公法》，第 99－513 段，《联邦立法大全》第 100 卷，始于第 2048 页，（1986 年）]。该法包括指导美国当局与其他有关国家进行谈判，以制定一项国际协定，规定将沉船指定为国际海事纪念碑。美国国务院最初试图通过参与英国、法国和加拿大的讨论来实现这一方向，但这些国家没有多少兴趣。进一步，参见德罗姆古尔，《保护泰坦尼克号国际协定：问题与前景》，第 3－5 页。
⑬ 这项协议是英国于 2003 年和美国在 2004 年签署的，但尚未由加拿大或法国签署。该法案将在美国国会通过实施立法后生效。这类立法已经制定，目前正在审议中，参见 2012 年《英国皇家邮轮泰坦尼克号海事纪念保存法案》（详情访问：www. gc. noaa/gov/gcil_titanic-legislation. html）。
⑬ 关于《泰坦尼克号协议》，请见第 10 章第 10. 2 节。
⑬ 第 4 条第 1 款。
⑬ 第 4 条第 5 款。
⑬ 有人可能会争辩说，马已经脱缰，鉴于近年来被发现的遗址处已经发生了密集的打捞活动，参见第 5 章第 5. 3. 4. 3 节。

值得注意的是,《泰坦尼克协议》的序言具体提到了 1982 年《海洋法公约》第 303 条的相关性。这类国家间协定,利用管辖权的国籍和属地原则提供了一种潜在的有益手段,使其能够得到保护,使各国能够根据第 303 条第 1 款的双重义务行事。这有可能不仅被用来保护一个特定的遗址,如泰坦尼克号。而且保护一些相关的遗址(例如,一个战场,如日德兰半岛或特拉法加)或为一个封闭或半开放海域的水下文化遗产提供一般性保护[139]。然而,"缩小版条约"只在特殊情况下才可能用于保护开阔海域的遗址。[140] 这是因为要在这些遗址上有效,就需要多个缔约方。正如《泰坦尼克号协议》所表明的那样,很难争取到足够的政治利益和意愿来实现。令人吃惊的是,到目前为止,在这些协议中似乎只有一项保护国际水域中的沉船遗址的协议是生效的,这与 1994 年在芬兰大陆架沉没的客运渡轮的爱沙尼亚号有关[141]。

7.5 结论性评述

显然,在探索和利用一般国际法所规定的权力来保护位于领域外水下文化遗产方面,美国是最积极的国家。这可能会使一些人感到讽刺,因为在联合国海洋法第三次会议上,美国是试图阻止向沿海国提供大陆架上的直接管辖权的国家之一。然而,美国已认真履行了第 303 条第(1)款规定的义务,并充分利用一般国际法所规定的权力以便执行这项义务。似乎其他非 2001 年联合国教科文组织《水遗公约》的缔约国将越来越多地效仿美国的领导[142]。但是,可供他们使用的管辖

[139] 详细讨论各州间协定,见第 10 章第 10.2 节。
[140] 见双边条约,以保护领海内相对常见的遗址,参见第 4 章第 4.2.2 节。
[141] 这项协定的旨在将扰乱 800 多名受害者的安息地的活动规定为犯罪行为,此协定原先于 1995 年仅在爱沙尼亚、芬兰和瑞典之间进行为的活动,但后来经修正后允许其他国家加入。丹麦、拉脱维亚和英国于 1999 年成为缔约国,波兰和俄罗斯于 2000 年加入,立陶宛于 2002 年加入,为协议和加入细节进行解释,见(1995 年)芬兰条约系列(Finnish Treaty Series)第 49 页。该《协定》转载于(1996 年)联合国第 31 次《海洋法公报》62 号。关于本协定的进一步讨论,见第 9 章第 9.4.4 节。
[142] 2001 年在教科文组织谈判结束时,主要海洋强国的发言表明,该国普遍致力于加强努力,根据 1982 年《海洋法公约》采取的行动,单独和协作地保护这一问题。但参照教科文组织附件作为活动的有关标准。参见加拉贝洛和斯科瓦奇再版,《水下文化遗产的保护》,第 243 页及其后。

机制是临时性的,在某些情况下是有争议的。鉴于管辖的碎片性,管辖机制依靠大量的政治意愿来有效地实施。正需要处理的是在《海洋法公约》通过后的这段时间内发生的海洋技术的步骤变化,这是一个明确而全面的条约框架,它是建立在现有基础上的,以便填补明显的差距。当然,2001 年联合国教科文组织《水遗公约》的目的是提供这一框架。

8

联合国教科文组织 2001 年
《保护水下文化遗产公约》：管辖机制

8.1 导言

如第 7 章所讨论，一般国际法下可用于控制对水下文化遗产造成的影响，或特别针对水下文化遗产的活动的管辖机制是有限的。《海洋法公约》第 149 条和第 303 条仅对沿海国家主权范围以外的地区做出了有限的规定，并没有在超过 24 海里以外的专属经济区内和大陆架上的水下文化遗产做出任何特别规定。联合国教科文组织于 1993 年采纳的倡议的根本目的在于提供管辖机制，使各国能够有效地监管任何企图干扰位于领海以外海域的水下文化遗产的活动，从而确保任何对这些遗址的干扰都是按照国际公认的考古标准进行的。如第 1 章指出，关于如何提供该等管辖权的问题阻碍了早些时候为制定一项水下文化遗产特定条约所做的努力，联合国教科文组织的谈判一开始就清楚表明，这个有待解决的议题将是最具挑战性的。它如此具有挑战性的原因是，新的管辖权框架需要协调国际社会存在的两个截然对立的观点：一种观点认为"简单重复《海洋法公约》的条款将毫无意义……没有带来任何改善"的规定[①]，另一种观点认为不应将沿海国家管辖权延伸至《海洋法公约》彰显的立场之外。为了调和这些观点，联合国教科文组织的谈判人员采取了就

---

① 意大利在最初的国际法协会会议上表示的，参见奥基夫，《国际法协会编写的关于保护水下文化遗产的布宜诺斯艾利斯公约草案》，第 99 页。

大陆架和专属经济区设计一个高度复杂的管辖框架,其中包括一些建设性模糊化处理。还为"区域"设计了另一种同样复杂的、但是不那么有争议的框架。

本章考察联合国教科文组织 2001 年《水遗公约》确立的管辖权制度。首先,考虑联合国教科文组织《水遗公约》与《海洋法公约》之间正式关系的问题。其次,对新《水遗公约》运用的控制机制予以概述,并考虑了一些关于这些机制被提出的问题,以及它们在何种程度上可能与《海洋法公约》相符或不符。本章最后简要评价了该制度的潜在有效性。

8.2　与《联合国海洋法公约》的关系

《海洋法公约》似乎预期将制定一项与保护水下文化遗产有关的特定主题的条约,该条约将在这方面弥补其不足。关于这一主题的两条中第 2 条条文,即第 303 条:

> 本条不妨害关于保护考古和历史性文物的其他国际协议和国际法规则②。

人们普遍认为,在这一条款中提到的"其他国际协议和国际法规则"包括《海洋法公约》之前或之后制定的规则,因此,任何新条约都不会受第 303 条的规定的限制(或许,参照第 149 条的规定)③。

此外,奥基夫指出:

---

② 《海洋法公约》第 303 条第 4 款。
③ 详见,第 1 章第 1.2.1.2 和 1.2.1.3 节。

第 4 段并没有提到这些协议和《联合国海洋法公约》之间的一般关系，它只涉及第 303 条本身的影响④。

正如在第 7 章中明确指出的，第 303 条和第 149 条除了规定在第 303 条第 2 款关于在毗连区移出水下文化遗产的控制机制之外，没有提供任何特别的监管权限。相反，调整影响水下文化遗产的活动的管辖框架，绝大部分规定于《海洋法公约》的其他一般适用条款中。分歧在于：一部处理水下文化遗产的新条约是否能够减损该框架。

在联合国教科文组织的谈判中，有些国家，包括 G－77 的国家，都认为新条约不应从属于《海洋法公约》⑤。为了支持这一观点，有时可以参考条约法关于同一主题的连续条约的一般规则：即在均为这两项条约的缔约国之间，后来的条约的规则优先⑥。另一方面，许多其他国家，包括主要的海事国家将《海洋法公约》视为具有比普通条约更类似于宪法的改进地位⑦。就像其他宪法一样，它被认为比一般的法律更有分量，因此更难以被推翻或修正。《海洋法公约》具备特殊地位的理由是，它彰显了一个精心设计的"一揽子交易"，它平衡了船旗国和沿海国各自的权利。因此，它代表了一个完整、不可分割的条约制度，它不开放在具体问题上签订协议。为了反驳关于这个新条约足以超越《海洋法公约》管辖权条款的意见，有人指出，关于先后条约之间的一般规则的优先

---

④ 奥基夫，《沉船遗产》，第 19 页。见下文注释 10。

⑤ 参见阿斯纳尔-戈麦斯，《寻宝者、国家沉船以及联合国教科文组织保护水下文化遗产公约》，第 231 页。也参见布隆伯格，《2001 年联合国教科文组织保护水下文化遗产公约》（"the 2001 UNESCO Convention on the Protection of the Underwater Cultural Heritage"），第 496 页。

⑥ 见《维也纳条约法公约》第 30 条，见本书绪论第 3.2.1 节。

⑦ 这一观点得到了联合国大会的支持，联合国大会多次呼吁新条约与《海洋法公约》相关规定"完全一致"，参见联合国大会关于海洋和海洋法的年度决议，联合国宣言。A/RES/53/32，1999 年 1 月 6 日，第 20 段；联合国的文件 A/RES/54/31，2000 年 1 月 18 日，第 30 段；联合国文件 A/RES/55/7，2001 年 5 月 2 日，第 36 段。在联合国教科文组织的谈判过程中联合国法律事务厅海洋事务与海洋法总署的不安和其立场的尴尬，已为各种各样的评论人士注意到：例如，布隆伯格，《水下文化遗产的国际保护》，第 502 页，注释 11；奥基夫，《沉船遗产》，第 29 页。

性在本质上是有余补性质的，并受条约本身做的任何具体规定所制约⑧。

《海洋法公约》的第 311 条规定了该公约与其他国际协议之间的关系。该条第 3 款限制了缔约国在其以后可能加入的其他协议中减损《海洋法公约》的权利。其具体条款如下：

> 本公约两个或两个以上缔约国可订立仅在各该国相互关系上适用的、修改或暂停适用本公约的规定的协议，但须这种协议不涉及本公约中某项规定，如对该规定予以减损，那么就与公约的目的及宗旨的有效执行不相符合，而且这种协议不应影响本公约所载各项基本原则的适用，同时这种协议的规定不影响其他缔约国根据本公约享有其权利和履行其义务⑨。

该条款明确规定，《海洋法公约》的两个或多个缔约国可以达成一项后续协议，修改《海洋法公约》的运行，前提是：

(1) 它与《联合国海洋法公约》的客体和目的是相一致的；

(2) 不影响《联合国海洋法公约》的基本适用原则；

(3) 不侵犯嗣后未成为协议缔约国的《联合国海洋法公约》缔约国的权利。

虽然联合国教科文组织的倡议的结果可以被认为是《海洋法公约》的一个目

---

⑧ 例如，见奥斯特，《现代条约法和实践》，第 227 页。

⑨ 重点增补。《海洋法公约》还包含了一些其他条款，旨在阻止缔约国退出其设定的在"一揽子"计划。这些包括禁止保留，除非明确允许（第 309 条）；修改《水遗公约》的艰难程序（第 312～313 条）；第 15 部分的强制性纠纷解决机制（关于争端解决机制，详见第 10 章第 10.4 节）。

标和目的而"有效执行"(鼓励各国保护所有海域的水下文化遗产,并为此目的进行合作),假定第311条第3款适用[10],新条约的规定须不得影响《海洋法公约》基本原则的适用。毫无疑问,这些原则包括那些构成1982年条约核心的、关于精确管辖权分配问题的内容。此外,新条约的规定不得干涉新条约非国家缔约方的权利。联合国教科文组织2001年《水遗公约》中包含了一条载明其与《海洋法公约》的关系的等同条款。联合国教科文组织《水遗公约》第3条规定:

> 本公约中的任何条款均不得妨碍国际法,包括《联合国海洋法公约》,所赋予各国的权利、管辖权和义务。
>
> 本公约应结合国际法,包括《联合国海洋法公约》,加以解释和执行,不得与之相悖。

从表面上看,第3条似乎承认,在这两项条约之间存在任何不协调的情况下,《海洋法公约》优先。但是,第3条包含了一项建设性模糊处理的内容,旨在协调关于新条约及《海洋法公约》地位观点的尖锐分歧。该模糊处理采取"国际法,包括"的措辞,在该条每一句中均出现[11]。这一措辞为缔约国在解释联合国教科文组织《水遗公约》条款方面提供了一定的弹性,因为它允许了某种假设,即认为《海洋法公约》制定的规则不是"一成不变的",而是构成国际法持续、变革性的发展进

---

[10] 根据第311条第4款:"根据第三项的约定,有意向缔结条约的缔约国应当通过《海洋法公约》规定的有意向的受托人通知其他各缔约国。"这似乎不太可能发生在联合国教科文组《水遗公约》的规定下。依照第311条第3款的规定,拟签订第3条所述协定的缔约国应通过海洋法公约保管人通知其他缔约国其如此行事的意图。而联合国教科文组织而言,这似乎并没有发生。可能的原因是,大多数国家可能不认为《水遗公约》构成一项第311条第5款范围内的协定。第311条第5款清楚地表明,第311条作为整体不影响由《海洋法公约》的其他条款明确允许或保护的国际协定,并且一些人认为,《海洋法公约》第303条是一项依照第4款规定的例子,有时引用诺德奎斯特关于这种效应的陈述。参见诺德奎斯特、罗森和索恩;1982年《联合国海洋法公约》,第5卷,第161、第240、第243页。参见斯科瓦奇,《水下文化遗产的保护》,第35页,包括注释36。

[11] 将第3条的措辞与1995年《联合国跨界股票协议》(the UN Straddling Stocks Agreement of 1995)的同等条款进行比较是很有启发意义的。1995年协定第4条规定:"本协议中任何内容均不得妨害《海洋法公约》下的国家的权利、管辖权和义务。本协议应以与《海洋法公约》一致的方式解释和应用。"

程的组成部分⑫。它提出了两件事：①对《海洋法公约》的解释能够随着时间的推移和国家实践的发展而改变；②国际习惯法的新规则可能会出现取代在《海洋法公约》彰显的规则。在任何法律制定条约的背景下，这两个主张都将是有争议的；当其在《海洋法公约》的语境中被提出时更是如此⑬。

乐古润对第 3 条的评论是，新《水遗公约》文本中对《海洋法公约》有多处其他引用，同时"旨在缓和最不情愿的国家的担忧"，这可能是矛盾的确认并加强了他们的恐惧⑭。无论该条背后的意图是什么，很明显其未能就管辖权遵循问题提供其所寻求的保证⑮。

8.3　管控机制

负责起草联合国教科文组织《水遗公约》的人士的总体目标是⑯，确保所有海域内针对水下文化遗产的活动都受到《水遗公约》附件《规章》的调整。正如第 1 章所讨论的，这些规则构成了《水遗公约》的一个重要组成部分，并且是基于 1996 年的《国际古迹遗址理事会保护与管理水下文化遗产宪章》，并被广泛认为代表了关于对水下文化遗产遗址的国际良好实践。在本质上，他们彰显了基本的考古原则，即就地保护应该是任何地点的首选管理选择，而且仅在科学上具备正当理由的情况下，这些活动才能得到授权⑰。制定规定以确保附件标准适用于在 24 海

---

⑫ 见奥基夫，《沉船遗产》，第 58 页。

⑬ 关于在《海洋法公约》的范围内对条约的解释演变问题，参见波义耳（Boyle），《海洋法公约的后续发展》（"Further Development of the Law of the Sea Convention"），第 567 页及其后。关于新的习惯法规则出现并取代了法律制定条约的规则，参见奥斯特，《现代条约法与实践》，第 13－14 页。

⑭ 见乐古润，《法国》（第 2 版），78 页。

⑮ 详见第 8.3.6 节。

⑯ 《水遗公约》区分了"针对"水下文化遗产和"附带影响"水下文化遗产的活动。本章重点讨论了针对"水下文化遗产"活动的监管，其定义为"将水下文化遗产作为其主要对象，并可直接或间接地对水下文化遗产进行物理干扰或其他破坏"的活动，详见第 1 条第 6 款。关于《水遗公约》对"附带影响"水下文化遗产活动的讨论，其定义为可能实际干扰或以其他方式损害水下文化遗产的活动，但不以水下文化遗产为其主要对象或其对象之一（这将包括诸如捕鱼、疏浚和海洋建造等活动），见第 10 章第 10.3 节。

⑰ 关于《水遗公约》所设定的授权方案的细节，见第 9 章第 9.3 节。

里范围内海域发生的活动,是一项相对直截了当的工程,但面临的挑战是,为按照这些标准监管针对超出这一限度海域内进行的活动,创设管辖权基础。

联合国教科文组织倡议的重点,首先也是最重要的在于填补有关大陆架的空白,因为该区域最直接面临不受监管活动威胁。与过去20年在海洋法公约第三次会议中发生的争论相呼应,包括希腊在内的一些国家呼吁建立"文化遗产区",与大陆架共同广泛使用,提供了沿海国对水下文化遗产的全面管辖权[18];包括美国在内的其他国家希望得到这样的结果——确保消除任何沿海国家直接监管此一区域的水下文化遗产[19]。然而,已经发生的重要改变是,现在普遍接受了需要采取行动来保护在远离海岸的水域里的水下文化遗产。因此,美国和其他有相似想法的国家都支持这项倡议的一般目标,但呼吁采取利用现有管辖原则予以控制,包括国籍和领土原则,以及与自然资源有关的沿海国家管辖权[20]。

1994年的《国际法协会草案》包括一项条款,使缔约国能够在自领海范围内延伸至大陆架的外部界限以外的区域内设立"文化遗产区",在该区域内,沿海国对影响水下文化遗产的活动具有管辖权[21]。不可避免的是,这一提案被证明无法被某些国家接受,并被弃置。1998年《联合国教科文组织草案》的等同条款草案允许缔约国对在专属经济区和大陆架上针对水下文化遗产的活动进行监管和授权,"按照(草案的其他规定)和其他国际法规则";它还责成沿海缔约国要求通知在这些区域内发生的任何有关水下文化遗产的发现[22]。同样,该条被证明是不可接受的:第一,因为它包含的一项模糊处理与《水遗公约》最终文本第3条中所规定的并不相似;第二,因为它被认为超越了《海洋法公约》的管辖范围,赋予沿海国就发

---

[18] 见第1章,第1.2.1.2节。
[19] 人们希望《水遗公约》将导致对这种能力的一些单方面主张的束缚。关于这些主张,参见第7章第7.4.1节。
[20] 参见布隆伯格,《水下文化遗产的国际保护》,第494－496页。换句话说,他们要求按照第7章第7.4.2节和第7.4.3节所描绘的路线进行控制。
[21] 1994年《国际法协会草案》,第1条第3款和第5条。详见,第1章第1.3.1.1节。
[22] 1998年《联合国教科文组织草案》,第5条。

现获得通知的权利。在这一问题上，谈判人员寻求可接受的折中办法面临着困难，而一年后提出的一份工作文本就管辖载明了三种供考虑的备选办法，证明了这一点㉓。

《水遗公约》的最终文本包含了一套大陆架和专属经济区的控制机制，其基于国籍和领土原则的结合运用、以及《海洋法公约》现有沿海国家的管辖权下的一个新概念——"协调"国。一般的观点是，该国家代表那些基于其具备"可证实联系"而对所涉水下文化遗产主张权益的全部国家而采取行动㉔。实际上，协调国很可能是沿海国，尽管情况并非自然如此。协调国家并非仅代表自身利益，而是代表所有利益相关国家的利益，这一观念旨在保证在大陆架上的沿海和船旗国的权利的平衡，并不是因为对沿海国家的新责任的引入而感到不安，这可以被视为新权利㉕。为了在这个问题上提供进一步保证，无论在大陆架和专属经济区的条款中，甚至在整个《水遗公约》中，都没有提到"沿海国家"这个词。一项为专属经济区和大陆架就上述予以反映的控制方案也扩大到"区域"，并且这些及其他区域的控制机制由一套一般规定进行补充，要求缔约国利用国籍和领土原则来监管和制止不符合《水遗公约》的活动。

在以下几部分中，概述了《水遗公约》确立的控制机制，从一般规定开始（在第14～16条中列出），并继续为每个海事区域（在第7～12条中规定）制定了具体的规定。然后考虑到该方案的各个方面，这是引起关注的主要原因以及条款是否符合《海洋法公约》的问题。

8.3.1　一般机制

正如第7章所讨论的，国籍和领土原则是国际法的根基深厚的基本原则，因

㉓ 联合国教科文组织文件 CLT‐96/CONF. 202/5 Rev. 2。关于这一问题的复杂谈判历史的良好整合，见加拉贝洛，《水遗公约的谈判史》，第138‐151页。

㉔ 有关"可证实联系"概念的讨论，请参见第3章第3.4.2节。

㉕ 《水遗公约》明确规定，协调国所采取的任何行动都不应构成国际法所未规定的任何优先权利或管辖权的基础，包括《海洋法公约》第10条第6款。注意措辞，采用了与第3条相同的有争议的方式。

此联合国教科文组织《水遗公约》的使用并不是争议的问题。尽管这些原则适用于在一般国家间法律下能够被利用,但事实上国家并不负有利用它们的义务,这意味着几乎没有国家会如此做。国家以单边和不协调的方式使用它们,也仅能达到非常有限的效果。通过将它们纳入公约制度,不仅可以让缔约国负有责任利用这些原则来协助控制针对水下文化遗产的活动,而且它们的全部潜力可以得到利用,因为该制度可以促进协调行动。在其起草新条约的过程中,这一事实得到了国际法协会的认可。1994年草案试图利用这些原则以阻碍在域外水域内发生的不符合宪章的活动㉖,并且草案创设的模式是基于联合国教科文组织《水遗公约》第14条、第15条及第16条。

第14条要求缔约国:

> 缔约国应采取措施来阻止非法出口和/或以违反本公约的方式非法打捞的水下文化遗产进入其领土和在其领土上买卖或拥有这种水下文化遗产。

这一条款有潜在广泛的影响,在第9章予以更全面的考虑㉗。然而,现在要注意通常的一点是,由于很难处理与《水遗公约》相反的材料,第14条具有阻遏该等打捞的作用。可能采取措施的确切性质,交由各缔约国依其自由裁量决定。然而,它可能包括引入类似于英国2003年《处理文化物品犯罪法案》的类似性质的立法㉘,以及诸如海关检查和扣押物品等执行立法的措施㉙。

第15条还规定,要求缔约国"采取措施",这一次是禁止使用他们的领土,包

㉖ 参见1994年《国际法协会草案》第7条和第8条,参见第1章第1.3.1.3节。
㉗ 参见第9章第9.5.2节。
㉘ 参见第7章第7.2.1节。
㉙ 事实上,缔约国被要求采取措施,规定扣押以不符合《水遗公约》的方式带至其领土内的水下文化遗产,详见第9章第9.5.1节。

括他们的海港，以及在他们的专属管辖范围内的人工岛、设施和结构，以支持那些不符合《水遗公约》的针对水下文化遗产的活动。深水打捞作业可能需要数月时间，如果食品、燃料、设备和人员的供应线不确定，这可能会对那些寻求在公约框架之外开展作业的人起到威慑作用。同样，需要采取的具体措施由各国自行决定。然而，要达到有效的效果，在第15条的条件下采取行动需要在地区基础上进行协调，确保所有邻国都参与其中。

第三项最后一般司法管辖权条款，第16条要求缔约国采取"所有可行措施"来确保他们的国民和悬挂其国旗的船舶不会开展不符合《水遗公约》活动的规定。这项规定虽然可以作为一项独立的义务，但在一定程度上是为了加强《水遗公约》对大陆架和专属经济区和"区域"的职责㉚。与这些其他义务的措辞相关可能解释了第16条的参考文献中提到的所有的实际措施，而不是简单的"措施"，这是在第14条和第15条中所规定的。

第14条、第15条和第16条规定，在任何活动发生的地方，对不符合《水遗公约》的行为都有其控制的意思。因此，它们补充并加强了每个海洋区域所建立的特定的控制机制，这是在下面要解决的。

8.3.2 沿海国家主权的海洋空间

尽管联合国教科文组织倡议首要关注域外水域中活动的监管，为确保在全部海洋具备特征的水域设定统一标准，该倡议也就受限于沿海国主权的领海及其他水域做了规定㉛。这项规定详见第7条。

第7条第1款规定：

㉚ 参见第8.3.4节和第8.3.5节。
㉛ 《水遗公约》第28条允许国家宣布，在批准、接受、加入《水遗公约》或此后的任何时间内，规则应适用于内陆水域，而非海上。

缔约国在行使其主权时,拥有管理和批准开发其内水、群岛水域和
领海中的水下文化遗产的活动的专属权利。

正如第 7 条中所讨论的[32],在行使主权时,沿海国家有权对其内部水域、群岛水域和领海内的活动进行管理和批准,受限于《海洋法公约》和其他国际法规则的规定。很多国家都通过制定国内立法来管理影响水下文化遗产的活动,由此行使该等权利。第 7 条第 2 款扩张了现有的国际法律制度,责成联合国教科文组织《水遗公约》缔约国,确保附件中《规章》职责适用于这些水域内针对水下文化遗产活动[33]。第 7 条有两项有争议的特点。第一项为该条款第 3 段,其具体条款涉及在领海或群岛水域发现可识别的沉没国家船舶或航空器。这一规定在第 4 章予以探讨[34]。第二项与第一项相关,是第 7 条第 1 款中"专属"一词,如此似乎留下这样一种印象,即沿海国对领海和群岛水域的活动进行管理和批准是无条件的。这违背了《海洋法公约》的第 2 条第 3 款和第 49 条第 3 款,上述条文明确表明,沿海国家在这些地区内的主权的行使,受限于《海洋法公约》其他条款或其他国际法规则赋予其他国家的权利。虽然无害通过和群岛海上通道的权利一般对水下文化遗产保护没有什么特别的影响[35],但与主权豁免有关的国际法规则确实具有这样的作用。因此,在第 7 条第 1 款中包含"专属"一词特别具有争议性,因为它增加了海洋国家对于在公约制度下其位于其他国家沿海水域内沉没军舰地位的担忧。

想要批准联合国教科文组织《水遗公约》的国家需要仔细审查他们的国内遗产立法以确保它符合第 7 条第 2 款。他们不仅需要确保为适用《规章》而制定了

---

[32] 参见第 7 章第 7.3.2 节。

[33] 第 7 条第 2 款中有关规定的适用条款,并不妨碍关于水下文化遗产保护的"其他国际协议和国际法规则"。只要有其他的协议和规则,而且它们与联合国教科文组织附件中的规则不一致,前者就会优先适用。一项相关的协议是欧洲理事会的《瓦莱塔公约》(参见第 1 章第 1.2.2.3 节),但这两部条约之间有显著的不一致似乎不太可能。

[34] 见第 4 章第 4.3.2.1 节。

[35] 参见卡弗利施,《水下文物和国际海洋法》,第 10-11 页。举例来说,无害通过权的权利直接涉及水下文化遗产保护的问题,见奥基夫,《沉船遗产》,第 57 页。

规定,而且该规定的范围符合《水遗公约》对水下文化遗产的宽泛定义[36]:正如在第 2 章中所见,国内遗产立法对于主题事项有着非常不同的路径,在某些情况下,它仍然只适用于沉船[37]。一些国内法律还可能包括与所附《规章》不相符合的规定,特别是《规章》第 2 条关于商业开发的规定[38]。在某些国家,特别是联邦国家,存在着复杂的相关立法网,其审查和修正问题可能会引起敏感的内政问题[39]。一方面,对那些已经制定了完善的水下文化遗产保护制度的国家而言,确保一致性涉及的工作可能抑制这些国家批准该《水遗公约》;另一方面,如果某些国家从"零"起步,则可将《水遗公约》视为提供有价值的指引法律渊源。

8.3.3 毗连区

在第 8 条中规定了毗连区。其规定:

> 在不违背第 9 条和第 10 条的情况下,并在此两条之外,根据《联合国海洋法公约》第 303 条第 2 款的规定,缔约国可管理和批准在毗连区内开发水下文化遗产的活动。此时,缔约国应要求遵守《规章》的各项规定

与《海洋法公约》的第 303 条第 2 款一样,第 8 条在本质上是许可的,而不是强制性的[40]。然而,作为联合国教科文组织《水遗公约》的缔约国,在本公约第 8 条

---

[36] 参见第 1 条第 1(a)款。详见,第 2 章第 2.4 节。

[37] 参见第 2 章第 2.2 节。

[38] 杰弗里指出,澳大利亚联邦和州的立法可能与《规章》第 2 条有冲突,参见杰弗里,《澳大利亚》(第 2 版),第 11 页。这类冲突肯定会发生在英国 1995 年《商船法案》中,因为它规定了出售未被认领的残骸和从收益中获得的救助报酬(参见第 240 条和第 243 条)。

[39] 联合国教科文组织的谈判中,美国代表团提到美国有超过 12 个相关的联邦法律和超过 56 个相关的州和联邦领土法律,参见加拉贝洛,《水遗公约的谈判史》,第 134 页,注释 73。在《水遗公约》第 29 条提供联邦州和其他与自治地区在这方面一些余地,允许他们对批准公约不适用于特定部分领土、内水、群岛水域或领海做出声明,直到适当的条件具备,详见下文,第 10 章第 10.7 节。参见《沉船遗产》,第 145-146 页。

[40] 有趣的是,尽管斯特拉蒂认为,沿海国家在行使第 303 条第 2 款下的权力时,不需要正式宣布一个毗连区,但她认为,在联合国教科文组织《水遗公约》第 8 条的措辞中,有一种含义,即该区域必须被宣布为在这一条款下行使权力的先导:见斯特拉蒂,《希腊》(第 2 版),第 121 页。

的授权下,它适用附件《规章》,这是一项义务。

第8条重新申明并扩大对《海洋法公约》第303条第2款规定的诉讼基础。如第7章所述[41],依照第303条第2款,允许沿海国家推定在不经批准的情况下,从其毗连区移出物体将会违反其领土或领海的海关、财政、移民或卫生监管。因此,沿海国家可以采取必要的控制措施来防止和惩罚这种违反行为。到目前为止,只有少数几个国家采取了使用这一条款的方案,这可能至少部分原因在于不确定它到底允许沿海国家具体做什么。

《水遗公约》第8条在简单要求各国在第303条第2款中使用管辖机制的基础上更进一步,以确保按照所附《规章》进行任何移出工作。它提及的表述并非指海床上的"物体",而是"针对水下文化遗产的活动"。这也涉及这些活动的"管理"和"批准",并没有提到做出某些假定的诉讼基础。此外,它绝对的声称它的适用必须"根据303条第2款",而不采用其他条款所采取的"国际法,包括"如此的模糊处理模式。在这一点上,毫无疑问,第8条必须被解释为其不超过第303条第2款提供的授权。

乐古润建议,第8条对第303条第2款的"阐释"强化了该项规定,并结束了其"些许秘密的存在"[42]。措辞的不同有助于为实践中已证明的争论事项提供有用的明确性[43],但不影响第303条第2款中有关是否提供立法管辖权的模糊性。

第8条开始"在不违背第9条和第10条的情况下,并在此两条之外"的用语提醒人们,毗连区是大陆架和专属经济区的一部分,这些条款适用于这些区域。然而,"不影响"措辞是有争议的,因为这可能会让人觉得在依照第8条行动前,沿海国家至少在某些情况下需要与其他利益相关国进行磋商[44]。

㊶ 见第7章第7.3.3节。

㊷ 参见乐古润,《法国》(第2版),第77页。

㊸ 详见第7章第7.3.3节。

㊹ 该事项被希腊援引为其放弃投票赞成《水遗公约》的原因之一,见斯特拉蒂,《希腊》(第2版),第119-121页。斯特拉蒂说,第8条叠加了为大陆架/专属经济区设定的关于毗连区磋商制度,同上,第121页。关于希腊在《水遗公约》方面更为普遍的立场,详见8.3.6节。

8.3.4 大陆架和专属经济区

在第9条和第10条中设置的大陆架和专属经济区制度是整个条约框架的核心[45]。

这些条文的篇幅和复杂性证明了在这些区域创设管控针对水下文化遗产的活动的机制所面临的困难。第9条规定了报告和通知；第10条规定了协商和保护。

第9条第1款规定：

> 所有缔约国都有责任按本公约保护其专属经济区内和大陆架上的水下文化遗产。

本规定反映了《海洋法公约》第303条第1款中所载的一般义务，即保护所有海域内的水下文化遗产，并通过阐明各缔约国不仅负有保护在自己的近海水域，而且也负有保护在世界范围内的其他国家所发现的水下文化遗产的义务，以回应该条的国际主义路径。与《海洋法公约》的基本目标一致的是，它还明确指出，必须以符合联合国教科文组织《水遗公约》的方式履行这项义务，根据该公约的定义，还包括所附《规章》。

第9条的后续段落开始阐明该等义务付诸实效的方式。他们建立了一套系统，用于报告和通知任何水下文化遗产的发现，以及在大陆架或专属经济区开展针对水下文化遗产活动的任何意图。该制度的出发点是，缔约国有义务要求其国民或悬挂其旗帜船舶的船长报告任何水下文化遗产的发现[46]，或在其专属经济区

---

[45] 考虑到大陆架至少是尽可能广泛的专属经济区，鉴于过去通常是发现在海底而不是漂浮在水面，有人可能会问为什么第9条和第10条设定的制度明确提及专属经济区和大陆架。答案似乎是，可以试想会有这样的情况发生，即水下文化遗产可能被发现漂浮在水里。在联合国教科文组织的谈判中，似乎援引了一个与意大利民族英雄朱塞佩·加里波第(Giuseppe Garibaldi)有关的漂流瓶信息的例子，参见斯科瓦奇，《水下文化遗产的保护》，第124页，注释13。虽然这样的想法看起来有些异想天开，但最近有报道称，一位苏格兰渔民在海上发现了被认为是最古老的漂流瓶信息的例子。该漂流瓶与其他瓶子一起在1914年作为一项海洋学实验的部分被释放，其显然是漂流了97年零309天，相关信息可访问：www. news. discovery. com/history/oldest-message-in-bottle-120906. html。

[46] 根据奥基夫的说法，在谈判者之间有一个普遍的共识，即"国家"应被视为是对该行动的领导者的参考，参见奥基夫，《沉船遗产》，第84页。

内或大陆架上,抑或在另一缔约国专属经济区内或大陆架上开展针对水下文化遗产活动的任何意图[47](关于这些报告应向谁做出的问题,确切地说,是谁有权要求报告,这是《水遗公约》中最具争议的部分之一,并在下面单独讨论[48])。所有报告必须向联合国教科文组织总干事传递或"通报",总干事应及时向所有缔约国提供该等信息[49]。任何缔约国均有权基于其享有"可证实联系",提出就如何确保所涉水下文化遗产的有效保护展开磋商[50]。

一旦获悉水下文化遗产发现或者有人正打算从事针对水下文化遗产活动,则显然需要有机制对任何该等活动进行监管。第10条旨在提供该等机制。

第10条第2款这一核心条款规定:

> 缔约国有权依据包括《联合国海洋法公约》在内的国际法,为保护其主权权利和管辖权不受干涉而禁止或授权开发本国专属经济区内或大陆架上的文化遗产。

这一段使缔约国有理由采取行动,禁止或授权在其专属经济区内或其大陆架上进行的针对水下文化遗产的活动。如果依据包括《海洋法公约》在内的国际法,其"主权权利或管辖权"受到威胁,那么它就能如此采取行动。就专属经济区和大陆架而言,《海洋法公约》赋予沿海国家对于生命及非生命的自然资源的权利;在专属经济区,它还赋予了沿海国家关于经济开发和利用、设施和结构、海洋科学研究以及海洋环境保护的权利和管辖权[51]。联合国教科文组织《水遗公约》第10条第2款明确指出,若任何该等主权权利或管辖权受到针对水下文化遗产的活动的

---

[47] 见第9条1(a)款和(b)款。
[48] 参见第8.3.6节。
[49] 第9条第3款、第9条第4款。
[50] 第9条第5款。
[51] 参见第7章第7.3.4节。

威胁,沿海国家可以采取行动,禁止或授权该活动。

第10条第2款是一条潜在强有力的条款。它明确地承认水下文化遗产与自然资源之间的,并正在日益受到承认及科学上理解的联系,并且它为缔约国提供了一项具体行动的基础,以阻止针对水下文化遗产的活动对自然资源造成损害。通过规定沿海国"有权禁止或授权"明确了沿海国家的权利并非只是简单地确保活动按照可接受的标准进行,而是可以完全杜绝活动,从而实行就地保护原则,除非相关活动完全正当。如果一个国家意识到存在干涉的可能性,无论是通过第9条的通知程序还是以另一种方式,它都有阻止这种干扰的基础,直到有权主管机关确定它是否正当。如果是的话,沿海国家可以确保按照附件的《规章》进行。须记得就《水遗公约》而言,水下文化遗产被定义为已经在水下至少存在100年的物品,在很多情况下,它已然成为海洋环境重要的组成部分,因此对它的任何干扰都可能对自然资源产生影响[52]。即使没有显现出明显的不利影响,如奥基夫所说的那样[53],似乎任何国家都不可能会挑战另一个国家采取的保护其主权权利的行动。

在第10条第2款不能获得适用或者国家不打算使用它的情况下,第10条的第3至6款提供了另一种管理针对水下文化遗产的活动的替代性方案。该方案基于沿海国和对水下文化遗产宣称具备可证实联系的缔约国之间的协商,以期确认和商定提供保护的最佳办法。公约为任命沿海国或另一国为"协调国"而做出了规定[54]。除其他事项外,该国可能被要求实施已达成的任何保护措施,并就这些已商定的措施签发所有必要的授权[55]。它还可以开展任何必要的初期研究,并

---

[52] 详见,第7章第7.4.2.1节。

[53] 奥基夫,《沉船遗产》,第90页。

[54] 沿海国家将是协调国,除非它宣布不希望如此,参见第10条第3(b)款。例如,它可能宣布这样一种愿望,若它对所承担的角色可能产生的费用有所顾虑,特别是如果它与所涉及的水下文化遗产没有直接联系。虽然《水遗公约》没有如此明确规定,如果沿海国没有被任命为协调国,任何国家(甚至似乎是一个非国家缔约方)亦可以被任命为该角色。然而,在实践中,它很可能是宣布具有利益的国家之一。

[55] 第10条第5(a)款和(b)款。协调国应执行已商定的措施,除非约定另一缔约国执行这些措施,参见第10条第5(a)款。

且必须为这类工作签发全部必要的授权⑤。这类研究的结果必须传递给联合国教科文组织总干事，后者必须及时向其他缔约国提供该等信息⑤。在其依据第10条规定采取的所有行动中，协调国必须代表"缔约国整体而非自身利益"行事⑤。

第10条最具争议性的特征之一是在水下文化遗产受到"迫切危险"威胁的情况下，协调国可以在同其他利益相关国家协商之前采取措施⑤。这种威胁可能来自人类活动或其他任何原因，包括抢劫。因此，除了包括针对水下文化遗产的活动，诸如抢劫等之外，还可能包括其他原因引起的威胁，包括自然原因和偶然影响到水下文化遗产的活动，如疏浚和捕鱼⑥。可以采取的措施是"一切可行的措施"和/或授权采取符合《水遗公约》的措施，以防止危险。与第10条所述协调国所采取的所有行动一样，它所采取的任何行动都必须代表缔约国的整体利益，并且根据第3条的原则，必须与包括《海洋法公约》在内的"国际法"相一致。可以采取与一般国际法相一致且无争议的措施，将会是那些依据第14条、第15条和第16条的规定采取的行动⑥。

第10条未对第10条第2款和第10条第3～6款之间的关系提供任何指导。由此产生一个特定的问题是，沿海国在依据第10第2款条行动以禁止或授权威胁其主权权利和管辖权的活动时，是否须和其他宣称具有利益的缔约国进行磋商，以及遵循第3～6款所述的其他程序。从其表面上看，第3～6款适用于在该缔约国的专属经济区或其大陆架上发现水下文化遗产，或存在针对水下文化遗产开展活动的意图的所有情况。然而，这些段落所载的磋商程序显然与沿海国采取行动以防止对其主权权利和管辖权的干涉的权利存在明显冲突，这一权利同样默

---

⑤ 第10条第5(c)款。

⑤ 第10条第5(c)款。

⑤ 第10条第6款。

⑤ 第10条第4款。下文第8.3.6节将进一步讨论这一规定的争议性。

⑥ 关于第9条和第10条中所设定制度对附带影响水下文化遗产之活动影响的讨论，参见第10章第10.3.1节。

⑥ 在这种情况下，所有其他缔约国也有义务"通过各种切实可行的措施"来保护水下文化遗产。参见第10条第4款。亦参见第2条第4款。

示地彰显于《海洋法公约》以及联合国教科文组织《水遗公约》第 10 条第 2 款。毫无疑问,无法设想在这种情况下,沿海国应与其他利益相关国家协商,并只执行商定的保护措施。为此,必须假定第 10 条第 2 款旨在作为一项独立条款。尽管如此,鉴于《水遗公约》的整体机制是基于缔约国之间的合作原则,沿海国可能至少在道义上感到有义务在依据第 10 条第 2 款采取行动之前,与其他利益相关国进行磋商。在过去,一些国家曾对大陆架上和专属经济区内的水下文化遗产做出有争议、单边的管辖权主张[62]。他们这样做的事实表明他们对水下文化遗产得到充分保护的关切。因此,可以假定这些国家对批准联合国教科文组织《水遗公约》有一些兴趣。例如,西班牙已经这样做了,澳大利亚和爱尔兰可能在未来这样做[63]。因此,有关这种批准是否需要对扩张的管辖权进行“束缚”的争论已经出现[64]。

这些国家可能会援引《水遗公约》的措辞,而认为它不必受到“束缚”。通过规定公约中的任何条款“均不得妨碍国际法,包括《海洋法公约》,所赋予各国的权利、管辖权和义务”,第 3 条为这些国家提供了空间,使这些国家辩称他们的主张符合国际习惯法。第 10 条第 2 款也在这方面提供了帮助。它将这些地区的沿海国的主权权利或管辖权提及为“由国际法所规定”,包括《海洋法公约》,这打开了大陆架上及专属经济区内国家的主权权利及管辖权延伸至《海洋法公约》规定以外事项的可能性。

在国际法的规定下,无论认为这种扩展是合法的还是非法的[65],与联合国教

---

[62] 参见第 7 章第 7.4.1 节。虽然近年来这类的延伸很少,但有一个明显的例外是关于多米尼加共和国的。详见,第 7 章,注释 97。

[63] 2001 年,两国投票支持《水遗公约》。2009 年,澳大利亚政府宣布正在考虑批准,参见澳大利亚政府,《澳大利亚的海事遗产》,讨论文件,2009 年 6 月。在爱尔兰,仅仅因为必要的立法变化具有较低的政治优先地位,这就意味着批准被推迟了,参见科万和摩尔,《爱尔兰的更新和联合国教科文组织关于保护水下文化遗产公约》,第 51 - 52 页。

[64] 例如,参见阿斯纳尔-戈麦斯,他认为西班牙关于这一点的立法与联合国教科文组织的《水遗公约》有冲突,但它不太可能被修订,参见阿斯纳尔-戈麦斯,《西班牙》,第 291 页。亦参见杰弗里,《澳大利亚》(第 2 版),第 12 页;奥康纳,《爱尔兰》(第 2 版),第 141 页;科万,《爱尔兰和联合国教科文组织关于保护水下文化遗产公约》(“Ireland and the UNESCO Convention on the Protection of the Underwater Cultural Heritage”),第 109 - 110 页。亦参见奥基夫,《沉船遗产》,第 59 页。

[65] 参见第 7 章第 7.4.1 节。

科文组织《水遗公约》发生冲突的可能性主要是关于与已经宣称具有利益的其他国家之间的协商问题。鉴于《水遗公约》的一项核心原则是各缔约国必须相互合作[66]，不论澳大利亚、爱尔兰，还是西班牙等国，若其批准《水遗公约》，则是否将在这方面正式决定修改其立法，在实际中它们必定会发现，不与宣布具有利益的其他缔约国进行协商是困难的，正如沿海国在依据第10条第2款试图采取行动时一般将会面临的困境[67]。

最后，在结束探讨大陆架和专属经济区制度之前，应注意第10条第7款。该条就这些区域的沉没国家船舶和航空器做出了规定。就像关于领海内的类似条款一样，第10条第7款规定也有争议，将在第4章里详细讨论[68]。

8.3.5 "区域"

联合国教科文组织在其1995年发布的关于一项水下文化遗产法律文件起草的可行性研究中承认了从考古视角出发[69]的"区域"的潜在重要性（换而言之，即"国家管辖范围之外的海床、洋底及其底土"）[70]。尽管在《海洋法公约》第149条就"区域"有明确规定，但这一条款显然是不充分的，因为其并没有说明是谁负责执行它的保护目标，或者他们该怎么做[71]。联合国教科文组织《水遗公约》旨在为"谁"和"如何"制定条款。在第11条和第12条中为"区域"设定的制度反映了第9条和第10条规定的专属经济区和大陆架制度的形式，若非其完全实质。

---

[66] 第2条第2款。

[67] 奥康纳认为，爱尔兰不太可能在没有与相关缔约国协商的情况下，在大陆架的进一步范围内采取单边行动，而且只有在不利影响程度或给予水下文化遗产的重要性使之值得的情况下才会采取行动，参见奥康纳，《爱尔兰》（第2版），第141页。杰弗里表示，联合国教科文组织《水遗公约》中关于存在利益关系的国家参与大陆架上水下文化遗产决策的规定，"对澳大利亚来说似乎不是问题"，并指出澳大利亚与荷兰在位于澳大利亚海岸外就荷兰东印度公司商船进行了成功的协作，参见杰弗里，《澳大利亚》（第2版），第12页。澳大利亚一直在审查其立法，包括对大陆架的规定，参见澳大利亚政府，《澳大利亚的海事遗产》，讨论文件，2009年6月。

[68] 参见第4章第4.3.2.1节。

[69] 联合国教科文组织秘书处，《关于为保护水下文化遗产草拟新法律文件的可行性研究》，提交第146届联合国教科文组织执行委员会，巴黎，1995年3月23日，第146EX/27文件，第10段。

[70] 《海洋法公约》，第1条第1(1)款。

[71] 参见第7章第7.3.5节。

第 11 条第 1 款规定,缔约国有责任按照《水遗公约》和《海洋法公约》第 149 条的规定,对区域内的水下文化遗产进行保护。正如前面所讨论的⑫,在提到"文物"的"保存"或"处置"时,第 149 条给人的印象是,它设想了一种情景,即必须发现文物,甚至将其打捞,其规定的义务方生效。一方面,虽然这可能是第三次联合国海洋法会议时水下考古理论和实践尚不发达状态的反映,但它并不能与现代考古学原则和谐共存。另一方面,第 11 条第 1 款所规定的义务,反映了联合国教科文组织《水遗公约》的总体目标:第一种选择应该是就地保存。

与第 9 条的规定相呼应的是,第 11 条建立了一个体系,用于报告和通知发现水下文化遗产或在"区域"内从事针对水下文化遗产的活动的意图。缔约国有义务要求其国民,或者是悬挂其国旗的船只的船长向其报告"区域"内水下文化遗产的任何发现或针对水下文化遗产开展活动的任何意图⑬。国家必须将这些报告转达给联合国教科文组织的总干事以及国际海底管理局的秘书长⑭。然后,要求联合国教科文组织总干事立即向所有缔约国提供这类报告⑮。那些有可证实联系的国家可能会宣称有利害关系,而其确保有效保护的方法就是接受磋商⑯。

第 12 条建立了与第 10 条第 3~6 款类似的磋商和保护方案。但是就"区域"而言,联合国教科文组织总干事必须邀请已宣布利害关系的缔约国就最佳保护办法进行协商,并任命一个协调国执行商定的保护措施⑰。国际海底管理局也须被邀请参加协商。由于没有沿海国作为协调国,因此协调国似乎可能是做出报告的国家,或宣布了可证实联系的国家(尽管没有要求如此)。就大陆架和专属经济区而言,协调国必须执行商定的保护措施,并按照《水遗公约》为这些商定措施签发

---

⑫ 参见第 2 章第 2.3.1 节。
⑬ 第 11 条第 1 款。
⑭ 第 11 条第 2 款。关于国际海底管理局及其功能,参见第 7 章第 7.3.5 节。
⑮ 第 11 条第 3 款。
⑯ 第 11 条第 4 款。
⑰ 第 12 条第 2~5 款。

所有必要的授权⑱。它还可以进行任何必要的初步研究,并须在这方面进行授权⑲。根据第 12 条第 3 款,若在协商前有必要,所有缔约国(不仅是协调国,或可证实联系的国家)在水下文化遗产可能受到"人类活动或任何其他原因的威胁,包括抢劫"的情形下,可以采取一切切实可行的措施⑳。与第 10 条第 4 款相反,第12 条第(3)款没有说明所采取的措施必须符合国际法。然而,考虑到第 3 条的全局性,很明显这是事实。实际上,这意味着根据第 12 条第 3 款可以采取的行动基本上是在第 14 条、第 15 条和第 16 条中规定的。

第 11 条和第 12 条规定的制度显然是为了与《海洋法公约》第 149 条相吻合。除了第 11 条第 1 款规定,缔约国根据第 11 条和第 12 条所采取的任何行动必须符合第 149 条,第 12 条第 6 款明确规定,在采取行动时,协调国必须代表所有缔约国采取行动,以造福全人类㉛。一般认为,协调各国不以自己的名义采取行动的观点得到了支持,但同时也与第 149 条所载的原则之间存在一种明确的联系,即人类作为一个整体应该从"区域"的水下文化遗产中获益。在第 149 条中提到的优先权也得到了明确的承认㉜。在确定某一缔约国有可证实联系,从而有资格作为受邀参加第 12 条所述协商过程的一方时,"(应)特别关注具备文化、历史或考古"㉝。此外,在采取行动时,协调国家必须对这些权利给予"特别关注"㉞。从这些条款中可以清楚地看出,尽管非缔约国根据第 149 条的规定享有优先权利,但由于作为一个适格的来源国,将不会有机会直接参与协商过程,但是,在协调国家采取行动时,必须考虑该等国家的权利。第 149 条认可该等国家"权利"优

---

⑱ 第 12 条第 4(a)款和(b)款。磋商国可能同意另一个缔约国实施已商定的措施,并发布这些授权。

⑲ 第 12 条第 5 款。再次规定,总干事将收到结果通知,并将向其他缔约国提供该等信息。

⑳ 关于第 11 条和第 12 条所设定制度对附带影响水下文化遗产的活动所产生影响的讨论,参见第 10 章第 10.3.2 节。

㉛ 重点增补。见第 10 条第 6 款。

㉜ 关于这些权利,参见第 3 章第 3.4.1.2 节。

㉝ 联合国教科文组织《水遗公约》没有重复第 149 条中使用的相当笨拙的表达(其提到"来源国或文化起源国,或历史和考古起源国"的优先权利),而是使用了更简洁的表达,即"文化、历史或考古起源国"的优先权利。在实践中这应该不会有所不同。

㉞ 第 12 条第 6 款。

先于其他利益⑧，在第 11 条和第 12 条中没有任何条款规定显示不应给予同等的优先地位。然而，有明显的潜在冲突发生的可能，这种国家希望在不符合《水遗公约》的原则的地方采取行动，例如，商业开采或者仅仅是在没有被国家授权的情况下认为是合理的文物的打捞⑧。

第 11 条和第 12 条所载关于"区域"的机制对联合国教科文组织总干事依赖显著。他/她必须作为所有报告的渠道，同时也必须对具备可证实利益的国家做出的利益声明予以协调。其同时还需要与国际海底管理局保持联系。如前所述⑧，在《海洋法公约》下的国际海底管理局作用是管理与勘探和开采"区域"的矿物资源有关的活动，《海洋法公约》第三次会议关于其应对水下文化遗产具有直接作用的提案并未得到接受。联合国教科文组织《水遗公约》并未设想国际海底管理局应有责任对"区域"内针对水下文化遗产的行为进行监管，而仅仅是要通知他们，其应被通知相关发现，并就如何对其予以最佳保护的问题磋商。考虑到在那些"区域"所发现的水下文化遗产，很可能是已经与国际海底管理局签订合同而从事矿物勘探和开采的组织，同时也考虑到这些承包者的活动有可能危及水下文化遗产（而且，相反地，保护水下文化遗产的措施可能会对这些活动产生影响），国际海底管理局在实践中的参与可能是相当重要的⑧。

最后，简要说明第 12 条第 7 款。根据这一规定，任何缔约国不得在未征得船旗国同意的情况下，在"区域"内对针对国家船舶和航空器开展的活动予以授权。与关于位于其他海域内的国家船只和飞机的相关条款相比，第 12 条第 7 款是无

---

⑧ 参见第 3 章第 3.4.1.2 节。

⑧ 协调国可能会反驳这些提议，认为国家优先权必须认识到《海洋法公约》第 303 条第 1 款所述保护水下文化遗产并为此目的进行合作的义务，并且《海洋法公约》第 149 条明确，区域内发现的水下文化遗产必须"为人类整体利益保存或处理"。它还可能认为，联合国教科文组织附件规则代表广为接受的标准，因此构成在第 303 条第 1 款下采取行动的基准。

⑧ 参见第 7 章第 7.3.5 节。

⑧ 关于《海洋法公约》第 1 部分中规定的"国际海洋法公约"规定的对深海海底采矿活动的监管和联合国教科文组织《水遗公约》中为"区域"所作的规定之间关系更为详细的讨论，参见第 10 章第 10.3.2 节。

争议的[89]。

8.3.6 遵守《联合国海洋法公约》：解释事宜

在联合国教科文组织的谈判的最后,一些海洋国家,如法国、德国、荷兰、挪威、俄罗斯、英国和美国,明确表示他们对《水遗公约》的管辖权条款持严正保留。2001 年,他们的官方代表团发表了一些声明来解释他们的反对,该等声明指出了他们共同持有的根本顾虑:

> 文本的目的是要改变沿海和船旗国之间平等但相互冲突的权利之间的微妙平衡,该等平衡在《联合国海洋法公约》中经过谨慎且一种英国无法接受的方式进行谈判[90]。

> 对于荷兰来说,极为重要的是,正如在《联合国海洋法公约》中所预见的那样,沿海国家和船旗国家之间的权利与义务之间的谨慎平衡,不会受到其他国际工具的干扰或侵犯,比如水下文化遗产。不幸的是,在我们手头的文本和《联合国海洋法公约》之间存在某种紧张状态,特别是关于管辖权的规定[91]。

> 《保护水下文化遗产公约》,包括其一部分,妨害了精心起草的《联合国海洋法公约》管辖权之间的平衡[92]。

值得注意的是,联合国大会也未能批准最终文本。相反,从 2004 年开始,它每年的《关于海洋和海洋法的决议》(Resolutions on Oceans and the Law of the

---

⑧⑨ 详见第 4 章第 4.3.2.1 节。
⑨⑩ 参见卡马达和斯科瓦奇对英国投票声明的转载,《水下文化遗产的保护》,第 432 - 433 页。重点增补。
⑨⑪ 参见卡马达和斯科瓦奇对荷兰投票声明的转载,《水下文化遗产的保护》,第 424 - 425 页。重点增补。
⑨⑫ 参见卡马达和斯科瓦奇对挪威投票声明的转载,《水下文化遗产的保护》,第 429 - 439 页。重点增补。

Sea)敦促"所有国家，直接或通过有权国际组织，以符合《海洋法公约》的方式，采取措施保护并保存在海洋中发现的具有考古和历史属性的物品"㉝。

那么，在什么方面，联合国教科文组织的《水遗公约》可能会被视为"改变"或者至少是"紧张化"或"妨害"在《海洋法公约》中所体现的权利的细微平衡？一些关于为领海和毗连区设定的公约制度已经被提及。然而，《水遗公约》始终和仍然受到最多关注的方面不可避免地涉及大陆架和专属经济区的制度。

首先，正如之前提到的，在第9条第1(b)款的报告条款中有一些特殊的问题。这些关切涉及第9条第1(b)款，该条款规定一个缔约国的国民或悬挂其国旗的船只在专属经济区或另一缔约国大陆架上的发现或活动方面的报告。事实上，第9条第1(b)款为这类报告提出了两个备选过程，这说明了该事项具有特别敏感性。

在另一缔约国的专属经济区内或大陆架上：

（ⅰ）缔约国应要求该国国民或船主向其，并向另一缔约国报告这些发现或活动；

（ⅱ）或一缔约国应要求该国国民或船主向其报告这些发现或活动，并迅速有效地转告所有其他缔约国㉞。

这些可选择的方案都是有问题的，因为每种情况的措辞都含糊不清。对第（ⅰ）段的直接解读与前句显示，它要求缔约国对那些已发现水下文化遗产，或有意从事针对水下文化遗产的活动的国民或悬挂其国旗的船只，向该缔约国或沿海

㉝ 参见"联合国大会对海洋和海洋法律的决议"第7段，从2005年2月4日第A/RES/59/24号至2011年3月17日第A/RES/65/37号。重点增补。在2011年发生了显著的方针变化，参见后记。

㉞ 重点增补。根据第9条第2款的规定，在其加入文书的交存后，缔约国必须声明依据第9条第1(b)款报告发现或活动。到目前为止，只有少数缔约国似乎作出了这样的声明。一般来说，他们选择了第9条第1款b（ⅱ）项所述程序。

国报告该等相关发现或意图。在这种解读下,沿海国可能仅仅被视为接收报告者,而非有权要求报告的者㉟。但是,因其含糊不清,第(ⅰ)段也可以如此解读为在这种情况下,"缔约国"(包括沿海国)不仅是该报告的接收者,而且也有权要求那些发现或意图者向其报告。这被看作是给予沿海国在其大陆架上和在其专属经济区内的针对悬挂外国国旗的船只和外国国民的新管辖权。在第(ⅱ)段中提出的替代性报告程序的拟订也含糊不清,原因类似。同样,一方面,对这一条款的一个直接解读表明,这仅仅简单地意味着缔约国有义务要求本国国民和悬挂其国旗的船只向他们报告;另一方面,对"缔约国"的提及可被解读为包括沿海国,在这种情况下,它被视为给予沿海国要求报告的权利,从而赋予其一项新的管辖权。修改这一条款以消除歧义的提议遭到拒绝,㊱这表明大多数谈判代表希望存在替代性解释的空间。

第二个值得关注的领域是对协调国被赋予的能力。如上所述,《水遗公约》未使用"沿海国"一词。然而,在创造协调国家这一角色时,它给予沿海国关于专属经济区内和大陆架上的水下文化遗产的潜在重要地位(假设沿海国希望承担这一角色)。尽管为保证沿海国的角色而做出了努力,但根据在第 10 条第 3~6 款,作为协调国,对赋予沿海国的权利仍有相当的不安。我们可以回想起这些权利,不像在第 10 条第 2 款中提到的权利,与对沿海国家这些区域内的主权权利和管辖权进行任何干涉都是毫无关联的。特别需要注意的是,在第 10 条第 4 款下,如有必要协调国有权在磋商前采取"一切实际措施",以防止"迫在眉睫的危险"。从司法角度看,这涉及两个问题:首先,这些措施可以在磋商之前进行,从而削弱"协调国家"实施商定措施的概念;其次,可以采取的措施是不明确的,而且可能是无

㉟ 见奥基夫,《沉船遗产》,第 82 页。这种解释本身是有争议的。对一些人来说,沿海国家任何形式的直接通知均构成创造一项新的沿海国家权利,参见布隆伯格,《水下文化遗产的国际保护》,第 504 - 505 页。

㊱ 参见加拉贝洛,《水遗公约的谈判史》,第 145 页,包括注释 92。亦参见奥基夫,《沉船遗产》,第 82 - 83 页。

8 联合国教科文组织 2001 年《保护水下
文化遗产公约》:管辖机制

限的⑰。根据"可能采取一切切实可行的措施，并/或发出任何必要的授权"的确切含义，第 10 条第 4 款可视为沿海国管辖范围的扩大。

第 10 条第 2 款中规定关于主权权利和管辖权保护的措辞也存在问题。尽管从表面上看，这似乎是对现有权利的一种简单重述，但该规定的制定，特别是其对"包括《海洋法公约》在内的国际法所规定的主权权利或管辖权"的提及，是引起关注的一个原因。在采用与第 3 条同样有争议的规则时，它表明，国家可能拥有超出《海洋法公约》所规定的范围的主权权利和管辖权。此外，第 10 条第 2 款赋予沿海国家采取行动的权利以"防止干涉"其主权权利和管辖权的事实，表明沿海国家可以管理那些仅会妨碍或干涉这些权利和管辖权的活动⑱。

正如上文所讨论的，海洋国家认为联合国教科文组织《水遗公约》是《海洋法公约》第 311 条第 3 款范围内的一项内部协议。因此，它不应影响《海洋法公约》的基本原则的适用，也不影响新条约非国家缔约方的权利。除了上文所述的方式可能会影响适用《海洋法公约》的基本管辖原则外，联合国教科文组织《水遗公约》的某些条款的措词也可以被解读为对非国家缔约方权利的影响。特别是，在第 10 条和第 12 条的一些条款能够被解读为允许对非国家缔约方的国民和悬挂其国旗的船只进行监管⑲。

有人认为，在第 9 条和第 10 条中设立的制度，创造了一个与大陆架和专属经济区共存的文化遗产区，"尽管通过某种方式来掩盖（这样的）意图"⑳。另一方面，希腊对这些条款的反应可能表明了相反的情况，而希腊是一个几十年来一直

---

⑰ 还有第三个问题，尽管其更为广泛。这是条款的措辞似乎允许针对全部类型的人类活动采取措施，包括那些附带影响水下文化遗产，如此则削弱了谈判初期达成的谅解，即《水遗公约》的范围一般仅限于监管针对水下文化遗产进行的活动。对附带影响水下文化遗产的活动的潜在影响，详见，第 10 章第 10.3 节。

⑱ 参见加拉贝洛，《水遗公约的谈判史》，第 148 页。

⑲ 参见布隆伯格，《水下文化遗产的国际保护》，第 506 页。同样引起顾虑的另一项规定是第 2 条第 11 款。该条规定："根据本公约进行的任何行为或活动均不得构成对国家主权或管辖权的任何主张、抗辩或抗辩的理由。"有人担心，这可能被解读为排除对基于《水遗公约》条款提出的过分主张要求的质疑。另一些人则认为，这一条款旨在仅仅引及海洋领土争端，并"应以这种有限的方式加以解释"，参见加拉贝洛，《水遗公约的谈判史》，第 115 页；亦参见奥基夫，《沉船遗产》，第 56 页。

⑳ 贝德曼，《海洋保护法》，第 201 页。

支持该等地区的国家。希腊不情愿地拒绝了《水遗公约》的最终条款,部分原因是其认为沿海国在这些地区被赋予的作用有限。希腊代表团认为:

> (第9条和第10条)的系统只对沿海国家赋予了"协调作用",并不能确保其被通知在该地区发现水下文化遗产,针对水下文化遗产开展活动的意图的权利[尤参见第9条第1款(b)(ii)项][101]。

现实情况是,《水遗公约》规定的制度是一种折中的办法,它试图在持有如下两种观点的人士之间协调利益:一种是赞成没必要简单地重复《海洋法公约》的条款而不带来改进,另一种则主张沿海国管辖权不应超越《海洋法公约》所持立场。为了协调这两种利益,第9条和第10条采用了建设性模糊的方法(如同LOSC的第303条第2款之前所做)。联合国教科文组织《水遗公约》的许多其他条款也同样如此,包括第3条。

在讨论这两个条约之间的关系时,就专属经济区而言,有时会提及《海洋法公约》第59条。正如第7章所指出的[102],第59条为沿海国和任何其他国家或国家之间,那些《海洋法公约》未赋予沿海国或其他国家权利或管辖权的事项相关的利益争议提供了解决基础。搜索和打捞水下文化遗产的权利似乎是一个"未被归属"的权利。因此,与此类活动有关的任何争端必须以符合下述的方式解决:

> 应在公平的基础上参照一切有关情况,考虑所涉利益分别对有关各方和整个国际社会的重要性,加以解决[103]。

---

[101] 重点增补。关于希腊投票的完整声明和相关讨论,参见斯特拉蒂,《希腊》(第2版),第118-121页。对于希腊而言存在问题的一则是第13条。这为军舰和其他非商业性目的船舶提供了一种豁免(有某些附加条款)而不受第9至12条所述报告义务的约束,同上,第119页。第13条代表着对海洋国家作出的重要让步。关于这一条款,详见奥基夫,《沉船遗产》,第101-102页。

[102] 参见第7章7.3.4节。

[103] 第59条。关于该方式的应用,详见第7章第7.3.4节。

有争议的是,《海洋法公约》的这一条款可能有助于加强联合国教科文组织《水遗公约》所赋予沿海国家协调国角色的合法性,至少就专属经济区而言是如此。毕竟,联合国教科文组织《水遗公约》在确保任何针对水下文化遗产进行的活动皆根据基准考古标准开展的作用,是国际社会整体利益的一项具体表现;沿海国家在履行一个协调国家的角色并代表利益相关国家时,这一事实强化了沿海国家的利益和国家间共同的利益在本质上是相同的观点[114]。

8.4 该制度的潜在效益

联合国教科文组织大陆架和专属经济区公约就大陆架、专属经济区及"区域"采用的制度,涵盖了一套复杂的报告、通报、磋商和保护机制。复杂性往往会导致问题的出现,并且有可能预见到在实施这些机制过程中出现的大量问题[115]。因此,它将要求缔约国方面做出相当程度的承诺,无论是在政治层面还是在主管机构层面(以及联合国教科文组织秘书处提供有力的支持),以确保这些问题不会威胁到整个系统。然而,暂且撇开监管制度的技术性日常运作,一个更为根本的问题是,这个公约有多大的潜力去实现它的基本目标,来填补《海洋法公约》关于水下文化遗产条款的缺口,以确保在国际水域针对水下文化遗产进行的一切活动都按照公认的考古学标准进行管理? 鉴于这些标准均是基于就地保护应是决定水下文化遗产未来管理的出发点这样一种观点,显然,《水遗公约》设定的系统必须能够确保在进行任何物理上的干预之前,主管当局对活动进行监管。它在多大程度上做到了这一点?

可以设想的一个特别的困难在于第 9～12 条重点关注的识别水下文化遗产的遗址。若所涉水下文化遗产为沉没船只(在近海水域通常为此情况),可能需要

---

[114] 通过《海洋法公约》第 303 条第 1 款设定的保护义务。参见第 7 章第 7.3.4 节。
[115] 例如,参见奥基夫对相关文章的评论,奥基夫,《沉船遗产》,第 80 - 100 页。

经过数月的调查,其中大部分是侵入性的,以在一定程度上合理确定其身份[106]。因此,在许多情况下,在一个或多个国家能够与遗址建立可证实联系的很久之前,保护措施就必须到位。出于这个原因,在实际操作中,诸多关键决策的早期阶段中似乎只有一个或两个国家参与:即沿海国(假设水下文化遗产位于大陆架上或在专属经济区内),及报告船舶的船旗国(假设船旗国是《水遗公约》的缔约国)。

就大陆架和专属经济区而言,尽管第9条和第10条强调了以下概念,即沿海国作为一个协调国采取行动以及存在一群国家共同磋商来决定保护措施,但实际上,在许多情况下,沿海国在关键的早期阶段可能不得不单独做出决定,单纯因为没有其他国家直接参与。尽管如此,第10条第2款为它提供了独立行动的明确基础,并允许它禁止或授权针对水下文化遗产进行的活动。因此,无论其是否愿意在协商框架内采取行动,都似乎很可能在面对不受监管的干涉的可能性时,将在第10条第2款的授权下采取行动,而不是根据第10条第4款所规定的更有争议的路径。因此,如果没有其他原因,第10条第2款似乎将成为保护这些地区的水下文化遗产的主要机制。这并不是说协商不会进行,但有可能在最初发现后的几个月甚至数年之后才会进行,而且在"迫在眉睫的威胁"被处理很久之后。假设沿海国家有办法监测其大陆架上和专属经济区内的活动(这是一个很大的假设)[107],那么应该有可能确保在进行针对水下文化遗产的活动之前,监管会生效。前提是特定区域内大多数,如果不是全部的沿海国家是《水遗公约》的缔约国,这一制度通过与第15条协调使用以切断供应线,可以在封闭或半封闭的海域内有效地阻止对水下文化遗产的不受监管的干扰。

---

[106] 可以引起对沉船遗址辨别的困境已经在建立所有权主张的语境中讨论过了,见第3章第3.2.2节。

[107] 能力问题是一个更普遍的重要问题。许多国家在水下文化遗产保护领域没有多少经验或已建立的能力,且仅更为普遍的,仅拥有有限的资源。因此,在某些地区执行公约制度很可能会遇到特别的挑战。根据第2条第4款的规定,在采取必要的保护措施以保护水下文化遗产时,缔约国必须使用其支配范围内"最佳可行的手段",并根据其能力"。重点增补。一些国家在早期需要得到其他国家的大力支持。制定了关于在考古和保护技术方面的培训以及在转让有关技术方面之合作的具体规定,参见第21条。详见第9章第9.2节。

然而,对"区域"内活动的监管很可能会更存在问题。除非遗址的身份是显而易见的,否则第 11 条和第 12 条体系的运行将依赖于船旗国(或者是勘探领导国)[109]作为公约的缔约国。若非如此,这些规定设定的制度将完全不会被触发。在这种情况下,如果人们知道船只在"区域"内进行水下文化遗产的搜索行动,或者正在对遗址进行调查,那么为阻止干预的发生,缔约国能够做的微乎其微。在第 15 条规定下的禁止使用其港口和其他设施可能会有一定的效果,但是若在开放的海洋中,如果公约得到广泛的批准,才有可能如此。第 14 条关于已打捞文物的监管仅与干预发生后才有关。在其生效的情况下,在《水遗公约》中所有意图和目的的其他机制都将失败。

第 16 条于《水遗公约》设定的机制而言是关键的,不仅就"区域"而言,而且就大陆架和专属经济区而言亦是如此(考虑到直接向沿海国家直接报告的争议性)。《水遗公约》对于管辖权的国籍原则的依赖以及更具体的船旗国管辖权,意味着若《水遗公约》想在实现其主要目标方面取得成功,船旗国家的支持,尤其是那些拥有深水技术能力的少数国家的支持是绝对至关重要的。这些国家包括美国、英国、德国、法国、挪威和俄罗斯,这些国家都对 2001 年《水遗公约》持保留意见。在《水遗公约》得到它们的支持之前,它的保护框架不能完全发挥作用,而只能有零星的效果。

8.5　结论性评述

在联合国教科文组织的谈判之后,美国代表团团长布隆伯格指出,G‑77 各国的领导人在谈判中主要是"在《海洋法公约》谈判过程中,在 322 千米范围内的所有活动,但未能达成全面的监管权"。有鉴于此,他质疑这些国家在扩大管辖权

---

[109] 参见注释 47。

范围的谈判中所做出的努力实际上是一种政治企图,试图"再咬一口"管辖权苹果,而不是一种作为必要的实用工具来保护它们[109]。关于沿海国的动机的猜疑,似乎很可能是关于国家对管辖权问题的关切的根源。正如《海洋法公约》中提及的情况一样,人们关注的与其说是《海洋法公约》的管辖权,不如说是它可能导致的问题[110]。

---

[109] 布隆伯格,《水下文化遗产的国际保护》,第499页。
[110] 有关这一点的进一步讨论,请参见后记。

9

联合国教科文组织 2001 年
《保护水下文化遗产公约》: 实施问题

9.1 导言

实际上，联合国教科文组织 2001 年《水遗公约》的首要目标是确保所有针对水下文化遗产的活动都受《水遗公约》原则的约束，特别是根据所附的《规章》。《规章》是《水遗公约》的组成部分①，体现了国际公认的水下考古活动的标准。第 8 章探讨了《水遗公约》所规定的管辖范围，允许缔约国能够单独并共同地管理所有海洋区域的活动。本章考虑了每个缔约国在更实际、更日常的基础上需要做些什么，以执行《水遗公约》，确保水下文化遗产的管理符合其条款。

《水遗公约》的管理理念反映在公约第 2 条所载的若干目标和一般原则中，这些原则在附录的第 1 部分得到重申和详述。整体的管理目标是为了"人类的利益"而保护水下文化遗产②。考虑到这一点，有三个核心管理原则：①就地保护应被视为第一选择③；②在允许打捞的情况下，物品应以确保其能够长期保存的方式放置、保存和管理④；③应当鼓励人们以负责的非闯入方式进入⑤。《水遗公约》的整个制度，包括附件《规章》，都是为了确保这种理念能够尽可能地适用于《水遗

---

① 2001 年《水遗公约》第 33 条。
② 2001 年《水遗公约》第 2 条第 3 款。
③ 2001 年《水遗公约》第 2 条第 5 款，参见附录规则 1。
④ 2001 年《水遗公约》第 2 条第 6 款。
⑤ 2001 年《水遗公约》第 2 条第 10 款，参见附录规则 7。

公约》所定范围内的所有水下文化遗产。

那么,各国必须采取哪些切实可行的措施,以确保按照这些原则对水下文化遗产进行管理,以及这些措施可能对资源的合法"用户"(如业余潜水员、业余考古学家和公众)有什么影响?《水遗公约》要求各国对违反这些措施的行为采取何种制裁措施,并要求采取何种进一步行动来制止这种行为的发生? 这一章依次讨论了国家主管机关的作用;授权过程(特别侧重于就地保护原则的应用);谁有权进入水下文化遗产(就地和非就地的方式),以及在何种基础上进入水下文化遗产的问题;最后还包含制裁和相关威慑的重要问题。通过对这些问题的探讨,本章着重提及了《水遗公约》中的一些范畴界定。

9.2　国家主管机关的作用

根据第 22 条第 1 款:

　　为确保本公约的有效实施,缔约国应设立主管机构,已设立的要予以加强,负责水下文化遗产目录的编制、保存和更新工作,对水下文化遗产进行有效的保护、保存、展出和管理,并开展有关的科研和教育活动。

根据第 22 条第 2 款:

　　缔约国应将其主管水下文化遗产的机构的名称和地址告知联合国教科文组织总干事。

值得注意的是,在第 22 条或《水遗公约》的其他条款,没有要求每个缔约国只能指定一个主管机关。事实上,第 22 条第 1 款给人一种特别的印象,即缔约国可以指定一个以上的主管机关。对许多国家而言,尤其是联邦国家而言,这样在政治上是方便的。然而,鉴于《水遗公约》的监管制度依赖于迅速交流信息和迅速采取协作行动,从管理的角度来看,如果可能的话,一个国家指定一个联络点无疑是可取的。许多国家已经有负责管理水下文化遗产的公共机构。在许多情况下,这些主管部门是具有遗产保护职能的部门或机构,有时是负责水下文化遗产的分支机构,有时是结合了海洋和陆地遗产责任的机构。有时,这种政府机构设置在一个部门或机构中,主要集中于海事而非遗产事务。如果是既有的机构则可能需要加强,以便满足《水遗公约》的要求,例如培养他们的专业考古技能;如果没有,就需要创设这些机构。

第 22 条第 1 款规定了国家主管部门广泛的职权范围。目标旨在为水下文化遗产提供有效的保存、保护、展出和管理,以及为该领域的研究和教育提供有力的支持。在其关于机构作用的概述中,首先提到建立、维护和更新国家资源清单,该条款强调资源清单是遗产管理的核心工具。为了有效地管理资源,需要认识到资源的组成和范围,以便能够在对整个资源的了解评估的基础上,制定优先权和管理决策。许多国家已经开始为其沿海水域编制这样的资源清单:这些清单可能是以史载损失记录、发现的报告和系统调查为基础的。《水遗公约》没有对所维护的资源的地理范围进行界定,但鉴于《水遗公约》框架和目标下的域外性质,可预想到,最终资源清单至少不会局限于领土范围内的水下文化遗产。当然,为了履行第 9 条和第 10 条规定的缔约国义务[6],为其近海地区编制国家清单将是一个至关重要的工具;由于这些发现是在这些条款规定下逐渐被发现的,这些将清楚地反映出资源的发展过程。在具有海军传统的国家,将国家损失的历史记录纳入其中,无论其发生在哪里,无疑将有助于全球水下文化遗产资源的有效管理。

国家主管机关所发挥的广泛作用反映了《水遗公约》所赋予缔约国的责任范

---

[6] 见第 8 章第 8.3.4 节。

围的广度。虽然条约的重点是通过规范活动来直接实现对水下文化遗产的保护，但缔约国的义务却更为广泛。公约的第2条第4款明确在一般情况下，规定各缔约国必须采取积极行动对水下文化遗产采取保护措施：

> 缔约国应根据本公约和国际法，按具体情况单独或联合采取一切必要的措施来保护水下文化遗产，并应根据各自的能力，运用各自能用的最佳的可行手段。

除此之外，这意味着缔约国需要采取措施来保护水下文化遗产免受各种威胁。第10条第4款规定了这方面的责任，该条要求所有缔约国在水下文化遗产方面采取保护行动，"当存在紧急危险时……无论是由人类活动还是其他原因而引起的，包括在大陆架和专属经济区的抢劫行为"[7]，第5条还规定，每个缔约国应采用它能用的最佳的可行手段防止或减轻其管辖范围内无意中影响水下文化遗产的活动可能造成的任何不良后果[8]。

除了应对水下文化遗产的直接威胁之外，《水遗公约》还规定了缔约国一系列其他的职责和期望，这些职责和期望将会提高水下文化遗产的总体发展。其中包括对水下文化遗产的调查、发掘、记录、保存、研究和展示的期望[9]，以及关于提高公众意识[10]和培训[11]的职责。然而，《水遗公约》也承认，各国在遗产管理方面没有无限的资源，且有部分国家的手段和能力比其他国家更有限。第2条第4款明确指出，虽然各国必须采取"一切必要的措施"，但它们只需要"根据他们的能力"和

---

[7] 关于这个规定，见第8章第8.3.4节。关于该领域的相同规定，也应注意第12条第3款（见第8章第8.3.5节）。然而，第12条第3款的规定是允许的，并且不要求缔约国在因人类活动或其他任何原因产生立即危险的情况下采取措施。

[8] 关于这条规定，见第10章第10.3节。

[9] 见第19条第1款。

[10] 见第20条。

[11] 见第21条。

"最切实可行的手段"。对某些国家来说，一开始能力可能非常有限，但在其他缔约国的支持和协助下，随着时间的推移，它们的能力将会增长，它们所采取的措施也将会加强。在规定缔约国应"酌情单独或共同"采取措施时，第2条第4款是第2条第2款的具体适用。如前所述，这条阐明了《水遗公约》的一个基本原则和目标：

> 缔约国应合作保护水下文化遗产。

正如第8章所讨论的，合作为大陆架、专属经济区和"区域"内的管辖权方案提供了基础，但从第2条第4款可清晰了解到，《水遗公约》所设想的是为水下文化遗产制定一个广泛的保护框架，其中协同合作将构成关键部分。第19条第1款明确指出，在所有相关领域都应进行合作：

> 缔约国应依据本公约在水下文化遗产的保护和管理方面相互合作互相帮助，有可能的话，也应在对这种遗产的调查、挖掘、记录、保存、研究和展出等方面开展协作。

第19条还有另外3款，主要内容是关于缔约国之间以及与教科文组织秘书处之间的信息共享。显然，一方面，信息共享有助于一般性的合作和协助；另一方面，信息共享对与第8章所述的许多监管机制来说也是至关重要的，因此其也是整个管理体制的核心组成部分[12]。

在某些地方，国家遗产管理部门已经开始在地区层面相互合作，例如通过成立欧洲考古委员会（the European Archaeological Council）[13]或波罗的海遗产组织

---

[12] 第19条第3款认识到有必要对散布的水下文化遗产的发现和位置信息小心谨慎，因为披露信息会置水下文化遗产置于危险之中。在这种情况下，规定这些资料必须"保密并保留给缔约国的主管当局"，至少"在符合其国家立法的范围内"。

[13] 玛莱福德，《荷兰》，第182页。

(Baltic Sea Heritage Cooperation)⑭。这样的合作不仅可以改善该地区水下文化遗产管理的日常实践,而且还可以通过分享想法、经验和最佳方法与当前所使用的一般管理技术相结合。同样的,随着全球范围内的合作可能带来的额外好处,公约的缔约国不仅受益于直接的合作和帮助,还可以受益于最佳实践和领导能力的实例分享。从短期来看,第 2 条第 4 款所承认的给予缔约国的能力有限,需要由其他缔约国的直接援助来弥补。例如,《水遗公约》规定,缔约国应在水下考古训练方面进行合作,并按照"商定的条件"进行技术转让⑮。从长远来看,公约所倡导的合作将使各国、区域和国际层面的措施的有效性得到提高,从而提高水下文化遗产的保护和管理水平⑯。

9.3　针对水下文化遗产活动的授权

《水遗公约》主体没有任何地方明确规定,在活动者能够遵守所附的《规章》的规定从而符合《水遗公约》之前,所有针对水下文化遗产的活动,在任何情况下都必须由主管部门进行授权。如果不是这样的话,将会导致个人或团体在未经授权的情况下针对水下文化遗产开展活动的情况,根据判断,然后争辩说这些活动是按照附录中的考古标准进行的且这些活动是合理的。主管部门授权的情况下,活动才能符合规定。实际上,对于这一点可以在《水遗公约》的《规章》中找到,尤其是在第 9 条中得以体现。规定如下:

> 在开展开发水下文化遗产的活动之前,应当拟定一份项目说明,并

---

⑭ 埃德勒克罗茨,《瑞典》,第 311 页。
⑮ 第 21 条"按商定的条款"的措辞,承认技术转让问题是一个敏感而复杂的事实,见加拉贝洛,《水遗公约的谈判史》,第 168 页。
⑯ 见《水遗公约》序言第 13 条。

提交主管当局批准和请同行进行必要的评议。毫无疑问,这清楚地说明在所有情况下都必须事先获得授权,而授权必须来自主管部门。

9.3.1　授权方案

此外,尽管《水遗公约》的最终版本没有明确提及"通行证"或"许可证"的概念,但很难想象一个不涉及任何执照或许可证的授权方案[17]。如前所述,针对水下文化遗产的活动定义为:

> 以水下文化遗产为其主要对象,并可能直接或间接对其造成损伤或破坏的活动[18]。

在海洋环境中,许多形式的人类活动"可能直接或间接对其造成损伤或破坏的活动",但确定这些活动范围的关键在于将水下文化遗产作为主要目标。虽然没有在条款中说明,但这似乎是指这些活动必须以蓄意干涉水下文化遗产的目的进行[19]。因此,这一定义包括了诸如寻宝活动以及考古调查,包括对遗址的物理干扰,在开发工作中通过"援救"活动进行物理干预。这并不包括在遗址上进行非侵入性的潜水,或非侵入性的考古调查工作。此外,这不包括"偶然地影响"水下文化遗产的活动,换而言之,即使指那些没有将水下文化遗产作为主要对象,但也造成物理干扰的活动[20]。虽然后一项活动可能受《水遗公约》的各种

---

[17] 凭此,意味着计划提供了一个有记录的授权,可以作为证据证明这些活动实际上是经过授权的。正如福莱斯特所指出的,各缔约国通常会利用通行证(或"许可证"),无论是预先干预的许可证,还是进口许可证,联合国教科文组织《水遗公约》的早期草案,规定了签发进口许可证(换句话说,允许一个国家允许进入其领土的许可),参见福莱斯特,《一个保护水下文化遗产的新国际制度》("A New International Regime for the Protection of Underwater Cultural Heritage"),第546-547页。在实践中,在传统制度下,许可证似乎很有可能被使用,在这方面的一些做法显然很重要。此外,该制度还需要与其他国际条约制度相衔接,特别是与1970年联合国教科文组织《关于文化遗产非法交易的公约》。在本公约中详见第9.5.2节。

[18] 第1条第6款。

[19] 见奥基夫,《沉船遗产》,第45页。

[20] 见第1条第7款。

影响[21]，但它们不受授权方案的约束，也不受公约附录《规章》的约束。正如附录的标题所表明的那样，《规章》只涉及针对水下文化遗产的活动。2011年，联合国教科文组织出版了一本由世界各地的著名考古学家共同撰写的手册，旨在协助主管部门应用附录《规章》[22]。

9.3.2 就地保存

《水遗公约》关于水下文化遗产管理的核心理念是就地保护的概念。这一概念源于陆地考古学，在欧洲理事会1985年的《欧洲公约草案》中，首次正式采用了水下文化遗产这一概念[23]。将这一原则作为《水遗公约》的核心原则之一，是其管理体制一个众所周知的特点，但是它的意义可能并不总是被完全理解。

第2条第5款规定：

在允许或进行任何开发水下文化遗产的活动之前，就地保护应作为首选。

从这一声明在《规章》第1条也再次提及，从中可以清楚地看到，《水遗公约》不要求将水下文化遗产保存在原地作为当然选择，但是就地保护是第一选择。这里所说的"第一选择"，而不是"优先选择"，这么表述是故意的，因为后者可能会给人造成一种误导[24]。在每个个案中，就地保护可能是首选。然而，这也取决于具体情况。就地保护不是唯一的选择，也不是公约适用的必然结果。

---

[21] 参见第10章第10.3节。

[22] 参见《联合国教科文组织水下文化遗产活动指南》（UNESCO Manual for Activities Directed at Underwater Cultural Heritage），2011年（详情访问：www.unesco.org/new/en/culture/themes/underwater-cultural-heritage/unesco-manual）。指南是对有关实际应用规则的问题的知情讨论的来源，而不是对规则的权威性解释。然而，它的地位有可能引起争议，详见第10章，注释96。

[23] 参见第1章第1.2.2.2节。

[24] 在谈判中，美国代表团寻求一项修正案，以确保原位保护"仅仅是被考虑的第一个选择，而不是被推定的选择"，参见多尔西，《历史打捞者、海洋考古学家与联合国教科文组织水下文化遗产公约草案》，第30页。

从本质上讲,《水遗公约》所采取的方法是一种预防措施。当一个地点被发现时,不是马上预设就应该发掘,或者以任何其他的方式进行物理干预;而是应当对整个环境进行评估,以便做出明智的判断,从而采取最佳的活动方案。虽然就地保护是要被考虑的第一选择,但《水遗公约》显然预见到,包括发掘和打捞在内的物理干扰可能会在某些情况下发生:事实上,公约已经制定了详细的《规章》来规范此类活动,这一事实本身就表明了这一点。《水遗公约》序言部分第 13 条对何时发生这种情况做了一些说明,指的是"出于科学或保护的目的"应当对水下文化遗产进行"谨慎打捞"。附录阐明了这些目的。《规章》第 1 条规定,"可以批准进行一些有助于保护、认识或改善水下文化遗产的活动",而《规章》第 4 条指出"为了科学研究或最终保护有关水下文化遗产"进行发掘或打捞的情况。这些制度是相当"宽松"的,因此,相关的国家主管部门有一定的自由度,以确定在个别案例中什么时候进行干预是合理的。然而,《规章》第 1 条明确指出,在所有情况下,从任何干预活动中所获得的益处必须是"有重大意义的"。

在就地保护的概念中有一个隐含的假设,即考古遗址可能在发现它们的自然环境中是"最安全"的。水下文化遗产中经常出现的一个问题是,一旦一艘沉船在海底存在了一段时间,它就会在自然环境中稳定下来,并且其物理劣化速度将在很大程度上减缓[25]。然而,这种劣化的速度也不会随之完全停止[26]。此外,海洋环境比陆地环境更有活力[27],某些海洋区域,比如北欧的瓦登海和英国海岸的古德温暗沙尤其如此[28]。因此,在某些情况下,一些地方可能会受到自然环境的威胁,而不是受自然环境保护。人类活动显然也会构成威胁。除了商业基础设施项目带来的风险,例如安装风力涡轮机和管道,日常活动例如挖沙和拖网也会造成大

[25] 详见第 5 章第 5.3 节,特别是注释 22 和相关文本。
[26] 这是用泰坦尼克号的例子来说明的。有人担心,沉船是条件迅速恶化,至少部分原因是细菌活动,参见"泰坦尼克号 2010 年的科学考察"(访问 www. sanctuaries. noaa. gov/海运/泰坦尼克/2010_expedition. html)。
[27] 潘特(Panter),《就地保存与主动保护》("In Situ Preservation Versus Active Conservation"),第 59 页。
[28] 曼德斯(Manders),《就地保存》("In Situ Preservation"),第 34 页。

面积破坏。此外,一旦发现了一个水下文化遗址,如果它被认为包含了商业价值,那么它可能会遭受(使用公约术语)"抢劫"的风险。因此,在发现遗址时,需要根据具体情况进行风险评估,以确定某种形式的干预措施是否合乎保护目的。这种干预可以采取简单的物理就地保护措施以保护现场,例如使用沙袋和聚丙烯网[29],以打捞在遗址表面易受破坏的文物,或进行更大程度的发掘。出于"科学"的目的,干预也可能是正当的,例如物理上监测一个地点的状况,或者增加人类对于过去的了解。然而,公约要求利益必须是"显著的",这就表示在所有情况下,利益必须明显大于因干预而产生的任何损害。

要了解这些原则如何在实践中发挥作用,我们不妨看看适用这些原则的国家政策。鉴于西班牙在 2005 年批准了联合国教科文组织《水遗公约》,一项保护水下文化遗产的国家政策被草拟出来,其部分目的是使西班牙的实践与《水遗公约》在考古的干预措施方面保持一致。在有关所有考古项目的先决条件的一节中,西班牙国家政策规定如下:

> 必须将侵入性的项目保持在绝对的最低限度,同时将就地保护原则作为优先事项,不得为任何项目提供授权,除非明确证明该项目能专注于遗产的分类、科学研究益处,并且和保护遗产免受损害风险[30]。

英国文化遗产的(大致)政策声明主要与"研究发掘"相关,一般也适用于历史的环境,声明如下:

㉙ 曼德斯指出,就地采取保护措施可能会减缓降解过程,但不可能完全停止这一过程。然而,他也指出,那些被发现并保存在原处的物品的情况也是一样的,参见曼德斯,《就地保存》,第 32 页。

㉚ 绿皮书:《西班牙国家水下文化遗产保护的计划》(Spanish National Plan for the Protection of Underwater Cultural Heritage),2009 年,第 70 页(详情访问:http://museoarqua. mcu. es/web/uploads/ficheros/verde_ingles. pdf)。重点增补。

在重要的地方进行干预,主要是为了进一步了解对有证据价值材料的损失情况,如果有下述情况的话,通常干预是可以接受的:

(a)就地保护不合理,或者

(b)证明知识有潜在的价值。

• 不能用非破坏性的技术来实现,且

• 在另一个被破坏的地方是不可能实现的

• 就地保护将造成主要资源的流失㉛。

尽管重点可能略有不同,但这两项声明在本质上并没有什么不同,尽管英国目前并不准备批准《水遗公约》。这可能表明,在联合国教科文组织《水遗公约》下就地保护的立场,反映了(正如它想要做的那样)标准的现代遗产实践。英国的政策还强调了采用《水遗公约》就地保护原则的深层意义。在当要对过去所进行的活动进行了解时,一个因素需要进行衡量,即是否不太可能从其他遗址获得知识,在该遗址任何情况下出于保护目的而进行干预,或者水下文化遗产是出于一些自然原因或偶然的行为而不可避免地遭受损害和破坏㉜。

《水遗公约》附录《规章》明确规定,在允许开展活动的情况下,"对这一遗产造成的损坏必须以为完成项目而不得不造成的损坏为限"㉝;"应当优先考虑使用非破坏性的技术和勘测方法,而不是去打捞有关物品"㉞,必须避免"不必要地侵扰人的遗骸或历史悠久的遗址"㉟,而且必须"严格按规定做好文化、历史和考古方

㉛《英国遗产、保护原则、政策和指导:历史环境的可持续管理》(English Heritage, Conservation Principles, Policies and Guidance: Sustainable Management of the Historic Environment),2008 年 4 月,第 12 条(详情访问:www. english-heritage. org. uk)。重点增补。

㉜《联合国教科文组织水下文化遗产活动指南》在其关于第 1 条的指导意见中解释说,从考古的角度来看,"挖掘"破坏了一个地点的一致性和环境,也认为或多或少地损害了该地的真实性,当在体验和享受一个地方的时候,最受尊重的品质,就是对它的认同,或是纪念的方式。

㉝ 规则 3。

㉞ 规则 4。

㉟ 规则 5,详见下文,第 9.4.4 节。

面的资料工作"㊱。在所有情况下,必须提交项目设计以进行同行评审,并提供项目标的详细信息;提出方法和技术;说明项目资金和持续时间;项目团队必须有资格和经验;有保护和场地管理方案;安排项目结果的记录和传播;并安排项目档案的存放,包括恢复物资㊲。在任何采取行动之前,项目设计必须经主管部门批准㊳。采用就地保护原则的理由之一是考古干预的资源不可避免地受到限制。国家级的传统经验表明,干预的风险就在资源到位确保项目完成之前就开始实施。因此,《水遗公约》力求确保充分考虑到项目的全部影响,并将按照要求提供足够的资金和其他资源来执行项目的每个阶段㊴。

在结束就地保护问题之前,与传统制度有关的一个有趣问题是:发现散落物品的当下,所想的处理步骤是什么? 从表面上看,常规方案似乎要求即使是在海床上打捞一个零散的物体,也需要经过国家主管部门的授权,并根据上述要求,提交项目设计以供批准和同行审查。然而,《规章》第 13 条涵盖了这种情况。如下:

> 在出现紧急情况或意外发现时,即使没有项目说明,也可允许开展开发水下文化遗产的活动,包括短期的保护措施或活动,特别是稳定遗址方面的工作,以保护水下文化遗产㊵。

该条款允许意外发现进行打捞,以确保对其的保护是在不需要制定详细项目说明的情况下进行的,虽然在打捞前仍需获得授权。然而,在许多情况下,应当使用现代通信对发现进行报告,当船舶仍然停在接近于标的物附近时,当局有权对该物体进行打捞,从而将在之后的阶段不可能找到该物体的风险降到最低。

㊱ 第 6 条。
㊲ 见公约规则第 12 部分至第 14 部分。
㊳ 第 9 条。
㊴ 例如,如前所述(见第 6 章第 6.4.2.2 节),必须在任何活动之前确保足够的资金基础,足以完成项目设计的所有阶段,包括保存、编制和修复遗迹,并报告准备过程和传播,参见第 17 条。
㊵ 重点增补。

9.3.3 对出水文物的处理

当考古遗址在水下时,打捞的物品的保存以及最终的安置对于资源的可利用性是一个非常重要的因素。对泡水的物品的保护过程是高度专业和昂贵的,需要专门的培训以及经验丰富的保护专家和专门的实验室[41]。来自船舶失事地点的材料,如木材,由于体积庞大,可能需要长时间地维持特殊的环境条件[42]。这意味着在博物馆或其他合适的机构中,为水下文化遗产寻找临时或永久的保存场所是十分困难的。出于这些原因,《水遗公约》坚持要求对项目档案进行管理,包括任何已打捞的水下文化遗产,必须在项目开始前达成一致[43],而这个项目的基础资金必须足够充足,用来涵盖包括保存、编制和修复文物的费用[44]。

目前,只要是旨在开展水下文化遗产的活动是被允许的,且打捞物品被认为是合理且资源充分的,《水遗公约》第 2 条第 6 款规定了出水文物:

> 应以确保长期保存的方式存放、保存和管理。

《规章》第 33 条通过提供项目档案(包括任何打捞水下文化遗产的和所有支持的文件),详细说明了这种做法的实施方式:

> 尽量保持其完好无损,以便于专业人员和公众使用和对这些档案的
>
> 保存。

---

[41] 主要见潘特,《就地保护与积极保护》("Preservation Versus Active Conservation"),第 59 - 62 页。

[42] 例如玛丽 · 罗斯号,1982 年在沉船残骸之后在朴次茅斯(Portsmouth)被打捞上岸后,将沉船残骸用保护性泡沫和聚乙烯包裹起来,并持续喷水。1994 年,水喷雾被聚乙二醇喷雾剂取代,标志着主动养护过程的开始。17 年后,这种喷雾被关闭了,但是直到 2016 年,这个保护过程才能完全完成,直到船只最终能够脱离保护罩。即使此后,它所在的建筑物的温度,光线和湿度也需要永久性的小心控制(详情访问:www. maryrose. org)。

[43] 规则第 32 条。

[44] 规则第 17 条。

《规章》第33条的措辞表明,"首选方案"是为了将所有打捞的水下文化遗产集中在一起以确保公共使用和研究。然而,"尽量"表明,人们认识到,务实的考虑可能意味着并不总是能够将其整合在一起或完好无损。例如,就像之前讨论过的[45],传统的制度认为有些缔约国会对水下文化遗产有特殊的兴趣,并且规定在某些特定的情况下,必须将有"可证实联系"的国家的利益考虑在内。可以想象,为了考虑此种利情况,对利益进行分割是合理的,或者,当物品在区域内被打捞时,应当考虑到文化、历史或考古起源的优先权利[46]。此外,根据《水遗公约》规定,"出售或交换藏品"[47],即处置博物馆收藏中的具有项目档案的某些物品的做法是允许的,除此之外,"不会损害打捞物的科学或文化价值,无损于其完整性或不会造成其无可挽回的失散"[48]。

最后,规则第34条明确规定,项目档案必须按照国际专业标准进行管理。

9.4 进入

为了实现《水遗公约》的总体目标——保护水下文化遗产以造福人类——必须要有办法使人类认识、理解、欣赏和享有这一资源。最有效的方法是直接接触资源。只要旨在开展水下文化遗产的活动是被允许的,如上文所述,《规章》第33条明确规定,公众将有权查阅项目档案,其中包括出水文物。尽管如此,根据《水

---

⑤ 见第3章第3.4.2.2节和第8章第8.3.4节和第8.3.5节。

⑥ 世界上最著名的将整体水下文化遗产文物分开保存以迎合各国之间的不同利益的例子是澳大利亚和荷兰为了分享位于澳大利亚海岸附近的荷兰东印度公司的文物而做出的安排。这一安排规定了在澳大利亚和荷兰政府和西澳大利亚州之间公平分享文物,是根据《荷兰与澳大利亚关于荷兰古代沉船的协议》而制定的。(在协议背景下,参见第3章第3.2.3节)然而,值得注意的是荷兰在2010年将其作品归还给了澳大利亚。尽管这两个国家此时都强调这些作品仍然是"共同的遗产",但似乎认为,这些对象最好"作为一个整体收藏保存,尽可能靠近原来所在的地方",通过一个在线数据库"虚拟"地访问整个馆藏,参见《澳大利亚接受重要的荷兰海事收藏》,新闻公报,2010年11月9日,澳大利亚议会可持续发展与都市水务局局长(详情访问:www.environment.gov.au/minister/farrell/2010/pubs/mr20101109.pdf)。可以想象,这将成为"公约"之下有关国家之间在国际上"共享"集合物的模式。

⑦ 见第6章第6.4.2.3节。

⑧ 见第2条第(b)款。

遗公约》的规定,管理水下文化遗产的第一个选择是就地保护,即使是在允许进行活动的地方,"发掘或打捞"也仅限于出于"科学研究的目的或为了最终保护水下文化遗产而必须采取的措施"⑭。从表面来看,这些原则似乎与公众参与的概念背道而驰:如果将水下文化遗产留在海底,公民如何从中受益呢?

事实上,公约的宗旨——就地的原则在某种程度上将与公众利益相协调,通过强调可以进入现场遗址的方式获得的利益。第2条第10款列出了《水遗公约》的主要原则和特点:

> 只要不妨碍对水下文化遗产的保护和管理,应当鼓励人们以负责的和非闯入方式进入仍在水下的水下文化遗产,以对其进行考察或建立档案资料,从而使公众认识到应当了解、欣赏和保护水下文化遗产。

根据《水遗公约》的序言,将获得水下文化遗产的教育和娱乐的收益赋予为一种权利⑩,这使人们清楚地认识到,水下文化遗产并不仅仅是专业考古学家的专利。这也表明了一种信条,即公众在就地获取到的好处比迁移原遗址更大。因此,就地保护原则的合理之处就是公众可以从原遗址现场获得的利益。

通常,问题在于《水遗公约》第2条第10款对一些重要利益集团的影响更普遍:休闲潜水员、业余考古学家和广大公众。

9.4.1 对休闲潜水员的影响

在世界的一些地方,休闲潜水多年来一直是一个蓬勃发展的活动,在另外一些国家,它的受欢迎程度正在增长。在某些情况下,潜水旅游业的收入对当地甚

---

⑭ 第4条。
⑩ 见序言第5条。

至国家经济来说都是一个重要的贡献⑤。对于休闲潜水来说，位于沉船和其他水下文化遗产地址的利益是多种多样的，但许多人的主要动机是渴望探索和刺激。休闲潜水员的基本要求是进入遗址。观察和探索水下文化遗产，进行"负责任的非侵入性的接触"不可能造成损害，除非某个地方特别容易受影响。事实上，海洋考古学家普遍认为，休闲潜水员以"仅看但不触碰"的接触进入水下文化遗产遗址，与保护遗产的价值观是一致的。人们也认识到，负责任的潜水员可以为保护水下文化遗产资源带来积极的好处：潜水员可以作为"耳目"向公众遗产机构报告遗址的变化、损害，或者报告违反"仅看但不触碰"准则的行为，以此作为公共遗产机构的"眼睛和耳朵"。《水遗公约》认识到，潜水员的合作对保护水下文化遗产至关重要（因此承认潜水员是合法的"使用者"）⑤，并鼓励潜水员进入，只要是"负责任的"和"非侵入性的"⑤。

传统的方案是这样的，授权只需要旨在针对水下文化遗产的活动。要构成这样的活动，不仅存在直接或间接地扰乱、物理干扰或者是其他方式破坏"水下文化遗产"的风险，而且还必须将水下文化遗产作为其主要对象，这就意味着他们的目的是物理干涉水下文化遗产⑤。

因此，如果潜水员的意图是以"仅看但不触碰"的方式进入某个地点，一方面，根据公约没有规定他们的活动必须得到授权；另一方面，第 2 条第 10 款承认，某些地点可能比较脆弱或敏感，因此公共接触可能会受到限制，甚至被禁止，因为它与场地的保护和管理不兼容，因此与更广泛的公共利益不兼容。然而，很明显，限制接触是例外的。

不同的国家对业余潜水所持的态度不同，反映了他们本国的国情。在美国，

---

⑤ 例如，杰弗里，《密克罗尼西亚联邦》（"Federated States of Micronesia"），第 145 - 159 页。
⑤ 见序言第 10 条。
⑤ 第 2 条第 10 款。
⑤ 见第 9.3.1 节。

潜水员的进入是多重管理路径的一个重要方面,现在已经被纳入了相关的联邦立法中[55]。在一些国家,这种活动由于其产生的收入而得到积极的推广:在这种情况下,只有在某些指定的考古地点或环境敏感地区才可以对潜水进行限制。其他国家,至少在传统上,认为潜水是不太有利的。例如,在地中海沿岸的一些国家,休闲潜水可能仍然被禁止,除非在有限的区域内,在东欧也一样,直到最近才对潜水进行了严格的管制。在那些已确立了、组织良好的业余潜水活动国家和地区,"仅看但不触碰"的行为得到了广泛的鼓励和遵守;在另一些国家,可能需要通过持续的、积极的、教育的过程来灌输。

《水遗公约》承认教育作为保护水下文化遗产的手段之一的重要性。第20条规定:

> 缔约国应采取一切可行的措施,提高公众对水下文化遗产的价值与意义的认识以及依照本公约保护水下文化遗产的重要性的认识[56]。

如上所述,国家主管部门负责教育和演示[57]。许多国家遗产部门已经将这些问题视为其工作的重要方面:在这种情况下,这些部门和潜水组织之间可能已经有了密切的联系,以促进对水下文化遗产的谨慎处理,而且很可能会有一些"推广"举措,这些举措可能考虑到教育和演示目的而被设计出来。通过《水遗公约》建立的合作框架,可以广泛分享这方面的经验和最佳做法。

9.4.2 对业余考古学家的影响

有些休闲潜水员希望进入水下文化遗产遗址,不仅要"观察""记录"(如拍

---

[55] 参见法梅尔,《美国》,第377页。事实上,在联合国教科文组织的谈判中,美国大力提倡非侵入性的公共访问原则,参见奥弗,《沉船遗产》,第28页。

[56] 亦见序言第4条。为加强"公约",教科文组织制定了"潜水考古遗址潜水道德守则"(详情访问:www. unesco. org/new/en/culture/themes/underwater-cultural-heritage/divers/code-of-ethics/)。

[57] 见第22条第1款。

照),还要积极参加考古实地考察。如休闲潜水一样,在不同的司法管辖区,人们对业余考古的态度也各不相同。在世界的一些地方,包括地中海地区,陆地和海上考古都是专业人士的专属。在另一些国家,业余爱好者的参与是受欢迎的,事实上他们可能是实地考察活动的主要支柱。不可避免的是,鉴于国际上对这一问题的不同做法,鉴于水下文化遗产的国际条约的发展,使一些国家的业余考古学家担心,他们可能会被排除在公约范围内的考古活动之外。如上所讨论的,公约的制度鼓励人们就地观察或记录,并只对那些会对水下文化遗产造成实际干预的活动实行许可证制度。目前,许多考古调查都是使用非侵入式调查技术进行的,并且在实地调查涉及非侵入性方法的情况下,根据传统模式,任何人无论其资历还是经验如何都可以自由地进行这项工作。然而,在何种程度上,业余考古学家可以参与到"水下文化遗产"活动中,换句话说,哪些是涉及物理干扰的活动?

附录《规章》第7节标题为"专业水平和资历",包括两条:

《规章》第22条:

> 开发水下文化遗产的活动,只能在具有符合该项目所需科学能力的水下考古专家定期的指导和监督下才能开展。

《规章》第23条:

> 项目小组的所有成员都应能胜任工作并具备完成各自的任务所需的专业技能。

国内的法律和惯例通常要求受保护地点的考古活动,是在合格的专业考古学家的指导和控制下进行的。在水下文化遗产遗址方面,该组织一般也需要一名潜水员,并定期到遗址现场,以提供直接的"实际"监督。《规章》第22条反映了这种做法。一方面,尽管"合格的水下考古专家"的措辞有些含糊,但意味着他是一位具有适当资质的专业水下考古专家[58]。另一方面,《规章》第23条提到合格的"成员"时,表明项目团队可以包括业余成员,规定他们具有适当的资格,并且他们具备各自在项目中所需职位的能力[59]。这使得项目团队能够进行现场培训、获得新能力和技能发展。

9.4.3 对公众的影响

不是每个人都能或者想要潜水。有鉴于此,非潜水的公共社区如何能在一个以就地保护为核心的管理原则的传统制度下接触到水下文化遗产?

事实上,现代技术正在为许多形式的"虚拟"通道提供便利。美国国家海洋和大气管理局(NOAA)海洋勘探办公室的工作就展示了这方面的一些最尖端的发展[60]。通过使用卫星辅助将视频图像实时传输到互联网上,有可能"让公众登上(研究)船只去分享他们的新发现"[61],并让他们"远程呈现"底部的海洋。海洋勘探办公室开展的项目涉及范围广泛,包括每日以互联网为基础的广播,以及为学生和广大公众提供采访在线研究人员的机会。为了提升泰坦尼克号的观赏度,开发了一项利用成像技术和声呐装置制作泰坦尼克号三维地图的创新项目,以便让公众更好地欣赏它[62]。

---

[58] 《联合国教科文组织水下文化遗产活动指南》中对水下文化遗产的活动进行了指导:"必须……是一名合格且胜任的专业人士,负责制定研究议程和计划并指导任何项目";"被认为合格的且有相应能力的考古学家必须……具备相应资质和能力,拥有考古学的大学本科学位"(详情访问: www. unesco. org/new/en/culture/themes/underwater-cultural-heritage/unesco-manual-for-activities-directed-at-underwater-cultural-heritage/unesco-manual/)。

[59] 就专业水平和资历而言,《联合国教科文组织水下文化遗产活动指南》强调资质可以建立在"具有可测量结果的正式培训过程"基础上,活动指南是指由航海考古协会管理的完善训练计划。有趣的是,这也表明培训"可能是项目的一部分"。

[60] 主要参见韦里奇(Weirich),《和过去相联系》("Connecting with the Past")。

[61] 同上,第79页。

[62] 见第6章,注释44。富有的普通民众也可以通过在潜水器观光,直接进入现场。2012年,是沉船事故的百年纪念,此观光的价格约为6万美元。

虽然这种规模的公共推广方案除非在例外情况下,一般都非常昂贵,但它们给人们提供了一种可能性,即现代技术可以以一种令人兴奋和富有想象力的方式向公众开放水下文化遗产和海洋考古。由独立的主管部门考虑如何最好地"展示"水下文化遗产,并在其可用的手段内提高公众对其价值和意义的认识以及保护水下文化遗产的重要性。虽然《水遗公约》规定公众可以查阅项目档案(而现代技术可以向国际读者开放这种档案)[53],但根据其规定,公众查阅的概念要比简单地查阅这些档案更为广泛。

为了让公众从水下文化遗产中受益,无论何种形式的准入都是很重要的。然而,就地保护的原则可以带来更广泛的公共利益,好处比其他的一些方式更为明显。法梅尔指出,许多特殊利益集团,如渔民、游艇经营者、导游、餐馆和酒店可能会从就地保护中获得直接的经济利益[54]。虽然这不清晰,但是却丝毫不影响其重要性,当水下文化遗产被就地保存在未被触碰过的考古库存中,或者作为一个为动植物提供栖息地的人工礁石,让未来几代人去享有或研究,人类受益匪浅。在这些或其他特殊情况下(见下文),为了更广泛的公共利益,可能需要限制甚至完全禁止直接的公共接触。

9.4.4 海事纪念馆

当一艘船或其他类型的飞机沉没在海上时,不可避免地会造成人员伤亡。在某些情况下,例如一艘渔船下沉,可能会有几名船员失踪。在其他情况下,数百甚至数千人可能已经丧生,沉船将成为一个重大的坟墓。皇家邮政船舶、泰坦尼克和卢西塔尼亚号是经常被引用的例子,但还有许多民用和军用船舶消失在战争时期和和平时期。科瓦尔斯基已经引起了人们对第二次世界大战结束时,威廉·古斯特洛夫号和

---

[53] 例如,参见最近修订的关于在澳大利亚海岸附近从荷兰东印度公司收集文物的管理,见本章注释46。
[54] 法梅尔,《文化遗产"救助"不利的案例》,第291页。

其他几艘在波兰海岸沉没的船只的关注,同时也让成千上万的难民从东普鲁士撤退⑥:这些船只的沉没被认为是海事历史上最严重的丧失事故⑥。虽然其要属于《水遗公约》范围尚且还有一点时间距离,但泰坦尼克号已经如此实践,卢西塔尼亚号将在2015年也如此操作。前几个章节中提到的沉船事故也属于公约100年的范围内,这也与巨大的生命损失有关:1744年,当英国皇家海军胜利号沉没时,有超过1 000人死亡,在英国皇家海军萨塞克斯号(1694年)、朱诺号(1802年)、梅赛德斯号(1804年)和中美洲号(1857年)的案例中,已有数百名船员和乘客遇难。

《水遗公约》通常对墓地和人类遗体采取什么样的措施? 根据第2条第9款:

> 缔约国应确保对海域中发现的所有人的遗骸给予了恰当的尊重。

附录的《规章》第5条规定:

> 开发水下文化遗产的活动应当避免不必要地侵扰人的遗骸或历史悠久的遗址。

人类遗骸是否存在于沉船遗址取决于许多因素,包括该遗址的环境条件。一方面,人类遗骸可以在几百年前的遗址中找到⑥;另一方面,在泰坦尼克号的遗址上似乎还没有找到,尽管发现相对近期的沉船残骸⑥。在任何情况下,人类遗骸的处理问题都是考古学家早已习惯处理的问题,它已经制定了实践守则,以确保

---

⑥ 科瓦尔斯基,《波兰》,第235－236页。

⑥ 威廉·古斯特洛夫号(the Wilhelm Gustloff)和其他船只难民的确切人数没有记录,但保守估计表明,威廉·古斯特洛夫号有7 000人,戈雅号有6 000人,冯·施托伊本将军号(the General von Steuben)有3 000人。

⑥ 例如,在英国皇家海军萨塞克斯号和英国皇家海军胜利号现场发现了遗迹,见文化、媒体和体育和国防部,《1744年英国皇家海军萨塞克斯号和英国皇家海军胜利:沉船遗址管理的选择》,2010年(详情参见网址www. culture. gov. uk/consultation/6773. aspx)。

⑥ 到目前为止,当沉船被发现时,只有一些衣服配件被置于能够证明其被佩戴国,参见《2010年泰坦尼克号科学探险》(www. aries. noaa. gov/maritime/Titanic/2010_expedition. html)。

这些遗骸得到适当的尊重⑲。但是,人类遗骸是否存在于遗迹,应该采取什么样的途径来处理作为墓地的遗址,尤其是那些遗失了许多生命的遗址,这是一个更为广泛的问题。奇怪的是,《水遗公约》并未对这一问题做出更多的解释,但是这个解释可能是谈判过程中的政治敏感问题:海洋国家争取给予军事坟墓特殊地位;但是其他人认为民用墓地应受到同等尊重⑳。据此,《规章》第5条处理了这个问题,其中提到"遗迹",并要求针对水下文化遗产的活动必须进行规范,以避免对这些地点造成"不必要的干扰"㉑。事实上,遗址实质上是墓地,因此将成为决定其管理平衡的重要因素。

考古学家对人类遗骸的处理是一个高度敏感的问题,但毫无疑问,人类的骨骼、毛发和其他组织可以对过去的人类生活产生重要的认识,例如关于船员的饮食和工作条件。在《规章》第5条中提到的"不必要的干扰"可能表明,任何人在《水遗公约》范围内的任何遗骸都不应该出于考古研究的目的而受到干扰,严格地说,这种干扰是"不必要的"。但是,当然不是将全部研究这些遗骸的考古学家排除在外?海洋考古学家邓克利质疑为什么从伦敦打捞和研究人类遗骸(1665年遗失)看起来"可以接受",但斯托拉亚号(the Storaa)(1943年遗失)做同样的事情在道德上是错误的㉒;他得出的结论是斯托拉亚案的反对原因是有活着的后裔认识受害者。有鉴于此,他建议在人类遗骸被视为考古样本之前,"至少要经过四代人"。这就表明,他认为《水遗公约》所适用的一些人类遗骸应该是出于考古研究的目的(但绝不是全部)被禁止,而主管部门似乎很可能也接受这一种观

---

⑲ 例如,在美国南达科他州举行的世界考古大会1989年(the World Archaeological Congress 1989)国际会议上通过的《国际救助公约》人类遗体协议(Vermillion Accord on Human Remains)。

⑳ 见第4章,注释121。

㉑ 重点增补。《联合国教科文组织水下文化遗产活动指南》第5条的指导意见指出,遗址的概念不仅包括墓地,还包括"史前或历史性的供奉场所、沉没的庙宇和远古动物的居所"。就这一点上,也可以参见奥基夫,《沉船遗产》,第162页。

㉒ 邓肯利,《灾难性的葬礼》(Catastrophic Burials),第22页。伦敦是一艘"二流"战舰,在泰晤士河口爆炸,造成300多人死亡。该残骸是在1973年英国《沉船保护法案》的保护下被指定的。斯托拉亚号是一艘携带战争物资的武装商船,被鱼雷击中后在英国南部海岸沉没,22人丧生,沉船受到英国1986年《军事遗骸保护法案》的保护。

点。有鉴于此,"不必要的干扰"的概念在实践中可能被认为等同于第 2 条第 9 款中"适当尊重"的概念。达到何种程度的对待取决于"适当尊重",包括遗体的年龄。如果有利益相关的一方,他们的感情是一个重要的因素,需要将其纳入考虑⑦。

在某些情况下,一个海上的坟墓将被视为属于第 2 条第 10 款的一般原则的附带条件,即人们提倡附则以负责任的非侵入方式接触以便就地观察和记录,除非"与它的保护和管理不相容"。虽然这是一个相对最近的沉船事件,但在 1994 年因失去 800 多名生命而沉没的爱沙尼亚号客运渡轮事件中,灾难发生后不久,国际层面上做出了一个决定,即禁止所有人进入,这是最符合公众利益的⑭。就泰坦尼克号案例而言,尽管其沉船海域自发现以来的很多年一直被大量的探索,已经有人试图进入船体部分,因为在沉船时许多人被困于该部分⑮。虽然公约没有这样明确说,但联合国教科文组织的传统制度为当局主管部门提供了一个空间,可以得出结论,即认定某一特定的地点为海事纪念场所,并就地保存,并严格限制或禁止进入(用于休闲潜水或考古研究)。在这种情况下,公众对将遗址作为海事纪念场所的广泛兴趣,可以看作对超出不许可这些活动所产生损失的衡量⑯。

---

⑦ 《联合国教科文组织水下文化遗产活动指南》第 5 条指导意见针对水下文化遗产的地方特别强调需要尊重人的感情,即人的感情是被带入的,"感兴趣的缔约方不仅应得到通知且参加"了与遗址有关计划和活动的授权。指南还指出,"在这种情况下,他更倾向于就地保存作为第一个选择"。如果一个地点代表有意埋葬,可能需要考虑相关的国内法律。

⑭ 见第 7 章第 7.4.3 节。当时,这一决定受到了亲属们的批评,他们希望看到尸体或沉船本身获得打捞。最近,亲属协会要求修改保护该场所的国际协议,以使潜水者能够对沉船进行调查,以获取有关其损失情况的证据。见克莱伯思,《关于海上坟场和目标制度》("On Maritime Cemeteries and Objective Regimes"),第 2 页。更普遍的是,雅各布松(Jacobsson)和克莱伯思,《安息?》("Rest in Peace?")

⑮ 《泰坦尼克号协议》(见第 7 章第 7.4.3 节)要求缔约国规定进入残骸的船体部分,以便他们,其他文物和任何人类遗体不受干扰。《泰坦尼克号协议》第 4 条第 1 款作为一个整体清楚地表明,虽然缔约国将能够授权非侵入性地进入船体,但他们将无法授权造成任何干扰的活动,参见德罗姆古尔,《保护泰坦尼克号国际协定》,第 6 页。

⑯ 如果遗址所位于主管部门国家的领土范围之外,将出现关于国家的国际法律权威的问题,禁止外国人以"仅看但不触碰"的方式进行潜水。例如,如果该场所位于该国家的大陆架或专属经济区,则与第 10 条第 2 款规定的法律依据将不相关,见第 8 章第 8.3.4 节。在国际法律权威有疑问的情况下,特定国家间制定关于保护场所的协议可能是最合适的方式。《水遗公约》第 6 条鼓励这样的协定,见第 10 章第 10.2 节。

9.5　制裁和威慑

《水遗公约》第 17 条要求缔约国应相互合作[77]，以确保根据本条款所采取的制裁措施得到实施[78]。所采取的制裁措施是：

> 为确保遵守本公约，所做的制裁的力度应足以惩戒任何地方的违法行为，并剥夺违反者从非法行为中获取的利益[79]。

标准的制裁，如民事罚款，或刑事起诉后的罚款和监禁都是重要的措施，但不会产生剥夺罪犯活动所带来的利益效果。因此，很显然《水遗公约》想采取其他形式的制裁，并采取更为传统的处罚办法。事实上，《水遗公约》要求各缔约国采取具体的行政性制裁措施，旨在专门剥夺犯罪分子活动所产生的利益。第 18 条规定了这一规定，制裁即是对水下文化遗产进行扣押。

9.5.1　扣押

在第 18 条第 1 款：

> 缔约国应采取措施在其领土上扣押以违反本公约的方式打捞获得的水下文化遗产[80]。

---

[77] 第 17 条第 3 款。

[78] 第 17 条第 1 款。

[79] 第 17 条第 2 款，重点增补。

[80] 就这项规定而言，鉴于在第 18 条第 1 款所列的情况下扣押水下文化遗产，似乎"领土"可解释为包括毗连地区达到属于《海洋法公约》第 303 条第 2 款下规定的有关的而非法交易水下文化遗产的措施。

这一责任范围很广。必须采取的措施不仅涉及在国家领土内被打捞的水下文化遗产,而且还涉及在任何时候进入该领土内的水下文化遗产㉛。此外,扣押可能来自利益相关方,而不仅仅是参与扣押的一方。

一旦根据第 18 条第 1 款扣押了水下文化遗产,缔约国必须"登记和加以保护,并采取一切合理的措施使其保持原状"㉜,并向教科文组织总干事和任何其他确有联系的国家(不论是否为缔约国)发出通报㉝。还要求确保物品的处置是为了"公共利益",并且这样做必须考虑到保护和研究的需要;为了散落文物的复原;出于向公众开放、展览和进行教育目的;也是任何可证实联系的国家的利益所在㉞。这些措施可能是繁重和昂贵的,而且必须被承担起实施这些措施的责任,这首先属于国家主管机关的广泛"保护、保存、展示和管理"㉟职权范围之内。

毫无疑问,与其他缔约国的合作和援助将需要一个国家能够满足第 18 条的所有要求。这样的合作和援助将是特别重要的,因为它可以在被扣押的国家领土之外找到关于物品来源的资料,以及它的追讨情况。令人好奇的是,也许第 18 条本身并不涉及合作的问题;但是,该条规定可以被看作是在第 17 条中规定的一项具体适用的义务,即对罪犯实施剥夺其活动利益的制裁;合作施行这类制裁的义务就是第 17 条第 3 款适用。此外,第 19 条中关于缔约国之间就保护和管理水下文化遗产方面进行合作和信息共享的详细规定,与实施扣押措施方面显然是相关的。

第 18 条关于扣押权的规定引起了一连串分别与关于扣押国、拥有可证实的联系的国家以及在缴获的物品中具有所有权利益的个人和实体的一系列问题。

㉛ 2001 年教科文组织《水遗公约》没有规定追溯力。因此,在履行该公约第 14 条时,缔约国将需要认识到《维也纳条约法公约》第 28 条。这规定了,"除非在条约中出现不同的意图或另有规定,否则其条款对一方有关的任何行为或事实没有约束力,或情况在条约生效之日之前已不复存在"。
㉜ 第 18 条第 2 款。
㉝ 第 18 条第 3 款。
㉞ 第 18 条第 4 款。
㉟ 第 22 条第 1 款。

《水遗公约》对这些问题规定的说明很少，如果有的话，这些问题将需要在个案的基础上加以解决。尽管如此，仍然可以做出一些一般性的规定。

当教科文组织秘书处收到扣押通知时，它可能会采取行动，向所有缔约国发布所扣押的物品的详细资料。但是，第 18 条中没有任何说明，一个有可证实联系的国家必须对被扣押的物品声明利益，以便将其利益考虑在内；此外，如上所述，第 18 条中提到具有可证实联系的国家，不同于《水遗公约》其他部分提到的某些国家⑯，并不具体指缔约国。考虑到扣押国有义务通知具有可证实联系的国家，并考虑其利益，扣押国很可能必须主动调查所缴获的物品的身份和来源，以便查明潜在的联系。在实践中，一些国家的当局可能已经不时地承担此类任务⑰；另一些国家可能缺乏必要的资金来进行调查，这就可能需要考虑到国际援助。

《水遗公约》中没有任何迹象表明，所设想的缴获的物品必须继续处于扣押状态。很有可能的是，扣押国很可能有很少或根本没有与该物品文化上的联系，至少是在其原始打捞后的一段时间内被进口到该国。关键的要求是，它的处置必须是符合"公共利益"的，在这方面的决定必须"考虑"一些具体因素，包括任何可以证实的联系的国家的"利益"⑱。在联合国教科文组织的谈判中，部分担忧来自意大利，这个传统的"来源"国家：如果扣押条款被解释为任何一个缔约国，仅仅因为在其领土上就可以扣押这些水下文化遗产，即使这个国家与水下文化遗产不存在文化关联，扣押的条款可能会被一个被扣押的国家滥用⑲。事实上，虽然这种担忧是可以理解的，但似乎有一种可能是扣押国可能欢迎第三国向这些物品提供合适的场所，因为这样一来，就不必再承担看顾物品的繁重而昂贵的

---

⑯ 见第 3 章第 3.4.2.2 节。
⑰ 例如，英国的沉船处理有时会花费相当多的时间来调查，根据 1995 年《商船法案》所报道的失事船只的来源，以便与潜在的所有者进行接触，并确定材料的最终处置方式，见德罗姆古尔，《英国》，第 315 - 320 页。
⑱ 见第 18 条第 4 款。
⑲ 见卡尔杜齐，《水下文化遗产的扩大保护》，第 180 - 184 页。的确，有人指出，在某些情况下，扣留一个国家的物资可能会违反 1970 联合国教科文组织《关于文化遗产非法交易的公约》，参见加拉贝洛，《关于保护海底文化遗产公约的协定》，见第 164 页。关于 1970 年的公约，见下文第 9.5.2 节。

责任。

当为扣押物提供场所的是来自第三缔约国时,扣押国将有理由相信,将物品移交给该国时,该国将履行其职责以确保符合公共利益⑨。但是,如果由可证实联系的非缔约国要求提交材料,可能不一定有这种信心。显然,这样的一个不受《水遗公约》条款约束的国家,因此可能不准备同意按照《水遗公约》的规定处理这些物品。在这样的情况下,原告有权决定这些物品的所有权,而在这种情况下,扣押的国家会发现自己处于两难的境地,即:纠结在拒绝交出这些物品与为了保证公共利益的处理而违反条约义务两者之间,而这些拒绝交出的物品可能违反了一般国际法⑨。在从"区域"打捞的物品中,也有关于《海洋法公约》第149条规定的"优先权利"的问题。联合国教科文组织《水遗公约》的第11条和第12条建立对该"区域"进行管控的规定,承认对这些权利的"特别顾及"⑨,但在第18条中的确没有提到它们。尽管如此,在《水遗公约》的计划意味着当物品被扣押时,必须对这些权利给予特别的重视⑨。

正如前面所讨论的⑨,一般来说,只有国家(而不是个人和实体)才有可能从原所有人手中取得水下文化遗产的所有权,特别是19世纪中期之前的物品。然而,可以想象的是,偶尔会有私人提出索赔。只要这样的主张得以确定,究竟应该如何处理这个问题将由每个国家根据其国内财产法律和一般国际法来决定。根据奥基夫的说法,《水遗公约》中没有任何规定禁止私人持有文化遗产:

---

⑨ 如果有一个以上的国家与该物品有可证实的联系,那么扣押国和那些具有可证实联系的国家则需要合作,以便决定确保物资的处置是为了公众利益最适合的途径。第18条第4款中的规定必须考虑到"重新组装分散的收藏品的必要性",这表明在扣押之后,如果可以重新组装,就可以将其分割开来。

⑨ 在这种情况下,可能需要提醒这两个国家需要根据《海洋法公约》第303条第1款规定的责任来保护水下文化遗产并基于此目的进行合作。

⑨ 见第8章第8.3.5节。

⑨ 然而,《水遗公约》的非缔约国将需要认识到《海洋法公约》第149条,其中明确指出"区域"内发现的水下文化遗产必须"为了整个人类的利益而得到保存或处置"。

⑨ 第3章第3.2.2节。

必须强调,扣押行为的真正性质既是对不法行为的惩罚,也是通过重申物品属于公众范围的方式进一步促进公众利益,借此强调扣押行为的性质[95]。

在一些情况下,似乎有可能得出这样的结论:公众利益最好是由公众而不是私人来处理。在这种情况下,可能需要对支付赔偿金做出规定[96]。事实上,不论物品被谁扣押,只要是以不符合《水遗公约》规定的方式打捞物品就可能会对善意第三人的权利造成影响。原打捞者可能已经出售或者以其他方式处理了该物品,并且可能经过了多次交易。通常来说,普通法系和大陆法系管辖区对善意取得这一问题采取了不同的处理方式,每个缔约国都需要根据自己的国内法以及一般国际法规定的义务来考虑这些情况。

最后,缔约国需要解决其在扣押情况下,本质上也在其手中的物品所有权的问题。除非与另一利害关系方就所有权进行某种形式的协调,否则最明显的途径是将财产权视为抛弃物,并转为国家所有。

9.5.2 相关威慑

《水遗公约》对扣押行为的规定不仅是对与其制度不符的物品打捞的制裁,而且也是对这种制裁的威慑。第 14 条也规定了相关措施将起到威慑作用。其中规定:

> 缔约国应采取措施,阻止非法出口和/或以违反本公约的方式非法打捞的水下文化遗产进入其领土,和在其领土上买卖或拥有这种水下文化遗产[97]。

---

[95] 奥基夫,《沉船遗产》,第 114 页。

[96] 见第 3 章第 3.2.4 节。

[97] 如第 18 条第 1 款,有关第 14 条中的"领土"似乎可以被解释为包括"毗连区",鉴于事实是该条中提到的措施达到用来打击在水下文化遗产的非法交易的程度,因此属于《海洋法公约》第 303 条第 2 款。

本条,在第 8 章规定所提及[98],需要缔约国就水下文化遗产物品在以下三种情形发生时,应采取措施:

（ⅰ）违反《保护水下文化遗产公约》规定打捞的；

（ⅱ）进行非法出口活动的；

（ⅲ）违反《保护水下文化遗产公约》规定,非法打捞并进行非法进出口活动的。

因此,该条款的目的不仅是处理违反《水遗公约》打捞的具体问题,而且还处理水下文化遗产物品非法交易这一更为普遍的问题。

第 14 条和第 18 条规定的扣押之间显然有密切的关系。扣押物品是一明显的措施,可能通过第 14 条实现,鉴于根据第 18 条,在缔约国领土范围内存在（ⅰ）和（ⅲ）的情况时,采取这项特别的措施,换句话说,即打捞行为是违反《水遗公约》时。扣押也是一种可以广泛适用于非法出口物品的措施,尽管缔约国没有义务在这方面使用该种手段。

与第 18 条一样,第 14 条的设定也很广泛。如果水下文化遗产的打捞违反《水遗公约》,则必须在任何时间和任何地点对打捞的物品采取措施[99]。在非法出口方面,第 14 条不限于《水遗公约》规定下缔约国的非法出口,而是延伸适用于任何国家的非法出口。在任何情况下,将物品带入领土处理,或拥有物品的一方的身份是无关紧要的：带入者可能就是参与打捞的一方；或者可能是不知道其是违反联合国教科文组织《水遗公约》规则的打捞行为或非法出口行为这一事实的人。这意味着,在第 14 条规定下采取的措施不仅会阻止参与打捞者处置物品,而且还应该阻止潜在的第三方购买者,从而更普遍地抑制此类物品在市场上的交易。奇

---

[98] 见第 8 章第 8.3.1 节

[99] 正如上文指出,各缔约国需要考虑到《维也纳条约法公约》关于追溯力问题的第 28 条。

怪的是,缔约国没有将与《水遗公约》打捞规定相悖的打捞活动中的物品进行出口定为非法;不过,在《水遗公约》定义下的水下文化遗产的范围内,确实也没有义务要求符合出口的许可。尽管如此,这些措施的施行显然有助于支持《水遗公约》的总体目标。

2001 年教科文组织《水遗公约》的部分目的是补充具体涉及的与文化遗产贸易有关的国际文件,特别是 1970 年联合国教科文组织《关于文化遗产非法交易的公约》[100]。在许多情况下,各国已采取措施施行 1970 年联合国教科文组织《关于文化遗产非法交易的公约》和其他国际文书所做的承诺[101],这些措施很可能在某种程度上是在履行第 14 条、第 17 条和第 18 条规定的义务[102]。例如,2001 年,澳大利亚联邦各机构扣押了来自贸易船德星号的 7 万多件陶瓷制品,这些瓷器是从印度尼西亚水域打捞出来的,然后被非法出口到澳大利亚的,澳大利亚联邦各机构通过公权力立法促使 1970 年联合国教科文组织《关于文化遗产非法交易的公约》生效[103]。在某种程度上,由于 1970 年联合国教科文组织《关于文化遗产非法交易的公约》(特别是从"市场"国家)获得越来越多的支持[104],近年来普遍改善了对文化艺术品非法贸易的管制。然而,非法贸易的问题远未得到解决[105],2001 年教科

---

[100] 1970 年联合国教科文组织《关于文化遗产非法交易的公约》于 1972 年 4 月 24 日生效。截至 2012 年 7 月 31 日,共有 122 个缔约国。

[101] 这些文书中最引人注目的是 1995 年 7 月 1 日生效的 1995 年《国际统一私法协会关于被盗或者非法出口文物的公约》。截至 2012 年 7 月 31 日,它有 33 个缔约国(www. unidroit. org)。这里有许多相关的区域法律条文,包括欧盟和欧洲理事会《关于向第三国出口文化物品的欧洲理事会第 3911/92 号指令》,卷号(1992 年)OJ L395/1 和欧洲理事会《关于返还非法转移文化物品的欧洲理事会 93/7/EEC 号指令》,卷号(1993 年)OJ L74/74。

[102] 同样,2001 年联合国教科文组织《水遗公约》的实施将在某种程度上履行 1970 年联合国教科文组织《关于文化遗产非法交易的公约》规定的职责。例如,参见 1970 年联合国教科文组织《关于文化遗产非法交易的公约》第 5 条第(d)款,该公约规定设立国家职责,目的是"组织对考古发掘的监督,确保文物的保存",并"就地"保护某些特定区域,以备将来考古研究之用。

[103] 参见杰弗里,《澳大利亚》(第 2 版),第 9 页。澳大利亚各机构的行为是对印度尼西亚政府提出的要求作出反应,扣押的材料已返回印度尼西亚。权力——规定在澳大利亚(英联邦)1986 年《可移动文化遗产保护法案》,旨在施行 1970 年联合国教科文组织《关于文化遗产非法交易的公约》第 7 条第(b)款第(2)项。在英国,2003 年《违法处理文化物品法案》(第 7 章第 7. 2. 1 节),旨在加强英国施行 1970 年联合国教科文组织《关于文化遗产非法交易的公约》,也将协助施行 2001 年《水遗公约》第 14 条。

[104] 尽管各国都保持缄默,目前许多传统的国家现在都是缔约国,包括澳大利亚、比利时、加拿大、法国、荷兰、美国和英国。

[105] 参见欧洲大学学院工作文件(European University Institute working paper),《地中海文物的非法贩运》(The Illicit Traffic of Cultural Objects in the Mediterranean)。

文组织《水遗公约》的规定加强了这方面的国家法律制度。

9.6 结论性评述

虽然 2001 年教科文组织《水遗公约》的主要目标是为所有针对水下文化遗产的活动制定一个监管框架，以确保其受到《水遗公约》规则的约束，但本章的讨论表明《水遗公约》的范围比这要大得多。《水遗公约》有许多方面符合第 2 条第 1 款规定的总体目标——"确保和加强"对水下文化遗产的保护，并明确指出这一目标应从广义上来看，而不仅仅是简单规定针对水下文化遗产的就地保护。最终，正如《水遗公约》的序言指出的那样，《水遗公约》整个体制的有效实施不仅取决于各缔约国之间的积极合作，同时也取决于普通国家间的积极合作以及"国际组织、科研机构、专业组织、考古学家、潜水员、其他有关方面和广大公众"[106]。所有资源的"使用人"，以及利益相关国家都需要发挥他们的作用。

---

[106] 见序言第 10 条。

10

联合国教科文组织 2001 年
公约的未来事项

10.1　导言

在结束本书之前，2001 年联合国教科文组织《水遗公约》还有几个方面值得注意。前两项是实质性的，余下的事项是程序性和/或制度性的。

10.2　促进《保护水下文化遗产公约》目标的国家间协议

在前几章中，文献中已经提到了各国之间就具体沉船问题缔结的各种协议①。其中一些协议考虑到历史和考古价值；其他的协议则不然。

这些协议中的大多数是双边性质的，涉及位于另一国领海内的一国沉没的军舰。其中许多协议都在第 4 章被提及②。如上文所阐述的，这些公约的主要目的是处理沿海国和船旗国的相对权利这一敏感问题，特别是在控制进入权方面③。另一项荷兰和澳大利亚之间的双边协议是 1972 年《荷兰与澳大利亚关于荷兰古代沉船的协议》。这起初也是为了解决各自的法律权利问题，在本案中，涉及在澳

---

① 部分协定，但一定是全部的协定，都是对当事方具有法律约束力的条约。不论这些协定是否有这种地位，这可能是一个难以确定的问题，特别是如果它们体现在交换说明或谅解备忘录中。在这种情况下，法律文书需要仔细审查，以确定缔约当事方的意图：见奥斯特，《现代条约法与实践》，第 2 章和第 3 章，尤其是第 25 - 26 页。

② 见第 4 章第 4.2.2 节。

③ 如第 4 章所述，就沿海国的领海主权以及船旗国对沉没战舰享有主权豁免而产生冲突。

大利亚海岸发现的几个荷兰东印度公司的所有权问题④。与沉船遗址有关的、并涉及两个以上国家的协议是很少的，似乎仅有两个事例，这两个事例都旨在保护民用沉船作为海事纪念馆：第一个是 1995 年关于《爱沙尼亚号协议》（the agreement of 1995 for the protection of the passenger ferry M/S Estonia）；第二个协议（尚未生效），由美国、法国、加拿大和英国在 20 世纪 90 年代末为保护泰坦尼克号磋商而促成⑤。这两艘沉船都位于国际水域，这些协议的目的是利用管辖权的国籍和/或领土原则来管理（直接或间接地）在这些地点进行的活动。

联合国教科文组织《水遗公约》第 6 条试图建立这种潜在的协议，补充和加强对本公约的保护。第 6 条第 1 款规定：

> 鼓励缔约国为保护水下文化遗产，签订双边、地区或其他多边协议，或对现有的协议加以补充。所有这些协议应完全符合本公约的规定，不得削弱本公约的普遍性。各国在这些协议中可提出能比本公约提出的规章更好地保护水下文化遗产的规章。

利用国家间合作的好处是《水遗公约》核心的战略：这一战略的合理延伸为缔约国提供积极的鼓励，缔约国可以利用国家间协议弥补《水遗公约》规定的有关保护的内容。第 6 条反映了关于《水遗公约》的两个事实：第一，《水遗公约》是作为最低的标准制度；第二，《水遗公约》本身所提供的保护是有限的。除了第 6 条第 1 款所规定的鼓励政策外，还有明晰的责任。虽然任何补充协议都可以确保提供比《水遗公约》本身具有"更好"的保护，的确，补充协议很可能是缔约国的目的，

---

④ 见第 3 章第 3.2.3 节。荷兰声称对沉船的所有权是因为它是原拥有人的继承权；此外，澳大利亚认为该沉船已被遗弃。

⑤《爱沙尼亚号协议》的缔约方是丹麦、爱沙尼亚、芬兰、拉脱维亚、立陶宛、波兰、俄罗斯、瑞典和英国。《泰坦尼克号协议》已由英国和美国签署。这项法案将在美国参议院颁布实施立法后生效。

然而这些补充协议必须与《水遗公约》完全相符，且不得"淡化"，换而言之，不得削弱其"普遍性"。

第6条第1款中的义务不仅适用于将来订立的新协议，还将涉及公约的一个或多个《水遗公约》缔约国参与修订现有协议的情况⑥。在这种情况下，协议原条款可能需要经过严格审查，以确定它们是否完全符合《水遗公约》。如果与《水遗公约》不符，就需要对协议进行修订，以处理不符合规定的问题。部分现有的协议显然与《水遗公约》的原则相违背。例如，一方面，1989年和1997年，英国政府磋商缔结了有关沉没战舰的相关协议，英国皇家海军伯肯希德号、英国皇家海军黑暗界号和英国皇家海军恐怖号，相关协议显然与《水遗公约》的整体精神完全不一致，因为这些协议规定参与国政府间打捞和分享黄金（将其视为一种财政而非文化资产）。另一方面，1989年和2003年美国和法国之间关于两国的军舰的互惠协议，阿拉巴马号和拉贝尔号明确承认这些遗址的历史重要性和考古重要性，并建立大体上符合《水遗公约》管理制度。尽管互惠协议的上述渊源，但是澳大利亚和荷兰仍就古代荷兰沉船问题达成了协议，建立了合作和管理制度，这种管理机制已证明具有明显的弹性且是成功的：最近就对文物的实际安置做出改变，确保它们符合现代文物惯例，据此，符合《水遗公约》中对物品档案的处理规则⑦。

根据公约第6条，《泰坦尼克号协议》与《水遗公约》存在特殊的利益关系。《泰坦尼克号协议》在起草的同时，《水遗公约》的磋商也正在同时进行，据此，《泰坦尼克号协议》受到联合国教科文组织倡议的严重影响⑧。尽管根据泰坦尼克号的特殊情况需"量身定做"，但是《泰坦尼克号协议》的目标以及一般原则同《水遗

---

⑥ 第6条第3款明确指出，《水遗公约》并没有"变更缔约国针对沉船保护的权利和义务，这些权利义务在双边协定，区域协定或以及其他多边协定缔结之前"适用的是《水遗公约》。重点增补。该条款参考的是沉船保护，是由于某些斯堪的纳维亚等各国国家的参与而缔结的，并记载于保护爱沙尼亚号的协议中，见加拉贝洛，《水遗公约的谈判史》，第132页。爱沙尼亚号沉没于1994年，由于属于过于近代沉没的船舶，因此不符合《水遗公约》规定下沉船，不过在（有些距离）将来会符合《水遗公约》的规定的。

⑦ 见第9章，注释46。

⑧ 关于协定的详细讨论，请参见德罗姆古尔，《保护泰坦尼克号国际协定》。

公约》的宗旨和基本原则在本质上是相同的。该协议寻求保证沉船及其相关文物保护"造福于今世后代"⑨。《泰坦尼克号协议》正式将就地保护的基本考古学原则载入其中,且允许仅在有科学根据的情况下才能打捞文物⑩。《泰坦尼克号协议》所附规则(旨在管理"针对目标"原址的活动)遵循与《水遗公约》附件相同的模式⑪。在最初的磋商的各方中,美国和英国似乎都不太可能在不久的将来批准联合国教科文组织《水遗公约》,但法国和加拿大可能会⑫。因此,可以想象《泰坦尼克号协议》将最终成为代表《水遗公约》缔约国与非缔约国之间在该公约原则基础上的一种有趣的合作模式,以此帮助实现《水遗公约》的宗旨⑬。

联合国教科文组织磋商的争论点中的其中一个是究竟谁可以真正地参加将来由《水遗公约》缔约国磋商的关于保护水下文化遗产的协议的问题⑭。特别是,非缔约国是否可以参加,如果是,在什么情况下才可以参加? 第6条第2款规定:

> 这些双边、地区或其他多边协议的缔约方可邀请与有关的水下文化遗产确有联系的,尤其是文化、历史或考古方面的联系的国家加入这些协议。

第6条第2款通过规定具有"确有联系"的各国(不论是否是《水遗公约》的缔

---

⑨ 《泰坦尼克号协议》,前言第7条。

⑩ 见《泰坦尼克号协议》前言部分第8条和第4(2)条规定,就地保护属于"优先管理技术"。

⑪ 这两套规则都是根据1996年《国际古迹遗址理事会保护与管理水下文化遗产宪章》而制定的。《水遗公约》与《泰坦尼克协定》的方法相似,以致美国商业海事界关注到,对《泰坦尼克号协议》的立法可能是实施联合国《水遗公约》的一个"借口",见2000年1月5日美国海事法协会打捞委员会正式报告(详情访问:www.mlaus.org)。

⑫ 法国投寄权票;然而,2009年,法国文化部宣布打算批准《水遗公约》,参见文化部和交通部新闻稿,巴黎,2009年10月30日。虽然两个国家都参与了《泰坦尼克号协议》的磋商谈判,但都没有签署该协定。

⑬ 需要记住的是,《泰坦尼克号协议》尚未生效,法国或加拿大也没有签署。事实上,可能会出现,根据第6条第1款的立法目的,关于该协议是否符合"现存"协议的问题,同时引起第6条第3款就出是否适用的问题(这将取决于《泰坦尼克号协议》合适缔结的问题)。然而,实际上,由于协定在任何情况下都与《水遗公约》大体相符,因此似乎没有什么事情能使这些问题发生。

⑭ 见加拉贝洛,《水遗公约的谈判史》,第128-132页。

约国)将受邀参加上述协议,从而加强了《水遗公约》赋予各国享有与水下文化遗产特殊联系的认可⑮。然而,本条款以及《水遗公约》其他条款似乎没有规定任何排除任何国家加入协议的可能性,而不论该国是否确有联系,只要该协议"高度符合"《水遗公约》,且不会"削弱其普遍性"。确实,如果能对缔约国的参与施加限制,它很可能会阻碍部分协议的目的。例如,如果确有联系是必须的,那么充分有效地适用管辖权的领土和国籍原则来制定规则将会变得困难:仅仅拥有地理上的联系不可能提供充足的"联系"⑯,或者仅仅拥有接触到遗址的技术能力也等于没有联系⑰。无论如何,确有联系似乎将促进《水遗公约》的目标,鼓励所有国家,不论是否为该公约缔约国都参加此类协议:显然,对于缔约国来说,与仅根据公约制度行事相比,这种方式提供了更好的保护手段。

毫无疑问,国家间的协议将继续被《水遗公约》的非缔约国和缔约国沿用。这些协议将继续被用于处理有关所有权和管辖权事宜的敏感问题,按照关于泰坦尼克号和爱沙尼亚的协议的方式,协议有时可能被用来加强保护特别重要或易受损害的沉船。适用关于封闭或半封闭区域协议所积累的经验⑱,很可能被用于制定以水下文化遗产为重点的区域协议:确实,关于保护地中海海域所有种类水下文化遗产可能区域的协议,已经进行讨论⑲。除了按照以前各项协议的例子,还有许多其他利用国家间协议的可能性来实现《水遗公约》的目标。例如,"共享遗产"协议已经被提出和讨论,旨在缓解诸如西班牙和荷兰等国与其前殖民地之间的紧

---

⑮ 见第 3 章第 3.4.2.2 节。

⑯ 《水遗公约》一直提到国家应具有"可证实的联系,特别是文化、历史或考古联系"。关于此短语的含义的讨论,见第 3 章第 3.4.2.2 节。

⑰ 例如,《泰坦尼克协定》的意图似乎是,在沉船一般的地理附近的所有国家,以及拥有接触到沉船技术的所有国家,最终将被促成为《泰坦尼克号协议》的缔约方,从而确保其所依据的管辖原则得到最佳效果,见第 7 章第 7.4.3 节。

⑱ 见伯尼和博伊(Birnie and Boy),《国际法和环境》(*International Law and the Environment*),第 390 - 398 页。

⑲ 见加拉贝洛,《地中海的沉没军舰》,第 197 - 199 页。还应注意到 1995 年《关于地中海特别保护的区域和生物多样性的巴塞罗那议定书》。这项协议于 1999 年 12 月 12 日生效,具体而言,重点在于对海洋环境的普遍保护而不是水下文化遗产,但它确实包括设立特别保护区的规定,除此之外,是在其文化利益的基础上。

张关系,这一协议已经就各自殖民地时期沉船遗址的利益的问题进行过讨论⑳。由于《水遗公约》是最低标准的制度,缔约国的协议中尚未将遗址保护纳入《水遗公约》范围,而遗址保护恰恰是推进公约总体目标的显著方法。例如,可以利用双边或多边协议来处理与第一次和第二次世界大战有关的敏感而复杂的情况:例如1945年在波兰格但斯克沉没的威廉·古斯特洛夫号和其他的难民船㉑、第二次世界大战楚克环礁潟湖的日本船只(Chuuk Lagoon)㉒和飞机遗骸,而第一次世界大战海战场日德兰半岛也当如此考虑。还必须指出的是,第6条所设想的协议并不限于与就地保护有关的协议,没有理由不能达成与贸易有关的协议或规定其他形式的合作㉓。

可以设想的是,随着时间的推移,一系列协议的发展会促进《水遗公约》原则和标准,并加强公约的协议保护框架。可以想象的是,其中一些协议不涉及《水遗公约》缔约国。许多缔约国明确表示支持《水遗公约》的一般原则和目标,包括附件《规章》,即使它们反对《水遗公约》的某些技术条款。因此,《水遗公约》的存续可能会鼓励非缔约国履行其根据《海洋法公约》第303条第1款规定的义务,保护水下文化遗产(并为此目的进行合作),通过制定各项协议,将协议纳入常规标准,甚至可以直接参考《水遗公约》的附件。

---

⑳ 见阿斯纳尔-戈麦斯,《西班牙》,第293-294页;玛莱福德,《荷兰》,第182-183页。

㉑ 见第9章第9.4.4节。

㉒ 详细情况主要见杰弗里,《密克罗尼西亚联邦》。有趣的是,杰弗里还考虑到楚克环礁的沉船是否符合1972年《世界遗产公约》的保护规定,参见《密克罗尼西亚联邦》,第157页。要符合世界遗产名录上的铭文,遗址将必须被视为"杰出的普世价值"。虽然世界文化遗产公约并没有明确说明,但一般认为,要符合遗址必须位于缔约国领土内的要求,而且还必须构成不动产[例如,见世界文化遗产公约的《操作指南》(the Operational Guidelines for the WHC),2012版,第134和48段]。沉船被认为是有问题的,如第2章所载(第2.3.1节),部分司法管辖将其视为动产,而另一些则视为不动产。话虽如此,2010年在世界遗产名录上刻上的"比基尼环礁核试验场"(Bikini Atoll Nuclear Test Site)重要特征,即所谓的"核舰队"是在1946年的十字航行后沉没的。

㉓ 正式的合作安排可能在次国家级别进行,例如不同国家的政府部门或机构之间。在2010年,美国国家海洋和大气管理局与西班牙文化部签订了一项谅解备忘录,规定"在各自职责范围内共同识别、保护、管理和保存水下文化资源的框架",参见美国国家海洋和大气管理局新闻稿,2010年12月1日(详情访问:www. noaanews. noaa. gov/stories2010/20101201_spain. html)。这两个国家之间的安排特别有趣,是因为西班牙是2001年联合国教科文组织《水遗公约》的缔约国,但美国不是。

10.3 《保护水下文化遗产公约》对水下文化遗产活动的 "无意中影响"

  毫无疑问,严重的破坏和损毁可能是由各种人类在海上活动的形式的导致的。某些类型的捕鱼,特别是底拖网捕捞作业以及疏浚、倾倒、管道和电缆铺设、碳氢化合物开发和可再生能源的生产都可能产生负面影响,甚至连抛锚下降的简单活动都会造成负面影响。因为离岸越近,水域较浅而人类活动的强度较大,人类活动的一般影响就会越大。然而,海洋环境的压力日益增加以及技术能力的进步意味着每一个海域的水下文化遗产都可能会无意中受到某种或另一类人类活动的影响。

  从建立水下文化遗产条约进程的伊始,该倡议寻求解决的主要威胁是由于蓄意干预水下文化遗产而造成的。不过,在联合国教科文组织的谈判过程中,其他会潜在影响水下文化遗产人类的行为应在多大程度上被涵盖在《水遗公约》范围内成为一些争论的主题。虽然这类活动构成的威胁是显而易见的,但在海洋环境中商业活动对国家经济的重要性如此之大,因此对这些活动的任何潜在干扰都是高度政治敏感的问题㉔。此外,谈判人员认识到试图管理发生在海域内的众多活动将是一项复杂和雄心勃勃的任务,而且远远超出了联合国教科文组织发起的条约的范围㉕。这是加拿大的一项建议的结果,即采纳了"针对"和"无意中影响"水下文化遗产的活动的区别,决定集中精力于将水下文化遗产作为主要目标的活动㉖。不过,正如前几章所提到的,《水遗公约》并未忽视可能无意中干预或以其

㉔ 尼日尔三角洲的局势说明了文化和经济利益之间存在的潜在冲突。原油出口收入对尼日利亚经济至关重要,但石油开采的影响,包括漏油,都威胁到与三角洲地区贩卖奴隶有关的重要水下文化遗产问题,参见根据《水遗公约》建立的科学技术咨询机构第二次会议的最终报告,文件名:《水下文化遗产 11/2. STAB/220/7》,2011 年 5 月 8 日,第 4 页。尼日利亚于 2005 年批准了该公约。

㉕ 加拉贝洛,《水遗公约的谈判史》,第 109 页。

㉖ 1994 年《国际法协会草案》和 1998 年《联合国教科文组织草案》都提到水下文化遗产的"影响活动"。加拿大在1999 年提出的建议,成就第 1 条、第 6 条和第 7 条"针对"的定义和"无意中影响"水下文化遗产的定义,促成关于后一种形式的活动特殊条款的加入,从而组成第 5 条(见下文)。

他方式损害水下文化遗产的活动的影响。

序言部分第 7 条的措辞表明,起草者认为有必要利用这些谨慎措辞来解决通常海洋活动的问题:

> 意识到合法开发水下文化遗产的活动也可能无意中对其造成不良后果,因而有必要对此做出相应的对策,无意中影响[27]······

该条款避免使用诸如"威胁""损害"或"损毁"等词语;事实上,该条款甚至不承认这种活动所造成的损害。相反,该条只提到"可能的不良后果"[28]。该条还明确表明,此种活动在公约制度下是"合法的"。

《水遗公约》包括一条专门讨论附带影响水下文化遗产活动的条款。第 5 条将缔约国置于这类具体义务下:

> 每个缔约国应采用它能用的最佳的可行手段防止或减轻其管辖范围内无意中影响水下文化遗产的活动可能会造成的任何不良后果。

为避免涉及特定海域,该条款适用于"缔约国管辖范围内"的活动[29]。缔约国所必须做的就是使用"赋予其最佳可行手段"。这是一个相对"软性"的义务,反映了第 2 条第 4 款的一般义务,即缔约国利用"最佳切实可行的手段,且符合缔约国的能力"保护水下文化遗产[30]。正如奥基夫所说,"各国不能袖手旁观,什么

---

[27] 参看序言部分 6 条,其中规定:"意识到水下文化遗产受到未经授权的活动的威胁,需要采取更有力的措施来防止这种活动。"

[28] 重点增补。

[29] 这是在英国的建议,见加拉贝洛,《水遗公约的谈判史》,第 128 页。第 5 条扩展到专属经济区内或大陆架沿岸国管辖范围内的活动(在这方面,另见第 7 章第 7.3.4 节),以及船旗船和缔约国国民所从事的活动,包括在该"区域"内的活动(在这方面,见第 10.3.2 节)。

[30] 见第 9 章第 9.2 节。

也不做"㉛；另外，第 5 条承认并考虑到了不同国家有不同的手段可供支配的事实。

　　显然，必须在实现《水遗公约》保护水下文化遗产的目标与同时不过分干预"合法"活动之间找到适当的平衡。这点反映的事实是第 5 条不要求缔约国必须防止不利影响，而是意识到"减轻"可能是可以做的一切。虽然就地保护原则是《水遗公约》的基本原则之一，但人们认识到在某些情况下，仅就地保护是不可行的。对于一个主要的基础设施项目而言，如疏浚航道或跨国石油或天然气管道，减轻不利影响是可能的。减轻不利影响可以通过在破坏遗址之前，进行考古"救援"来达到目的㉜；更难得的是，措施可能涉及移动沉船㉝。就诸如捕鱼、倾倒和集中疏浚等日常活动而言，在不过分损害上述活动的情况下，仅保证这些活动不会在所知晓的水下文化遗产遗址内发生，或在特殊考古敏感区域内发生，这样就可能防止不利影响㉞。然而，为了确保能够防止或减轻消极影响，需要建立一个制度，将考古和其他文化因素考虑在内的海洋发展管理制度。此外，为了减轻消极影响故意干扰水下文化遗产，缔约国需要确保干扰行为是根据《水遗公约》进行授权的，所为的行为需符合附件中《规章》的规定㉟。

㉛ 奥基夫，《沉船遗产》，第 65 页。

㉜ 1715 年在德国格赖夫斯瓦尔德湾(the Bay of Greifswald)凿沉的瑞典木制战舰之一的沉船于 2009 年发掘，为俄罗斯和德国正在建设中的北溪天然气管道腾出空间：北溪新闻稿(Nord Stream press release)，2009 年 7 月 15 日(可访问 www. nord-stream. com)。根据《海洋法公约》，管道和电缆具有特殊的地位。除此之外，根据该条约的第 79 条第 1 款，所有国家都有权在大陆架铺设电缆和管线，但必须按照该条的其他规定进行。这些规定，尤其是规定这些管道的路径描述须征得沿海国的同意，见第 79 条第 3 款。

㉝ 有鉴于第一次世界大战德国的 U 型船的残骸 UB38，已经对在多佛海峡(the Dover Strait)(世界上最繁忙的航线之一)的海运造成危险，2008 年，该战舰被英国的海洋机构打捞起并且被运输了到一个新的水下位置，参见"引航公会"(Trinity House)，《视野》(Horizon)，11(冬季 2008 版)，第 6 - 9 页。由于沉船和其他形式的各种情况可能对海洋环境中的活动造成危害，并危及这些活动，这是《水公约遗》未能处理的问题。见第 4 章的结论性评述。

㉞ 一方面，在捕鱼的情况下，鱼类种群出现和水下文化遗产方面可能会有某种巧合，但另一方面，渔民将希望能够避免海床地区，因为其包含的特征——所谓的"钩扣"将会绊住渔民的渔网。

㉟ 在此种情况下，第一起适用附件规则的案例可能起源于挪威(这似乎令人惊讶，因为挪威是对 2001 年联合国教科文组织《水遗公约》投反对票的四个国家之一)。2005 年，当挪威国家石油公司报告其在挪威大陆架上调查一条输油管道时发现了 19 世纪晚期的德国货船刘易斯号角号(Luise Horn)，挪威文化遗产局回应说授予的任何介入沉船许可根据联合国《水遗公约》附件中的规则都将是有条件的，参见科瓦尔和马斯特兰德，《挪威》，第 223 - 224 页。

根据贝德曼第 5 条"可以为离岸活动提供一个巨大的监管计划的许可"㊱。然而，这并不是设想的。第 5 条不要求建立新的或额外的管理框架；该条款只是要求缔约国利用和发展已在海洋区内管制活动的管理框架；换而言之，有权"使用最切实可行的手段"。在世界某些地区，这种框架可能实际上是不存在的或根本不存在；在其他区域，他们可能是按部门划分的。然而在发达地区，越来越多的海洋管制程序在方法上是整体性的，海洋管制程序采用复杂的管理工具，包括空间规划和环境影响评估。此外，作为全面包容性趋势的一部分，考古学的考虑因素正越来越将同意前和同意后阶段考虑在内㊲。

虽然第 5 条是《水遗公约》中专门处理无意中影响水下文化遗产活动的条款，仅考虑这一条并不足以评估《水遗公约》中关于无意中影响水下文化遗产的活动的潜在影响程度。《水遗公约》中关于大陆架和专属经济区以及"区域"的具体管理计划必定会考虑在内。

10.3.1 大陆架与专属经济区

虽然起初公约确定的制度旨在解决针对水下文化遗产的活动，但是关于大陆架和专属经济区的公约制度规定，在第 9 条和第 10 条，也会对无意中影响的活动产生影响。鉴于这些条款稍显复杂，这一事实在某种程度上有些"隐晦"㊳。

仔细阅读第 9 条第 1 款所载的规定，这一规定扩展到在大陆架和专属经济区内开展活动的任何人，而不仅限于那些打算从事针对文化遗产活动的人。作为实现《水遗公约》总体目标的手段——为保护这一制度——这是该制度的一个宝贵

㊱ 贝德曼，《海洋保护法：旧挑战与新趋势》("Maritime Preservation Law：Old Challenges，New Trends")，第 196 页。

㊲ 在欧洲，批准和实施 1992 年《瓦莱塔公约》是具有法律文书性质的，有助于提高考古因素程度，批准和实施该公约同时考虑领土情况和海洋情况，见第 1 章第 1.2.2.3 节。

㊳ 见第 8 章第 8.3.4 节。

的特点。如第9章所述㉟，目录是遗产管理的核心工具，通过报告发现的情况可以收集有关水下文化遗产存在的信息来归于目录中，且在此基础上发展成为计划。虽然在这些部门工作的行业不大可能热衷于实施一般的报告责任，但毫无疑问，目前已知的大量水下文化遗产的资源是来自这些行业的报告㊵。在这种程度上，他们在履行报告义务方面所需做的工作可能不比在实践中做得更多。他们更关心的问题将是提出报告的潜在后果。根据传统制度，任何的发现报告都将触发在第9条和第10条中规定的有关通知和保护的程序；这将引起作为协调国的沿海国的注意，并且可能有一个或多个其他国家与水下文化遗产确有联系。事实上，有关活动很可能将被视为对水下文化遗产构成"紧急危险"。正如第8章所指出的那样㊶，第10条第4款规定协调国可在位于大陆架和专属经济区内的水下文化遗产处于"紧急危险"的情况下采取措施，该措施明显扩大到不仅是危险通过水下文化遗产活动展现的时候，还扩大到各种人类活动的时候，包括引起无意中影响水下文化遗产的活动。第10条第4款规定，协调国可采取一切切实可行的措施，（或者）根据本公约，并在协商前发出任何必要的授权㊷。

如前文所述㊸，大陆架制度和专属经济区制度规定在第9和第10条中，其关于管辖权的观点存在很大争议且争议扩展到了无意中影响水下文化遗产的范围。这项活动制度的含义是多样的且复杂的，特别是它们将根据具体活动的性质不同而进行改变。然而，可以提出一些一般性意见。首先，根据第9条和第10条，缔约国采取的措施涉及无意中影响水下文化遗产的活动，这些措施必须视为对实施第5条所规定的与一般义务有关的活动。这项义务涉及

㉟ 见第9章第9.2节。

㊵ 在墨西哥湾，由于石油行业的调查工作，一些重要的沉船在深水中被发现：《下沉的石油威胁着历史悠久的海湾沉船》，美国联合通讯社，2010年7月4日。在许多情况下，报告将在自愿的基础上作出，或在非必要的情况下，水下文化遗产造成严重障碍的情况下。报告还可能由于合同的报告义务而作出的，详见下文。

㊶ 见第8章第8.3.4节。

㊷ 当水下文化遗产处于危险的情况下，第10条第4款将适用于，不仅是根据第9条第1款，在已经报告发现水下文化遗产的情况下。

㊸ 见第8章第8.3.4节。

缔约国管辖范围内的活动。因此,这项义务强调了一项事实,即缔约国只有在其管辖范围内才可采取行动。其次,就沿海国家管辖权而言,在第 7 章中指出,有些缔约国已经提出要求,在大陆架上和专属经济区中从事自然资源勘探和开发的承包者在其工作中需要报告水下文化遗产的发现,并确保这些水下文化遗产得到恰当的对待[44]。可以进一步论证的是,根据《海洋法公约》第303 条第 1 款中保护所有海域的义务,这些要求在国际法下是合法的(当被适用于外国承包者时)。《海洋法公约》似乎实际上正在做的只是鼓励缔约国采取这种做法。值得一提的是,1985 年《欧洲公约草案》中包括了一项具有同样效力的条款,虽然从未通过,但草案得到了法国、德国、荷兰和英国等国的批准[45]。最后,报告和"救援"考古的规定在涉及领土环境的发展控制方面是司空见惯和广为被接受的。联合国教科文组织《水遗公约》的规定只不过是协调保护与陆地上考古遗迹一样的水下文化遗产保护,因此,对海洋开发商的要求不比其陆地方面的要求更多。

10.3.2 "区域"

鉴于该"区域"的公约制度反映了大陆架和专属经济区的情况,所以《水遗公约》第 11 条和第 12 条与"区域"有关并不让人感到惊讶,有可能以不同于第 9 条和第 10 条的方式对一般活动产生影响[46]。根据 11 条第 1 款,缔约国有义务要求其国民或悬挂其国旗的船只的船长报告有关水下文化遗产的发现,不论他们是否打算从事针对该水下文化遗产的活动。同样地,报告将再次触发第 11 条和第 12条涉及通知和保护的程序。这些规定包括,如果需要事先磋商,所有缔约国可采取符合《水遗公约》的一切切实可行的措施以防止任何"人类的活动对水下文化遗

---

[44] 见第 7 章第 7.4.1 节。如上所述,这种做法可能比一般设想得更为普遍。

[45] 见第 1 章第 1.2.2.2 节。

[46] 有关"区域"的制度细节规定在第 11 条和第 12 条,见第 8 章第 8.3.5 节。

产"产生直接危险⑰。

考虑到大陆边缘以外水域的深度，主要活动可能会"无意中"影响和危害深海海底矿产中的水下文化遗产。如前所述⑱，国际海底管理局负责控制与勘探和开发"区域"内矿产资源有关的活动。因此，第 11 条和第 12 条所规定的制度要求国际海底管理局的秘书长需要得到联合国教科文组织《水遗公约》缔约国关于任何发现报告的通知⑲，并应受邀参加关于如何最佳地保护被发现的水下文化遗产的磋商⑳。

如第 7 章所述㉑，作为《海洋法公约》规定下职能的一部分，国际海底管理局正在制定一项采矿规章，规范"区域"矿产资源的活动。作为这一进程的一部分，2000 年国际海底管理局实行了《"区域"内多金属结核探矿和勘探规章》。规章要求探矿承包者通知国际海底管理局考古发现，国际海底管理局秘书长应向联合国教科文组织总干事转递这类信息，并要求承包者采取一切合理措施，避免干扰该发现㉒。最近，国际海底管理局实行了进一步的规定，这次关于涉及探矿和勘探两种其他的矿物质，包括多金属硫化物和富钴铁锰结壳㉓。考古发掘工作规程在这些规章中得到发展：规定在发现物的"合理范围内"停止活动，且此原则"直至（国际海底管理局）理事会在考虑（联合国教科文组织）总干事或任何其他有权利的国际机构另有决定为止"㉔。

确切地说，根据《海洋法公约》，如何建立矿产勘探制度和联合国教科文组织《水遗公约》在"区域"内的水下文化遗产保护之间是如何相互影响的，这是一个有

---

⑰ 第 12 条第 3 款。重点增补。

⑱ 见 7 章第 7.3.5 节以及第 8 章第 8.3.5 节。

⑲ 第 11 条第 2 款。

⑳ 第 12 条第 2 款。

㉑ 第 7 章，第 7.3.5 节。

㉒ 《"区域"内多金属结核探矿和勘探规章》，规章第 34 条。另见规章第 8 条，规定探矿者的发现通知义务。查看这些规章可访问 www.isa.org.jm。

㉓ 2010 年通过的《"区域"内多金属硫化物探矿和勘探条例》和 2012 年通过的《"区域"内富钴铁锰结壳探矿和勘探规章》（两者均可访问 www.isa.org.jm）。

㉔ 见规章第 37 条和规章第 8 条关于在探矿过程中发现。有趣的是，规章第 37 条特别提到发现任何人类遗骸的考古或历史性质，以及物体和遗址（似乎可能会修改"结核规章"，使之与最近的两套规章相一致）。

趣的问题⑤。国际海底管理局如何看待这两种规定制度之间关系的观点是由国际海底管理局于 2002 年在采纳联合国教科文组织《水遗公约》后做出的,观点见以下声明:

《水遗公约》一旦生效,对管理局似乎有两个主要影响。一方面,根据联合国教科文组织《水遗公约》在批准勘探工作计划申请时,如果区域内已经发现水下文化遗产,则法律和技术委员会以及国际海底管理局理事会将需要考虑这类发现或活动的现状,尽管并没有意见表明,仅在拟勘探区内存在一项水下文化遗产就会妨碍勘探工作计划的批准。另一方面,如果承包者通知管理局在其勘探区域内发现具有考古和历史意义的文物,联合国教科文组织《水遗公约》的缔约国可能想要援引《水遗公约》第 11 条和第 12 条的规定,即此类文物也是水下文化遗产的一部分。必须指出的是,在任何情况下,承包者的权利和义务源于其与管理局的合同条款⑥。

虽然国际海底管理局秘书长表示,"承包者的权利和义务源于其与管理局的合同条款",但从上文的讨论可以清楚地看出,承包者的权利和义务不仅是由其与国际海底管理局之间的合同调整管理的。如果承包者受联合国教科文组织《水遗公约》缔约国的管辖(根据管辖权的国籍原则),通过实施的方式,承包者将有义务将其发现向两个不同的机构报告:根据采矿条例向国际海底管理局秘书报告长,以及依据《水遗公约》第 11 条第 1 款向联合国教科文组织《水遗公约》的缔约国报告。此外,尽管声明中再三保证"没有任何建议认为,在拟定的勘探区内仅存有一项水下文化遗产的文物可能会阻止对勘探工作计划的核准",但是条款制定了两项最新的规则,关于停止勘探活动的规定可能引起了承包者的关注;因此,援引第

---

⑤ 迄今为止,学术界对这两种制度的关系几乎没有进行过探讨。然而,参见乐古润,《法国》(第 2 版),第 85-89 页。法国政府对此问题特别感兴趣因为合同缔结的主体是国际海底管理局和法国海洋开发研究所,法国海洋开放研究院是一个政府赞助的组织,目的是为了勘探"区域"内多金属结核和硫化物。关于进一步的合同细节,见下文。

⑥ 参见,国际海底管理局秘书长根据《海洋法公约》第 166 条第 4 段规定的报告,ISBA/8/A/5,2002 年 7 月,第 58 段。

11 条和第 12 条的规定可能是联合国教科文组织《水遗公约》缔约国的未来前景。

实践中,国际海底管理局和联合国教科文组织已经在合作确保这两种方案的平衡[57]。一旦发现被报告,如果承包者的状态(必须记住的是在深海海底采矿的情况下,承包者很可能是一个国家或者至少是一个国家担保的组织)是联合国教科文组织《水遗公约》的缔约国[58],承包者的地位将是与联合国教科文组织共事的关系,国际海底管理局以及其他任何宣称与该水下文化遗产为重点有联系,从而决定遗址的管理方案,方案需与《水遗公约》一致。这项计划的目的是确保勘探工作的任何不利影响得到防止或减轻,并确保任何认为必要进行的、将可能直接干扰水下文化遗产的活动需要根据联合国教科文组织附件的规则进行。即使承包人的本国不是联合国教科文组织《水遗公约》的缔约国(在这种情况下,该《水遗公约》的任何缔约国都不能"援引"第 11 条和第 12 条的规定),似乎可能将通过实施国际海底管理局自身的管理方案,导致相同的结果[59]。

2001 年至 2010 年期间,在勘探多金属结核方面,缔结了 8 份合同。在这些年的每一项合同中,都授予中太平洋的克拉里昂-克利珀顿区(the Clarion-Clipperton Zone)或印度洋达到 5 万平方千米的探区域具有专有权[60]。截至 2012 年,勘探合同的数量急剧上升到 17 份,包括硫化物勘探合同[61]。如同对大陆架上资源的了解情况一样,大部分关于"区域"的水下文化遗产信息可能来自那些涉及"无意中影响"的水下文化遗产的报告。随着时间的推移,探矿承包者在深海海底

---

[57] 这两个组织似乎有可能共同起草一份谅解备忘录,列出合作的条款和范围,就该地区进行海洋科学研究与 2000 年联合国教科文组织政府间海洋学委员会与国际海底管理局签署的谅解备忘录相似。

[58] 如果承包人是由多个国家联合形成的,那么在一些构成财团一部分的国家是联合国教科文组织《水遗公约》缔约国的情况下,就显然有可能出现复杂的情况,而其他机构则不是。

[59] 根据联合国教科文组织《水遗公约》(第 1 条第 8 款)规定的定义,这宣言的附带条件要求有关水下文化遗产包含国家船只或航空器。根据第 12 条第 7 款,如果承包者的本国是联合国教科文组织《水遗公约》的缔约国,在没有船旗国同意的情况下(不论船旗国是否是联合国教科文组织《水遗公约》的缔约国),承包者不得进行或授权针对水下文化遗产的活动。此外,即使承包人的状态不是《水遗公约》的缔约国,船旗国也可以主张在主权豁免的基础上阻止对该水下文化遗产进行干扰活动,主要见第 4 章。

[60] 详细信息参阅国际海底管理局网站(www. isa. org. jm)。

[61] 见《国际海底管理局历史机构批准五份勘探申请》,国际海底管理局新闻稿,2012 年 7 月 23 日(详情访问:www. isa. org. jm)。在撰写本书时,还收到了一些勘探富钴结核的勘探申请。

探矿的运作可能会带来一些巨大的发现⑫。正如在其他海域中无意影响水下文化遗产的活动一样，在大多数情况下，如果得到适当的安排将保证任何不利影响减少。

10.4　争端解决

显然，联合国教科文组织《水遗公约》缔约国之间存在着许多产生争议的机会。例如，一个缔约国声称其与沉船确有联系并有权就其未来的管理征求意见，这可能受到第三国的质疑⑬；缔约国可依赖《水遗公约》文本中有意构建的含糊不清的表达去解释第三国认为是违反第 3 条的情形⑭；或者一个国家可能会为了保护水下文化遗产而试图干涉其沿海大陆架电缆铺设方式感到担忧⑮。

作为一般国际法下的问题，各国有义务以和平方式解决彼此之间的争端⑯。这一制度是协商一致的，即所选择的手段将由当事各方商定。通常他们会寻求通过谈判解决争端。如果谈判失败，缔约国可能会寻求第三方的协助。例如，可能要求第三国斡旋或调停⑰，或将问题转交某司法法庭⑱。条约通常会包括争议解决条款，适用或解释条款时引起的争议，联合国教科文组织《水遗公约》也不例外。

《水遗公约》第 25 条规定了可被当作是三阶层解决争端程序的办法。第一层列在第 25 条第 1 款中：

---

⑫ 在一段时间内，属于联合国教科文组织《水遗公约》范围内的发现大部分可能构成船舶和飞机残骸。将来空间碎片甚至废弃的采矿设备也将被纳入《水遗公约》的定义范围［无线电电缆和管道无论其年代多老仍在使用，都不属于《水遗公约》的范围，见第 1 条第 1(b)款］，见第 2 章第 2.4.1 节。

⑬ 见第 3 章第 3.4.2.2 节。

⑭ 见第 8 章，特别是第 8.2 节。

⑮ 见注释 33。

⑯ 见《联合国宪章》，第 2 条第 3 款。同时见第 33 条。

⑰ 斡旋（mediation）和调停（conciliation）之间的区别是未定义的。在斡旋中，第三方在试图为争议双方找到解决基础时扮演的是相对非正式的角色，倾听两方的意见，提出解决方案。在调停方面，第三方的作用可能更为正式，譬如，调停可以对争端进行独立的调查和评估，并提出其自己见解的解决办法。

⑱ 如果当事各方同意将此争议提交司法解决，其基本选择是诉诸仲裁和诉诸设在海牙的国际法院。就这两项途径，见丘吉尔和罗威，《海洋法》，第 450－453 页。在这两种情况下，决定对双方都有约束力。

两个或两个以上缔约国在解释或实施本公约时出现的任何争端,都应以诚恳的协商或它们所选择的其他和平方式加以解决。

如果产生的争议是关于解释或适用《水遗公约》时,作为出发点,当事人各方必须使用自己选择的和平的方式去解决。特别提醒的是,善意的谈判是在国家间争端发生时通常诉诸的手段。然而,其他的解决方法可由争议人选择,似乎包括所有通常国家法下能够诉诸的。

如果争议的当事方根据第25条第1款,选择磋商作为解决其争议的途径,但磋商未能在合理的时间内(这一期间似乎是当事各方判决的争议的期间)解决争端,第25条第2款规定,"可经当事缔约国同意后,交由教科文组织调解"。应当指出,根据《水遗公约》的第二层争端解决办法是可选的,只有在争端当事方一致同意只能诉诸这种途径解决争议才能适用⑥。

第25条第3款规定的第三层仅在以下两种情况下发挥作用:合理谈判期已经逾期,争议双方选择不诉诸第25条第2款规定的调解方式;或若根据第25条第2款进行调解,但未达成解决方案。在这些情况下,根据第25条3款,必须诉诸《海洋法公约》第15部分所列的争端解决机制。

根据第25条第3款,第15部分的规定将"比照"适用用于联合国教科文组织《水遗公约》缔约国之间的任何争端,不论它们是否也是《海洋法公约》的缔约国⑦。

《海洋法公约》的第15部分包含了解决根据该条约产生的争端的详细机制。

---

⑥ 有趣的是,根据1970年联合国教科文组织《关于文化遗产非法交易的公约》,联合国教科文组织指定的规定起到帮助作用,见第17条第5款。撰文人能够确定的是,迄今从未使用过这一规定。

⑦ 第25条,第4段和第5段,仿照1995年《跨界鱼类种群协议》(1995 Straddling Fish Stocks Agreement)中的对等规定,继续在这方面作出详细规定。对第25条第3款、第25条第4款和第25条第5款的详细讨论,见奥基夫,《沉船遗产》,第137-140页。

第 15 部分的第 1 节规定了一般原则,规定由当事各方自由选择的争端解决方式。第 2 节规定了强制性程序,需要做出有约束力的决定,如果根据第 1 节自由选择的方式不能产出解决方案,争议当事方必须诉诸此强制程序⑦。没有任何建议认为联合国教科文组织《水遗公约》第 25 条第 3 款只涉及在第 15 部分第 2 节所规定的强制性程序,因此第 25 条第 3 款似乎是指整个第 15 部分⑫。

将《海洋法公约》复杂的争端解决机制纳入联合国教科文组织《水遗公约》下争端解决机制的条款是具有争议的。部分是因为《海洋法公约》的争端解决机制本身就有争议。一般而言,各国不愿意事先承诺将争端转交某种具体形式的争端解决,《海洋法公约》第 15 部分第 2 节规定的程序的强制性性质是不常见的。然而,强硬的争端解决机制包含强制的因素(凭借一方最终可以强制约束争端解决方案),这将被认为是《海洋法公约》条文中的关键点,因为在该条约中的规定谨慎地平衡权利和义务。出于同样的原因,涉及第 15 部分的已纳入《水遗公约》⑬。

根据联合国教科文组织《水遗公约》第 25 条,参考《海洋法公约》第 15 部分也是具有争议的,因为该部分内容可能对《海洋法公约》的非缔约国产生影响。至少从表面上看,第 25 条强制非《海洋法公约》的缔约国需受到《海洋法公约》争端解决机制的制约⑭。事实上,正是出于这个原因,土耳其和委内瑞拉这两个非《海洋法公约》缔约国都对联合国教科文组织的《水遗公约》投了反对票⑮。

---

⑦ 这程序是强制性的意味着程序能够被争议的任意一方单方面援引,参见《海洋法公约》第 286 条。缔约国可在四个程序自由选择一个程序:参考国际海洋法法庭(根据《海洋法公约》设立的机构),参考国际法院,或参考两种形式的临时仲裁,参见《海洋法公约》,第 287 条。第 15 部分第 3 节规定了第 2 节中针对这类型的争端适用强制性程序的许多限制和任意的例外。

⑫ 奥基夫,《沉船遗产》,第 138 页。关于海洋法争端解决的问题,包括《海洋法公约》的第 15 部分,一般情况下,见丘吉尔和罗威,《海洋法》,第 19 章;亦见克underline因,《联合国海洋法公约下的争端解决》(*Dispute Settlement in the UN Convention on the Law of the Sea*)。

⑬ 关于第 25 条的磋商历史,见加拉贝洛,《水遗公约的谈判史》,第 170 - 172 页。毫不意外的是,提及的第 15 部分受到《海洋法公约》的坚定捍卫,例如挪威、法国和英国。

⑭ 见第 25 条第 3 款。亦见第 25 条第 5 款。然而,应该注意的是《海洋法公约》第 291 第 2 款似乎排除适用第 15 部分的实体,而不是《海洋法公约》下的缔约国,除非在《海洋法公约》中特别规定,参见奥基夫,《沉船遗产》,第 137 - 138 页;卡尔杜齐,《水下文化遗产的扩大保护》,第 210 页,注释 361。

⑮ 见土耳其和委内瑞拉的投票的声明,分别发表在卡马达和斯科瓦奇所著的《水下文化遗产的保护》的第 432 页和第 434 页。

第 25 条第 3 款中提的第 15 部分引起了大量的复杂的问题,当诉诸争端解决途径的第三"层"解决办法,特别是第 2 节中的强制性程序,就需要解决这些问题⑯。然而在实践中,大多数与海洋法问题有关的争端都是通过磋商谈判解决的,且不需要诉诸任何形式的第三方程序,根据联合国教科文组织《水遗公约》,似乎绝大多数争端可通过磋商谈判或其他一致同意的途径解决(不只是因为途径可能产生除此之外的复杂性)。尽管如此,适用强制性程序确实向各缔约国提供了最终的保护,以确保符合《水遗公约》,也应让担心联合国教科文组织的《水遗公约》可能会被解释成与《海洋法公约》原意背道而驰的缔约国得以放心。此外,考虑到可能会出现与联合国教科文组织的《水遗公约》和《海洋法公约》有关的争端,那么相互参照第 25 条提及的第 15 部分能够缓解争端解决机制的进程⑰。

值得注意的是,第一起案子是最近发生的,包括根据《海洋法公约》第 15 部分第 2 节,向法院或法庭提交与水下文化遗产有关的争端。2010 年,就西班牙当局扣留路易莎号商船是一艘悬挂圣文森特岛和格林纳丁斯群岛(Saint Vincent and the Grenadines)国旗的船只,圣文森特岛和格林纳丁斯群岛在国际海洋法法庭对西班牙提起诉讼⑱。申请人声称,扣留已经违反了《海洋法公约》的各项规定,包括第 303 条⑲。在提起诉讼时,争端双方也是 2001 年联合国教科文组织《水遗公约》的缔约国⑳。有趣的是,在西班牙提请注意这一事实之后,圣文森特岛和格林

---

⑯ 除此之外,关于涉及在"区域"内适用或解释联合国教科文组织《水遗公约》决定关于该地区的适用或解释有关的某些争端方面的某些争议的决定将产生一些有趣的问题。根据《海洋法公约》,为解决与勘探和开发"区域"内自然资源有关的争端作出了特别规定,参见《海洋法公约》,第 11 部分,第 5 节。关于根据联合国教科文组织《水遗公约》产生的关于此类活动的争议(这类争端肯定会产生,见上文第 10.3.2 节),第 15 部分是否适用? 如斯特拉蒂所指出的,根据《海洋法公约》第 149 条,第 11 部分第 5 节不适用于关于优先权的争议;因此,有关联合国教科文组织《水遗公约》第 11 条第 4 款或第 12 条第 6 款下优先权的争议似乎是属于第 15 部分解决机制下的,参见斯特拉蒂,《水下文化遗产的保护》,第 306 页。

⑰ 见奥克斯曼,《互补协议和强制管辖权》("Complementary Agreements and Compulsory Jurisdiction"),第 277 - 307 页。

⑱ 见路易莎号商船案,国际海洋法法庭第 18 号案。2010 年 12 月 23 日,国际海洋法法庭发出命令,拒绝申请人根据《海洋法公约》第 290 条第 1 款要求采取的临时措施。关于此案于 2012 年 10 月召开庭审。

⑲ 就第 303 条有关范围下的事实情况,见第 7 章,注释 21。

⑳ 圣文森特岛和格林纳丁斯群岛在向国际海洋法法庭提交申请前六天才刚成为联合国教科文组织《水遗公约》的缔约国。

纳丁斯群岛放弃了对违反第 303 条的任何要求[81]。

10.5　技术执行

2001 年联合国教科文组织《水遗公约》下条约的复杂性需要大量的组织和监督,以确保其能在技术方面有效地施行。然而,联合国教科文组织《水遗公约》没有规定建立一个单独的国际机构——沿着国际海底管理局的路线——以缔约国的名义管理该制度,而是在联合国教科文组织的支持下,在缔约国直接在一起共事的基础上,联合国教科文组织《水遗公约》规定了管理的架构。因此,公约制度的效力将取决于缔约国在实际(和财政)层面上的实质性和持续性的承诺。除此之外,该制度需要真正地符合《水遗公约》所规定的合作原则,并准备接受妥协,以便能够以合理的速度和效率做出决定。

与联合国教科文组织最近的其他条约相比[82],2001 年联合国教科文组织《水遗公约》对其技术的执行没有什么具体规定,因此给缔约国留有大量的自由裁量空间。第 23 条仅简单地规定联合国教科文组织总秘书应在《水遗公约》生效后一年内召开一次缔约国会议,此后至少每两年举行一次[83]。缔约国会议应决定其本身的职能和责任[84],并应通过自己的程序规则[85]。《水遗公约》向缔约国会议提供了选择,即设立一个由各缔约国提名的专家组成的科学和技术咨询机构[86],协助

---

[81] 见西班牙 2011 年 12 月 12 日的答辩状第 168 段,以及对圣文森特岛和格林纳丁斯群岛 2012 年 2 月 10 日的答复,第 29 页。另见 2012 年 4 月 10 日西班牙的第二次答辩评,第 53 段,注释 78。所有相关文件均可访问 www.itlos.org。

[82] 例如,见 2003 年《联合国教科文组织保护非物质文化遗产公约》第 4 条至第 10 条;见 2005 年联合国教科文组织《保护和促进文化表现形式多样性公约》,第 22 - 24 条。关于讨论实施联合国教科文组织的不同条约在不同文化领域的安排,见福莱斯特,《国际法和保护文化遗产》(*International Law and the Protection of Cultural Heritage*),第 415 - 418 页。

[83] 第 23 条第 1 款。缔约国的特别会议应"由大多数缔约国的请求召开",参见第 23 条第 1 款。

[84] 第 23 条第 2 款。

[85] 第 23 条第 3 款。

[86] 第 23 条第 4 款。

其解决有关实施附件《规章》所涉及的科学和技术问题[37]。第 24 条继续规定,联合国教科文组织《水遗公约》下总秘书负责秘书处的职能[38],其中的职责应包括缔约国会议的组织和协助各国实施缔约国会议的决定[39]。

在撰写本书的时候,《水遗公约》的实施机制仍处于形成阶段。但是已经有了许多关键的进展。

10.5.1 缔约国会议

2009 年 1 月 2 日在《水遗公约》生效后不久,缔约国会议第一届会议在巴黎的联合国教科文组织总部举行,会议期限为 2009 年 3 月 26 日至 2009 年 3 月 27 日。本届会议通过了缔约国会议程序规则。除此之外,这些规则规定了会议的职能和责任,并为会议的设立附属机构做出了规定。根据第 23 条第 4 款的设想,该决定作为设立科学和技术咨询机构的基础,并通过了该机构的章程。虽然该机构没有明确规定在《水遗公约》中,但会议决定,应拟定"可能有助于更好地解释和理解有效地执行"公约的《操作指南》[90]。会议达成一致,在与缔约国磋商后,秘书处将为这些指南起草一封初步草案,优先考虑两个具体事项:第 8 条到第 13 条国家合作和磋商机制与该地区任命协调国。

缔约国会议第二届会议于 2009 年 12 月 1 日至 2009 年 12 月 2 日举行。会议审议了秘书处编写的《操作指南》初稿,并决定设立一个政府间工作组以编写一份修订草案供第三届会议审议。虽然《水遗公约》没有规定,但此次会议决定根据缔约国和其他捐助者的捐款基础设立一个特别账户,以提供水下文化遗产的基金。还选出了科学和技术咨询机构的第一批成员。在第三届会议上,2011 年 4 月 13

---

[37] 第 23 条第 5 款。
[38] 第 24 条第 1 款。
[39] 第 24 条第 2(a)款及(b)款。
[90] 第一届的记录摘要草稿,水下文化遗产文件/09/2. MSP/220/4,2009 年 9 月 15 日(第二届会议通过,没有修正案),第 10 页。

日至 2011 年 4 月 14 日,审议了科学和技术咨询机构的组成(见下文)。在还审议了政府间工作组编纂的《操作指南》修订草案,并转交工作组做进一步的编纂。在撰写本书时,预计《操作指南》将在 2013 年 4 月完成,并准备在第四届缔约国会议上通过[91]。

《操作指南》具有一定的意义。其核心条款是关于所谓的"国家合作机制"的规定。这些规定为缔约国提供了指导:

（ⅰ）报告、通知和申报与根据第 9 条到第 10 条以及第 11 条到第 12 条规定的制度有关的利益;

（ⅱ）根据这些制度,选择协调国和国家协商制度;和

（ⅲ）缔约国可根据这些制度采取的措施。

显然,这一指导方针的各个方面都有可能引起政治上的争议[92]。

10.5.2 科学和技术咨询机构

科学和技术咨询机构的作用是在实施《水遗公约》下附件《规章》时,在所产生的关于科学或技术性质的问题上"适当协助"缔约国会议[93]。缔约国会议的程序规则规定,各缔约国可提名一名专家参加咨询机构的选举,并明确规定专家在完

---

[91] 最新版本规定在 2012 年 7 月 17 日的水下文化遗产文件/12/WG/220/1。这份工作文件由工作组准备,安排于 2012 年 9 月的会议上供审议。

[92] 缔约国会议应该冲锋意识到这一事实,将重点放在方针必须便利《水遗公约》的适用,而不是解释该公约或是改写公约。最新的《操作指南》规定,这些规定"既不能被理解为后订立的新条约,也不能被认为是对《水遗公约》的改写、修订或是解释。这些规定的仅仅旨在以实践指导的方式方便公约的实施。为解决疑问,《水遗公约》的文本优先",参见 2012 年 7 月 17 日水下文化遗产文件/12/WG/220/1,第 22 段。此处的措辞表明《操作指南》作为协助《水遗公约》解释的文件,并不具有任何法律地位,尤其是,根据《维也纳条约法公约》第 31 条第 3(a)款的目的,并不构成条约[第 31 条第 3(a)款规定,在解释条约时,解释需要考虑在内的,尤其是考虑"缔约国之间订立的后续新条约中有关该条约的解释或此新的条款适用"]。无论最终结果是什么,《操作指南》将不可避免地受到很大的影响。有鉴于此,需要对起草的过程倾注大量的注意力。

[93] 第 23 条第 5 款。

成工作时应符合国家和/或国际级的科学、专业和道德。咨询机构的章程还酌情确定了以下领域的背景形式："水下考古学、国际法、材料学（冶金学，考古生物学，地质学），水下遗址和/或水下文物的保护"㉞。

由缔约国会议议事规则规定设立一个咨询机构，最初由十二名成员组成，但有可能将数目增加至多 24 个成员，这取决于缔约国的数目。一般而言，每位成员的任期为四年。咨询机构应与开展《水遗公约》范围内有关活动的非政府组织（NGO）协商和合作，包括国际水下文化遗产委员会㉟以及其他相应的受到缔约国会议认可的非政府组织。每届咨询机构会议由联合国教科文组织总干事一年召开一次（如有需要可召开第二届）。

迄今为止，咨询机构已举行了三届会议。这些会议的一个重要成果是批准了《联合国教科文组织水下文化遗产活动指南》㊱。

10.5.3 联合国教科文组织秘书处

除了组织缔约国会议和协助各国实施这些会议的决定外㊲，《水遗公约》秘书处还提供支持科学和技术咨询机构的工作㊳，在促进缔约国合作机制下的报告和交流方面起到重要作用㊴。在缔约国之间出现争端时也可要求提供调解

㉞ 科学和技术咨询机构的章程，第 2 条(a)款。

㉟ 国际水下文化遗产委员会尤其重要因为其负责起草 1996 年《国际古迹遗址理事会保护与管理水下文化遗产宪章》，该宪章是以《水遗公约》附录规则作为基础的。

㊱ 指南旨在协助管理机构适用附件规则（见第 9 章第 9.3.1 节）。鉴于附件规则是《水遗公约》整体的一部分，指南原来作为辅助解释《水遗公约》的地位由于咨询机构批准指南而受到质疑。根据《维也纳条约法公约》第 31 条第 3(a)款的目的（见前注释 92），虽然该项批准指南不符合"缔约国之间订立的后续新约中有关该条约的解释或此新条款适用"的规定，但该行为赋予指南应具有命令式的作用的印象。这似乎不是作者（来自世界各地的著名考古学家）所设想的，而且有一种风险，即指南中的评论可能无意地给出某些规则含义的误导性印象，特别是那些是政治妥协的结果（最明显的是规则 2）。更笼统地说，咨询机构的作用在于在向缔约国会议提供帮助（"关于实施规则中科学和技术性质的问题"），咨询机构总能够具有政治敏锐性。关于打捞文物用预先计划的出售或交换藏品方式进行来获得发掘资金的问题，第三届会议的咨询团体采纳的解决方法充分证明这一点，见第 6 章，注释 85 及相关文本。

㊲ 根据第 24 条第 2 款。

㊳ 见程序规则第 26 条。

㊴ 可以设想的是通过联合国教科文组织的网站，报告可通过电子化以数据库的方式进行。通知和申报利益的草案形式附在《操作指南》后。

服务⑩。秘书处的作用可能不那么正式,但可能同样重要的是,秘书处的作用在于促进《水遗公约》和实现目标方面发挥作用,提高公众在《水遗公约》规定下对保护水下文化遗产重要性的认识并且与各缔约国合作促进常规合作和信息交流,包括能力建设、培训和技术转让等事项。

秘书处很小⑩,应付所有这些任务将是个挑战。在撰写本文时,秘书处正将其注意力集中在加强能力建设、认识提高以及区域基础上的认可促进方面。

10.6 修正

修改联合国教科文组织《水遗公约》的程序规定在第 31 条。根据第 31 条第 1 款:

> 缔约国可书面通知教科文组织总干事,对本公约提出修正建议。总干事应将此通知转发给所有缔约国。如在通知发出之日起六个月内,有一半以上的缔约国答复赞成这一要求,总干事应将此建议提交下一次缔约国会议讨论,决定是否通过。

要获得通过,修正案需要得到出席缔约国会议并参加表决的缔约国的三分之二以及上的支持⑩。

根据第 31 条通过一项修正案的要求比早期联合国教科文组织在遗产领域的某些条约更为正式⑩,而且更为复杂⑩。对缔约国(换而言之,而不是对缔约国会

---

⑩ 见第 10.4 节。

⑩ 秘书处目前包括一名长期专职官员,通常由临时或兼职工作人员协助其工作。

⑩ 第 31 条第 2 款。一旦修正案通过,修正案将受到缔约国的批准、接受、统一或加入,参见第 31 条第 3 款。修正案只对承认它们的缔约国具有约束力,参见第 31 条第 4 款至第 31 条第 5 款。

⑩ 即 1970 年联合国教科文组织《关于文化遗产非法交易的公约》以及 1972 年《世界遗产公约》(分别见第 25 条和第 37 条)。另看 1954 年《关于武装冲突时保护文化财产的海牙公约》的规定,第 39 条。

⑩ 然而,有趣的是,两份较近期的联合国教科文组织的协定是与文化有关的,即 2003 年《联合国教科文组织保护非物质文化遗产公约》和 2005 年的《保护和促进文化表现形式多样性公约》(分别见第 38 条和第 33 条)。

议或联合国教科文组织)启动该程序的要求与《海洋法公约》类似[105],即要求不少于半数以上的缔约国对该请求做出积极答复。然而,《海洋法公约》规定同等的条款,即允许收到这些答复的期限为十二个月;正如,奥基夫先生指出的那样,只允许在六个月的时间内从至少半数以上缔约国得到积极答复是需要克服的"实质性障碍"[106]。此外,有些人可能认为,要求三分之二以及上支持通过一项修正案多少有些奇怪,而通过《水遗公约》也只需要简单多数通过[107]。

根据第 31 条提出的修正程序不仅适用于《水遗公约》的主体,而且也适用于附录规则,因为这些规则是构成《水遗公约》的一个组成部分[108]。鉴于附录规则的一般性质和宗旨,尤其考虑到"规则"是为了体现普遍的最佳做法,对"规则"的修正可能需要更大程度的灵活性。然而,由于这些规则包含政治上的敏感因素(最明显的是《规章》第 2 条关于商业开发的规定),修正案规则的默示批准程序被拒绝采用[109]。

10.7　保留

联合国教科文组织《水遗公约》的最后一个方面值得注意的是第 30 条。规定如下:

> 除第 29 条所指的情况外,对本公约不得持任何保留意见。

---

[105] 根据 312 条,一般修正案的步骤同《海洋法公约》一样都规定了可替换的、更简化的,修正案程序,从而在 12 个月内,如果没有缔约国反对所提出的修正案,其将会被考虑通过(关于"区域"内活动的修正案由《海洋法公约》第 314 条单独调整)。

[106] 奥基夫,《沉船遗产》,第 150 页。

[107] 事实上,这种做法应该被视为是一种让步,因为一些国家认为,各国需要达成协商一致意见,参见加拉贝洛,《水遗公约的谈判史》,第 179 页。

[108] 联合国教科文组织《水遗公约》第 33 条。

[109] 关于第 31 条的谈判历史,见加拉贝洛,《水遗公约的谈判史》,第 178 - 179 页。请参阅上文注释 96 中的相关评论。

这是另一项程序性规定,统一了《水遗公约》与《海洋法公约》的路径。这意味着,当一个国家批准《水遗公约》时,该国便无法发表声明,表明其将"排除或修改……条约条款的法律效力,当条约在本国适用时"⑩。鉴于《水遗公约》条文中存在让步,确保缔约国"一揽子"接受《水遗公约》是很重要的,且并不试图从他们不喜欢的条款中解脱出来⑪。

第30条提到第29条,涉及所谓的"联邦条款"。这条允许联邦制国家在批准条约时做出声明,即条约不适用于其领土、内陆水域、内部水域、群岛水域或领海的特定部分,除非当时有允许适用这类情形的情况出现。同时,有关国家"应在切实可行的范围内,尽快创造"这类条件⑫。

---

⑩《维也纳条约法公约》,第2条第1(d)款。
⑪ 关于这一规定的磋商谈判历史,见加拉贝洛,《水遗公约的谈判史》,第177-178页。
⑫ 关于这一规定,详见第8章第8.3.2节,特别是注释39。

参考文献

［1］ Adlercreutz, T., "Sweden", in S. Dromgoole (ed.), The Protection of the Underwater Cultural Heritage: National Perspectives in Light of the UNESCO Convention 2001 (Leiden and Boston: Martinus Nijhoff Publishers, 2006), pp. 297-312.

［2］ Alexander, B., "Treasure Salvage Beyond the Territorial Sea: An Assessment and Recommendations" (1989) 20 Journal of Maritime Law and Commerce 1-19.

［3］ Arend, A., "Archaeological and Historical Objects: The International Legal Implications of UNCLOS III" (1982) 22 Virginia Journal of International Law 777-803.

［4］ Aust, A., Handbook of International Law, 2nd edn (Cambridge University Press, 2010). Modern Treaty Law and Practice, 2nd ed (Cambridge University Press, 2007).

［5］ Aznar-Gómez, M., "Legal Status of Sunken Warships 'Revisited'" (2003) 9 Spanish Yearbook of International Law 61-101.
"Spain", in S. Dromgoole (ed.), The Protection of the Underwater Cultural Heritage: National Perspectives in Light of the UNESCO Convention 2001 (Leiden and Boston:) Martinus Nijhoff Publishers,

2006), pp. 271 – 95.

"Treasure Hunters, Sunken State Vessels and the 2001 UNESCO Convention on
the Protection of Underwater Cultural Heritage" (2010) 25 International
Journal of Marine and Coastal Law 209 – 36.

[6] Bascom, W. , "Deepwater Archeology" (1971) 174 Science 261 – 9.

[7] Baslar, K. , The Concept of the Common Heritage of Mankind in
International Law (The Hague: Martinus Nijhoff Publishers, 1998).

[8] Bass G. , "Turkey: Survey for Shipwrecks, 1973" (1974) 3 International
Journal of Nautical Archaeology 335 – 8.

[9] Bederman, D. , "Historic Salvage and the Law of the Sea" (1998 – 9) 30
University of Miami Inter-American Law Review 99 – 129. "Maritime
Preservation Law: Old Challenges, New Trends" (2002) 8 Widener Law
Symposium Journal 163 – 206. " The UNESCO Draft Convention on
Underwater Cultural Heritage: A Critique and Counter-Proposal" (1999)
30 Journal of Maritime Law and Commerce 331 – 54.

[10] Bevan, J. , The Infernal Diver (London: Submex Ltd, 1996).

[11] Birnie, P. , Boyle, A. and Redgwell, C. , International Law and the
Environment, 3rd edn (Oxford University Press, 2009).

[12] Bishop, A. , "The Underwater Cultural Heritage Convention 2001" (2002)
3 Shipping and Transport Lawyer 18 – 20.

[13] Blake, J. , "The Protection of the Underwater Cultural Heritage" (1996)
45 International and Comparative Law Quarterly 819 – 43. "Turkey", in S.
Dromgoole (ed.), Legal Protection of the Underwater Cultural Heritage:
National and International Perspectives (The Hague, London and Boston:
Kluwer Law International, 1999), pp. 169 – 80.

［14］ Blumberg, R., "International Protection of Underwater Cultural Heritage", in M. Nordquist, J. Norton Moore and Kuen-chen Fu (eds.), Recent Developments in the Law of the Sea and China (Leiden and Boston: Martinus Nijhoff Publishers, 2006), pp. 491 – 511.

［15］ Boyle, A., "Further Development of the Law of the Sea Convention: Mechanisms for Change" (2005) 54 International and Comparative Law Quarterly 563 – 84.

［16］ Boyle, A. and Chinkin, C., The Making of International Law (Oxford University Press, 2007).

［17］ Braekhus, S., "Salvage of Wrecks and Wreckage: Legal Issues Arising from the Runde Find" (1976) 20 Scandinavian Studies in Law 39 – 68.

［18］ Brice, G., "Salvage and the Underwater Cultural Heritage" (1996) 20 Marine Policy 337 – 42.

［19］ Bridge, M., Personal Property Law, 3rd edn (Oxford University Press, 2002).

［20］ "Protection of the Underwater Cultural Heritage: Draft Principles and Guidelines for Implementation of Article 303 of the United Nations Convention on the Law of the Sea, 1982" (1996) 20 Marine Policy 325 – 36.

［21］ Brownlie, I., Principles of Public International Law, 7th edn (Oxford University Press, 2008).

［22］ Bryant, C., "The Archaeological Duty of Care: The Legal, Professional, and Cultural Struggle over Salvaging Historic Shipwrecks" (2001) 65 Albany Law Review 97 – 145.

［23］ Caflisch, L., "Submarine Antiquities and the International Law of the

Sea" (1982) 13 Netherlands Yearbook of International Law 3 – 32.

[24] Camarda, G. and Scovazzi, T. (eds.), The Protection of the Underwater Cultural Heritage: Legal Aspects (Milan: Giuffrè Editore, 2002).

[25] Carducci, G., "The Expanding Protection of Underwater Cultural Heritage: The New UNESCO Convention Versus Existing International Law", in G. Camarda and T. Scovazzi (eds.), The Protection of the Underwater Cultural Heritage: Legal Aspects (Milan: Giuffrè Editore, 2002).

[26] Churchill, R. and Lowe, A., The Law of the Sea, 3rd edn (Manchester University Press, 1999).

[27] Clément, E., "Current Developments at UNESCO Concerning the Protection of the Underwater Cultural Heritage: Presentation Made at the First and Second National Maritime Museum Conferences on the Protection of Underwater Cultural Heritage (Greenwich, 3 and 4 February 1995) (London, IMO, 25 and 26 January 1996)" (1996) 20 Marine Policy 309 – 13.

[28] Crane Miller, H., International Law and Marine Archaeology (Belmont, NH: Academy of Applied Science, 1973). Davies, M., "Whatever Happened to the Salvage Convention 1989?" (2008) 39 Journal of Maritime Law and Commerce 463 – 504.

[29] Davies, P. and Myburgh, P., "New Zealand", in S. Dromgoole (ed.), The Protection of the Underwater Cultural Heritage: National Perspectives in Light of the UNESCO Convention 2001 (Leiden and Boston: Martinus Nijhoff Publishers, 2006), pp. 189 – 215.

[30] Dorsey, W., "Historic Salvors, Marine Archaeologists, and the UNESCO

Draft Convention on the Underwater Cultural Heritage", paper delivered at Houston Marine Insurance Seminar 2000 (available at www. houstonmarineseminar. com).

[31] Dromgoole, S. , "2001 UNESCO Convention on the Protection of the Underwater Cultural Heritage" (2003) 18 International Journal of Marine and Coastal Law 59 – 108.

"The International Agreement for the Protection of the Titanic: Problems and Prospects" (2006) 37 Ocean Development and International Law 1 – 31. (ed.), Legal Protection of the Underwater Cultural Heritage: National and International Perspectives (The Hague, London and Boston: Kluwer Law International, 1999).

"Murky Waters for Government Policy: The Case of a 17th Century British Warship and 10 Tonnes of Gold Coins" (2004) 28 Marine Policy 189 – 98.

"A Note on the Meaning of 'Wreck'" (1999) 28 International Journal of Nautical Archaeology 319 – 22.

"Protection of Historic Wreck: The UK Approach, Part I: The Present Legal Framework" (1989) 4 International Journal of Estuarine and Coastal Law 26 – 51. (ed.), The Protection of the Underwater Cultural Heritage: National Perspectives in Light of the UNESCO Convention 2001, 2nd edn (Leiden and Boston: Martinus Nijhoff Publishers, 2006).

"Reflections on the Position of the Major Maritime Powers with Respect to the UNESCO Convention on the Protection of the Underwater Cultural Heritage 2001 " (2013) 38 Marine Policy 116 – 23 (dx. doi. org/ 10. 1016/j. marpol. 2012. 05. 027).

"Revisiting the Relationship between Marine Scientific Research and the Underwater Cultural Heritage" (2010) 25 International Journal of Marine and Coastal Law 33 – 61.

"United Kingdom", in S. Dromgoole (ed.), The Protection of the Underwater Cultural Heritage: National Perspectives in Light of the UNESCO Convention 2001, 2nd edn (Leiden and Boston: Martinus Nijhoff Publishers, 2006), pp. 313 – 50.

[32] Dromgoole, S. and Forrest, C. , "The Nairobi Wreck Removal Convention 2007 and Hazardous Historic Shipwrecks" [2011] Lloyd's Maritime and Commercial Law Quarterly 92 – 122.

[33] Dromgoole, S. and Gaskell, N. , "Draft UNESCO Convention on the Protection of the Underwater Cultural Heritage 1998 " (1999) 14 International Journal of Marine and Coastal Law 171 – 92.

[34] Dromgoole, S. and Gaskell, N. , "Interests in Wreck", in N. Palmer and E. McKendrick (eds.), Interests in Goods, 2nd edn (London and Hong Kong: Lloyd's of London Press, 1998), pp. 141 – 204.

[35] Dunkley, M. , "Catastrophic Burials: The Study of Human Remains from Sunken Warships" [2011] 66 English Heritage Conservation Bulletin 20 – 2.

[36] Earle, P. , Treasure Hunt: Shipwreck, Diving, and the Quest for Treasure in an Age of Heroes (New York: Thomas Dunne Books, St Martin's Press, 2007).

[37] Elkin, D. , "Case Study: HMS Swift – Argentina", in University of Wolverhampton/English Heritage, Shared Heritage: Joint Responsibilities in the Management of British Warship Wrecks Overseas, International Seminar, 8 July 2008, pp. 2 – 13 (available at www. english-

heritage. org. uk/publications).

[38] Espósito, C. and Fraile, C. , "The UNESCO Convention on Underwater Cultural Heritage: A Spanish View", in D. Caron and H. Scheiber (eds.), Bringing New Law to Ocean Waters (Leiden and Boston: Martinus Nijhoff Publishers, 2004), pp. 201 – 23.

[39] Eustis III, F. , "The Glomar Explorer Incident: Implications for the Law of Salvage" (1975 – 6) 16 Virginia Journal of International Law 177 – 85.

[40] Ferri, N. , " The Protection of the Underwater Cultural Heritage According to the United Nations General Assembly " (2008) 23 International Journal of Marine and Coastal Law 137 – 49.

[41] Firth, A. , "Underwater Cultural Heritage Off England: Character and Significance", in R. Yorke (ed.), Protection of Underwater Cultural Heritage in International Waters Adjacent to the UK: Proceedings of the JNAPC 21st Anniversary Seminar (Portsmouth: Nautical Archaeology Society, 2011), pp. 15 – 22.

[42] Flecker, M. , " The Ethics, Politics, and Realities of Maritime Archaeology in Southeast Asia" (2002) 31 International Journal of Nautical Archaeology 12 – 24.

[43] Fletcher-Tomenius, P. and Williams, M. "The Protection of Wrecks Act 1973: A Breach of Human Rights?" (1998) 13 International Journal of Marine and Coastal Law 623 – 42.

[44] Fletcher-Tomenius, P. , O'Keefe, P. and Williams, M. , " Salvor in Possession: Friend or Foe to Marine Archaeology?" (2000) 9 International Journal of Cultural Property 263 – 314.

[45] Forrest, C. , International Law and the Protection of Cultural Heritage

(London and New York: Routledge, 2010).

"An International Perspective on Sunken State Vessels as Underwater Cultural Heritage" (2003) 34 Ocean Development and International Law 41 - 57.

"A New International Regime for the Protection of Underwater Cultural Heritage" (2002) 51 International and Comparative Law Quarterly 511 - 54.

"South Africa", in S. Dromgoole (ed.), The Protection of the Underwater Cultural Heritage: National Perspectives in Light of the UNESCO Convention 2001 (Leiden and Boston: Martinus Nijhoff Publishers, 2006), pp. 247 - 70.

[46] Forrest, C. and Gribble, J., "The Illicit Movement of Underwater Cultural Heritage: The Case of the Dodington Coins" (2002) 11 International Journal of Cultural Property 267 - 93.

"Perspectives from the Southern Hemisphere: Australia and South Africa", in Joint Nautical Archaeology Policy Committee, The UNESCO Convention for the Protection of the Underwater Cultural Heritage: Proceedings of the Burlington House Seminar, October 2005 (Portsmouth: Nautical Archaeology Society, 2006), pp. 30 - 5.

[47] Fox, H., The Law of State Immunity, 2nd edn (Oxford University Press, 2008). Francioni, F., The 1972 World Heritage Convention: A Commentary (Oxford University Press, 2008).

[48] Fu, Kuen-chen, "China (including Taiwan)", in S. Dromgoole (ed.), The Protection of the Underwater Cultural Heritage: National Perspectives in Light of the UNESCO Convention 2001 (Leiden and Boston: Martinus

Nijhoff Publishers, 2006), pp. 17 – 41.

[49] Gaffney, V., Fitch, S. and Smith, D., Europe's Lost World: The Rediscovery of Doggerland (York: Council for British Archaeology, 2009).

[50] Garabello, R., "The Negotiating History of the Convention on the Protection of the Underwater Cultural Heritage", in R. Garabello and T. Scovazzi (eds.), The Protection of the Underwater Cultural Heritage: Before and After the 2001 UNESCO Convention (Leiden and Boston: Martinus Nijhoff Publishers, 2003), pp. 89 – 192.

"Sunken Warships in the Mediterranean: Reflections on Some Relevant Examples in State Practice Relating to the Mediterranean Sea", in T. Scovazzi (ed.), La Protezione del Patrimonio Culturale Sottomarino nel Mare Mediterraneo (Milan: Giuffrè Editore, 2004), pp. 171 – 201.

[51] Garabello, R. and Scovazzi, T. (eds.), The Protection of the Underwater Cultural Heritage: Before and After the 2001 UNESCO Convention (Leiden and Boston: Martinus Nijhoff Publishers, 2003).

[52] Gaskell, N., "The 1989 Salvage Convention and the Lloyd's Open Form (LOF) Salvage Agreement 1990" (1991) 16 Tulane Maritime Law Journal 1 – 76.

"Merchant Shipping Act 1995, Schedule 11", Current Law Statutes Annotated 1995, 21 – 373 – 21 – 434.

[53] Giesecke, A., "The Abandoned Shipwreck Act Through the Eyes of its Drafter" (1999) 30 Journal of Maritime Law and Commerce 167 – 73.

[54] Giorgi, M., "Underwater Archaeological and Historical Objects", in R. - J. Dupuy and D. Vignes (eds.), A Handbook on the New Law of the Sea

(Dordrecht, Boston and Lancaster: Martinus Nijhoff Publishers, 1991),
chap. 11 (pp. 561 - 75).

[55] Grenier, R. , "The Annex: Archaeology and the UNESCO Convention
2001", in L. Prott (ed.), Finishing the Interrupted Voyage: Papers of the
UNESCO Asia-Pacific Workshop on the 2001 Convention on the Protection
of the Underwater Cultural Heritage (Bangkok and Leicester:
UNESCO/Institute of Art and Law, 2006), pp. 110 - 20.

[56] Gribble, J. , "HMS Birkenhead and the British Warship Wrecks in South
African Waters", in University of Wolverhampton/English Heritage,
Shared Heritage: Joint Responsibilities in the Management of British
Warship Wrecks Overseas, International Seminar, 8 July 2008, pp. 30 - 44
(available at www. english-heritage. org. uk/publications).

[57] Gron, O. and Mortensen, L. , "Stone Age in the Danish North Sea
Sector", Maritime Archaeology Newsletter from Denmark No. 26 (summer
2011), pp. 3 - 8.

[58] Guérin, U. , " The 2001 UNESCO Convention on the Protection of
Underwater Cultural Heritage: References and Guidelines for
Interventions on Submerged Archaeological Sites", in J. Henderson (ed.),
Beyond Boundaries: The 3rd International Congress on Underwater
Archaeology, IKUWA 3 London 2008 (Frankfurt: Römisch-Germanische
Kommission, 2012), pp. 3 - 8.

[59] Harrison, J. , Making the Law of the Sea: A Study in the Development of
International Law (Cambridge University Press, 2011).

[60] Hayashi, M. , "Archaeological and Historical Objects under the United
Nations Convention on the Law of the Sea" (1996) 20 Marine Policy 291 -

6.

[61] Hetherington, S. , " Discussion Paper for Review of Salvage Convention 1989 International Sub-Committee Meeting", 12 May 2010, London (available at www. marisec. org).

[62] Hoagland, P. , "Managing the Underwater Cultural Resources of the China Seas: A Comparison of Public Policies in Mainland China and Taiwan" (1997) 12 International Journal of Marine and Coastal Law 265 - 83.

[63] Honoré, A. , "Ownership", in A. Guest (ed.), Oxford Essays in Jurisprudence (Oxford University Press, 1961), pp. 107 - 47.

[64] Hutchinson, G. , "Threats to Underwater Cultural Heritage: The Problems of Unprotected Archaeological and Historic Sites, Wrecks and Objects Found at Sea" (1996) 20 Marine Policy 287 - 90.

[65] Jacobsson, M. and Klabbers, J. , " Rest in Peace? New Developments Concerning the Wreck of the M/S Estonia" (2000) 69 Nordic Journal of International Law 317 - 32.

[66] Jeffery, B. , " Activities Incidentally Affecting Underwater Cultural Heritage in the 2001 UNESCO Convention", in L. Prott (ed.), Finishing the Interrupted Voyage: Papers of the UNESCO Asia-Pacific Workshop on the 2001 Convention on the Protection of the Underwater Cultural Heritage (Bangkok and Leicester: UNESCO/Institute of Art and Law, 2006), pp. 96 - 9.

"Australia" (1st edn) in S. Dromgoole (ed.), Legal Protection of the Underwater Cultural Heritage: National and International Perspectives (The Hague, London and Boston: Kluwer Law International, 1999), pp. 1 - 17.

"Australia" (2nd edn) in S. Dromgoole (ed.), The Protection of the Underwater Cultural Heritage: National Perspectives in Light of the UNESCO Convention 2001 (Leiden and Boston: Martinus Nijhoff Publishers, 2006), pp. 1 - 15.

"Federated States of Micronesia", in S. Dromgoole (ed.), The Protection of the Underwater Cultural Heritage: National Perspectives in Light of the UNESCO Convention 2001 (Leiden and Boston: Martinus Nijhoff Publishers, 2006), pp. 145 - 59.

[67] Joyner, C., "Legal Implications of the Concept of the Common Heritage of Mankind" (1986) 35 International and Comparative Law Quarterly 190 - 9.

[68] Kang, C., "Charting Through Protection for Historic Shipwrecks Found in US Territorial Waters: Sea Hunt, Inc. v. Unidentified, Shipwrecked Vessel or Vessels" (2000) 19 Virginia Environmental Law Journal 87 - 119.

[69] Kirwan, S., "Ireland and the UNESCO Convention on the Protection of the Underwater Cultural Heritage" (2010) 5 Journal of Maritime Archaeology 105 - 15.

[70] Kirwan, S. and Moore, F., "Update on Ireland and the UNESCO Convention on the Protection of the Underwater Cultural Heritage", in R. Yorke (ed.), Protection of Underwater Cultural Heritage in International Waters Adjacent to the UK: Proceedings of the JNAPC 21st Anniversary Seminar (Portsmouth: Nautical Archaeology Society, 2011), pp. 51 - 60.

[71] Klabbers, J., "On Maritime Cemeteries and Objective Regimes: The Case of the M/S Estonia", 1996 (available at www. helsinki. fi/eci/Publications/

Klabbers/Estonia. pdf).

[72] Klein, N. , Dispute Settlement in the UN Convention on the Law of the Sea (Cambridge University Press, 2005).

[73] Kopela, S. , "2007 Archipelagic Legislation of the Dominican Republic: An Assessment" (2009) 24 International Journal of Marine and Coastal Law 501 – 33.

[74] Kowalski, W. , "Poland", in S. Dromgoole (ed.), The Protection of the Underwater Cultural Heritage: National Perspectives in Light of the UNESCO Convention 2001 (Leiden and Boston: Martinus Nijhoff Publishers, 2006), pp. 229 – 46.

[75] Kvalø, F. and Marstrander, L. , "Norway", in S. Dromgoole (ed.), The Protection of the Underwater Cultural Heritage: National Perspectives in Light of the UNESCO Convention 2001 (Leiden and Boston: Martinus Nijhoff Publishers, 2006), pp. 217 – 28.

[76] Kwiatkowska, B. , "Creeping Jurisdiction Beyond 200 Miles in the Light of the 1982 Law of the Sea Convention and State Practice" (1991) 22 Ocean Development and International Law 153 – 87.

[77] Le Gurun, G. , " France " (1st edn) in S. Dromgoole (ed.), Legal Protection of the Underwater Cultural Heritage: National and International Perspectives (The Hague, London and Boston: Kluwer Law International, 1999), pp. 43 – 63.

"France" (2nd edn) in S. Dromgoole (ed.), The Protection of the Underwater Cultural Heritage: National Perspectives in Light of the UNESCO Convention 2001 (Leiden and Boston: Martinus Nijhoff Publishers, 2006), pp. 59 – 95.

[78] Leanza, U., "The Territorial Scope of the Draft European Convention on the Protection of the Underwater Cultural Heritage", in Council of Europe, International Legal Protection of Cultural Property, Proceedings of the Thirteenth Colloquy on European Law, Delphi, 20 - 23 September 1983, Strasbourg, 1984, pp. 127 - 30.

[79] Lee, K. -G. , "An Inquiry into the Compatibility of the UNESCO Convention 2001 with UNCLOS 1982", in L. Prott (ed.), Finishing the Interrupted Voyage: Papers of the UNESCO Asia-Pacific Workshop on the 2001 Convention on the Protection of the Underwater Cultural Heritage (Bangkok and Leicester: UNESCO/Institute of Art and Law, 2006), pp. 20 - 6.

[80] Leshikar-Denton, M. and Luna Erreguerena, P. , Underwater and Maritime Archaeology in Latin America and the Caribbean (Walnut Creek, CA: Left Coast Press, 2008).

[81] L'Hour, M. , "An Update on France's Position Regarding the UNESCO Underwater Cultural Heritage Convention", in R. Yorke (ed.), Protection of Underwater Cultural Heritage in International Waters Adjacent to the UK: Proceedings of the JNAPC 21st Anniversary Seminar (Portsmouth: Nautical Archaeology Society, 2011), p. 63.

[82] Long, R. , Marine Resources Law (Dublin: Thomson Round Hall, 2007).

[83] Lowe, V. , International Law (Oxford University Press, 2007).

[84] Maarleveld, T. , "Drama, Place and Verifiable Link: Underwater Cultural Heritage, Present Experience and Contention", in L. Turgeon (ed.), Spirit of Place: Between Tangible and Intangible Heritage (Quebec: Les Presses de l'Université Laval, 2009), pp. 97 - 108.

"International Good Practice or a Few Comments Upon Them", in University of Wolverhampton/English Heritage, Shared Heritage: Joint Responsibilities in the Management of British Warship Wrecks Overseas, International Seminar, 8 July 2008, pp. 58 – 68 (available at www. english-heritage. org/publications).

"The Maritime Paradox: Does International Heritage Exist?" [2012] International Journal of Heritage Studies 1 – 14.

"The Netherlands", in S. Dromgoole (ed.), The Protection of the Underwater Cultural Heritage: National Perspectives in Light of the UNESCO Convention 2001 (Leiden and Boston: Martinus Nijhoff Publishers, 2006), pp. 161 – 88.

[85] Magnusson, R. , "Proprietary Rights in Human Tissue", in N. Palmer and E. McKendrick (eds.), Interests in Goods, 2nd edn (London and Hong Kong: Lloyd's of London Press, 1998), pp. 25 – 62.

[86] Manders, M. , "In Situ Preservation:'The Preferred Option'" (2008) 240 Museum International 31 – 41.

[87] Marx, R. , "The Disappearing Underwater Heritage" (1983) 35 Museum 9 – 10.

[88] Mather, R. , "Technology and the Search for Shipwrecks" (1999) 30 Journal of Maritime Law and Commerce 175 – 84.

[89] Matikka, M. , "Finland", in S. Dromgoole (ed.), The Protection of the Underwater Cultural Heritage: National Perspectives in Light of the UNESCO Convention 2001 (Leiden and Boston: Martinus Nijhoff Publishers, 2006), pp. 43 – 57.

[90] McQuown, T. , "An Archaeological Argument for the Inapplicability of

Admiralty Law in the Disposition of Historic Shipwrecks" (2000) 26 William Mitchell Law Review 289 – 326.

[91] Merryman, J. , "Cultural Property Internationalism", in J. Merryman, Thinking about the Elgin Marbles: Critical Essays on Cultural Property, Art and Law, 2nd edn (Alphen aan den Rijn: Kluwer Law International, 2009), pp. 110 – 41.

"Two Ways of Thinking About Cultural Property", in J. Merryman, Thinking about the Elgin Marbles: Critical Essays on Cultural Property, Art and Law, 2nd edn (Alphen aan den Rijn: Kluwer Law International, 2009), pp. 82 – 109.

[92] Migliorino, L. , " The Recovery of Sunken Warships in International Law", in B. Vukas (ed.), Essays on the Law of the Sea (Zagreb: Sveucilisna Naklada Liver, 1985), pp. 244 – 58.

[93] Mohd Nor, M. , "Protection of Underwater Cultural Heritage in Malaysia: Challenges and Prospects", in J. Henderson (ed.), Beyond Boundaries: The 3rd International Congress on Underwater Archaeology, IKUWA 3 London 2008 (Frankfurt: Römisch-Germanische Kommission, 2012), pp. 15 – 26.

[94] Muckleroy, K. , Maritime Archaeology (Cambridge University Press, 1978).

[95] Nafziger, J. , " The Evolving Role of Admiralty Courts in Litigation Related to Historic Wrecks" (2003) 44 Harvard International Law Journal 251 – 70.

"Finding the Titanic: Beginning an International Salvage of Derelict Law at Sea" (1988) 12 Columbia – VLA Journal of Law and the Arts 339 – 51.

"Historic Salvage Law Revisited" (2000) 31 Ocean Development and International Law 81 – 96.

"The Titanic Revisited" (1999) 30 Journal of Maritime Law and Commerce 311 – 30.

[96] Neyland, R., "Sovereign Immunity and the Management of United States Naval Shipwrecks" (available at www. history. navy. mil/branches/org12-7h. htm).

[97] Niemeyer, P., "Applying Jus Gentium to the Salvage of the RMS Titanic in International Waters: The Nicholas J. Healy Lecture" (2005) Journal of Maritime Law and Commerce 431 – 46.

[98] Nordquist, M., Nandan, S., Rosenne, S. and Grandy, N. (eds.), United Nations Convention on the Law of the Sea 1982: A Commentary, Vol. II (Dordrecht, Boston and London: Martinus Nijhoff, 1993).

[99] Nordquist, M., Rosenne, S., Yankov, A. and Grandy, N. (eds.), United Nations Convention on the Law of the Sea 1982: A Commentary, Vol. IV (Dordrecht, Boston and London: Martinus Nijhoff Publishers, 1991).

[100] Nordquist, M., Rosenne, S. and Sohn, L. (eds.), United Nations Convention on the Law of the Sea 1982: A Commentary, Vol. V (Dordrecht, Boston and London: Martinus Nijhoff Publishers, 1989).

[101] Nordquist, M., Nandan, S., Lodge, M. and Rosenne, S. (eds.), United Nations Convention on the Law of the Sea 1982: A Commentary, Vol. VI (The Hague, London and New York: Martinus Nijhoff Publishers, 2002).

[102] O'Connell, D., The International Law of the Sea, Vol. II (Oxford

University Press, 1984).

[103] O'Connor, N. , "Ireland" (1st edn) in S. Dromgoole (ed.), Legal Protection of the Underwater Cultural Heritage: National and International Perspectives (The Hague, London and Boston: Kluwer Law International, 1999), pp. 87 - 99.

"Ireland" (2nd edn) in S. Dromgoole (ed.), The Protection of the Underwater Cultural Heritage: National Perspectives in Light of the UNESCO Convention 2001 (Leiden and Boston: Martinus Nijhoff Publishers, 2006), pp. 127 - 44.

[104] O'Keefe, P. , "The Buenos Aires Draft Convention on the Protection of the Underwater Cultural Heritage Prepared by the International Law Association: Its Relevance Seven Years On", in G. Camarda and T. Scovazzi (eds), The Protection of the Underwater Cultural Heritage: Legal Aspects (Milan: Giuffrè Editore, 2002), pp. 93 - 104.

"Gold, Abandonment and Salvage: The Central America" [1994] Lloyd's Maritime and Commercial Law Quarterly 7 - 12.

"International Waters", in S. Dromgoole (ed.), Legal Protection of the Underwater Cultural Heritage: National and International Perspectives (The Hague, London and Boston: Kluwer Law International, 1999), pp. 223 - 35.

"Protecting the Underwater Cultural Heritage: The International Law Association Draft Convention", (1996) 20 Marine Policy 297 - 307.

Shipwrecked Heritage: A Commentary on the UNESCO Convention on Underwater Cultural Heritage (Leicester: Institute of Art and Law, 2002).

[105] O'Keefe, P. and Nafziger, J. , "Report: The Draft Convention on the

Protection of the Underwater Cultural Heritage" (1994) 25 Ocean Development and International Law 391 – 418.

[106] O'Keefe, R. , The Protection of Cultural Property in Armed Conflict (Cambridge University Press, 2006).

[107] Oxley, I. , "Making the Submerged Historic Environment Accessible: Beyond the National Heritage Act" (2002), in J. Satchell and P. Palma, Managing the Marine Cultural Heritage: Defining, Accessing and Managing the Resource (York: Council for British Archaeology, 2007), pp. 87 – 95.

[108] Oxman, B. , "Complementary Agreements and Compulsory Jurisdiction" (2001) 95 American Journal of International Law 277 – 312.

"Marine Archaeology and the International Law of the Sea" (1987 – 8) 12 Columbia – VLA Journal of Law and the Arts 353 – 72.

"The Regime of Warships under the United Nations Convention on the Law of the Sea" (1983 – 4) 24 Virginia Journal of International Law 809 – 63.

"The Third United Nations Conference on the Law of the Sea: The Ninth Session (1980)" (1981) 75 American Journal of International Law 211 – 56.

[109] Panter, I. , "In Situ Preservation Versus Active Conservation: Are We Prepared For the Deluge?", in J. Satchell and P. Palma, Managing the Marine Cultural Heritage: Defining, Accessing and Managing the Resource (York: Council for British Archaeology, 2007), pp. 59 – 62.

[110] Parham, D. and Williams, M. , "An Outline of the Nature of the Threat to Underwater Cultural Heritage in International Waters", in R. Yorke

(ed.), Protection of Underwater Cultural Heritage in International Waters Adjacent to the UK: Proceedings of the JNAPC 21st Anniversary Seminar (Portsmouth: Nautical Archaeology Society, 2011), pp. 5 - 14.

[111] Polakiewicz, J., Treaty Making in the Council of Europe (Strasbourg, Council of Europe Publishing, 1999).

[112] Prescott, J. and Schofield, C., Maritime Political Boundaries of the World, 2nd edn (Leiden and Boston: Martinus Nijhoff, 2005).

[113] Prott, L. (ed.), Finishing the Interrupted Voyage: Papers of the UNESCO Asia-Pacific Workshop on the 2001 Convention on the Protection of the Underwater Cultural Heritage (Leicester: Institute of Art and Law, 2006).

[114] Prott, L. and O'Keefe, P., "'Cultural Heritage' or 'Cultural Property'?" (1992) 1 International Journal of Cultural Property 307 - 20. Law and the Cultural Heritage, Vol. I (Abingdon: Professional Books Ltd, 1984). Law and the Cultural Heritage, Vol. III (London and Edinburgh: Butterworths, 1989).

[115] Roach, J., "France Concedes United States Has Title to CSS Alabama" (1991) 85 American Journal of International Law 381 - 3.
"Shipwrecks: Reconciling Salvage and Underwater Archaeology", in Center for Oceans Law and Policy, Twenty Second Annual Conference, Oceans Policy: New Institutions, Challenges and Opportunities, 8 - 10 January 1998 (available at www. prosea. org).

[116] Roach, J. and Smith, R., United States Responses to Excessive Maritime Claims, 2nd edn (The Hague, Boston and London: Martinus Nijhoff Publishers, 1996).

[117] Roberts, P. and Trow, S., Taking to the Water (Swindon: English

Heritage, 2002).

[118] Rubin, A., "Sunken Soviet Submarines and Central Intelligence: Laws of Property and the Agency" (1975) 69 American Journal of International Law 855 – 8.

[119] Schoenbaum, T., Admiralty and Maritime Law, 4th edn (St Paul, MN: Thomson/West, 2004).

[120] Schofield, C., "Parting the Waves: Claims to Maritime Jurisdiction and the Division of Ocean Space" (2012) 1 Penn State Journal of Law and International Affairs 40 – 58.

[121] Scovazzi, T., "The 2001 UNESCO Convention on the Protection of the Underwater Cultural Heritage", in G. Camarda and T. Scovazzi (eds.), The Protection of the Underwater Cultural Heritage: Legal Aspects (Milan, Giuffrè Editore, 2002), pp. 113 – 34.

"The Entry into Force of the 2001 UNESCO Convention on the Protection of the Underwater Cultural Heritage" (2010) 1 Aegean Review of the Law of the Sea and Maritime Law 19 – 36.

"The Protection of Underwater Cultural Heritage: Article 303 and the UNESCO Convention", in D. Freestone, R. Barnes and D. Ong (eds.), The Law of the Sea: Progress and Prospects (Oxford University Press, 2006). (ed.), La Protezione del Patrimonio Culturale Sottomarino nel Mare Mediterraneo (Milan: Giuffrè Editore, 2004).

[122] Soons, A., Marine Scientific Research and the Law of the Sea (The Hague: TMC Asser Instituut, 1982).

[123] Staniforth, M., "Australian Approaches to Shared Heritage: Royal Navy Vessels in Australian Waters", in University of Wolverhampton/English

Heritage, Shared Heritage: Joint Responsibilities in the Management of British Warship Wrecks Overseas, International Seminar, 8 July 2008, pp. 17 - 29 (available at www. english-heritage. org. uk/publications).

[124] Stemm, G. , "Differentiation of Shipwreck Artifacts as a Resource Management Tool", Association of Dive Contractors/Marine Technology Society UI 2000 Conference, January 2000 (available at www. shipwreck. net).

[125] Stemm, G. and Bederman, D. , " Virtual Collections and Private Curators: A Model for the Museum of the Future", OME Paper 14, 2010 (available at www. shipwreck. net).

[126] Stemm, G. and Kingsley, S. , Oceans Odyssey: Deep-Sea Shipwrecks in the English Channel, Straits of Gibraltar and Atlantic Ocean (Oxford and Oakville, CT: Oxbow Books, 2010).

[127] Strati, A. , "Greece" (1st edn) in S. Dromgoole (ed.), Legal Protection of the Underwater Cultural Heritage: National and International Perspectives (The Hague, London and Boston: Kluwer Law International, 1999), pp. 65 - 85.

"Greece" (2nd edn) in S. Dromgoole (ed.), The Protection of the Underwater Cultural Heritage: National Perspectives in Light of the UNESCO Convention 2001 (Leiden and Boston: Martinus Nijhoff Publishers, 2006), pp. 97 - 126.

The Protection of the Underwater Cultural Heritage: An Emerging Objective of the Contemporary Law of the Sea (The Hague, London and Boston: Martinus Nijhoff Publishers, 1995).

"Protection of the Underwater Cultural Heritage: From the Shortcomings of the UN Convention on the Law of the Sea to the Compromises of the UNESCO Convention", in A. Strati, M. Gavouneli and N. Skourtos (eds.), Unresolved Issues and New Challenges to the Law of the Sea: Time Before and Time After (Leiden and Boston: Martinus Nijhoff Publishers, 2006), pp. 21 – 62.

[128] Symmons, C., Ireland and the Law of the Sea, 2nd edn (Dublin: The Round Hall Press, 1993).

"Recent Off-Shore Treasure-Seeking Incidents Relating to Wrecks in Irish Waters" (2012) 27 International Journal of Marine and Coastal Law 635 – 46.

[129] Thomas, R., "Heritage Protection Criteria: An Analysis" [2006] Journal of Planning Law 956 – 63.

[130] Vadi, V., "The Challenge of Reconciling Underwater Cultural Heritage and Foreign Direct Investment: A Case Study" (2007) 17 Italian Yearbook of International Law 143 – 58.

"Investing in Culture: Underwater Cultural Heritage and International Investment Law" (2009) 42 Vanderbilt Journal of Transnational Law 853 – 904.

"Underwater Cultural Heritage and International Investment Law", in J. Henderson (ed.), Beyond Boundaries: The 3rd International Congress on Underwater Archaeology, IKUWA 3, London 2008 (Frankfurt: Römisch-Germanische Kommission, 2012), pp. 35 – 40.

[131] Varmer, O., "The Case Against the 'Salvage' of the Cultural Heritage" (1999) 30 Journal of Maritime Law and Commerce 279 – 302.

"A Perspective from Across the Atlantic", Joint Nautical Archaeology

Policy Committee, The UNESCO Convention for the Protection of the Underwater Cultural Heritage: Proceedings of the Burlington House Seminar, October 2005 (Portsmouth: Nautical Archaeology Society, 2006), pp. 23 - 9.

"United States", in S. Dromgoole (ed.), The Protection of the Underwater Cultural Heritage: National Perspectives in Light of the UNESCO Convention 2001 (Leiden and Boston: Martinus Nijhoff Publishers, 2006), pp. 351 - 85.

[132] Webster, S., "The Development of Excavation Technology for Remotely Operated Vehicles", in R. Ballard (ed.), Archaeological Oceanography (Princeton, NJ: Princeton University Press, 2008).

[133] Wegelein, F., Marine Scientific Research: The Operation and Status of Research Vessels and other Platforms in International Law (Leiden and Boston: Martinus Nijhoff Publishers, 2005).

[134] Weinberg, G. D., Grace, Virginia R., Edwards, G. Roger et al., "The Antikythera Shipwreck Reconsidered" (1965) 55 Transactions of the American Philosophical Society 3 - 48.

[135] Weirich, J., "Connecting with the Past: Using Online Tools, Techniques and Partnerships to Explore Our Maritime Heritage", in J. Satchell and P. Palma, Managing the Marine Cultural Heritage: Defining, Accessing and Managing the Resource (York: Council for British Archaeology, 2007), pp. 79 - 86.

[136] Zamora, T., "The Impact of Commercial Exploitation on the Preservation of Underwater Cultural Heritage" (2008) 240 Museum International 18 - 30.

后 记

  2001 年的联合国教科文组织《水遗公约》被许多人看作是一份失败的倡议。尽管它成功地解决了一些核心争议领域,尤其是与《打捞法》和商业开发有关的领域,消除了连缔约时谈判人员都未能达成一致的、关于沿海国和船旗国在两个其他关键问题的分歧。与海洋法领域的任何倡议一样,在宣布胜利成果之前,得到船旗国的支持是必要的,然而该公约却付之阙如。与联合国海洋法公约第三次会议后的情况异曲同工,政界和海洋法专家间对联合国教科文组织谈判的结论中有关于新条约能否生效或者得到 G-77 以外的大多数国家批准,存在一些疑虑。很可能受到《关于实施 1982 年 12 月 10 日〈联合国海洋法公约〉第十一部分的协议》所启发,一些人认为《水遗公约》紧跟着的下一项倡议,很可能是处理公约悬而未决的领域。

  时光荏苒,《海洋法公约》通过已经十多年了。在生效后第二十次批准的 3 个月后,截至 2009 年 1 月 2 日,公约已有 41 个缔约国。虽然这些国家有一大部分是 G-77 成员国(41 国中有 28 国属之),但一些欧洲国家也批准了《海洋法公约》,包括意大利、葡萄牙和西班牙。从船旗国的角度来看,这三个国家参与到公约体制里尤显重要。因为这几个国家都有相当可观的海洋遗产,故就其船旗国身份所持的忧虑,可以理解。迄今为止,每个国家对该制度的发展都产生了影响,而且这种影响极可能持续:如果对《水遗公约》的解释会"绷紧"任何其与《海洋法公约》关系的风险,那么它们的影响似乎是产生了抑制作用①。在不久的将来,许多 G-77 以外的国家也可能成为缔约国,包括澳大利亚、加拿大、中国②以及爱尔兰和南非,这些国家都在 2001 年时投票支持此倡议;他们也将开始对《水遗公约》的未来方向施加影响。

条约一旦在国际上生效,势必越来越受到重视,并开始聚集一些势头。例如,值得关注的是近期在联合国大会关于海洋问题和海洋法的年度决议中,对《海洋法公约》的援引势头已有所变化。正如第 8 章所指出的那样③,联合国大会的决议一开始并没有明确表示赞成新公约,而仅仅是敦促各国合作,以"符合"《海洋法公约》的方式采取措施保护水下文化遗产。无论如何,2011 年 12 月第六十六届联合国大会通过的决议对尚未考虑"加入"《水遗公约》的国家发出了呼吁④。这表明国际社会对该条约可能会予以越来越多的政治支持⑤。

那么,持有异议的船旗国呢? 法国、德国以及荷兰和英国等国在联合国教科文组织《水遗公约》结束时,投了弃权票;俄罗斯和挪威投票反对该条约,而美国则对该文本表示严重不满。引导制定 2001 年《水遗公约》替代性文件的另一项倡议之前景已经消失殆尽⑥。不过,法国文化部于 2009 年宣布法国正在准备批准《水遗公约》,这是该公约 2001 年以来最重要的发展之一⑦。尽管法国表示了对在

---

① 例如,最近的《操作指南》草案指出,西班牙努力确保与《海洋法公约》兼容的必要性,被直接写入文本,参见联合国教科文组织文件 UCH/12/WG/220/1,2012 年 7 月 17 日。

② 中国对水下文化遗产的积极兴趣不仅体现在南海 1 号项目(见第 6 章第 6.3.4 节),而且还宣布计划建造一艘考古研究船来协助管理在其沿海水域的水下文化遗产,参见《中国建设第一艘水下考古船》("China Building First Vessel for Underwater Archaeology"),《环球时报》,2012 年 10 月 24 日(www. globaltimes. cn)。译者注:中国的考古研究船中国考古 01 号已于 2014 年 1 月 24 日在重庆举行下水仪式,开始服役。

③ 见第 8 章第 8.3.6 节。

④ 见联合国大会第 66/231 号决议,2012 年 4 月 5 日,第 8 段。

⑤ 关于联合国大会较早决议的声明的讨论,见费瑞,《根据联合国大会保护水下文化遗产》("The Protection of the Underwater Cultural Heritage According to the United Nations General Assembly")。还应该指出的是,2006 年欧盟委员会发布的关于未来海事政策的绿皮书,也鼓励欧盟成员国批准该公约,参见绿皮书《联盟走向未来的海事政策:大洋与海的欧洲愿景》(Towards a Future Maritime Policy for the Union: A European Vision for the Oceans and Seas),欧洲共同体委员会,布鲁塞尔,2006 年 6 月 7 日,COM(2006)275 号决议,卷 II-附件第 48 页。

⑥ 起初看起来,这样的倡议可能是美国国务院驱动的。但是,后来美国似乎失去了兴趣。这可能有部分是因为人员的变化,以及美国认识到,倡议可能面临与《泰坦尼克号协议》相同的障碍:内在的政治障碍和外在的政治意愿缺乏。而且,没有明确的国际组织表示要赞助这样的倡议。

⑦ 文化及通信部新闻发布会,巴黎,2009 年 10 月 30 日,见第 4 章第 4.3.3 节。

2001 年《水遗公约》保留对沉没军舰的处理以及沿海国大陆架管辖权的规定,但似乎还得出一个结论:《水遗公约》对保护水下文化遗产带来的广泛好处,远比其法律技术上的歧见更为重要⑧。负责水下考古研究的法国政府机构负责人表示:

> 法国希望有效保护所有的沉没遗产不受掠夺、破坏和寻宝活动威胁,无论该等遗产位于何处,包括国际水域在内,2001 年《保护水下文化遗产公约》是实现这一目标的最有效的国际法律文件⑨。

看来法国已得出结论:对沿海国的大陆架管辖权的不安是毫无根据的⑩,其中一个最大的不安是第 7 条第 3 款有关领海沉没军舰的规定,法国认为该等不安可以通过批准时提出解释性的声明而得到解决⑪。确实,如果法国或其他任何对公约有歧见的船旗国批准了《水遗公约》,这将是本倡议的重大突破。

　　一个能够使国家对条约态度保持平衡的因素是其邻国的态度。正如第 8 章和第 9 章所讨论的那样,《水遗公约》的监管和其他保护性规定建立在如下的前提下,即伙伴关系的各国共同努力以确保相关活动都是依照公约机制进行。当这种合作伙伴关系建立于区域基础上时,该制度将最为有效。西部地中海和亚得里亚地区的国家,同加勒比海地区的国家一样,都已经大力坚持《水遗公约》了。这些地区可能最先从公约国家合作机制中受益⑫。在北欧,目前唯一批准《水遗公约》

---

⑧ 这可能是针对英吉利海峡的法国 18 世纪私掠图尔内侯爵号遗址的活动,此事很可能是导致法国改变心意的原因之一(有关这个沉船的诉讼,见第 5 章注释 136 的讨论)。

⑨ 《关于联合国教科文组织水下文化遗产公约的法国立场的最新进展》("An Update on France's Position Regarding the UNESCO Underwater Cultural Heritage Convention")。

⑩ 见联合国教科文组织,2001 年《保护水下文化遗产公约工作会议的最后报告》(Final Report of the Working Meeting on the UNESCO 2001 Convention on the Protection of the Underwater Cultural Heritage),伦敦,2008 年 7 月 9 日,第 2 页。

⑪ 同上。另见《关于联合国教科文组织水下文化遗产公约的法国立场的最新进展》。正如第 10 章所指出的,第 30 条是对"公约的保留"的全面禁止。但是,根据奥基夫的观察,一个国家的解释性声明可以"将其意义或范围限于条约的规范",参见奥基夫,《沉船遗产》,第 148 页。

⑫ 娇兰,2001 年联合国教科文组织《保护水下文化遗产公约》,第 3 页。

的国家是立陶宛。但是,如果法国和爱尔兰等国家效仿立陶宛的话,邻国可能会感受到一些"引力"⑬。

2014年第一次世界大战爆发百年之际,大战造成的海上损失,将开始适用《水遗公约》的100年标准。两次世界大战中沉没的军舰作为此时将要进行的总体反思过程的一部分,其政治兴味似乎被增强了。这类沉船经常被未经授权的活动侵扰,其中有一些是不入流潜水员⑭的小偷小摸式干扰,但也有一些工业规模的废金属及其他材料的打捞⑮。近年来引起人们的兴趣的一些高价值战时货物也成为打捞对象⑯。

正如第4章所指出的,从总体考虑,船旗国所持的立场为:对其沉没军舰进行任何干预之前,必须征得该船旗国的同意,而《水遗公约》的管理制度似乎是加强了而非削弱了船旗国这一立场⑰,并且《水遗公约》的原则非常适用于墓葬地就地保护的目的⑱。因此,可想而知,在20世纪两次大战中遭受重大海事损失的国家可以认识到《水遗公约》并非仅仅是保护深奥的"历史和考古学"价值,它很可能为广泛的文化价值观提供保护。

最棘手的困难一直是沿海国家的大陆架管辖权问题。尽管联合国教科文组织《水遗公约》的主旨并不为沿海国大陆架的水下文化遗产提供直接管辖权,然而文本的结构性含糊不清正意味着它对各种解释持开放的态度,如此"危及"《海洋

---

⑬ 德罗姆古尔,《关于联合国教科文组织2001年水下文化遗产保护公约中主要海事大国地位的反思》("Reflections on the Position of the Major Maritime Powers with Respect to the UNESCO Convention on the Protection of the Underwater Cultural Heritage 2001"),第5页。

⑭ 2012年,德国遗产当局报道,远离德国波罗的海沿岸的猎手掠夺沉船残骸的情况越来越严重,其中包括战时的沉船,也许部分是因为东德归属苏联时期禁止休闲潜水,参见《德国试图阻止波罗的海沉船的掠夺》("Germany Tries to Halt Baltic Shipwreck Plundering"),斯皮加尔在线(Spiegal Online),访问日期:2012年10月17日。

⑮ 2011年,有报道指出,荷兰的船只在荷兰海岸彻底搜刮了三艘第一次世界大战的英国军舰,荷兰船利用起重机的重型爪钳刨取有价值的废金属,参见《英国重要军舰残骸的废金属被洗劫一空》("British War Grave Shipwrecks are Ransacked for Scrap Metal"),《泰晤士报》,2011年9月22日。同年,也有报道指出,一个丹麦救助队在第一次世界大战英国潜艇G8上拆卸铜质指挥塔,《关注战争坟场,打捞队发现1918年潜水艇》("Concern Over War Grave as Salvage Team Finds Submarine from 1918"),《泰晤士报》,2011年8月26日报导。

⑯ 对于某些拥有此类货物所有权利益的国家而言,公约在商业开发上的立场,可能是妨碍国家批准该公约的一个因素,见第6章第6.3.4节。

⑰ 见第4章第4.3.3节。

⑱ 见第9章第9.4.4节。

法公约》所彰显的管辖权平衡。1982 年卡弗利施指出,船旗国反对扩张性管辖权的核心并非对水下文化遗产本身的担忧,而是这种扩张"很可能为其他的例外铺平道路"——换句话说,为更普遍的逐步扩大管辖权打开门户[19]。这因此提示我们,荷兰政府最近的一份独立咨询报告(特别是作为三个反对联合国海洋法公约第三次会议的国家之一,荷兰与美国和英国一起提出扩大管辖权的提案)。荷兰的国际公法问题咨询委员会断定,即使《水遗公约》的解释与海洋法公约不兼容,它们也仅代表沿海国和船旗国之间权能分配的微幅转变[20];委员会还认定,除了保护水下文化遗产"未必可行"之外,《水遗公约》将引领激活管辖权"蔓延作用"[21]。

为大陆架上的水下文化遗产提供适当保护的困难可以追溯到 1956 年国际法委员会的声明:沿海国在大陆架上的主权权利并未涵盖"诸如失事船只及其货物(包括金条)等实物"[22]。这个声明被认为所指涉的物体不是自然资源,它是在国家宣称有权利用大陆架资源的背景下写就的,本意不在于接受保护资源的责任。在该声明所处的时代,水下考古还算不上一门独立学科,当时国际社会对水下文化资源的性质和价值的理解只有现代的一小部分,关于水下文化遗产和海洋动植物间密切的相互关系的概念也还没有。

虽然 1956 年这个声明是问题的根源,但是国际法委员会在同一份报告中所做的另一个声明,可能提出了最有说服力的论点,即暗示现在应该是重新考虑这个问题的时候了。在接受沿海国有权控制和管辖大陆架,以及开发其自然资源(当时是一个相对较新的命题)这一观念时,国际法委员会还指出,这些权利可能

---

[19] 卡弗利施,《水下文物和国际海洋法》,第 17 页。见第 1 章第 1. 2. 1. 2 节。

[20] 国际公法问题咨询委员会,《关于联合国教科文组织保护水下文化遗产公约的咨询报告》(Advisory Report on the UNESCO Convention on the Protection of the Underwater Cultural Heritage)(译文),第 21 号,海牙,2011 年 12 月,第 8 页和第 10 页。

[21] 同上,第 12 页。在撰写本文时,荷兰政府仍在等待。

[22] 国际法委员会向大会提交的报告,联合国大会官方记录 11 卷(第 9 号),联合国文件 A/3159(1956),转载于《国际法委员会年鉴》(1956 年),卷 II,第 298 页。见第 1 章第 1. 2. 1 节。

会影响海洋的自由,尤其是航行自由。然而,委员会针对任何潜在侵犯该等航行自由的正当性辩护如下:

> 这个理由并不足以阻碍这样一种让委员会认为能造福全人类的发展㉓。

2001年各国对联合国教科文组织《水遗公约》一般原则和目标表示的强烈支持,表明国际社会现在普遍认同找到充分保护水下文化遗产的手段是有意义的,也是全体人类的福祉。联合国大会自2001年以来发表的声明,人们一直认为需要在这方面采取紧急行动,而2011年声明转向表明,人们可能已经认识到,联合国教科文组织这部公约正好提供了最佳的前进方向。各国之间似乎并未就以下观点达成一致的意见,即《水遗公约》附件中的《规章》代表了适用于针对水下文化遗产的活动的适当标准。《水遗公约》采用的是国际主义而不是民族主义的方式来处理水下文化遗产"资源"——用奥克曼独树一帜的话说,公约是使所有民族"享用人类智慧和成就的单井泉源的琼浆玉液",而不是"在(船旗)图标权利上的争夺"㉔,并建立了一个由国家负责的水下文化遗产系统,且作为其管理者。毫无疑问,保护文化遗产的政治优先性显然比自然资源的经济开发要低得多,但同样地,执行《水遗公约》的管理框架对于航行自由和其他公海自由的冲击,同因赋予沿海国对自然资源的权利和管辖权而对侵犯这些自由造成的冲击相比,前者可能相对较小。

从技术上讲,是否有必要等待联合国海洋法公约第四次会议重启该事项,这一点值得商榷。根据《海洋法公约》第311条第3款的规定,有些人会主张应当召

㉓《国际法委员会年鉴》,卷Ⅱ,第296页。
㉔ 奥克斯曼,《海洋考古学与国际海洋法》,第372页。

开㉕。但是,其他人则会依据同一条的第 5 款提出相反的意见。第 311 条规定并不影响《海洋法公约》中其他条款明示许可或保留的国际协议。那么,《水遗公约》这样一项协议是否受《海洋法公约》第 303 条第 4 款的"无歧视"条款所启发?诺德奎斯特指出很可能就是这情况㉖。如果这一点被接受,则根据《水遗公约》第 9 条和第 10 条,对任何在大陆架水下文化遗产的管辖权扩充,皆可被视为履行第 303 条第 1 款保护在所有海域的水下文化遗产或以此为目的的合作的合法手段。事实上,这似乎就是荷兰咨询委员会在其 2011 年报告中的看法㉗。虽然这个说法看起来是反直觉的,但这一论点可能会通过某些雕虫小技来加强联合国海洋法公约第三次会议的原始目标:为海洋制定"一个经得起时间考验的全面性宪法"㉘。这是因为它可以被当作"约束和克制"沿海国在整个《海洋法公约》框架下主张大陆架和专属经济区水下文化遗产管辖权的一种方式㉙。

1989 年诺德奎斯特在《海洋法公约》建立的管理水下文化遗产制度的反思中,评论:

> 理论上,随着时间的推移,这部新兴的法律部门将借由前述所有的联合国教科文组织旗下有力的国际组织和国家的实践逐步完成㉚。

《海洋法公约》第 149 条和第 303 条创建的"新兴的法律部门"已经被联合国教科文组织《水遗公约》详细地阐明,但只有当本条约被船旗国以及沿海国所接受和施行才能算真正地"完成"。最终,任何一个国家是否批准该公约基于权衡这样

㉕ 见第 8 章第 8.2 节。

㉖ 见诺德奎斯特、罗森和索恩,1982 年《联合国海洋法公约》,第 5 卷,第 161 页及第 240 页。

㉗ 国际公法问题咨询委员会,《关于联合国教科文组织保护水下文化遗产公约的咨询报告》(译文),第 21 号,海牙,2011 年 12 月,第 8 和第 10 页。

㉘ 请参阅绪论第 2.2 节中提到的,联合国海洋法公约第三次会议主席汤米·柯的评论。

㉙ 见斯科菲尔德(Schofield),《断开浪潮》("Parting the Waves"),第 57 页。斯科菲尔德指出,这一框架面临持续的压力,特别是在海上安全和环境保护方面。

㉚ 诺德奎斯特、罗森和索恩,1982 年《联合国海洋法公约》,第 5 卷,第 162 页。

做的利弊以及确定最全面的国家利益是什么的务实决定。久而久之,权重的天平可能会发生变化㉛。同时,2001 年《水遗公约》已经对关于水下文化遗产的国际思维和实践产生了深刻影响,并为现在进行的所有主题的对话提供了背景。对于非缔约国而言,《水遗公约》的存在很可能增加了其对《海洋法公约》第 303 条第 1 款有关责任的义务感,以及鼓励他们在一般国际法(包括《海洋法公约》)中寻求运用权力的途径(无论是基于单独行动或协作)以保护可能位于任何地点的水下文化遗产。毫无疑问,基于《泰坦尼克号协议》的条款㉜,美国将继续在这方面展现领导作用并设法尽可能与联合国教科文组织《水遗公约》调整一致。虽然,两套并驾齐驱的管理水下文化遗产的国际法律制度治理可能是为了可预见的未来所准备,但是在这些制度明确的共同原则、行为目标和标准、国家间的合作以及重要充分和积极承担整个海洋水下文化遗产保护责任的必要假设下,各国的实践似乎不可避免地会有趋同现象。

2002 年有位评论员曾经表示联合国教科文组织《水遗公约》"定将离题"㉝。而今,十年过去了,事实却远非如此。

法国于 2013 年 2 月 7 日批准了 2001 年联合国教科文组织《水遗公约》。

㉛ 1970 年联合国教科文组织《关于文化遗产非法交易的公约》很好说明了条约的命运如何随着时间的推移而改变。除了美国之外,包括英国、日本、瑞士、德国、比利时和荷兰在内的许多世界主要的"市场经济国家",直到最近都没能批准《水遗公约》。最终,对走私更普遍的担忧压倒了技术上的反对意见。1970 年联合国教科文组织《关于文化遗产非法交易的公约》通过十年后,缔约国增至 42 个,在撰写本文时,已有 122 个。

㉜ 见第 10 章第 10.2 节。

㉝ 贝德曼,《海洋保护法》,第 205 页。

译后记

　　法者,天下之公器,"公约"之于国际,无非是一个不同法律体系皆同意容忍的游戏规则,一国既经缔约,且其国内立法机构亦批准通过,则即便"公约"内容与本缔约国的现行法律尚有冲突,遭遇司法审判时仍亦依循公约规则迳行判决,这般执行力与其说是公约的强制力,不如说是缔约国对利益各方的一种积极善意的承诺,遵循公约是本国对外意志表现的一种自律。任何一部公约的颁行生效,都仰赖这种人类整体团结的生存意志,2009年《水下文化遗产保护公约》(以下简称《水遗公约》)也不例外。尽管因《海洋法公约》复杂的历史遗留问题,专家们对《水遗公约》的践行自始便欠缺信心,然而基于这样的团体生存意志,《水遗公约》正式生效以来,仍可称成果累累,要说这当中对现存的水下文化遗产保护的最大功臣,当属来自公约中有关国家的合作开发、技术转让,就地保护原则以及禁止商业开发而设置的三大机制。其中,"合作开发"体现的是各国的相互妥协,保证了各利益相关者的冲突平衡;"技术转让"体现的是高技术国家向低技术国家的技术倾斜,保证了文化遗产保护标的物能受到最新科技的善待;而"就地保护"原则与"禁止商业开发",则体现了各国以及各个私人集团的相互约束,避免滥垦滥掘,在最大程度上防止有关遗产的流失。这些硬指标对于遗产所在地技术相对落后的缔约国,无疑是一大福音,同时,从效果上看,这些举措也深刻体现了"文化遗产为全人类共保、共享"的基本概念,互助才得以永存。

　　中国作为新兴的水下考古大国,其发展恰如《中庸》中所言:"登高必自卑,行远必自迩。"自俞伟超先生于 1987 年筹建第一个水下考古学研究组织"中国历史博物馆水下考古学研究室"起,25 年后的 2014 年 1 月 24 日,中国自行设计制造的首艘水下考古船中国考古 01 号才终于在重庆开启下水仪式。中国水下考古事业也经历了卑而高、迩而远的三十载,漫长的水下考古学科发展历程,也实现了多个杰出的水下考古项目:辽宁绥中三道岗元代沉船、清代甲午中日战争致远舰和经远舰沉船、福建北宋白礁Ⅰ号沉船、清代碗礁一号沉船、广东宋代南海Ⅰ号沉船、明代南澳Ⅰ号沉船、海南南宋华光礁Ⅰ号沉船、四川彭山江口沉银遗址等水下文化遗产,其中值得一书的南海Ⅰ号沉船的整体打捞更是开启了中国甚至是世界水下考古技术的先锋。这样的前沿绩效亦有它的脉络,例如,相对于韩国所称的亚洲最大的水下考古专用打捞船努力安号,满载排水量也不过 593 吨,而中国考古 01 号满载排水量则达 900 吨,能续航 30 天,抗八级风浪。数据的比较意义不在于竞赛,而在于知晓巨人的肩膀有多高!人类文明是古、今、中、外共同累积的,不得不说,2014 年才下水的中国考古 01 号不是横空出世,而是人类千百年造船技术的结晶;从经验到技术累积,我们无疑站在一个更高的起点,这又是一个人类"合作"(尽管历史进程是无意识的)的成果。

本书的翻译出版得益于上海文物保护研究中心的慧眼识宝笈,以及上海交通大学出版社的专业编辑。本书以"主题"方式进行,聚焦于《水遗公约》作为全球性法律框架所面临的挑战,书中对《水遗公约》的讨论并非其真正的核心,而仅仅只是为读者提供了一个思考的框架,其最终的目的是提醒那些敢于质疑公约的人能考虑得更深远些,与此同时也激发和加深了人们对文化遗产保护研究的兴趣与理解。本书翻译组除了我本人之外,还有三年前毕业于上海对外经贸大学法学院的硕士研究生贾春旭、丁天、范思佳以及黄金龙(依照翻译的章节次序),感谢这四位已经分别服务于浙江及上海的律师精英,在工作之余继续耐心跟踪完稿后的校对工作。此外,大连海事大学法学院马明飞教授、上海市文物保护研究中心赵莘副研究员分别就本书涉及的海洋文化遗产保护法和水下文化遗产相关专业内容进行了核校;上海交通大学出版社钱方针博士、王珍编辑和陈琳编辑也为本书的出版贡献良多,在此一并致谢。

希望本书的出版能为我国水下文化遗产保护研究的后继发展和实践再添利器。

谢银玲

于中国台北

2020 年 8 月 26 日